rowohlt
BERLIN

Ernst Peter Fischer

HINTER DEM HORIZONT

Eine Geschichte der Weltbilder

Rowohlt · Berlin

1. Auflage Oktober 2017
Copyright © 2017 by Rowohlt · Berlin Verlag GmbH, Berlin
Satz aus der Abril bei Dörlemann Satz, Lemförde
Druck und Bindung CPI books GmbH, Leck, Germany
ISBN 978 3 87134 182 3

Inhalt

Für meine Enkel,
die alle einen anderen Horizont haben werden.

Einleitung

Der Mensch und seine Horizonte

Im Vorwort ihres Buches «Mit den Meeren leben» beschreibt die jüngste Tochter von Thomas Mann, Elisabeth Mann Borgese, wie sie in Kindertagen zum ersten Mal mit ihrem Vater am Meer steht und beide «ganz benommen in die Ferne» schauen. Und während sie da stehen und den Blick schweifen lassen, nimmt etwas die Aufmerksamkeit der Tochter in Anspruch: «Was mich am tiefsten beeindruckte, war der Horizont, der sich fest und ungebrochen, wie von einem überdimensionalen Zirkel gezeichnet, von einem Ende des Blickfeldes zum anderen hinzog. ‹Das ist der Horizont›, erklärte mein Vater. ‹Und was ist hinter dem Horizont?›, fragte ich. ‹Der Horizont und dahinter wieder der Horizont. Je weiter du hinausruderst, umso weiter zieht sich der Horizont zurück, so dass du immer nur einen Horizont siehst, bis ganz, ganz zuletzt das Land in Sicht kommt, und dann ist der Horizont verschwunden. Du kannst ihn aber wieder sehen, wenn du dich umdrehst.›»[1]

Mit anderen Worten: Der Horizont selbst bleibt den Menschen unerreichbar. Und doch scheint sich dahinter eine geheimnisvolle Welt zu öffnen, zu der sich die menschliche Neugierde unaufhaltsam hingezogen fühlt. Schon früh in ihrer Geschichte haben Menschen die Vorstellung entwickelt, dass sich hinter oder über dem Horizont der Wolkendecke ein Himmelreich mit göttlichen

Bewohnern befindet, und so denken viele auch, dass hinter der Linie, an der sich Himmel und Erde still küssen, wie es poetisch heißt, etwas ganz anderes liegt, das man gerne als das Wesentliche versteht. Doch was der Mensch auch unternimmt, um hinter diese Horizontlinie schauen zu können, am Ende aller Bemühungen meldet sich das Heimweh, und zuletzt zieht es ihn wieder zurück an den Ausgang. Er kommt nicht hinter den Horizont, sondern kann immer nur von einem zum anderen gehen.

Um den neuen Horizont zu sehen, muss man zwar die Blickrichtung ändern, wie Thomas Mann seiner Tochter erläutert, man kann dabei aber sein anfängliches und naturgemäßes Verlangen bewahren, Zugang zu der sich verborgen haltenden Sphäre hinter der geheimnisvoll wirkenden Grenze zu bekommen, die sich augenscheinlich vor dem Schauenden auftut. Dieser Wunsch gehört zum Menschen und charakterisiert sowohl sein biologisch bedingtes als auch sein historisch gewachsenes Wollen. Man könnte die drei Fragen, deren Beantwortung nach Immanuel Kant zu sagen erlaubt, was der Mensch ist, demnach folgendermaßen beantworten: Was kann der Mensch wissen? Er kann seine Grenze oder seine Grenzen kennenlernen, zum Beispiel den Horizont am Meer. Was kann der Mensch tun? Er kann versuchen, sie zu überwinden. Und was darf der Mensch dabei hoffen? Dass ihm bei diesem Bemühen Erfolg beschieden ist und dass er die ihn treibende Neugierde dadurch befriedigen kann – bevor ihn eine neue Grenze, ein neuer Horizont lockt.

Elisabeth Mann Borgese hat der Vorschlag ihres Vaters offenbar beeindruckt, denn er löste langfristig etwas in ihrer Seele aus: «Ich musste oft über den Horizont nachdenken, und er hatte die unterschiedlichsten Bedeutungen für mich. Als ich zwölf Jahre alt war, schien er mir die Einheit von Zeit und Raum in einem sich ausdehnenden Universum verständlich und anschaulich zu machen. So, wie man sich in den Raum hinausbewegt, was ja Zeit dauert, so erweitert sich der Horizont des Universums, dachte ich mir, und die Endlichkeit wird zur Unendlichkeit.»[2]

Diese Empfindung haben auch andere beschrieben. Der große Physiker Werner Heisenberg, dem die Menschheit die erste zutreffende Theorie der Atome – sie heißt Quantenmechanik – verdankt, erinnert sich in seiner Autobiographie «Der Teil und das Ganze», dass es ihm 1925 auf der Insel Helgoland möglich war, «beim Blick über das Meer einen Teil der Unendlichkeit zu ergreifen».[3] Dieser Eindruck hat den damals Vierundzwanzigjährigen inspiriert und ermutigt, die scheinbar unüberwindlichen Grenzen der klassischen Form seiner Wissenschaft hinter sich zu lassen und zu neuen Ufern, seinem inneren Amerika, aufzubrechen.

Noch einmal zurück zu dem Mädchen am Meer. Wer von den universalen und über den Himmel hinausreichenden Vorstellungen der jungen Dichtertochter liest, kann sich mit ihr freuen, wird aber auch darüber staunen. Als Elisabeth zwölf Jahre alt war, schrieb man das Jahr 1930, und umso verwunderlicher ist es, dass sich in der Familie Mann bis zu den Kindern bereits herumgesprochen zu haben scheint, was die damaligen Kosmologen seit den späten 1920er Jahren erst allmählich in ihre Überlegungen einbezogen: die Expansion des Weltalls in Form einer Raumzeit und die erstaunliche Möglichkeit seiner geometrischen Unbegrenztheit trotz physikalischer Endlichkeit. Das inzwischen längst durch zahlreiche Beobachtungen gestützte Bild eines expansiv-dynamischen und sich endlos ausweitenden Universums konnte im Anschluss an die Allgemeine Relativitätstheorie entworfen werden, die Albert Einstein in den Jahren des Ersten Weltkriegs entwickelt hatte.

Einstein prägte dem Weltall eine neue Geometrie auf und lud die Menschen dazu ein, sich den von ihnen bewohnten Kosmos als vierdimensionales Gebilde vorzustellen, als eine Raumzeit. In diesem Bild wurde und wird es für die Neuzeit sehr schwierig, wenn nicht gar unmöglich, sich einen Rand der Welt oder einen entsprechenden Horizont auszumalen. Einsteins Weltbild bereitete zunächst selbst Physikern von Rang einige Mühe, und es stellt viele Zeitgenossen des 21. Jahrhunderts noch immer vor zahlreiche und keineswegs triviale Probleme. Einsteins Einsichten in «die Welt als Ganzes» scheinen aber schon früh das Verständnis und auf jeden Fall die Sympathie der Familie Mann gewonnen zu haben, wenn man dem Bericht der Tochter trauen darf, was gerne geschehen soll. In ihren Reihen konnten die Manns offenbar spielerisch und vergnüglich über den wissenschaftlichen Horizont hinaussehen, an dem die Blicke der meisten Zeitgenossen verständlicherweise hängen blieben und hängen bleiben – damals wie heute.

Unsere Augen reichen nicht so weit wie Einsteins Gedanken. Die für das Licht sensitiven Organe erfassen den Lebensraum nur bis zu der Linie, an der Erde und Himmel aufeinandertreffen, wobei dieser Horizont die Welt nicht abschließt, sondern sie – im Gegenteil – der Neugier öffnet. Wer der Verlockung nachgibt und hinter die sichtbare Grenzlinie blicken will, braucht geeignete Mittel, und damit sind nur bedingt Teleskope und andere Instrumente gemeint. Die Rede ist vielmehr vor allem von Weltbildern. Das Entwerfen und Verfertigen von Weltbildern erlaubt es den Menschen seit Anbeginn ihrer Geschichte und in allen Kulturen, den Blick dorthin zu lenken, wo die Augen normalerweise nicht hinreichen, nämlich hinter den Horizont.

1.

Einblicke

Eine Welt und viele Bilder

E s gibt Wörter, die jeder benutzt und zu verstehen scheint und die deshalb kaum einer Erläuterung bedürfen. Wer hat nicht schon von der oder einer «Welt» gesprochen – von der Welt im Kopf ebenso wie von der Welt im Kochtopf –, ohne sich dabei besondere Gedanken darüber zu machen, was das Wort in diesem wie in jenem Fall bedeutet? Und wer fragt sich noch, was ein Bild ist, wo man doch tagtäglich von einer Flut – vor allem unzähliger zappelnder Fernsehbilder – überschwemmt wird und nach statistischen Schätzungen heute während eines Fußball-spiels in einem vollen Stadion mehr Bilder aufgenommen werden als während des ganzen 19. Jahrhunderts? Wobei vermutlich ein einziges Bild aus der alten Zeit mehr Betrachter gefunden hat als die Millionen von heute.

Wer mit dem Begriff der Welt und dem Betrachten von Bildern vertraut ist, dem fällt darüber hinaus die Rede von einem «Welt-bild» leicht. Wir können uns Weltbilder sogar in bunter Vielfalt denken und dann munter miteinander vergleichen. Jeder wird mühelos verstehen, was das mechanische Weltbild der Physik mit den dazugehörigen Gesetzen für die Bewegungen von materiel-len Körpern meint, und sich wundern, wenn zu erfahren ist, dass dieses Bild angeblich zerstört worden ist. Auch wird jeder unmittelbar erfassen, was Zeitungen in diesen Tagen meinen, wenn sie Terroristen unterstellen, ein «rechtsextremistisches Weltbild» zu propagieren, das Hass auf unschuldige Menschen mit sich bringt. Und jeder Leser begreift sofort, was Patrick Süskind vor Augen oder anderen Sinnesorganen hat, wenn er in seinem Roman «Das Parfum» einen Dufthersteller erleichtert feststellen lässt, dass sein «parfümistisches Weltbild» wieder in Ordnung ist, nachdem er verstanden hat, wie eine wohlgefällige Duftnote zustande gekommen ist. Ein Weltbild zu haben kann einfach eine Sicht der Dinge meinen, die einem allgemein passt oder an besonderer Stelle gelegen kommt, und niemand wird Mühe haben, das eigene Weltbild einmal daraufhin zu prüfen.

Wenn auch jedem das Trio aus den beiden Einsilbern «Welt» und «Bild» und dem Kompositum «Weltbild» schon mehrfach untergekommen ist, so soll hier dennoch der Versuch unternommen werden, die Begriffe etwas genauer zu fassen und sie knapp zu explizieren, ohne sie ausführlich definieren zu wollen. Der Versuch einer Definition wäre eher kontraproduktiv, denn in dem Wort «Definition» steckt das lateinische «finis», also das Ende, wobei damit das Ende des Erkundens gemeint ist, das zu einer abschließenden Festlegung führen soll. Diese zieht tatsächlich eine künstliche Grenze, hinter der nichts weiter von Belang erwartet wird, weshalb sie – außer zur Warnung – gar nicht erst in Betracht kommen soll.

Was die «Welt» angeht, so meint das Wort zum Beispiel den Gegenstand einer Wissenschaft namens Kosmologie, die exotische Objekte wie Schwarze Löcher oder Rote Riesen findet. Es kann aber auch die Erde und die Menschen erfassen, die auf ihr leben, und das kurze Wort kann darüber hinaus ganz allgemein die Gesamtheit der physischen Wirklichkeit benennen, wobei derjenige, der von dieser Welt spricht, keine besondere Einstellung ihr gegenüber vertreten muss.

Was das «Bild» angeht, so fällt sofort auf, dass es zum einen innere und äußere Bilder gibt – man kann sich schließlich sowohl etwas einbilden und vorstellen als auch Fotografien oder Gemälde betrachten – und dass es sich zum Zweiten lohnt, Bilder, die jemand Punkt für Punkt und Strich für Strich auf einer Leinwand zustande gebracht hat, von denen zu unterscheiden, die jemand mit einer Kamera und einem einzigen Druck auf den Auslöser aufgenommen hat. Bilder werden – wie die Welt selbst – mit Augen betrachtet, wobei seit der Romantik bekannt ist, dass es neben den äußeren Sehorganen im Kopf auch ein inneres Augenpaar gibt, mit dem sich das Eigentliche erkennen lässt, das unter der Oberfläche der Erscheinung oder hinter dem Horizont des Sichtbaren steckt und nur in einer Einbildung offengelegt – oder sogar offenbart – werden kann. Das ergibt insgesamt drei Dopplungen, und wahrscheinlich finden sich noch mehr, wenn Menschen ihre Aufmerksamkeit den Bildern zuwenden.

Wichtig ist der Hinweis, dass ein Bild im Normalfall etwas zeigt, was es selbst nicht ist. Das Bild einer Pfeife ist bekanntlich selbst keine Pfeife, wobei Betrachter immer wieder schmunzeln werden, wenn sie das berühmte Bild von René Magritte aus dem Jahre 1929 anschauen, auf dem eine Pfeife zu sehen ist, unter der geschrieben steht: «Dies ist keine Pfeife.» Magritte wird von der Kunstgeschichte als Surrealist gehandelt, was ausdrücken soll, dass die in seinen Bildern gemalten Sachverhalte jenseits der Wirklichkeit anzutreffen sind oder über sie hinausgehen, ohne völlig von der Realität abgelöst zu sein. Übrigens: Das Bild mit der Pfeife trägt den Titel «Der Verrat der Bilder», wobei sich der Autor dieser Zeilen im Scherz die Frage erlaubt, was ihm denn die Bilder verraten. Sie verraten ihm vor allem eines, nämlich dass Wirklichkeit nicht als einfaches Konzept zu verstehen ist, sondern mehr als etwas daherkommt, das ein Forellenkleid trägt und sich dem Betrachter im wechselnden Licht immer wieder anders darstellt.

Was nun das Kompositum «Weltbild» betrifft, so möchte ich

«Der Verrat der Bilder» von René Magritte, gemalt 1928/29, als die Physik verstanden hatte, dass Atome kein Aussehen haben und Menschen sich kein Bild von ihnen machen können. Wer immer ein Atom malt, muss darunterschreiben: «Das ist kein Atom.» Das Bild von Magritte ist ja auch keine Pfeife, sondern besteht aus Ölfarben auf einer Leinwand (die wiederum aus Atomen besteht). Ebenso gilt für jedes Weltbild: «Das ist nicht die Welt» – sondern nur ein Bild von ihr, das wir selbst erschaffen haben.

dem Philosophen Martin Heidegger auf seinen keineswegs in die Irre gehenden «Holzwegen» folgen, bei deren Abschreiten und Erwandern er sich im Jahre 1938 nicht zuletzt Gedanken über «Die Zeit des Weltbildes» macht – wobei man meinen könnte, er habe Einsteins Buch «Mein Weltbild» aus dem Jahre 1934 gekannt. Heidegger charakterisiert bei den ersten Schritten auf seinem Weg durch den dichten Wald die Wissenschaft mit dem Hinweis, sie gehöre «zu den wesentlichen Erscheinungen der Neuzeit». Unter dieser zugleich erfreulichen und großmütigen Vorgabe fragt er «nach dem neuzeitlichen Weltbild», ohne zu verraten, welche naturwissenschaftlichen Einsichten er im Auge hat. Die Chemie etwa lernte damals, radioaktive Elemente herzustellen, und näherte sich durch die Analyse von Vitaminen den Lebensvorgängen. Unabhängig davon beginnen Heideggers philosophische Überlegungen zur Freude mindestens eines Lesers höchst einfach, unmittelbar nachvollziehbar und zudem äußerst sympathisch: «Was ist das – ein Weltbild? Offenbar ein Bild von der Welt. Aber was heißt hier Welt? Was meint da Bild? Welt steht hier als Benennung des Seienden im Ganzen. Der Name ist nicht eingeschränkt auf den Kosmos, die Natur. Zur Welt gehört auch die Geschichte.» Im Anschluss fängt der Philosoph an, tiefer zu graben. Er spricht über die «Wechseldurchdringung» von Natur und Geschichte und führt sogar einen «Weltgrund» an, der in «Beziehung zur Welt gedacht wird».[1]

Bevor der Philosoph jetzt allzu sehr ins Grübeln kommt, soll der Gedanke ernst genommen werden, zur Welt gehöre «auch die Geschichte». In diesem Fall haben Weltbilder ebenfalls eine Geschichte, und möglicherweise zeigen Weltbilder die ganze Geschichte, allein schon deshalb, weil die Welt nie etwas anderes getan hat, als sich zu ändern und immer wieder in einem neuen Licht zu zeigen. Das Seiende im Ganzen ist ein dauerhaftes Werden ihrer Teile, wie die neuzeitliche Wissenschaft immer besser zu sagen weiß, weshalb ein Weltbild auch eher als ein Prozess, als ein fortgesetztes Geschehen, als eine unendliche Geschichte zu verstehen ist, eben als eine «Weltbildung». Mit diesem Wort meint man eine Welt und zugleich das fortgesetzte Arbeiten an ihrer Erscheinung.

Zurück zu Heideggers Worten. Er erklärt das Weltbild als «ein Gemälde vom Seienden im Ganzen», was für ihn konkret bedeutet, dass wir damit «die Welt selbst meinen». Diese Wendung gilt es zu beachten: «Weltbild, wesentlich verstanden, meint daher nicht ein Bild von der Welt, sondern die Welt als Bild begriffen.» Die Möglichkeit, die Welt als ein Bild zu begreifen, zeichnet die Neuzeit aus. Ihr philosophisches Wesen besteht nämlich darin, «dass überhaupt die Welt zum Bild wird», und damit zeigt in diesem Fall das Bild, was es selbst ist, nämlich die Welt, was einen selbst ins Grübeln bringen kann.[2]

An dieser Stelle erlaubt sich der Verfasser dieser Zeilen, auf einen Gedanken hinzuweisen, der in den 1920er Jahren in der Physik aufgekommen ist, als deren Vertreter dabei waren, die oben erwähnte Umwandlung des Weltbilds ihrer Wissenschaft zu vollziehen. Bei dem Versuch, die Atome und ihre Wirklichkeit zu verstehen, bemerkten die Physiker auf einmal, dass sie gar keine Beschreibung der Natur lieferten, wie sie zuvor immer gedacht hatten. Ihre Physik lieferte vielmehr eine Beschreibung des Wissens, das sie von der Natur hatten. So war es zum Beispiel gar nicht möglich, sich ein Bild von einem Atom zu machen, weil diese Gegebenheiten der Natur überhaupt kein Aussehen erkennen ließen. Die Physiker konnten ein Atom nur als Bild begreifen, also im Modus der Kunst und durch die Form, die sie ihm verliehen, und sie durften sich dabei sogar freuen, dass sich die Objekte der Begierde durch eine dauerhafte Gestalt auszeichneten, die sich der menschlichen Einbildungskraft als zugängig erwies. Welche Experimente sie auch mit Atomen unternahmen, zuletzt zeigten sich immer wieder die alten (ewigen, urtümlichen) Atome, nur mit neuen Formen.

Mit diesen Erfahrungen verstanden und praktizierten die Physiker in ihren Laboratorien und mit ihren Theorien höchst konkret, was Heidegger in seinen «Holzwegen» mehr allgemein ausgedrückt hat, dass Atome nämlich zum Bild werden und sich in diesem Umsturz des alten physikalischen Weltbilds das philosophische Wesen der Neuzeit zu erkennen gibt. Ob Heidegger die damals entstehende neuartige Physik der Atome gekannt und so verstanden hat?

Heideggers Gedanke, «dass überhaupt die Welt zum Bild wird», wäre etwa im christlichen Mittelalter noch nicht möglich gewesen. Damals lag das Seiende – Heidegger zufolge – nicht als Bild, sondern nur als «das vom persönlichen Schöpfergott als der obersten

Ursache Geschaffene» vor.[3] Es war das «ens creatum», wie man auf Lateinisch dasjenige bezeichnet, was aus höheren Sphären als das Gegenständliche vor die Menschen gebracht und ihnen zugänglich gemacht wird. Wer sich wörtlich auf diese Vorschläge einlässt, wird naturgemäß Mühe haben, vom «Weltbild des mittelalterlichen Menschen» zu sprechen. Dennoch soll auf dieses Konzept hier nicht verzichtet werden, gerade weil der Vorwurf bekannt ist, den Goethes Faust seinem Gesprächspartner Wagner zu Beginn des Dramas macht: «Die Zeiten der Vergangenheit sind uns ein Buch mit sieben Siegeln; was ihr den Geist der Zeiten heißt, das ist (...) der Herren eigner Geist, in dem die Zeiten sich bespiegeln.» Mitglieder der Neuzeit, die sich mit Weltbildern beschäftigen und das entsprechende Denken des Mittelalters verstehen wollen, können gar nicht anders, als diesem die Form eines Weltbilds zu geben, mit dem sie sich selbst zurechtfinden wollen. Nur so lässt sich dann auch der Versuch unternehmen, die Einsichten einer Wissenschaft wie der Physik in ihrer historischen Folge vorzustellen.

Jede Zeit, jede Kultur und jede wissenschaftliche Disziplin macht sich Gedanken über die Welt und die Stellung des Menschen in ihr. Zu jeder Zeit fragen Menschen nach dem Ursprung der Dinge und ihrer Entwicklung. Sie fragen, welcher Sinn in dem ganzen Prozess steckt, an dem sie bewusst und voller Leben teilnehmen und teilhaben. Die Welt wird zum Bild, wenn der Mensch zum Subjekt wird, meint Heidegger. Und zum Subjekt wird der Mensch vor allem in der Wissenschaft, die ihr suchendes Auge auch dem Mittelalter zuwenden kann. Mit der Wissenschaft und ihrer Forschung richten sich moderne Menschen in der Welt ein. «Der Grundvorgang der Neuzeit ist die Eroberung der Welt als Bild», meint der Philosoph in seiner behaglich elektrifizierten Schwarzwaldhütte, und man stimmt ihm gerne zu.[4]

Wer mitverfolgen möchte, wie diese Eroberung der Welt als Bild vonstattengeht, wird fündig in dem Vortrag «Die Physik im Kampf um die Weltanschauung», den Max Planck im Jahre 1935 gehalten hat. Planck betont zu Beginn, dass «eine Weltanschauung, die Anspruch auf umfassende Geltung erhebt, auch auf die Gesetze der unbelebten Natur Rücksicht nehmen muss». Im Verlauf seiner Rede führt er dann aus, «wie die Weltanschauung eines Forschers stets auf die Richtung seiner wissenschaftlichen Arbeit mitbestimmend einwirken» wird und «auch umgekehrt die Resultate seiner Forschung nicht ohne Einfluss auf seine Weltanschauung bleiben können».[5] Man kann sich diesem strebenden Bemühen, diesem Ringen nicht entziehen. Es ist unser Kampf, wenn man so sagen und für die Menschen sprechen darf. Er bestimmt «in den Stürmen des Lebens» (Planck) ihre Geschichte und ihre Kultur. Mehr geht nicht, und die Hoffnung bleibt, die in Goethes Worten lautet: «Wer immer strebend sich bemüht, / Den können wir erlösen.»

2.

Durch das Fenster der Wissenschaft

Von Uhren und Wolken, Atomen und Genen

Vom Weltbild der Physik war schon mehrfach die Rede, weshalb das dazugehörige Gemälde in den kommenden Abschnitten genauer vorgestellt werden soll. Natürlich haben andere Disziplinen der Naturwissenschaft – etwa die Chemie, die Biologie und die Geologie – eigene Beiträge zu dem geliefert, was man als Weltbild der Wissenschaft bezeichnen kann. Aber die Physik nimmt in diesem Spektrum als eine Art grundlegende Wissenschaft mit allgemein anwendbaren Gesetzen eine besondere Position ein, weshalb ich mit ihr beginnen will.

Die Eigentümlichkeiten der «Naturwissenschaft mit Sonderstellung», wie die Physik einmal genannt worden ist,[1] lassen sich nicht zuletzt an einigen merkwürdigen Fehleinschätzungen ablesen, die ihren Vertretern durch die Jahrhunderte hindurch unterlaufen sind. Diese Fehleinschätzungen entfalten nach wie vor ihre Wirkung – auch in den dazugehörigen Weltbildern – und stiften manches Unheil bei der öffentlichen Einschätzung der Wissenschaft. Nicht loszuwerden ist zum Beispiel die im frühen 17. Jahrhundert geäußerte Ansicht Galileo Galileis, es gebe «ein Buch der Natur», das in der Sprache der Mathematik verfasst worden ist und das nur von denen gelesen werden kann, die dieses Idiom beherrschen. Zwar konnte im ausgehenden 17. Jahrhundert Isaac Newton tatsächlich ein Gesetz der Gravitation aufstellen, das ausschließlich mathematische Symbole verwendete und die Zeitgenossen dazu verleitete, das Universum als ein Uhrwerk – «Newton's Clockwork» – anzusehen, das keinerlei Abweichungen zulässt. Aber die Natur besteht neben den durch Schwerkraft bewegten Körpern unter anderem auch aus chemischen Substanzen und lebendigen Wesen mit kreativen Köpfen, und auf einen «Newton des Grashalms» oder eine «Physik der Sitten und des Rechts» wartet die Menschheit bis heute vergeblich (um zum einen eine Formulierung des Philosophen Immanuel Kant und zum Zweiten einen Buchtitel des Soziologen Émile Durkheim zu zitieren).

Natürlich kann man einwenden, dass die Gesetze der Physik letztlich überall gelten und so auch allen Abläufen in der Natur und sogar menschlichen Handlungen zugrunde liegen müssen. Aber der Schluss, dass man die Welt vollständig verstehen und berechnen – und damit banalisieren und entzaubern – kann, wenn man sich nur gut genug bei Atomen, Elektronen und ihren Wechselwirkungen auskennt, führt rasch und nachhaltig in die Irre.

Um es ganz bestimmt und eindeutig zu sagen: Es gibt dieses «Buch der Natur» nicht, von dem Galilei geredet hat und das von irgendeinem transzendenten Autor verfasst worden sein müsste, der ebenso schwer zu fassen bleibt. Wenn man im Bild der Druckerzeugnisse bleiben möchte, lässt sich bestenfalls sagen, dass es ein Magazin der Natur gibt, in dem sich mathematische Beschreibungen mit künstlerischen Darstellungen und begrifflichen Analysen abwechseln und in dem folglich jeder Leser etwas findet, das seinem Geschmack und seiner Neugierde entspricht.

Mechanische und statistische Welten

Bekanntlich ist das Ganze oft nicht nur sehr viel mehr als die Summe seiner Teile, sondern etwas vollkommen anderes: Aus einzelnen und eher trocken daherkommenden H_2O-Molekülen kann zum Beispiel im vielfältigen Verbund eine lebensspendende Flüssigkeit namens Wasser werden, und erregbare einzelne Nervenzellen können sich in komplexen Netzwerken zusammenfinden, mit denen sich in aller Ruhe etwas denken lässt. Bei aller mathematischen Geschicklichkeit und Raffinesse mussten die Physiker bald zur Kenntnis nehmen, dass es Grenzen ihres Zugriffs auf die Welt gab. Zu Newtons Zeiten etwa blieb man ratlos vor der Frage, wie die Schwerkraft den Weg von der Erde zu dem Apfel findet, den sie dann auf den Boden zieht, oder gar zu dem Mond, den sie auf seiner Bahn hält. Unabhängig von solchen Unklarheiten im Detail triumphierte zunächst Newtons mathematische Physik im großen Ganzen, und sie hat bis heute ihre Gültigkeit bewahrt – wenn auch etwas eingeschränkt auf passende Gelegenheiten vor allem im Alltag. Wenn Bälle durch die Luft fliegen oder Autos zusammenstoßen, kann man das immer noch mit Newtons Gleichungen nachrechnen, ohne etwas anderes bemühen zu müssen. Das durch den grandiosen Erfolg seiner Bewegungslehre vermittelte mechanische Weltbild spukt vermutlich noch in vielen Köpfen herum, in die es vielfach auch durch den Schulunterricht hineinbefördert wurde.

Mit dem mechanischen Weltbild der Physik ist etwa die Ansicht gemeint, dass physikalische Gesetze die Abläufe der Welt weitgehend erfassen oder gar komplett berechenbar machen könnten. Die Welt zeigt sich in dieser besorgniserregenden Vorstellung wie oben erwähnt als ein Uhrwerk, dessen Räder- oder Federmechanik gnadenlos abläuft, was der polnische Aphoristiker Stanisław Jerzy Lec in die hübschen Worte gegossen hat: «Die Uhr schlägt. Alle.»

Tatsächlich denken viele Zeitgenossen sofort an einen unangenehmen Determinismus, wenn sie von den Gesetzen der klassischen Physik hören, und sie nehmen eher zurückhaltend zur Kenntnis, dass diese exakte Form der Wissenschaft mit ihrer mathematischen Sprache im Verlauf der nachfolgenden Geschichte eine Revolution der Wahrscheinlichkeit erleben und vollziehen musste. Die neuere Physik hat bemerkt und verkündet, dass es vor allem statistische Gesetze sind, die in der Natur wirken. Überall wimmelt es von Wahrscheinlichkeiten und Zufälligkeiten, die in einer komplexen und vielfach vernetzten Welt kaum noch exakte Vorhersagen gestatten – nicht beim Wetter oder beim Börsenhandel und erst recht nicht beim Klima oder bei Wetten auf Fußballergebnisse. Mit dieser Befreiung von den deterministischen Fesseln des mechanischen Denkens können dem Wunsch nach Freiheit neue Möglichkeiten eingeräumt werden, die jetzt immerhin auch im physikalischen Rahmen Platz finden.

Ihren anschaulichen Höhepunkt haben die Entwicklung des statistischen Denkens und ihre Betonung des Zufälligen in jüngster Zeit in dem gefunden, was als «Schmetterlingseffekt» nicht nur in wissenschaftlichen Kreisen, sondern auch im Laiengespräch zirkuliert. In dieser Erzählung vermag es der Flügelschlag eines Schmetterlings etwa irgendwo in Europa, sich über nichtlineare physikalische Wechselwirkungen immer stärker aufzuschaukeln und zuletzt einen Wirbelsturm in der Karibik oder sonst wo auszulösen. Die Physiker können diese merkwürdige Kausalkette mit den Werkzeugen der Komplexitätsforschung berechnen, wobei sie von einem sogenannten deterministischen Chaos ausgehen, mit dessen Hilfe sich physikalische Systeme entwickeln und die Ordnung annehmen, die sich ihren Beobachtern zeigt. «Nichts kann existieren ohne Ordnung», wie Einstein einmal formuliert hat, um zu ergänzen, «nichts kann entstehen ohne Chaos». Es ist nicht leicht, sich in einem chaotischen Zustand zurechtzufinden. Hier verläuft zwar alles brav kausal, wie man es im Alltag gewohnt ist, aber vergleichbare Ursachen führen meist zu stark abweichenden und ungewöhnlichen Folgen.

Diese vielen Worte lassen sich ganz einfach auf ihren weltanschaulichen Punkt bringen, wie es der Philosoph Karl Popper einmal unnachahmlich vorgeschlagen hat. Demnach darf man sich die Welt nicht mehr als Uhrwerk vorstellen, wie man es nach Newton getan hat und wie es noch im 18. Jahrhundert in Mode war – man sollte sich die Welt vielmehr als Wolke denken. Das ist schon allein deshalb ein schönes Bild, weil man nun ohne einen mechanischen Apparat auskommt, den es dauernd aufzuziehen gilt. Dafür bewegt man sich jetzt mit einer luftig-leichten Beweglichkeit am Himmel ohne die schleppende Dynamik der Erde. In einer Wolke gelten natürlich durchgehend und überall die physikalischen Gesetze, nur dass die Menschen nicht mehr in der Lage sind, die genaue Form der himmlischen Gebilde vorherzusagen, die sich zudem dauernd verändern. Warum sich nicht einfach mal an einem schönen Sommertag ins Gras legen und die Wolken betrachten, wie sie am Himmel entlangziehen – bis sich ein Gewitter nähert und es zu grummeln beginnt?

Der Wechsel vom regelmäßig ablaufenden mechanischen Uhrwerk zur chaotisch gestaltreichen dynamischen Wolke vollzieht sich im Anschluss an Entwicklungen des 19. Jahrhunderts, in dem den Menschen «Die Verwandlung der Welt» gelang, wie Historiker die damals einsetzende Verwissenschaftlichung des Daseins mit industriellen Folgen auf den Begriff gebracht haben. Zu dieser Verwandlung trug zum Beispiel die Tatsache bei, dass es dank des Bemühens von Chemikern, die den Einfluss von Licht auf entsprechend empfindliche Substanzen untersucht haben, zum ersten Mal möglich wurde, fotografische Aufnahmen von Gegenständen und Menschen anzufertigen. Diese lieferten so etwas wie ein objektiv wirkendes Bild der Welt und schienen somit auf den ersten

Blick ein korrektes Weltbild zu erlauben. Zur umfassenden Verwandlung der Dinge kam es auch deshalb, weil Mathematiker und
Physiker die Wirklichkeit, die zuvor ein Thema der Kunst war, von
nun an sauber und korrekt als Statistik erfassten. Sie verwandelten
den individuellen Menschen in einen Durchschnittsbürger, dessen
Lebenserwartung plötzlich berechenbar wurde, was das irdische
Dasein zwar nicht entzauberte, aber immerhin das Aufkommen
des Versicherungswesens ermöglichte und begünstigte.

Tatsächlich: Das 19. Jahrhundert erlebt einen Triumph der
Wahrscheinlichkeit und eine Hinwendung zum Zufälligen, und
dieser Wandel des Weltbilds nimmt seinen Ausgang im Bereich
der Naturwissenschaften, in dem Physiker anfangen, von Verteilungen zu sprechen und mit ihnen zu rechnen. Wer ein Gas und
seine vielen Bausteine untersucht, fragt nicht mehr nach der Bewegung jedes einzelnen Partikels etwa der Luft. Er fragt nach der
Verteilung der Geschwindigkeit bei diesen Partikeln, die sich bei
der immensen Zahl von Molekülen berechnen und beobachten
lässt und dann zum Beispiel erlaubt, die Temperatur eines Gases
vorherzusagen. Das heißt, niemand versucht mehr, über einen
einzelnen Baustein Auskunft zu geben – das wäre allein der Menge
wegen weder sinnvoll noch möglich –, man bemüht sich vielmehr
zu ermitteln, welcher Anteil an Molekülen unter welchen Bedingungen durch welche Wechselwirkungen seine Eigenschaften
bekommt, die dann als Druck oder Temperatur gemessen werden
können und die statistische Sicht der Dinge bestätigen.

So offensichtlich dies im historischen Rückblick erscheint, so
leicht übersieht man dabei, dass das, was die Physiker im 19. Jahrhundert mit ihren Gegenständen – vorzugsweise mit Gasen – taten,
zur gleichen Zeit einem berühmten Biologen half, das Weltbild
seiner Wissenschaft vollständig neu zu entwerfen. Gemeint ist der
Brite Charles Darwin, der 1859 den Gedanken einer Evolution der
Organismen vorlegte. Es ging ihm darum, die enorme Vielfalt der

Organismen und ihre erstaunliche Anpassung an die jeweilige Umwelt zu verstehen. Darwin verzichtete in seiner Darstellung von der Wandlungsfähigkeit der Lebewesen darauf, die Wirkung der natürlichen Selektion in irgendeinem Einzelfall vorherzusagen. Er begnügte sich mit statistischen Aussagen und erklärte, wie Tiere sich auf lange Sicht mit und in ihren vorgefundenen oder ausgewählten Nischen einrichten und ihre Lebensweise entsprechend anpassen. Mit anderen Worten: Darwin nutzte die universelle Gültigkeit des statistischen Denkens aus, mit dem das wissenschaftliche Weltbild des 19. Jahrhunderts charakterisiert werden kann. Dieses Denken ist heute längst selbstverständlich geworden oder sollte es zumindest sein in Zeiten, in denen eine Verkehrs- oder Gesundheitsstatistik der anderen folgt und die Medien unentwegt Wahlprognosen verbreiten oder Wanderbewegungen von Wählern analysieren und dabei mit Prozentzahlen nur so um sich schmeißen.

Der Horizont der Wissenschaft hängt von den jeweiligen Zeitumständen ab. Hinter diesem Horizont liegt die Zukunft, die man vorhersagen möchte, und zwar am besten mit Hilfe des Wissens, das Physiker, Biologen und Chemiker fleißig sammeln. «Zwar weiß ich viel, doch möcht ich alles wissen», verkündet ein trockner Schleicher namens Wagner in Goethes Faust, und im 19. Jahrhundert werden viele Forscher gedacht haben, dass sich dieses Ziel erreichen lässt. Was dabei unter anderem übersehen wurde: Das angestrebte «alles» bleibt ihnen und allen Menschen verwehrt, sobald es auch um die Zukunft geht und sie selbst zu ihr beitragen. Denn so viel Menschen auch zu einem gegebenen Zeitpunkt wissen, eines werden sie nicht wissen, nämlich das, was sie in Zukunft – also hinter dem Horizont der Zeit – wissen werden. Solange sie das Wetter oder die Ausbreitung eines Virus vorhersagen, können sie hoffen, mit ihren Informationen zu verstehen, was auf sie zukommt. Sobald es aber um Prognosen von Abläufen geht, zu denen sie selbst beitragen und deren Beeinflussung sie ändern können, wenn sich ihr Wissen ändert – etwa im Fall des Virus durch Informationen über die Ansteckungsgefahr oder durch Entwicklung von Medikamenten –, entzieht sich das Künftige der Betrachtung. Diese Grenzlinie der kommenden Zeit bleibt den Menschen nicht nur erhalten, sie rückt paradoxerweise mit zunehmendem Wissen näher. Eine Gegenwart, die durch ihr Wissen geprägt ist, muss erleben, wie sich der Horizont der Zeit ihr nähert – und nicht umgekehrt –, während es ihr gleichzeitig verwehrt bleibt, über die schwarze Wand der Zukunft hinauszuschauen. Je mehr Menschen wissen, desto weniger können sie hinter diesen Horizont sehen.

Zurück zu Darwin. Natürlich muss seine Leistung noch unter einem weiteren Aspekt gesehen werden, steckt doch die wesentliche Neuerung seiner Ideen gegenüber dem vorausgehenden Denken in der dynamischen Anschauung der Erde und des Lebens, das sich auf ihr zeigt und entwickelt hat. Vor dem Beginn des 19. Jahrhunderts ging die von Platon initiierte und vom Christentum geförderte durchgängige Sicht auf die Welt davon aus, eine stabile Erde mit konstanten Arten als Produkt einer göttlichen Schöpfung vor Augen zu haben, die für die Ewigkeit angelegt war. Nach 1800 zeigte sich mehr und mehr eine evolutionäre Sicht der Dinge, und zwar sowohl bei geologischen als auch bei biologischen Gegebenheiten. Es war die Zeit, in der Naturforscher zu Weltreisen aufbrachen, um einen Eindruck von der irdischen Mannigfaltigkeit zu gewinnen, der dann Eingang in ihr Weltbild fand.

Alexander von Humboldt prägte in der damaligen Aufbruchsstimmung den kühnen Satz: «Die gefährlichste Weltanschauung ist die Weltanschauung derer, die die Welt nie angeschaut haben.»[2] Mit einer solchen selbstverschuldeten und bequemen Eingrenzung des Horizonts kamen Menschen vom 19. Jahrhundert an nicht mehr weiter, als die Verwandlung der Welt zu einem globalen Dorf mit neuen Bildungsanforderungen ihren historischen Anfang nahm. Die dazugehörige Dynamik bleibt im gegenwärtigen

21. Jahrhundert ungebrochen und zeigt eher steigende Tendenzen, die aus dem Ruder zu laufen scheinen, was viele Folgen für die Fertigung aktueller Weltbilder mit sich bringt, auf die noch einzugehen sein wird.

Es lohnt sich, einen Moment bei Alexander von Humboldt zu verweilen, um die besondere Welt- und Natursicht dieses Reisenden und Forschers in den Blick zu nehmen. Auch sie steht beispielhaft für den Wandel des Weltbilds, der sich um die Wende zum 19. Jahrhundert abgespielt hat. Humboldt wollte eine Naturkunde begründen, die systematisch vorgeht, aber weder auf das Sinnliche verzichtet noch vom Gemüt des Forschers absieht. Es ging ihm darum, die wissenschaftliche Natursicht «um die Dimension der ästhetischen Vernunft zu erweitern und bereichern» und eine «Synthese von Wissenschaft und Ästhetik, von Begriff und Anschauung» herzustellen, wie es Kant in seiner «Kritik der reinen Vernunft» zwar vorgeschlagen, aber selbst nie umgesetzt hat. Solch eine ästhetisch angelegte Wissenschaft würde ihre Ergebnisse in Form von «Naturgemälden» vorstellen, die man auch die dazugehörigen Weltbilder nennen kann.[3]

Der Ausdruck «Naturgemälde» geht auf Humboldt selbst zurück, der damit ein schwer zu erreichendes Ziel bezeichnete. Er hoffte, langfristig eine Verbindung zwischen Wissenschaft und Kunst herstellen zu können. Nur auf diese Weise sah er den humanen Charakter des Unternehmens Naturwissenschaft gewahrt. Für Humboldt war es Aufgabe der Kulturwelt, den Dreiklang «Humanität, Kunst und Wissenschaft» erklingen zu lassen und für alle Menschen hörbar zu machen, eine Aufgabe, die uns immer noch aufgegeben ist. Die Schwierigkeiten, die Humboldts Naturverständnis bereitet, hängen damit zusammen, dass sich hier «eine durchaus romantische Sehweise» zeigt, die viele Menschen für rückwärtsgewandt halten. Sie «beruht auf der Spannung zwischen Individuum und Landschaft, wobei sich diese Spannung in Bewusstsein und Gefühl des Menschen, in seinem Inneren, widerspiegele».[4]

«Am Gestade eines Sees», schreibt Humboldt, «in einem großen Walde, am Fuß dieser vom ewigen Eis bedeckten Berggipfel ist es nicht die materielle Größe, die uns mit dem heimlichen Gefühl der Bewunderung erfüllt. Was zu unserer Seele spricht, was so tiefe und mannigfache Empfindungen in uns wachruft, entzieht sich unseren Messungen, wie auch den Formen der Sprache. Wenn man Naturschönheiten recht lebhaft empfindet, so mag man Landschaften von verschiedenem Charakter gar nicht vergleichen; man würde fürchten, sich selbst im Genuss zu stören.»[5]

Entscheidend ist, dass Humboldt diesen Zugang zur Natur als eine von zwei komplementären Möglichkeiten betrachtet hat. Ästhetischer Naturgenuss und wissenschaftliche Naturerkundung gehören untrennbar zusammen. Deshalb beschreibt Humboldt die Natur wie ein Dichter und Maler – mit poetischer Sprache und in lebendigen Bildern. Er bezieht den Eindruck der Natur auf die menschliche Seele mit ein und redet von Genuss, Gefühl, Furcht, Bewunderung und Erlebnis.

Wie kein Zweiter hat Humboldt Goethes Diktum «Bezüge sind alles, Bezüge sind das Leben» in die wissenschaftliche Tat umgesetzt und erkennend verwirklicht. Humboldt hat sein wissenschaftliches Leben unter anderem damit verbracht, die Lagerung von Gesteinen zu vergleichen, und er hat die wechselseitigen Beziehungen zwischen Pflanzen und Tieren notiert: «Diese Form der Typen, die Gesetze dieser Beziehungen und die ewigen Bande zu bestimmen, durch welche die Erscheinungen des Lebens mit den Phänomenen der unbelebten Natur verknüpft sind: das ist das zentrale Problem für eine Physik der Erde.»[6]

Der Horizont am Himmel

Was die Wissenschaft im Allgemeinen und die Physik im Besonderen angeht, so endet das 19. Jahrhundert dramatisch, und das 20. Jahrhundert beginnt mit Paukenschlägen, die den Umsturz im Weltbild der Physik ankündigen, von dem schon die Rede war und mit dem sich heute eine merkwürdige Antwort auf die berühmte Frage geben lässt, was die Welt im Innersten zusammenhält. Doch bevor dieser aufregende und wahrlich revolutionäre Wechsel im Verständnis der Wirklichkeit zur Sprache kommt, soll ein neugieriger Blick an den Himmel geworfen und gefragt werden, was im Laufe der Geschichte da mit oder ohne Fernrohr gesehen wurde.

Wie relevant dasjenige, was am Firmament erscheint, für das wissenschaftliche Weltbild ist, belegt schon die historische Tatsache, dass die antiken Physiker – wenn man die damals tätigen Philosophen so nennen darf – lieber an den Himmel schauten, um die Bahnen der Planeten und die Positionen der Fixsterne zu erfassen, als sich mit der Bewegung von Äpfeln, Speeren, Steinen und anderen irdischen Gegenständen zu beschäftigen. Eine klare Unterscheidung findet sich bei Aristoteles, der heutigen Lesern den Gefallen tat, einen einsichtigen Horizont am Himmel anzubringen, nämlich die Bahn des Mondes. Der Grieche unterschied die sublunare Sphäre, in der die Menschen auf der Erde leben und in der alles nach physikalischen Vorgaben abläuft, von der supralunaren Welt, in der so etwas wie göttliche Regeln oder kausal übergeordnete Gesetze gelten. Weil in den oberen Gefilden die Götter am Werk sind, laufen die Planeten auf perfekten Kreisen umher. Es gibt kugelförmige Sphären, die sich in aller Ewigkeit drehen und die Planeten erst in sich aufnehmen und dann mit sich herumführen.

Wohlgemerkt – Aristoteles verlegte einen Horizont an den Himmel, vor oder unter dem die Menschen und hinter oder über dem die Götter hausen, was die merkwürdige und wichtige Folge hatte, dass sein Kosmos genau genommen kein Uni- sondern ein Duoversum war, da es sich aus zwei unterscheidbaren Teilen zusammensetzte. Dass dieser Gedanke verworfen werden muss, konnte eigentlich erst im 19. Jahrhundert gezeigt werden, und die wissenschaftliche Quelle, aus der das neue und einheitliche Weltbild entspringt, wird manchen Leser überraschen. Doch dazu später mehr.

Eine eindrückliche bildliche Darstellung des Horizonts am Himmel stammt von Camille Flammarion. «Wanderer am Weltenrand» heißt der berühmt gewordene Holzschnitt, den der französische Astronom und Verfasser zahlreicher populärwissenschaftlicher Schriften 1888 in Paris geschaffen hat. Er zeigt einen Wanderer, der in kriechender Haltung mit Stab, Hand und Haupt den Sternenhimmel durchstößt und hinter den von sechszackigen Leuchten und einer Mondsichel gebildeten Horizont schauen kann. Jenseits des offenbar nicht sehr festen Himmelszeltes, über das sich weder eine Kristallschale noch ein Empyreum oder sonst etwas erhebt, wie es sich sowohl heidnische als auch christliche Himmelgucker früherer Jahrhunderte erträumt oder gedacht haben, zeigt sich eine festgefügt wirkende und eher starre Ordnung.

Der Wanderer erblickt merkwürdige Wolkenformationen, einen Strahlenkranz, ein seltsames Doppelrad ohne erkennbare mechanische Funktion und manches mehr. Angedeutet wird damit eine strukturierte Weite mit endlosen Wiederholungen, die über den Rahmen des Bildes hinausläuft. Ein Mensch kann zwar durch den Himmel und über den Rand der Welt hinaussehen, der Betrachter des Bildes aber bleibt mit den Augen am Rand des Holzschnitts hängen, mit dem Flammarion seine Komposition ein- und abschließt.

Flammarions kleines Bild misst etwa hundert mal hundertneunzehn Millimeter und wurde lange Zeit für eine Darstellung

Der «Wanderer am Weltenrand», wie ihn Camille Flammarion, ein Zeitgenosse von Vincent van Gogh, 1888 dargestellt hat. Flammarion zeigt dem Betrachter, wie sich das 19. Jahrhundert ein mittelalterliches Weltbild ausgemalt hat, in dessen Rahmen ein Mensch das Diesseits verlassen und in ein Jenseits blicken kann. Mit englischen Ausdrücken, die kein deutsches Pendant haben, könnte man sagen, der Mensch gelangt durch den «Sky» in den «Heaven».

aus dem Mittelalter gehalten, die einen Pilger auf seiner Reise ans Ende der Welt zeigt. Heute weiß man dank kunsthistorischer Analysen, dass der Holzschnitt im späten 19. Jahrhundert geschaffen wurde, also zu einer Zeit, als sich auch Vincent van Gogh von den jüngsten Erkenntnissen der Astronomie begeistert zeigte und die damals neuen Einsichten in die Spiralform von Galaxien in seiner «Sternennacht» künstlerisch umsetzte. Flammarion erwies sich für van Gogh als kenntnisreicher Wegweiser in die neue

Wissenschaft des Himmels, und es könnte sein, dass sein Wanderer einem Gefühl des 19. Jahrhunderts Ausdruck verlieh: Die Menschen hatten endlich gelernt, sich aus dem Kerker der irdischen Lufthülle zu befreien, um in die fernen Dimensionen des Raumes und in die Sphäre der lichten Wahrheit zu schauen. Wer sie erblickt, sieht unter anderem das rätselhafte Doppelrad, von dem die ikonographische Forschung inzwischen annimmt, dass damit das seltsame «Rad im Rad» am Thronwagen Jahwes gemeint ist, über das im Alten Testament der Prophet Ezechiel berichtet, ohne dass man mit dieser Auskunft verstehen müsste, wie sich das Gefährt bewegt.

Überhaupt zeigt Flammarions Außenwelt Aspekte der biblischen Himmelsvision des Propheten Ezechiel. Auf jeden Fall ist sein «Wanderer am Weltenrand» dort angekommen, «wo Himmel und Erde sich berühren», und er durchbricht die Trennlinie, ohne beim Anblick der dahinter sich offenbarenden Wahrheit zugrunde zu gehen und zu sterben. Gelehrte sprechen deshalb mit ernsten Worten davon, dass der himmlische Horizont in dem Holzschnitt «prämortal transzendiert» wird,[7] und was Flammarion 1888 seinen Zeitgenossen mit großer Geste zeigt, ist die Sicht des Menschen, wie sie den Schriften von Nikolaus von Kues und Giovanni Pico della Mirandola am Übergang vom Mittelalter zur Neuzeit zu entnehmen ist. Der irdische Mensch wird in diesen Schriften erhöht und als sterblicher Gott gesehen, der in der Lage ist, neue Welten zu schaffen und die dazugehörigen grandiosen Visionen zu entwerfen, was Flammarion selbst erfolgreich unternimmt.

Niemand kann genau sagen, was die mittelalterlichen Menschen glaubten, welches Bild der Welt ihnen im Kopf umherging und was sie hinter dem Horizont der alten und vertrauten Welt meinten finden zu können. Im 19. Jahrhundert aber taucht die Sicht einer dahinterliegenden dynamischen Mechanik auf, mit der alles ins Rollen gerät. Die Frage, ob die Menschen sich in dieser Umgebung besser zurechtfinden und in dem jenseitigen Maschinenpark hinter dem Horizont der erlebten Sphäre gut aufgehoben sind, bleibt offen.

Im Licht der Sterne

Im Verlauf des 19. Jahrhunderts versuchten Philosophen unter der Führung des Franzosen Auguste Comte, die Denkrichtung des Positivismus zu etablieren. Diese erhielt ihren Namen von der Vorgabe, ein Weltbild nur auf Grundlage von positiven Befunden – also mittels beobachteter oder gemessener Bedingungen und Sachverhalte – zu entfalten. Comte zufolge konnte es keine positiven Befunde der so definierten Art von weit entfernten Himmelskörpern wie den Sternen geben, da man nicht zu ihnen hinreisen konnte, um etwas von dort mitzubringen. Damit war der alte aristotelische Gedanke eines Duoversums philosophisch abgesegnet und scheinbar für alle Zeiten besiegelt.

Allerdings hatten die positivistischen Denker die Rechnung ohne die immer raffinierter werdende experimentelle Wissenschaft gemacht, womit in diesem Falle vor allem die Chemie gemeint ist. Diese hatte angefangen, ihre Elemente durch sogenannte Spektralanalysen zu charakterisieren. Man spricht dabei von «Flammenproben», die der Verfasser dieser Zeilen noch in seinem Chemiepraktikum durchzuführen hatte und bei denen die Aufgabe darin bestand, aus dem farbigen Licht verbrennender Substanzen, das durch ein geeignetes Gerät – ein Spektrometer – vermessen wurde, auf die einzelnen Elemente zu schließen, die in der Probe zu finden waren.

Die Idee, aus dem Spektrum der Farben in den Flammen auf die leuchtenden chemischen Elemente zu schließen, geht auf die in

Heidelberg tätigen Professoren Robert Bunsen und Gustav Kirchhoff zurück, die 1860 eine Abhandlung mit dem Titel «Chemische Analysen durch Spektralbeobachtungen» vorlegten. Hier vermeldeten die beiden Gelehrten eine folgenreiche Horizontüberschreitung und erläuterten ihre Folgen. Die Untersuchung des Lichts, so heißt es dort, also die Spektralanalyse der Strahlung, bietet nicht nur «ein Mittel von bewunderungswürdiger Einfachheit dar, die kleinsten Spuren gewisser Elemente in irdischen Körpern zu entdecken», sie eröffnet der chemischen Forschung zudem «ein bisher völlig verschlossenes Gebiet, das weit über die Grenzen der Erde, ja selbst unseres Sonnensystems hinausreicht. Da es (...) ausreicht, das glühende Gas, um dessen Analyse es sich handelt, zu sehen, so liegt der Gedanke nahe, dass dieselbe Analyse auch anwendbar sei auf die Atmosphäre der Sonne und die helleren Fixsterne.»[8]

Bunsen und Kirchhoff war es gelungen, hinter den Horizont zu gelangen, den Aristoteles errichtet hatte und den die Positivisten zementieren wollten. Die analysierenden Naturforscher konnten mit ihren durch Instrumente verstärkten Augen sehen, was sich jenseits des Mondes und auch jenseits der Sonne in der Welt verbarg: dieselben Elemente, die man auf der Erde gefunden und in einem Periodensystem geordnet hatte. Der den Menschen aufnehmende Kosmos erweist sich also wahrlich als materielle Einheit. Er ist wörtlich ein Universum, in dem überall dieselben Elemente – und keine anderen – zu finden sind, und dieses universell ausgreifende Weltbild verdanken die Menschen der irdischen Wissenschaft namens Chemie.

Das schöne Gefühl, in *einem* Universum zu leben, scheint dagegen nicht für die Ewigkeit gemacht zu sein, denn die Physiker unserer Tage sind eifrig damit beschäftigt, Paralleluniversen in die Welt setzen. Von einem Inflations-Multiversum ist ebenso zu lesen wie von vielen Welten der Quantentheorie, die auf ein Quanten-Multiversum zulaufen, oder von Schwarzen Löchern, die ein holographisches Multiversum zu erkennen geben. Vor allem der an der amerikanischen Columbia-Universität lehrende Astrophysiker Brian Greene hat viel zu erzählen über «Die verborgene Wirklichkeit», wie sein Buch zu dem Thema heißt, in dem auch simulierte und letztmögliche Multiversen auftauchen. Bei alldem geht es um die unerhörte Idee, dass Menschen nicht in *dem*, sondern nur in einem Universum leben, das zu einem Multiversum gehört. Sie erlaubt es den Physikern, den er- und belebten Kosmos als eine Blase aus einem Urweltmedium hervorgehen zu lassen, was dann ein neues Urweltbild zur Folge hat, in dem der menschlichen Welt jede Art von Sonderstatus genommen worden ist.

Aber schon Kopernikus hat im 16. Jahrhundert der Welt ihren Sonderstatus genommen. Seinen Ideen soll jetzt die Aufmerksamkeit gebühren, wobei es genügt anzunehmen, dass es den Raum und die Zeit und die Dinge gibt, die sich als Welt dem Nichts entgegenstellen. Das Etwas, diese plumpe Welt, ist unsere kosmische Wohnstätte und Heimat, und nicht irgendein Multiversum, und es bereitet den Menschen genug Herausforderungen und großes Vergnügen.

Kopernikus ernst genommen

Im 19. Jahrhundert vollzog sich also eine Fülle von Verwandlungen in der Welt, und dies passierte auch ganz konkret im Bereich der Physik, die einen immer genaueren und präziseren Blick in den Himmel richtete. Zu Beginn der 1830er Jahre bekam der Königsberger Astronom Friedrich Wilhelm Bessel aus der Münchener Werkstatt von Joseph von Fraunhofer ein neues Instrument, das Heliometer heißt und exakte Beobachtungen von Sternpositionen zuließ. Bessel wandte seine Aufmerksamkeit vornehmlich einem

mit der Nummer 61 bezeichneten Himmelskörper im Sternbild
Schwan zu – es handelt sich, genauer gesagt, um einen Doppelstern,
der als 61 Cygni in der Literatur geführt wird –, und 1838 konnte er
nachweisen, dass die Bestimmung seiner Position im Frühjahr ein
anderes Ergebnis liefert als im Herbst. Die Fachwelt sprach von der
schwierigen Messung einer winzigen Parallaxe, wobei ihre gelungene Ermittlung für den Kenner ein für allemal bewies, dass sich
die Erde um die Sonne dreht. Im Laufe eines Jahres verändert sich
nämlich dank dieser Rotation der Winkel, unter dem 61 Cygni anvisiert werden muss, und so klein diese Parallaxe auch ist, mit dem
neuen Heliometer konnte Bessel sie ausmachen.

Die Zeitgenossen feierten sein Vorgehen und die Messungen als
den «größten und ruhmvollsten Erfolg der praktischen Astronomie», vor allem weil sie der Meinung waren, dass ihre Wissenschaft
nun endlich Mittel und Wege gefunden hatte, das Universum in seiner vollen Größe zu durchmessen. Zudem teilten sie Bessels Ansicht, dabei habe sich unter anderem gezeigt, «dass die Sonne auch
nur ein gewöhnliches von den zahllosen Sandkörnern ist, welche
das Weltall erfüllen» – eine Erkenntnis, die ihn und seine Kollegen
nicht entsetzt hat und über die sie vielmehr ausgelassen jubeln
konnten.[9]

Diese großen Worte verdecken allerdings etwas, das für die historische Betrachtung von Belang ist: die für manchen vielleicht
überraschende Tatsache, dass Bessels sorgfältiger und scharfer
Blick auf den Doppelstern der erste wirklich wissenschaftliche
Nachweis dafür war, dass sich die Erde um die Sonne dreht und
nicht umgekehrt, so wie Nikolaus Kopernikus zum ersten Mal
im 16. Jahrhundert vorgeschlagen hatte. Als Kopernikus 1543 auf
seinem Totenbett sein epochales Werk über «Die Umwälzungen
der Himmelssphären» («De revolutionibus orbium coelestium»)
in Händen halten konnte, in dem das geozentrische Weltbild der
Antike durch eine heliozentrische Konstruktion mit der Sonne im

Mittelpunkt der Welt abgelöst wurde, da gab es keinerlei durch Beobachtungen gestützte Beweise für seine Sicht der himmlischen Dinge. Sie gab es weder im 17. Jahrhundert, als Johannes Kepler und Galileo Galilei sich zum heliozentrischen Weltbild bekannten, noch im 18. Jahrhundert, als Newton versuchte, bessere Fernrohre zu konstruieren, mit denen er und andere hofften, weiter sehen zu können.

Die Welt musste auf das Fraunhofer'sche Heliometer und Bessels Präzisionsmessung im 19. Jahrhundert warten, um für die kopernikanische Wende endlich «Mission accomplished» melden zu können – wobei sich die merkwürdige Beobachtung machen lässt, dass die Mehrzahl von Bessels Zeitgenossen diesen Aspekt unbeachtet links liegenließ. Das neue Weltbild mit der ruhenden Sonne im Zentrum und einer Erde, die sich auf ihrer Umlaufbahn bewegte, hatte sich offenbar längst ohne irgendeine empirische Evidenz durchgesetzt. Das sollte einen aber nicht daran hindern zu fragen, was zum Erfolg und zur Akzeptanz der kopernikanischen Umwälzung führen konnte, die für Galilei und seine Zeitgenossen noch lebensgefährlich war und die eigentlich dem Augenschein widerspricht. Man sieht doch, dass die Sonne morgens auf- und abends untergeht, und man sieht und spürt auch nicht, dass sich die Erde dabei dreht.

Bevor darauf eingegangen wird, soll die polemisch wirkende Frage gestellt werden, wer sich in der gegenwärtigen Zeit eigentlich ein angemessenes Bild davon macht, was es heißt, in einem heliozentrischen System auf einer sich rasend drehenden Erde zu leben. Wer macht sich wenigstens ab und zu einmal klar, dass er oder sie die meiste Zeit des Lebens «mit dem Kopf nach unten im Weltall hängt», wie Erich Kästner es in seinem Gedicht mit dem Titel «Kopernikanische Charaktere gesucht» fordert? Der Verfasser dieser Zeilen vermutet, dass die meisten Menschen zwar mit ihrem Kopf wissen, dass sie auf einer Kugel im All schweben. Die

Nachricht bleibt aber auf dem Weg zum Herzen stecken. Man mag sich zudem vorstellen, stets oben auf der Kugel zu sein, und diese Vorstellung auch dann beibehalten, wenn man sich in Australien und damit «down under» befindet oder nach Südamerika fliegt. Der Himmel ist oben, egal, wo man sich aufhält.

Primum Mobile

Dass auch Gott immer oben, im Himmel, zu finden ist – während unten nur die Hölle wartet –, lässt sich nicht nur psychologisch leicht nachvollziehen – wo wenn nicht oben soll der Höchste denn sein? –, diese Anordnung bereitet auch historisch keine Mühe. Der Grund dafür liegt darin, dass das christliche Mittelalter etwa um das Jahr 1300 das antike Weltbild mit kugelförmigen Sphären übernahm, das nach den Tagen des Aristoteles weitergeführt worden war und irgendwann einmal den Namen des Astronomen Claudius Ptolemäus erhalten hatte, der in der Bibliothek von Alexandria arbeiten konnte.

In seiner berühmten Schrift mit dem arabischen Namen «Almagest» ergänzte Ptolemäus in den ersten nachchristlichen Zeiten das von seinen Vorgängern überlieferte Modell. Dieses war in Form von Zwiebelschalen angelegt: Es gab sieben Sphären für die sieben bekannten Planeten, und sie wurden von einer achten Sphäre abgeschlossen, in der die Fixsterne ihren Platz zugewiesen bekamen. Ptolemäus beließ die ruhende Erde mit den zum Himmel schauenden Menschen im Mittelpunkt dieses Zwiebelschalenkosmos. Er fügte dem Ganzen aber noch eine neunte Sphäre hinzu, was zwar aus rein astronomischen Gründen geschah, dann aber aus anderen – weltanschaulichen – Motiven gern übernommen wurde und eine erweiterte Sicht der Dinge ermöglichte.

Ptolemäus war besorgt um das Ergebnis einiger sorgfältiger Messungen, die eine allmähliche Bewegung am Himmel erkennen ließen, die heutige Sternkundige mit dem Begriff «Präzession» kennzeichnen. Gemeint ist damit eine langsame Richtungsänderung der Erdachse, und diese läuft neben der vertrauten Rotation ab, die den Wechsel von Tag und Nacht hervorbringt. Ptolemäus konnte von dieser Eigendynamik des Planeten nichts wissen – das himmlische Denken konnte sie erst nach Kopernikus in Angriff nehmen –, aber er wollte die Messergebnisse in sein System einbauen, und so führte er im 2. Jahrhundert nach Christus eine neunte Sphäre als Hilfskonstruktion ein, wobei auf die erstaunlich komplizierten Details hier nur mit einem bewundernden Kopfnicken hingewiesen werden kann. Wichtiger ist, dass sein Vorschlag von den nachfolgenden Philosophen begeistert aufgegriffen wurde. Die Neuplatoniker zeigten sich nicht unbedingt an den kosmischen Feinheiten interessiert, träumten dafür aber von einem reinen Kristallhimmel, der über allem schwebte und der folglich nur jenseits des Horizonts liegen konnte, den die Fixsterne bildeten.

Die neunte Sphäre hinter dem Horizont – sie stellte für das frühe nachchristliche Denken das ersehnte Eine in der Welt dar. In den Augen der Neuplatoniker stand sie für das höchste Sein, aus dem heraus die Himmelskörper in Bewegung versetzt wurden, weshalb sie dieser Sphäre auch den Namen «Primum Mobile» gaben, also den eines ersten Bewegers der Welt. In dieser Gestalt, mit diesem Schlussstein des antiken Systems aus Kugelschalen, gelangte der heidnische Kosmos in die christliche Kultur des Abendlandes, wie man es zum Beispiel bei Dante in der «Göttlichen Komödie» nachlesen kann.

In dem überlieferten materiellen Stufenbau erkannten die Gläubigen natürlich zusätzlich eine ethische Schichtung, und da in diesem Denken galt, «alles Gute kommt von oben», wurde der im Himmel thronende Gott-Vater in der obersten Sphäre angesiedelt, wobei die frühmittelalterlichen Patriarchen dafür den Namen «Empyreum» einführten, was so viel wie «Feuerhimmel» heißt. Diese Festlegung liefert zugleich den Grund, warum sich die Menschen in und seit dieser Zeit im Zentrum der Welt mit ihrer ruhenden Erde wohlfühlen konnten, wenn das das richtige Wort ist. Wenn Gott ganz oben ist, mussten sie ganz unten sein, und einen tieferen Punkt als die Mitte gibt es in diesem Modell nicht, das immer noch nach Zwiebelschalen geformt ist. Das heißt, zwar lebten die Menschen in der Mitte der Welt, aber nicht in der Mitte der Kugel, auf der sie hockten. Man nahm eher an, oben auf der Erde zu sein, und dann gab es etwas Tieferes, nämlich den Erdmittelpunkt und die Rückseite. Dort siedelte Dante die Hölle an, denn auch sie musste einen Ort haben. Er lag eben in der Unterwelt. Mit anderen Worten und der Hölle zum Trotz: Die zentrale Position der Menschen und ihres Heimatplaneten im Weltbild des Ptolemäus zeigte keine bevorzugte Stellung an. Sie drückte vielmehr im Gegenteil die Selbsterniedrigung der Menschen und ihre demütige Haltung Gott gegenüber aus.

Ein Wandel dieser Selbstsicht vollzog sich erst mit den Zeiten der Renaissance, in denen Kopernikus lebte und auftrat. Als sich der polnische Astronom daranmachte, die Sonne zu verschieben und anzuhalten und die Erde um sie kreisen zu lassen, da unternahm er das unerhörte Wagnis, sich und seinesgleichen näher zu Gott zu bringen und in diesem Sinne zu erhöhen. Wer – wie etwa Sigmund Freud – meint, die kopernikanische Wende bringe eine Erniedrigung oder gar eine gesundheitsschädliche Kränkung des Menschen mit sich, der liegt nicht nur völlig falsch, er verbreitet zudem gefährlichen Unsinn und übersieht zuletzt eine besondere Pointe. Sie besteht darin, dass der Begriff der kopernikanischen Wende nicht durch einen Astronomen, sondern durch den Philosophen Kant eingeführt wurde.

Kant kannte sich mit Kopernikus aus, und er hatte verstanden, dass die Erde (mindestens) zwei Drehungen vollzieht – die erste um die Sonne und die zweite um ihre eigene Achse. Kant war besonders fasziniert von der zweiten Rotation. Er kam zu dem Schluss, dass die Bewegungen der Sterne, wie sie sich am Himmel darbieten, nicht durch die Objekte selbst, sondern durch die Drehung der Erde und des Beobachters auf ihr zustande kommt. Der Philosoph regte nun eine entsprechende metaphysische Wende an, indem er vorschlug, dass die Gesetze, die sich in der Natur zeigen, nicht dort zu finden sind, sondern vielmehr von und aus dem Menschen stammen, der sie aufstellt und der Natur auferlegt. Die Menschen halten sich nicht in Raum und Zeit auf, Raum und Zeit sind Erkenntnisformen, mit denen der Mensch die Welt wahrnimmt.

Kants kopernikanische Wende zaubert ein völlig neues Weltbild herbei. In seiner Sicht entdeckt die Wissenschaft keine Gesetze, weder am Himmel noch in der irdischen Natur. Vielmehr erfinden Forscher sie und prägen sie den Dingen auf, wobei niemand übersehen wird, dass der Mensch damit genau dorthin zurückkehrt, wo ihn Kopernikus nicht mehr sehen wollte, nämlich in das Zentrum des Geschehens.

Mit Kants Ansichten und Vorschlägen lässt sich zu der Frage zurückkehren, wie es dem heliozentrischen Weltbild des Kopernikus ohne empirische Evidenz gelingen konnte, sich im Denken kleiner und großer Geister einzunisten und das geozentrische Schema der Antike und des Mittelalters zu verdrängen. Zunächst ist zu beachten, dass es bereits in frühen Tagen der Wissenschaft die Annahme einer zentralen Sonne gab. Dem griechischen Astronomen und Mathematiker Aristarch von Samos etwa gelang es um das Jahr 250 v. Chr., die Entfernung der Erde von der Sonne abzuschätzen und die Ausmaße des lichtspendenden Himmelskörpers zu bestimmen. Dabei kam heraus, dass die Sonne sehr viel größer sein musste als die Erde, was den Schluss nahelegte, dass sie ruhte.

Wer ein Klavier und einen Klavierhocker anders zueinander positionieren will, wird eher den leichten Gegenstand verschieben und den schweren an seinem Platz lassen.

So logisch das alles klang – wer an den Himmel schaute, sah das Auf- und Untergehen der Sonne, zudem spürte man nicht einmal den Hauch einer eigenen kosmischen Bewegung. Und so geriet der frühe heliozentrische Vorschlag aus heidnischer Zeit in Vergessenheit. Er kam erst wieder zum Vorschein, als Europa zum einen christlich geworden war und als die Menschen zum Zweiten eine Renaissance erlebten, also wörtlich eine Wiedergeburt, wobei sie sich am antiken Denken orientierten und dabei ein neues Selbstbewusstsein entwickelten. Aus ihm heraus schöpfte Kopernikus seinen Mut, den Menschen aus der untersten Position des Kosmos – also dem geometrischen Zentrum – zu befreien und ihm eine höhere Stellung – näher bei dem oben thronenden Gott – einzuräumen.

Zu diesem Schritt gehört eine merkwürdige Verehrung für das neue Zentralgestirn, die sich bei Kopernikus so liest: «In der Mitte von allem aber hat die Sonne ihren Sitz. Denn wer möchte sie in diesem herrlichen Tempel als Leuchte an einen anderen oder gar besseren Ort stellen als dorthin, von wo sie auch das Ganze beleuchten kann? (...) So lenkt die Sonne gleichsam auf königlichem Thron sitzend (...) die sie umkreisende Familie der Gestirne. (...) Indessen empfängt die Erde von der Sonne und wird mit jährlicher Frucht gesegnet. Wir finden daher in dieser Anordnung die wunderbare Symmetrie der Welt und den festen harmonischen Zusammenhang zwischen Bewegung und Größe der Kugelschalen, wie er auf keine andere Weise gefunden werden kann.»[10]

Kopernikus denkt praktisch, und er stellt das Große in die Mitte, auch weil von dort die Wärme und das Licht kommen, die beide lebensspendend und -erhaltend sind. Es fällt auf, dass er noch von Kugelschalen spricht, was anzeigt, dass es für ihn nicht die Plane-

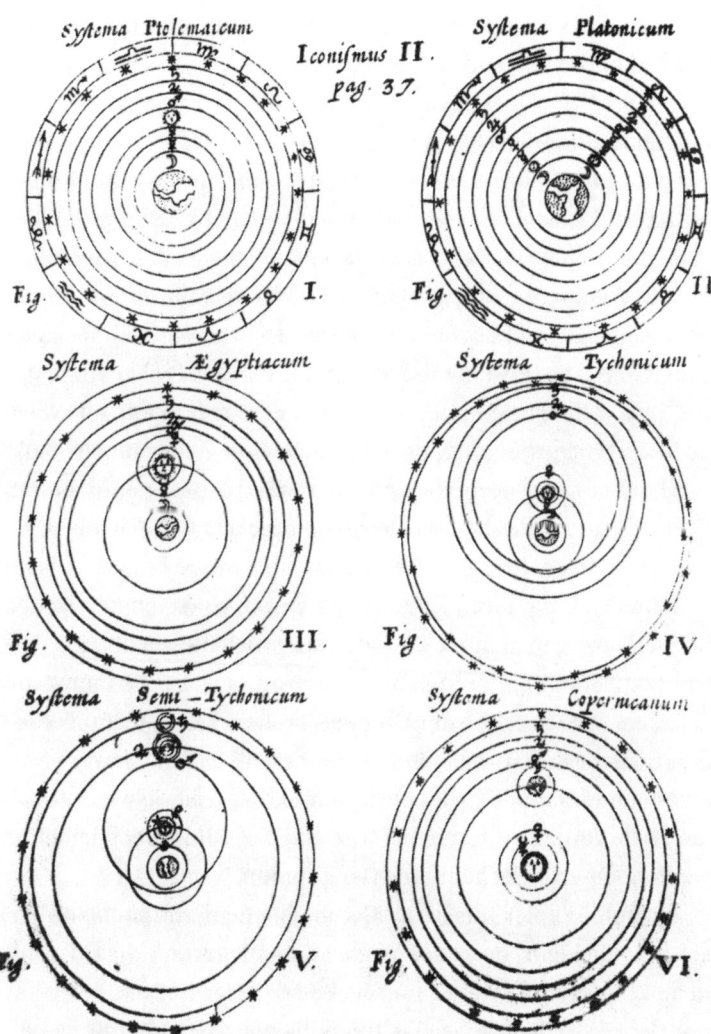

Der Jesuit Athanasius Kircher (1602–1680) hat 1660 sechs kosmische Weltmodelle neben- und untereinander dargestellt. Das heute am besten bekannte heliozentrische System trägt den Namen seines Urhebers, Nikolaus Kopernikus, und ist unten rechts zu sehen. Es löste 1543 das uralte ptolemäische System mit der Erde im Zentrum ab, das Kircher als Erstes malte und oben links positionierte.

ten sind, die sich drehen, sondern dass er am Himmel Sphären sieht, in und mit denen die Planeten kreisen.

Der Schritt zu der modernen und physikalisch angemesseneren Darstellung der auf eigenen Wegen wandernden Himmelskörper wird im 17. Jahrhundert unter anderem von Johannes Kepler vollzogen. Er hat ein berühmtes erstes Gesetz für das Kreisen der Planeten aufgestellt, das besagt, dass dabei von Kugelschalen keine Rede sein kann. Die Umlaufbahnen der Planeten um die Sonne nehmen vielmehr die Gestalt von Ellipsen an, was heute einfach auszudrücken ist und wenig Beachtung findet, damals aber ein neues Weltbild verlangte und hervorbrachte. Bis Kepler kam, also auch noch bei dem großen Kopernikus, gingen die Astronomen selbstverständlich von perfekten geometrischen Konstruktionen am Himmel aus, schließlich schrieb man diese den Göttern oder dem einen Gott zu. Götter schaffen Kreise, aber keine Ellipsen. Wenn Planeten sich bei ihren kosmischen Wegen auf solch komischen Bahnen bewegen, dann kann die Erklärung dafür nicht mehr aus transzendenten Sphären kommen, sie muss vielmehr immanent gelingen. Die Mechanik des Himmels braucht seit Kepler plötzlich eine irdische Erklärung, wenn man so sagen darf, und Newton wird sie am Ende des 17. Jahrhunderts liefern, wenn die Schwerkraft an die Stelle göttlichen Handelns tritt und das mit ihr mögliche Uhrwerk in seinen berechenbaren Gang kommt.

Johannes Kepler war in der Geschichte der Astronomie die entscheidende Figur, da er das Weltall dem modernen wissenschaftlichen Denken öffnete. Er war als Erster felsenfest von der Wahrheit des kopernikanischen Weltbilds überzeugt und meinte das viel ehrlicher als etwa Galileo Galilei, der etwas überheblich in Italien agierte und vom Papst verdientermaßen dafür zur Rechenschaft gezogen wurde. Keplers Leidenschaft für das heliozentrische System hat einen religiösen Beweggrund, auch wenn das zunächst merkwürdig und überraschend klingen mag. Der tiefgläubige und praktizierende Protestant aus deutschen Landen sah in der kopernikanischen Lehre, der «Epitome Astronomiae Copernicanae», wie das von Kepler verfasste Werk heißt, das «körperliche Abbild Gottes». Zum Ausdruck kommt dies etwa in den folgenden Worten aus dem Jahre 1597, als die Ellipsenform der Planetenbahnen noch nicht entdeckt war: «Das Abbild des drei-einigen Gottes ist in der Kugelfläche, nämlich des Vaters im Zentrum, des Sohnes in der Oberfläche und des Heiligen Geistes im Gleichmaß der Bezogenheit zwischen Punkt und Zwischenraum.»[11]

Kepler sieht die Sonne mit ihren Planeten als Abbild der Trinität, die sich auf verschiedene Weise ausdrücken lässt, etwa durch Gott–Welt–Mensch, Vater–Sohn–Heiliger Geist oder Gott–Schöpfung–Ewigkeit. Er bringt die göttliche Drei (Trinität) in Verbindung mit der geometrischen Drei (Raumdimensionen), womit er der Gefahr einer heidnischen Sonnenverehrung entgeht und seinem christlichen Glauben treu bleiben kann. Der Physiker Wolfgang Pauli hat im 20. Jahrhundert darauf hingewiesen, dass man Keplers Vorgehen und seine Einsichten nur verstehen kann, wenn man den Gedanken zulässt, dass bei ihm archetypische Einflüsse und Vorgaben bei der Anschauung des Sonnensystems vorrangig sind. Weil Kepler «Sonne und Planeten mit dem archetypischen Bild der Trinität im Hintergrund anschaut, glaubt er mit religiöser Leidenschaft an das heliozentrische System – nicht etwa umgekehrt, wie eine rationalistische Auffassung irrigerweise annehmen könnte. Dieser heliozentrische Glaube, dem Kepler seit seiner frühen Jugend treu ist, veranlasst ihn, nach den wahren Gesetzen der Proportionen der Planetenbewegung als dem wahren Ausdruck der Schönheit der Schöpfung zu suchen.»[12]

In der Zeit, in der Kepler die Trinität am Himmel verankert, setzt auch die heutige Form der Wissenschaft ein. Pauli merkt zu diesem historischen Zusammenhang an, dass Keplers Vorgehen und seine Symbole «eine seelische Haltung versinnbildlichen, die

an Bedeutung weit über Keplers Person hinausgeht».[13] In dieser
Sicht kommen die modernen Naturwissenschaften durch eine Be-
teiligung von Archetypen zustande, die eine Verbindung herstellen
zwischen der Welt der Sinneserfahrung und der Welt der Begriffe.
Es sind vermutlich urtümliche, archaische Bilder, die beim vor-
bewussten Erkennen eine Rolle spielen, und solche Gebilde gehen
allen rational formulierbaren Bewusstseinsinhalten voraus, was
von Psychologen zwar immer wieder betont, von logisch urteilen-
den Wissenschaftshistorikern aber geflissentlich und gerne igno-
riert wird.

Neuerungen im vergangenen Jahrhundert

Der Übergang vom geozentrischen zum heliozentrischen Weltbild
hat deshalb viel Raum bekommen, weil die damit verbundene kopernikanische Wende bis heute einen unübersehbaren Platz im öffentlichen Denken einnimmt und der Begriff von vielen Leuten für
die eigenen als revolutionär eingeschätzten Zwecke in Anspruch
genommen wird. 2015 etwa konnte man auf einem Kongress, der
Haushalt und Finanzen der Zukunft erörterte, einen Vortrag mit
dem Titel «E-Government im Cloud-Zeitalter: eine kopernikanische Wende?» hören, 2017 werden viele Deuter von Luthers Thesen
des Jahres 1517 von der damit einhergehenden kopernikanischen
Wende im Glauben sprechen – die dann Jahrzehnte vor der Umwälzung am Himmel stattgefunden haben muss. Als sich in den 1980er
Jahren die Idee einer evolutionären Erkenntnislehre durchsetzte,
beanspruchten deren Vertreter, die *wahre* kopernikanische Wende
der Metaphysik vollzogen zu haben, da sie den Menschen aus der
zentralen Stellung, die Kant ihm zugewiesen habe, entfernt hätten,
um ihn zu einem randständigen Beobachter des kosmischen Ge-

schehens zu machen, das ihn einschließt. Dabei wurde leider nicht
verraten, was der Mensch dabei gewinnt – bei Kopernikus durfte
er immerhin seinem Gott oder den Göttern näherkommen und bekam mehrere Perspektiven auf die Welt in ihrer Fülle zugestanden.

Doch so beeindruckend dem Betrachter die geschilderte kopernikanische Wende zu Beginn der Neuzeit auch erscheinen mag, die
Wandlungen, die sich mit dem Übergang in das 20. Jahrhundert er-
eignet haben, wirken noch wesentlich dramatischer, wenn man sie
genauer in Augenschein nimmt und sich im Detail auf sie einlässt.
Wer will, kann dabei von Revolutionen im Größten und im Kleinsten sprechen, im Makro- und im Mikrokosmos. Damit ist zum
einen das neue Weltbild des Universums gemeint, das mittels zahlreicher Beobachtungen und im Gefolge der Relativitätstheorien
von Einstein geschaffen wurde, zum anderen das völlig neue Bild
vom atomaren Geschehen, das sich unter dem Eindruck der Entdeckung zu erkennen gibt, die Max Planck im Jahre 1900 verkünden konnte und die heute unter dem populären Namen «Quanten-
sprung» bekannt ist. Während viele Manager und Minister heute
nicht genug Quantensprünge ankündigen können – ohne genau
zu wissen, wo sie danach landen –, reagierten die Wissenschaftler
in den Gründerjahren sehr zögerlich auf deren Einführung durch
Planck, und es brauchte mehr als zwei Jahrzehnte, um der Physik
der Atome eine angemessene Form zu geben und die Umgestaltung
und Erneuerung im Weltbild der Wissenschaft zu vollziehen, die –
wie weiter oben berichtet – in den 1930er Jahren ihren ersten literarischen Niederschlag fand.

Dieser Revolution im Mikrokosmos soll zunächst die Aufmerksamkeit gehören, bevor der Blick wieder auf den Makrokosmos
und die Welt im großen Ganzen gerichtet wird.

Den Kosmos kennen Menschen schon länger, von den Quanten haben sie erst im Jahre 1900 durch Max Planck erfahren, der über den

tieferen Zusammenhang von Licht und Wärme nachgrübelte und konkret verstehen wollte, wie aus der Wärme, die einem Körper von außen zugeführt wird, in seinem Inneren die Farben entstehen können, die sich zeigen, wenn er erst rot, dann gelb und schließlich weiß zu glühen beginnt. Als Planck sich an die Arbeit machte, galt in seiner Wissenschaft das von dem Philosophen Leibniz ausgegebene Diktum «Die Natur macht keine Sprünge». Es benötigte einen «Akt der Verzweiflung», wie Planck es genannt hat, um an dieser kontinuierlichen Weltsicht etwas zu ändern.

Der nur widerwillig und unter dem Druck der Messergebnisse vollzogene Schritt Plancks, die Quantisierung der Welt, beruhte auf der Annahme, dass die Energie des von dem erwärmten Körper ausgestrahlten Lichts nicht kontinuierlich, sondern nur in Form von diskreten Päckchen auftreten kann, die er «Quanten» nannte. Die Energie eines solchen Quantums legte Planck durch die mathematisch nützliche Maßgabe fest, dass sie proportional zu der Frequenz des Lichts sein sollte, und wer dies heute liest, wird Mühe haben, darin die Idee zu sehen, die das alte Weltbild der Physik vollkommen umwerfen sollte. Plancks Zeitgenossen haben zunächst auch nichts Aufregendes an den Quanten bemerkt und deswegen auch kaum reagiert.

Es mussten erst einmal fünf Jahre vergehen, bis der damals noch junge und unbekannte Einstein erkannte, dass die Quanten von revolutionärer Bedeutung waren und als physikalisch reale Größen sehr ernst genommen werden mussten, auch wenn sie dabei alles durcheinander und das Gebäude der ehrwürdigen Physik zum Einsturz bringen konnten. Einstein konnte Plancks Vorschlag von diskreten Energien vordergründig nutzen, um zu erklären, warum die Wirkung, die Licht auf einen elektrischen Leiter ausübt, nicht von der Intensität des Lichts, sondern von seiner Farbe (Frequenz) abhängt. Mit diesem Erfolg konnte und musste er noch einen entscheidenden Schritt weitergehen, und mit ihm gelangte

Einstein erstmals hinter den unverrückbar scheinenden Horizont der traditionellen Physik. Was er dort sah, brachte ihn anfänglich völlig aus der Fassung. Auch später hat sich Einstein nicht so recht von dem ersten Schock erholt, sein Leben lang hatte er Mühe mit der Wirklichkeit der Quanten, die ihn bis in seine letzten Tage verfolgten und nicht zur Ruhe kommen ließen.

Um den erwähnten lichtelektrischen Effekt korrekt deuten zu können, musste Einstein annehmen, dass Plancks Päckchen im Licht einzeln auftraten und mit den teilchenartigen Leitungsträgern, den Elektronen im stromdurchflossenen Metall, in Wechselwirkung traten. Was beim Lesen eher logisch und nachvollziehbar daherkommt, veranlasste Einstein 1905 zum einen, von einem wahrhaft revolutionären Gedanken zu sprechen (für den ihm später der Nobelpreis für Physik zuerkannt wurde), und gab ihm zum Zweiten das Gefühl, jeden festen Boden unter den Füßen verloren zu haben. Der das überlieferte Weltbild umstürzende Gedanke bestand darin, dass sich das Licht nicht nur, wie es das 19. Jahrhundert meinte bewiesen zu haben, als eine (elektromagnetische) Welle verhielt und ausbreitete, sondern zudem und zugleich als Partikel in Erscheinung trat.

Kurz gesagt, Licht konnte sowohl Welle als auch Teilchen sein, und das bedeutete, dass man nicht mehr sagen konnte, was Licht ist. Einstein hatte entdeckt, dass seine geliebte Wissenschaft wie die menschliche Vernunft im Allgemeinen vor Fragen gestellt war, die sie weder umgehen noch beantworten konnte. Licht blieb ihm bis zu seinem Tod im Jahre 1955 – also rund fünf Jahrzehnte lang – ein Geheimnis, und Einstein hatte mit seinen Einsichten von 1905 begonnen, das scheinbar höchst solide gefertigte Gebäude der klassischen Physik zum Einsturz zu bringen.

Es ist wichtig, sich diesen Moment ganz klar vor Augen zu führen und in einen allgemeinen historischen Zusammenhang einzugliedern. Für das, was hier geschehen ist, gibt es in der europäischen Kultur ein großes Vorbild, und der Rückblick kann helfen zu verstehen, weshalb es berechtigt ist, von einem revolutionären Umsturz durch Einstein zu sprechen. Das geschichtlich markante Vorbild steckt in dem, was der Ideenhistoriker Isaiah Berlin «Die Revolution der Romantik» genannt hat.

Im 18. Jahrhundert, der Epoche der Aufklärung, gingen die Menschen davon aus, dass sich die Welt durch vernünftige Fragen – Was ist Licht? Was ist Wärme? Was hält die Stoffe zusammen? – erfassen lässt, auf die es vernünftige Antworten gibt: Licht ist eine Welle, Wärme ist die Bewegungsenergie von Molekülen, und zusammengehalten werden die Stoffe durch chemische Bindungen. Wenn man alle vernünftigen Antworten auf alle vernünftigen Fragen gefunden und gegeben hätte, meinten die Aufklärer, dann könnte man ein geschlossenes Bild der Welt liefern und mit seiner Hilfe die Lage des Menschen verstehen und verbessern.

Es waren schließlich die Romantiker, die dieser Vorstellung widersprochen und mit ihrer Vernunft die Grenzen der Vernunft ausgelotet haben. Sie bezweifelten etwa, dass sich Fragen nach dem rechten Handeln eindeutig klären lassen. Wie reagiere ich auf Provokationen und Beleidigungen? Wie gehe ich mit Befehlen um, die mich gegen mein Gewissen zu Handlungen veranlassen? Die Menschen müssen in solchen Fällen stets zwischen sittlich sich widersprechenden Alternativen wählen und entsprechend Wertentscheidungen treffen können – was nebenbei erkennen lässt, wie schwierig ein Leben in der Freiheit ist, die Menschen anstreben.

Was die Romantiker für das moralische Tun entscheidend fanden, führte Einstein in das naturwissenschaftliche Denken und sein Weltbild ein, nämlich die Möglichkeit von sich widersprechenden Antworten, zwischen denen eine Wahl zu treffen ist, die von der experimentellen Situation abhängt, mit der man sich befasst und an der man interessiert ist. Mit anderen Worten: Das seit den Tagen von Newton verfolgte Ideal einer objektiven Beschrei-

bung der physikalischen Dinge – also der Präsentation eines Bildes
von der Welt, in der ein malendes Ich nicht auftaucht – musste aufgegeben werden. Das Subjekt machte sich bemerkbar, es betrieb
seine Weltbildung, und die Theoretiker merkten nach und nach
immer deutlicher, dass sie zugleich Zuschauer und Mitspieler bei
dem Geschehen waren, das sich auf der Bühne abspielt, auf der
die Atome ihr Stück aufführen, wobei vermutlich niemand dessen
Autor kennt.

Natürlich dauerte es seine Zeit, bis dieses subjektive Element
zum Allgemeinwissen gehörte und von vielen verstanden wurde,
dass jedes Weltbild mehr oder weniger ein Selbstporträt des Wis-
senschaftlers als Künstler enthält. Aber nach 1925 konnte daran
kein Zweifel mehr herrschen, denn in diesem Jahr gelang es dem
vierundzwanzigjährigen Werner Heisenberg, die eingangs erwähnte und bis heute gültige (wenn auch inzwischen verfeinerte
und angepasste) Form einer Theorie der Atome und ihrer Wirklichkeit aufzustellen. Auch in diesem Fall soll von dem dramatischen Wechsel im Denken erzählt werden, den der junge Mann
vornehmen musste, um zum Erfolg zu kommen.

Bevor Heisenberg sich an die Denkarbeit machte, bestanden die
Bemühungen der Physiker um ein Verständnis der Atome darin,
sich irgendwelche Vorstellungen vom Bau der kleinsten Bausteine
zu machen, um mit deren Hilfe und mathematischen Ableitungen
die Ergebnisse der zahlreichen Messungen etwa von Spektral-
linien ausrechnen und vorhersagen zu können. Dabei hatte man
sich immer wieder festgefahren, was Heisenberg 1925 ermutigte
oder zwang, die Blickrichtung zu ändern und etwas völlig Neues
zu probieren. Heisenberg fasste den kühnen und beispiellosen Gedanken, dass die Bahn eines Elektrons in einem Atom nicht wirklich existiert. Es sind nur die Menschen, die sich das Verhalten des
Elementarteilchens so vorstellen – und zwar deshalb, weil sie sich
bis dahin nichts anderes vorstellen konnten. Und der junge Physi-

ker ging noch einen Riesenschritt weiter. Er nahm an, dass Atome überhaupt nicht als anschauliche Gegebenheiten zu behandeln sind, da sie vermutlich gar kein Aussehen haben. Wer eine Theorie der Atome entwerfen will, kann sich daher nur auf Messergebnisse verlassen.

Mit diesem Gedanken und seiner ungewöhnlichen mathematischen Einbildungskraft gelang es Heisenberg, die Grenzen der alten Physik zu überschreiten und zu neuen Ufern aufzubrechen. Er selbst hat diesen Schritt mit der Entdeckung der Neuen Welt durch Kolumbus verglichen, mit der sich der Horizont der Men-

Im Jahre 1925 änderte sich das Weltbild der Physik, als es dem jungen Werner Heisenberg (1901–1976) – hier auf einer Aufnahme aus den 1920er Jahren – gelang, eine neue (mathematische) Sprache für die Atome zu finden, die sich mit Größen (Operatoren) ausdrückte, über die Realität und ihre reellen Zahlen hinausging und eine imaginäre (unwirkliche) Dimension benötigte.

schen kurz vor 1500 enorm erweiterte. Heisenberg hat sein inneres Amerika erreicht, wo sich bis heute die Physik abspielt. Hier lässt sich das atomare Geschehen begreifen und auf jede erdenkliche Weise in technische Triumphe verwandeln, etwa mit Hilfe von Halbleitern und ihrem Einsatz in Transistoren, die zuletzt in Chips integriert werden und die digitale Welt herbeizaubern.

Da es hier um Weltbilder gehen soll, mag man sich im ersten Moment fragen, wie das von Heisenberg entworfene Naturgemälde der kleinsten Dinge vorzustellen ist, wenn die Atome in seiner Sicht gar kein Erscheinungsbild besitzen. Eine mögliche Antwort liefert das in den 1940er Jahren von dem Maler Willi Baumeister verfasste Buch mit dem Titel «Das Unbekannte in der Kunst», in dem sich der Künstler auch zu der Frage äußert, wie eigentlich Natur «aussicht». Baumeister formuliert den folgenden Gedanken. «Es ist fraglich, ob die Natur überhaupt ‹aussieht›. Es ist fraglich, ob die Welt einen feststehenden Aspekt bietet. Es könnte sein, dass die Augen ein Netzwerk im Dunkel auswerfen, das eine dem Menschen fassbare Welt durch den Menschen selbst entstehen lässt.»[14]

Atemberaubend an diesen Überlegungen ist die Tatsache, dass der Künstler Baumeister beschreibt, was dem Physiker Heisenberg gelungen ist, nämlich die dem Menschen fassbare Form der Atome durch einen Menschen selbst entstehen zu lassen, und zwar durch Heisenberg im Jahre 1925, wie oben beschrieben. Mit der Quantenmechanik bekommen die Atome ihre Form nicht durch die Natur, sondern durch den Menschen, wobei die Natur ihm bei dieser Aufgabe entgegenkommt. Sie sorgt dafür, dass die Gestalten der Bausteine beständig sind und etwa bei chemischen Reaktionen sich Atome zwar verlagern und verschieben, dabei aber grundsätzlich unverändert bleiben und immer wieder zu finden und zu beobachten sind. Zum Atome drängt, am Atome hängt doch alles – wie es Goethe im «Faust» für das Gold formuliert hat.

Um an dieser Stelle einen Schritt weiterzugehen, könnte man sagen, dass im Rahmen der Quantenphysik das ursprüngliche, als unteilbar vorgestellte Atom verschwunden und etwas Neues als Unteilbares an seine Stelle getreten ist. Das neue Atom, das sind die Welt und der Mensch, der sie beobachtet. Die Physik kommt nur weiter, wenn sie Elektronen, Atome oder Moleküle als offene Gegebenheiten des Wirklichen behandelt, die dank ihrer Wechselwirkung mit der Umgebung existieren, zu der auch der Beobachter gehört. Die Wissenschaft beschreibt dann nicht mehr die Welt, sondern das menschliche Wissen von dieser Welt, und vermutlich stellt dieser Gedanke die entscheidende Neuerung des physikalischen Weltbilds dar.

Einer der Pioniere der Quantenmechanik, der 1945 mit dem Nobelpreis geehrte Wolfgang Pauli, hat an dieser Stelle die menschliche Psyche bemüht. Für ihn entsprang das Atom nicht als logische oder empirische Größe der experimentellen Naturforschung und ihren Messergebnissen. Pauli nahm die historische Tatsache ernst, dass alle Versuche gescheitert sind, auf die Verwendung des Begriffes «Atom» zu verzichten, obwohl die Physiker zeigen konnten, das bei dem damit Gemeinten von Unteilbarkeit keine Rede sein kann. Offenbar stammt das Atom aus den Menschen selbst und drückt eine humane Form ihres Denkens aus, was Pauli dazu brachte, darin eine archetypische Idee zu sehen, die sich dem kollektiven Unbewussten des Menschen verdankt und aus ihm ins Licht des Bewusstseins getreten ist.

Weder Wissenschaftshistoriker noch Erkenntnistheoretiker nehmen gern den archetypischen Charakter wissenschaftlicher Konzepte ins Visier. Er taucht in ihrem Horizont nicht auf, wie sich in diesem Buch formulieren lässt, weshalb man vielfach sagen kann, dass diese Experten in die falsche Richtung segeln. Archetypische Denkmuster sorgen für das, was der französische Genetiker

François Jacob einmal die «Nachtwissenschaft» genannt hat. Jacob selbst hat diese Seite der Wissenschaft bei seinen Beiträgen zur Molekularbiologie gespürt und erfahren. In diesen Sphären der Forschung ging es von Beginn des 20. Jahrhunderts an und mit zunehmender Intensität und wachsendem Erfolg spätestens seit den 1930er Jahren um ein neues Verständnis der Vererbung. Dafür analysierte man Moleküle, die seit 1909 Gene heißen. Bei ihrer Taufe stellte man sich diese Elemente der Vererbung wie Atome vor, unteilbar und unfassbar im Inneren der Zelle. Die Natur des Gens war das große Thema der frühen Molekularbiologie der 1950er Jahre, als triumphal ein Modell des Stoffes präsentiert werden konnte, aus dem die Gene gebaut sind und der durch die drei Buchstaben DNA abgekürzt wird.

Das Wort «Gen» ist populär und offenbar leicht verständlich, und wer sich umhört oder Zeitungen liest, bekommt ein ganzes Spektrum von Genen vorgeführt, von Genen für Krankheiten bis hin zu Genen für Untreue oder eine Siegermentalität. Solche simplen Deutungen, die eine Art Newton'sches Uhrwerk und eine schlichte Kausalität für das Zellgeschehen voraussetzen, greifen schon deshalb zu kurz, weil gentechnische Experimente in den 1970er Jahren zeigen konnten, dass es Gene am Stück gar nicht gibt. Gene stellen keine stabile Substanz, sondern ein dynamisches Geschehen dar. In einer Zelle werden Stücke des Erbmaterials erst in eine andere Molekülsorte – sie heißt RNA statt DNA – umgesetzt und dann in dieser Form auf verschiedene Weise bearbeitet – etwa umgruppiert –, bis ein Baustein des Lebens entstanden ist, mit dem die Zelle agieren kann. Mit anderen Worten: Gene *sind* nicht, Gene *werden* nur, und das in jeder Zelle auf angemessene Weise, was aber niemanden daran hindert, weiter von Genen zu sprechen. Es verhält sich hier also wie bei den Atomen, die es in unteilbarer Form gar nicht gibt und die trotzdem so heißen. Eigentlich müsste es statt des Substantivs «Gen» ein Verb wie «genen» oder «geneln»

geben, um den dynamischen Charakter der Lebensabläufe zum
Ausdruck zu bringen.

Das erlaubt an dieser Stelle einen letzten Hinweis. Als die Physiker die Radioaktivität entdeckten und damit die Wandelbarkeit
der Elemente und ihrer Atome, da dachten sie, nun den Ursprung
des Lebens verstehen zu können. Die Atome der Materie konnten
sich so sprunghaft wandeln wie die Elemente der Vererbung, wenn
Mutationen auftraten. Die Atome und die Gene – sie gehören und
halten zusammen, wahrscheinlich weil sie eine gemeinsame Quelle
im menschlichen Denken haben. Das Weltbild entsteht wenigstens
zum Teil in der Seele der Menschen, und deren liebste Tätigkeit
besteht im Suchen und Sehen, also in der Weltbildung.

Der Weg in die Raumzeit

Wolfgang Pauli hat während seines Studiums der Physik als Wun-
derkind selbst den überlebensgroßen Einstein überrascht. Als der
Vater der Relativitätstheorien kurz nach dem Ersten Weltkrieg
gebeten wurde, einen Übersichtsartikel für das damals maßge-
bende Handbuch der exakten Naturwissenschaften über die neuen
Einsichten in Raum und Zeit durch seine Spezielle Relativitätstheorie von 1905 und ihre erweiterte Allgemeine Form von 1915
zu schreiben, überließ er dies dem noch nicht zwanzigjährigen
Pauli. Der fasste auf vierhundert Seiten zusammen, was Einstein
erkannt hatte, und zwar so gut, dass sich der Meister höchst beeindruckt zeigte. Paulis Handbuchartikel wird bis heute zitiert und
gilt als Maß aller Dinge. Der junge Autor beherrschte sowohl die
mathematischen Feinheiten als auch die philosophischen Implika-
tionen, um die es im Folgenden vor allem gehen soll.

Wenn man das durch Einstein ermöglichte neue Bild vom Kosmos auf einen Begriff bringen müsste, könnte man dies folgendermaßen tun: Einsteins Physik zeigt, dass Menschen nicht in einem Raum mit drei Dimensionen und eindeutiger Geometrie leben, durch den in nur eine Richtung träge und gleichmäßig die eindimensionale Zeit fließt; vielmehr muss das Universum als eine Raumzeit verstanden werden, deren vier Dimensionen sich durch das Zusammenzählen der räumlichen und der zeitlichen aus dem alten Weltbild ergeben.

Zwar wissen die meisten Menschen ohne jede Physik und ohne Schwierigkeiten, was ein Zeitraum ist. Die wenigstens kommen aber mit dem Wort «Raumzeit» zurecht, obwohl wir alle in solch einem Gebilde leben. Der Begriff stammt ursprünglich von dem Mathematiker Hermann Minkowski, der Einsteins physikalischen Ideen die elegante Form geben konnte, die sie in den Lehrbüchern der Physik bis heute hat. Die von Menschen bewohnte und ihnen bekannte Welt wird dabei als ein kontinuierliches Gebilde mit den drei üblichen räumlichen und einer vierten Dimension präsentiert, in der die Zeit auftaucht und fließt. In der Sprache der Mathematik kommt zum Ausdruck, was Einstein erkannt hat und was einem schlichten Verständnis der Wirklichkeit zu widersprechen scheint.

Naiv denkt man, dass Raum und Zeit nichts miteinander zu tun haben und nebeneinander herlaufen. Doch nach und mit der Relativitätstheorie kennt sich die Wissenschaft besser aus. Sie kann zeigen, dass Zeit und Raum eng zusammenhängen – ein Gedanke, der Künstlern nie fremd war. Wenn etwa Thomas Mann den Helden seines Romans «Joseph und seine Brüder» lange Reisen durch die Wüste unternehmen lässt, heißt es, dass man «ohne jede Ungeduld der Zeit überlassen [kann], dass diese den Raum überwinde». Und scheinbar selbstverständlich legt Richard Wagner der Figur Gurnemanz in seinem Bühnenweihfestspiel Parsifal die Worte «Zum Raum wird hier die Zeit» in den Mund, nachdem Parsifal sich wundert und meint: «Ich schreite kaum, doch wähn ich mich schon weit.»[15]

Die Verbindung von Raum und Zeit als Raumzeit hat Einstein bereits in der Speziellen Relativitätstheorie erkannt. Als er sie zur Allgemeinen Relativitätstheorie erweiterte, verwoben sich zusätzlich Raum und Masse, die ihrerseits in Energie umgerechnet werden kann. In Einsteins physikalischem Weltbild hingen plötzlich alle Grundformen des physikalischen Seins zusammen: also Raum, Zeit, Energie und Masse, für die man auch die Materie einsetzen kann. Das Quartett entsteht zusammen und vergeht zusammen, und mit diesem Gedanken lässt sich die wahrscheinlich tiefste Einsicht Einsteins in das Zustandekommen der Welt ausdrücken: «Früher hat man geglaubt, wenn alle Dinge aus der Welt verschwinden, so bleiben noch Raum und Zeit übrig; nach der Relativitätstheorie verschwinden aber Zeit und Raum mit den Dingen.»[16]

In Einsteins Buch «Über die spezielle und die allgemeine Relativitätstheorie» von 1917 gibt es einen dritten Teil, der mit «Betrachtungen über die Welt als Ganzes» überschrieben ist. Hier will Einstein auf «die Möglichkeit einer endlichen und doch nicht begrenzten Welt» hinaus, denn er hat herausgefunden, wie «man an der *Unendlichkeit* des Raumes zweifeln kann, ohne mit den Denkgesetzen in Kollision zu geraten».[17]

«Wir denken uns zunächst ein zweidimensionales Geschehen. Flache Geschöpfe mit flachen Werkzeugen, insbesondere flachen Meßstäbchen seien in einer *Ebene* frei beweglich.» Wenn diese Wesen nur das Geschehen in ihrer Ebene beobachten, werden sie meinen, ihre ganze Welt sei eben, und damit können wir einen Schritt weitergehen: «Wir denken uns nun abermals ein zweidimensionales Geschehen, aber nicht auf einer Ebene, sondern auf einer Kugelfläche. Was passiert, wenn die flachen Geschöpfe mit ihren Maßstäben (...) genau in dieser Fläche», die sie nicht verlassen können, den Versuch unternehmen, «eine Gerade zu realisieren»? Können sie das?

Die Antwort lautet: nein. Bei dem Bemühen würden die Wesen «eine Kurve erhalten, welche wir ‹Dreidimensionalen› als größten Kreis bezeichnen, also eine in sich geschlossene Linie von bestimmter endlicher Länge, die sich mit einem Stäbchen ausmessen lässt».

«Der große Reiz, den die Versenkung in diese Überlegung bereitet», besteht für Einstein in einer Erkenntnis, die er kursiv setzt: «*Die Welt dieser Wesen ist endlich und hat doch keine Grenzen.*»

Nun gibt es zu der eben geschilderten zweidimensionalen Kugelwelt ein Analogon im Raum unserer Erfahrung. Der Mathematiker Bernhard Riemann hat im 19. Jahrhundert die Geometrie für den entsprechenden dreidimensionalen Kugelraum entworfen, in dem wir so stecken wie die Zweidimensionalen auf ihrer Oberfläche. Damit kann Einstein die uralte Frage, ob wir in einer endlichen oder einer unendlichen Welt leben, auf höchst elegante und zugleich äußerst befriedigende Weise beantworten. Der Raum, in dem wir leben, ist endlich, ohne Grenzen zu haben.

Zugegeben, es macht Mühe, das Endliche und das Unendliche zusammenzudenken, obwohl es Thomas Manns Tochter beim Blick auf das Meer zustande gebracht hat, wie eingangs zitiert worden ist. Elisabeth Mann Borgese berichtet, wie beim Blick auf das Meer und beim Betrachten des Horizonts die Endlichkeit zur Unendlichkeit wird. Ein schöner Gedanke, der noch schöner wird, wenn man klarmacht, dass das Weltbild, das Einstein den Menschen mit seinen Relativitätstheorien anbietet, so etwas wie Humanität ausstrahlt. In seinem Universum, auch das wurde oben angedeutet, finden sich gerade die beiden Eigenschaften nicht, die Menschen am meisten fürchten. Der französische Philosoph und Mathematiker Blaise Pascal fühlte sich bedrückt durch das «ewige Schweigen dieser unendlichen Räume», deren «unendliche Leere» ihm Angst machte. Und in dem hier, in diesem Buch, vertretenen

Menschenbild werden vor allem Grenzen als störend empfunden, da sie dem Freiheitswillen entgegenstehen. In einer zugleich endlichen und unbegrenzten Welt, die im Blick der Relativitätstheorien möglich ist, tauchen die beiden Hindernisse nicht auf. Die Wissenschaft zeigt den Menschen eine Welt, die ihren Wünschen entspricht und daher für sie gemacht zu sein scheint. Der Blick in den Kosmos führt zu einem Weltbild, das reine Freude ist und Vergnügen bereitet. Was will man mehr?

3.

Erste Erfahrungen der Erde

Weltwissen durch Reisen über das Meer
und darüber hinaus

Die Menschen im unübersehbar heraufziehenden digitalen Zeitalter sind sich ganz sicher zu wissen, wie die Erde aussicht, auf der sie wohnen und umherreisen. Sie haben die kosmische Kugel längst auf vielen bunten Bildern zu sehen bekommen, die auch als Poster zu haben sind und in meinen Studententagen die Wände vieler Buden zierten. Der Planet, auf dem nach wie vor mit zunehmender Tendenz über sieben Milliarden Mitglieder der Spezies Homo sapiens in verschiedenen Kulturen aufwachsen, zeigt sich den leider längst nicht mehr staunenden Augen ihrer Bewohner auf phantastischen Fotografien aus dem Weltall. Auf ihnen kann man der Erde als einer ziemlich groß wirkenden, schwebenden Kugel ansichtig werden, die vor schwarzem Hintergrund blau-weiß leuchtet und rötlich schimmernde Landmassen als Grundierung erkennen lässt, zwischen denen sich die Ozeane ausbreiten.

Die ersten Bilder dieser Art sind im Verlauf der Apollo-Mission zustande gekommen. Mit dieser Mission erfüllte die amerikanische Weltraumbehörde – was für ein harmloses Wort für eine ungeheure Erfolgsgeschichte – den nach dem Sputnik-Schock von 1957 konzipierten und zu Beginn der 1960er Jahre vom damaligen Präsidenten John F. Kennedy formulierten Auftrag, einen Menschen erst auf dem Mond abzusetzen und dann wieder sicher zur Erde zurückzubringen. Am 20. Juli 1969 betrat der erste Astronaut den Mond, und seitdem kann die Erde von ihrem Trabanten aus mit menschlichen Augen beobachtet und mit entsprechenden Apparaten auch fotografiert werden.[1]

Für das neue Bild der Erde oder die veränderte Sicht auf den bewohnten Planeten gibt es seit dem Jahr 1972 eine Art Ikone: die im Rahmen des Apollo-17-Fluges von dem Astronauten Jack Schmitt gemachte Aufnahme, die als «Blue Marble» bekannt wurde. Die «Blaue Murmel» wird später noch genauer betrachtet. Zunächst soll sie vor allem auf die eindrucksvolle Größe des afrikanischen Kontinents verweisen, der von den ersten Menschen, die man als «Abenteurer der Ferne» bezeichnen kann – so der Titel eines Buches des Althistorikers Raimund Schulz –, erst Küstenstück für Küstenstück mühsam erfahren wurde und dessen gewaltige Konturen dank dieser Anstrengungen nach und nach dem Wissen der Antike hinzugefügt werden konnten. Um dieses Ausschwärmen von mutigen bis draufgängerischen Seefahrern zum sichtbaren Horizont und um das Bild der Erde, das die ersten konkreten Erfahrungen dieser Entdeckungsreisen vermittelten, wird es in diesem Kapitel gehen.

Vorangestellt werden sollen zwei Bemerkungen, denen sich entnehmen lässt, dass Menschen schon früh davon geträumt haben, von oben einen Blick auf die Welt zu werfen, um sie so bestaunen zu können, wie es die Astronauten der NASA im 20. Jahrhundert getan haben. Die erste prophetische Bemerkung stammt von dem britischen Astrophysiker Fred Hoyle, der bereits 1948 von einer Fotografie der Erde aus kosmischen Sphären träumte. Hoyle stellte sich vor – völlig zutreffend, wie sich heute sagen lässt –, dass auf einem solchen Weltbild die «schiere Isolation der Erde» offensichtlich würde, was die Folge hätte, dass «eine neue Idee, mächtig wie

Der blaue Planet – aufgenommen im Jahr 1972 von der Besatzung der Apollo-17-Mission aus einer Entfernung von fünfundvierzigtausend Kilometern. Berühmt wurde diese Aufnahme als «Blue Marble». Die Farbe der Erde – das Himmelsblau – kann durch die klassische Physik erklärt werden (Streulicht). Das tiefe Schwarz des Kosmos braucht die Relativitätstheorie und die Quantenmechanik. Die Welt ist wissenschaftlich betrachtet so zweigeteilt, wie Aristoteles sie philosophisch gesehen hatte – ein Teil ist sublunar und ein zweiter befindet sich jenseits des Mondes.

kaum eine andere in der Geschichte, entfesselt wird».[2] Die «Blaue Murmel» hat tatsächlich ein wirkmächtiges Umdenken herbeigeführt, das sich mit dem Begriff «Umweltschutz» umreißen lässt und im Laufe der Entwicklung und besonders seit den 1980er Jahren den weitreichenden Gedanken der Nachhaltigkeit hervorgebracht oder – in der Diktion von Hoyle – «entfesselt» hat. Der Geist der «sustainability» ist aus der Flasche und beginnt, seine politische und ökonomische Wirkung zu entfalten.

Die viel ältere prophetische Bemerkung stammt von Sokrates. In dem von Platon um 380 v. Chr. verfassten Dialog «Phaidon» erläutert Sokrates seine Ideenlehre und entwirft dabei auch ein Bild der Erde. Er zeigt die Erde so, wie die Seele sie seiner Ansicht nach aus dem Totenreich erblickt. Sokrates wundert sich über die Ansicht seiner Zeitgenossen, dass dann, wenn die Erde «als runde inmitten des Himmels steht, sie [keine] Luft brauche, um nicht zu fallen (...). [U]m sie zu halten[,] sei hinreichend die durchgängige Einerleiheit des Himmels und das Gleichgewicht der Erde selbst», wie es in der etwas spröde klingenden Übersetzung von Friedrich Schleiermacher heißt.[3] Diesen eher engen Horizont des Denkens will Sokrates überwinden, und so stellt er sich vor, wie er in transzendente Höhen steigt, um von dort aus auf die sphärische Welt hinunterzublicken. Sie kommt ihm, «von oben herab betrachtet, wie die zwölfteiligen ledernen Bälle, in so bunten Farben geteilt vor». Dies waren damals gefällige geometrische Formen, was den legendären Philosophen zu der Auffassung brachte, «die ganze Erde bestehe aus solchen und noch weit glänzenderen und reineren Farben», die allerdings nicht vergleichbar seien mit denen, «derer sich die Maler bedienen».[4]

Mit anderen und stringenteren Worten: Platon lässt Sokrates das farbenprächtige Bild einer sphärischen und glitzernden Welt entwerfen, wobei der zwölfteilige Ball wahrscheinlich auf die von Pythagoras im 5. Jahrhundert v. Chr. konzipierte Figur eines Dode-

kaeders zu beziehen ist. Mit dieser Figur wollte die frühe Geometrie gerader Linien einer Kugel möglichst nahe kommen; bis zum
Beginn der Neuzeit hat sie Beobachter des Himmels wie Johannes
Kepler stimuliert und zu eigenen Entwürfen ermutigt. Da die Erde
von Sokrates nicht ideal betrachtet, sondern als real gesehen vorgestellt wurde, kann sie sich der sphärischen Perfektion nur an-
nähern, weshalb er sie zu einem zwölfteiligen Fußball macht – ein
Gedanke, der den Verfasser beim Schreiben dieser Zeilen schmunzeln ließ, während zeitgleich die Europameisterschaft 2016 in
Frankreich ihrem Höhepunkt entgegenging.

Nachdem Sokrates die sphärischen Phantasien seiner aufstei-
genden Seele entwickelt hatte, konnten griechische Philosophen
wie Aristoteles die offenbar uralten Vorstellungen einer scheibenförmigen Erde aufgeben und sie durch die einer Erdkugel ersetzen.
Trotz dieser philosophischen Globalisierung lohnt es sich, den
Weg von der flachen zur runden Erde sorgfältig nachzuverfolgen.
Allein schon deshalb, weil daran zu erinnern ist, dass dieser Schritt
erstens keineswegs nebenbei gelang und zweitens alles andere als
banal ist. Schließlich schweift der Blick des Menschen im Alltag
stets über eine Ebene. Darüber hinaus ist der Schritt zur Kugel
immer wieder aufs Neue zu vollziehen, wenn wir etwa Landkarten
betrachten oder den flachen Bildschirm des Fernsehapparats oder
Computers.

Es gibt sowohl Autoren, die gerne und unverdrossen mit der Be-
hauptung Geld verdienen wollen, die Erde sei noch zu Zeiten von
Christoph Kolumbus als Scheibe vorgestellt worden, über deren
Rand man fallen kann, als auch Stimmen, die verkünden, die Kugelform der Erde sei seit der Antike gesichertes Wissen der Menschheit und nie aufgegeben oder bezweifelt worden. Beiden Lagern sei
ein Blick auf die Weltkarte empfohlen, die der Nürnberger Arzt und
Historiker Hartmann Schedel im Jahre 1493 angefertigt hat. Schedel traute sich zu, nichts weniger als eine Weltchronik zu verfas-

sen, die in sieben Kapiteln auf rund sechshundert Seiten mit vielen
Illustrationen von der Erschaffung der Welt über das babylonische
Exil bis zum Weltuntergang mit dem Jüngsten Gericht schreitet.
Sein Werk liefert ein umfassendes Weltbild der Renaissance, und
auf einer der Tafeln kann man nicht nur merkwürdige Fabelwesen,
sondern auch die erwähnte Weltkarte sehen. Neben ihrer eigenwilligen geometrischen Form ist in altertümlichem Deutsch zu lesen:
«Die werlt wirdt darumb ein umbkrais genant, da sie simbel rotund
gescheybelt oder kugelt ist.»

Die Welt ist um das Jahr 1500 herum auf jeden Fall rund, wobei
es ganz gleich ist, ob man sie als Scheibe oder als Kugel betrachtet.
Und genau diese Ansicht ist es, die auch das (zweidimensionale)
fotografische Bild der (dreidimensionalen) blauen Murmel bietet:
eine runde Erde, die man als Poster an der Wand, als Globus auf
dem Schreibtisch oder als Ebene mit Horizont vor Augen haben
kann.

Auf dem Weg zur ersten Weltkarte

Bekanntlich streben nicht nur viele, sondern alle Menschen nach
Wissen – so hat es jedenfalls Aristoteles in seiner Metaphysik festgehalten –, und sie bemühen sich auf unterschiedlichen Wegen
darum, weil sie sämtlich Freude an der Wahrnehmung der Welt
haben. Mit diesem ästhetischen Verlangen kann der griechische
Philosoph auch erklären, warum Menschen hinter die sichtbare
Grenze am fernen Horizont gelangen wollen. Sie stillen dabei ihr
natürliches Bedürfnis nach «Mehr-Wissen», und diesem Wunsch
gab man in der Sprache der ionischen Philosophen, die im 5. Jahrhundert v. Chr. an den kleinasiatischen Küsten standen und sehnsuchtsvoll in die Ferne blickten, den Namen «historie». Die heutige

Verwendung dieses Wortes verweist auf eine historische Erzählung und deutet damit an, dass sich das erste Mehr-Wissen den Geschichten der Seefahrer verdankt, die hinter den Horizont gelangt waren, um zu erkunden, was sich dort befand. Ihre Berichte wurden von antiken Historikern wie dem berühmten «Vater der Geschichtsschreibung», dem um 480 v. Chr. geborenen Herodot von Halikarnassos, aufgezeichnet und ausgewertet, und gerade Herodots überlieferte Schilderungen geben seinen heutigen Nachfolgern und anderen Lesern die Möglichkeit, an die Anfänge der Welterklärungen zurückzugehen und den von ihnen anvisierten Horizont ins Auge zu fassen.

Zwar haben die ersten Naturphilosophen wie Thales von Milet um 600 v. Chr. sich vor allem den Sternen und der von ihnen gebildeten Milchstraße – griechisch: Galaxie – zugewendet, um durch Beobachtungen zu astronomischem Wissen zu kommen. Aber erst «die Weite des Meeres öffnet den Blick für die Natur der Welt», wie es der Historiker Raimund Schulz in seinem bereits erwähnten Buch über die großen Entdeckungsfahrten der Antike ausgedrückt hat. Schulz stellt das «Weltwissen» vor, das Menschen bei diesen Erkundungen erwerben konnten und in ein System einzubauen versuchten. Seinem umfangreichen, unterhaltsamen und höchst informativen Buch ist zum Beispiel zu entnehmen, dass es «spätestens seit der mittleren Bronzezeit [also schon mehr als tausend Jahre vor der modernen Zeitrechnung] nicht nur im Mittelmeer, sondern auf fast allen Weltmeeren hochseetaugliche Schiffe» gab. Das bedeutet, dass spätestens seit diesen Tagen nicht nur die

Auf der folgenden Doppelseite:
Die 1493 entstandene Weltkarte aus der Weltchronik – dem *Liber chronicarum* – des Hartmann Schedel aus Nürnberg. Der Kartograph lässt offen, ob er die auf jeden Fall runde Welt als Kugel oder Scheibe betrachtet. In den Zwickeln seiner Karte zeigt Schedel die drei Söhne Noahs als Stammväter der drei Erdteile Europa, Asien und Afrika.

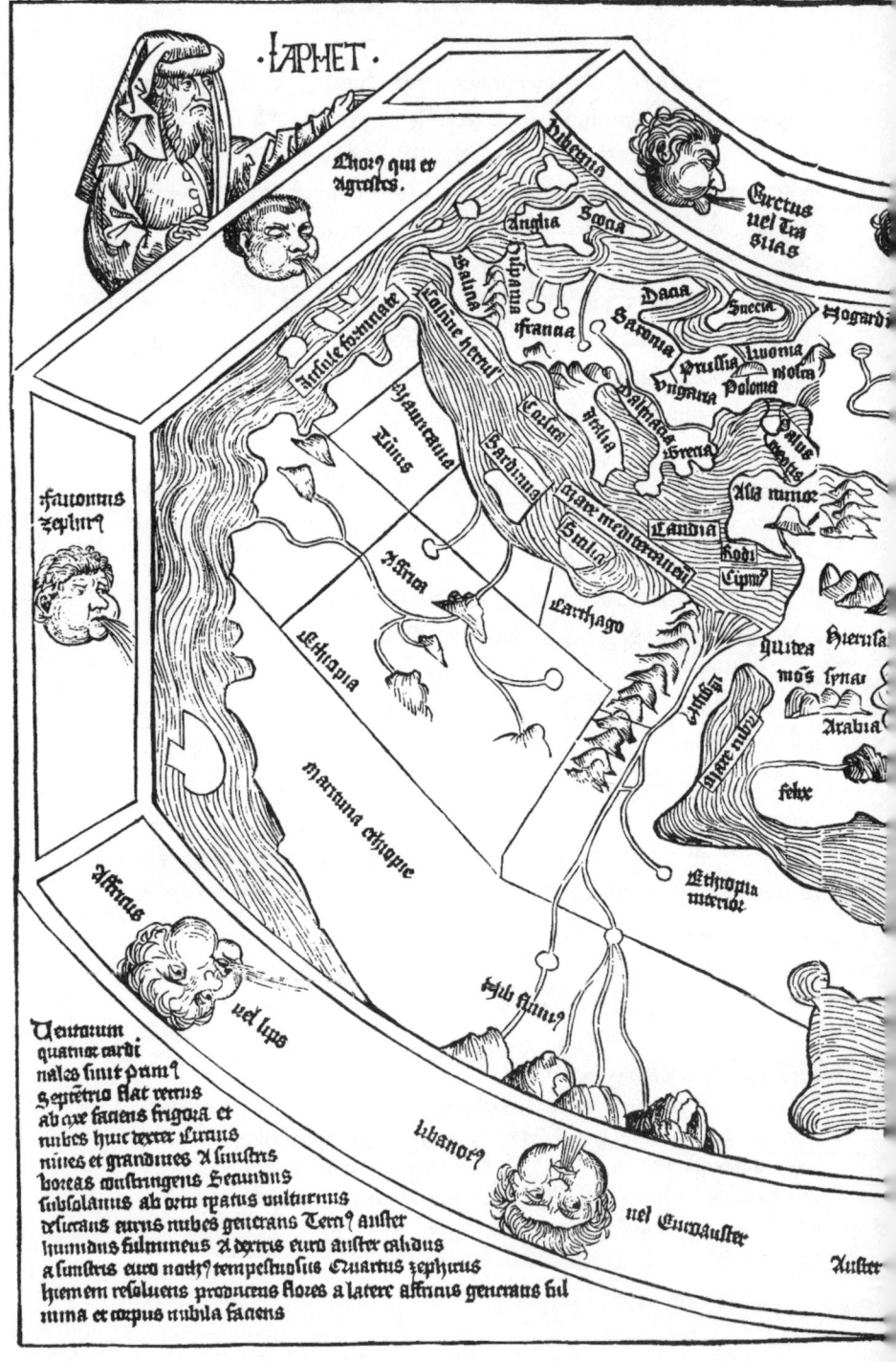

· IAPHET ·

Chors qui et
Agrestes.

hibernia

Curetus
uel Tra
suas

Anglia · Scocia

Hispania

Scocia

Dacia

Suecia

Hogardi

Saronia

Prussia · Liuonia

Vngaria · wolua

Poloma

fauonius
zephirus

Insule fortunate

Colume hercul

Beauentura

Tirus

Africa

Dalmacia

Illiria

Grecia

Colica

Sardinia

mare mediterraneu

Sinus

Candia

Rodi

Cipru?

Alie nimie

Carthago

Ethiopia

quites
mos synai

Hierusa

Arabia

mare rubru

felix

maritima ethiopie

Ethiopia
interior

Affricus

uel lips

Sub stellus

libanotus

uel Euroauster

Auster

Ventorum
quatuor cardi
nales sunt prim?
Septētrio flat ventus
ab axe faciens frigora et
nubes huic dexter circius
niues et grandines A sinistris
boreas cōstringens Secundus
subsolanus ab ortu tpatus uulturnus
dexteris eurus nubes generans Tern? Auster
humidus fulmineus A dextris euro auster calidus
a sinistris euro noth? tempestuosus Quartus zephirus
hiemem resoluens producens flores a latere affricus generans ful
mina et corpus nubila faciens

sagenhaften Polynesier der Südsee, sondern auch zahlreiche Menschen an vielen anderen Orten der Erde – etwa in Europa und in Asien – «weite Strecken über das offene Meer außer Sichtweite der Küsten mehr oder weniger regelmäßig zurücklegten». Bei diesen Fahrten konnten sie sowohl ihren Mut und ihre Geschicklichkeit im Umgang mit Gewässern und Gefahren beweisen als auch Handelsrouten für ihr Land erkunden und das allgemein angestrebte Wissen über die Welt vermehren.[5]

Eine der ältesten Reiseerzählungen ist die Geschichte des Königs von Uruk in Babylon, die als Gilgamesch-Epos berühmt geworden ist und von Abenteuern erzählt, die sich drei Jahrtausende vor Christus abgespielt haben sollen. Gilgamesch sucht nach dem Tod seines Freundes Enkidu einen Weg, um das Geheimnis des ewigen Lebens zu finden und nicht sterben zu müssen. Dabei versucht er unter anderem, auf einem Wunderschiff, das von einem Fährmann namens Urschanabi gelenkt wird, über das «Gewässer des Todes» zu einer Insel zu gelangen. Dort lebt ein Mann namens Utnapischtim, der dem Zugriff der Götter entzogen ist, weil er einst eine verheerende Sintflut überlebt hat. Die erreichte Insel erscheint Gilgamesch als Land der Seligen und Toten, «wo die Sonne aufgeht», wie das Epos berichtet, um seine Leser danach allein und vor diesem unüberwindbaren Horizont stehen zu lassen.

Schließlich aber kommt auch der Leser noch zu einer Einsicht. Gilgamesch gibt sein Bemühen um die Überwindung des Todes auf und kehrt als Sterblicher in seine Heimat zurück, weil er verstanden hat, dass es den Menschen verwehrt ist, die gottgegebene Grenze ihrer Sterblichkeit zu überwinden. Niemand kommt an dem Tod vorbei, der zum zeitlichen Horizont des Lebens wird, dem man zwar ständig näher kommt und den man zuletzt sogar erreicht, aber nur, um an dieser Stelle einfach abzutauchen, ohne jemals hinter den Vorhang blicken zu können, hinter den die Menschen dann treten. Auf jeden Fall hat sich trotz zahlreicher Be-

mühungen und trotz großen Verlangens noch niemand aus dem
Totenreich vernehmen lassen und Kontakt mit der Welt aufgenommen, die gerade verlassen worden ist – wenn es auch eine Fülle von
Berichten über spiritistische Séancen gibt, in denen Menschen
behaupten, als Medien agieren und Zugang zum Reich der Toten
bekommen oder vermitteln zu können, um Nachrichten aus dem
Jenseits – hinter dem Horizont – zu erhalten.

Die uralte babylonische Geschichte, in deren Verlauf Gilgamesch
und mit ihm alle Menschen nach ihm lernen, den Horizont des
Todes zu akzeptieren, wird hier nicht zuletzt deshalb angeführt,
weil es eine erste «Weltkarte» aus dieser vorderasiatischen Kultur
gibt. Sie stammt vermutlich aus dem 7. Jahrhundert v. Chr. und
gibt dem heutigen Betrachter die Möglichkeit, die Weltsicht der
damaligen Zeit zu erkennen. Dabei darf man sich ruhig darüber
wundern, dass die Karte einen Blick von oben auf die Welt anbietet und Vorstellungen erlaubt, wie sie Sokrates später entwickeln
und ausführen wird. In beiden Fällen – der babylonischen wie der
griechischen Sicht – sieht man die Welt von einer Position aus, die
sich Menschen in den Jahrhunderten vor Christi Geburt nur in ihrer Phantasie vorstellen konnten, da sie anders als wir nicht über
Flugzeuge oder Satelliten verfügten. Wenn ein Weltbild dadurch
definiert wird, dass es etwas zeigt, was man selbst nicht direkt
sehen kann, mit dessen Hilfe sich aber die Welt vor Augen führen
lässt, dann stellen Karten greifbare und handfeste Weltbilder dar,
weshalb hier näher auf sie eingegangen werden soll.

«Die ältesten prähistorischen Darstellungen einer Landschaft
in Form eines Plans sind Ritzungen in Stein oder Ton und gehen
der Babylonischen Weltkarte um mehr als 25 000 Jahre voraus, das
heißt, sie reichen bis in die Späte Steinzeit um 30 000 vor Christus zurück», wie Jerry Brotton, der als Professor für Renaissancestudien in London tätig ist, in seinem Buch «Die Geschichte der
Welt in zwölf Karten» erzählt. Brotton zeigt sich mit diesen Befun-

den überzeugt, dass «der Drang, etwas in Kartenform darzustellen, ein grundlegender Trieb des Menschen» ist.[6] Das bestätigen Psychologen, die das Anfertigen kognitiver Karten – also innerer Entwürfe der zu bewältigenden Umgebung – untersuchen, mit denen sich Menschen offenbar bemühen, die Welt als Bild zu begreifen. Weltbilder sind demnach ursprünglich innere Bilder, also wörtlich genommen Einbildungen.

Historiker vermuten, dass die ersten Anfertigungen dieser Art nicht die Aufgabe hatten, jemanden den gesuchten Weg finden zu lassen. Es galt vielmehr, mit ihrer Hilfe die Umwelt im Sinne einer Weltanschauung zu erfassen. Man versuchte etwa, Geschichte und Geschichten einzufangen und «die Legenden der Helden geographisch zu verorten», wie es in Fachkreisen einleuchtend heißt.[7] Das soll am Beispiel der Babylonischen Weltkarte erläutert werden. Grundsätzlich wird die Erde begriffen, indem ihr eine Ordnung auferlegt wird, die sich an geometrischen Formen orientiert. Die bei der Darstellung eingenommene Vogelperspektive lässt zum Beispiel unmittelbar zwei konzentrische Kreise erkennen, die eine runde Erdscheibe markieren. Sie ist von einem ringförmigen Fluss umgeben, der ursprünglich «marratu» hieß und in der griechischen Sprache den Namen «Okeanos» bekommen hat, aus dem dann der moderne «Ozean» geworden ist. Im Inneren der kreisförmigen Erdscheibe sieht man einen geknickten Streifen aus zwei Linien, der als Wasserstraße gedeutet wird und wohl den Euphrat meint. Dieser berühmte Strom trifft am oberen Rand der Karte auf ein «Bergland», wie das dort in Form von Hieroglyphen angebrachte Wort «schadu» den Betrachter informiert. Während der Tigris ausgespart bleibt, kann man in dem den Euphrat kreuzenden Querbalken den sumerischen Kultnamen von Babylon entziffern, was dieser rechteckig dargestellten Stadt eine zentrale Position auf der Karte gibt. Eingetragen sind darauf außerdem dreieckige Inseln und weitere (runde) Städte.

Die Babylonische Weltkarte aus der Zeit zwischen 700 und 500 vor Christi Geburt. Sie ist auf eine Tontafel geritzt, die im Süden des Zweistromlandes gefunden wurde und heute im Britischen Museum in London zu sehen ist. Die Erde wird aus der Vogelperspektive gezeigt, mit der sich die geometrische Ordnung erkennen lässt, die man ihrer Oberfläche gegeben hat.

Neben den geometrischen Figuren fällt dem Betrachter natürlich die Keilschrift auf, die auch die gesamte Rückseite der Weltkarte einnimmt. In diesem Text wird das «Gesamtbild einer geordneten Welt» entworfen, wie es Friedhelm Hartenstein in seiner Analyse der Babylonischen Weltkarte nennt.[8] Hartenstein macht in der Zeichenschrift zudem eine «Schöpfungsordnung» aus: Zu lesen ist darin von Tieren und Fabelwesen ferner Regionen – Skorpionmenschen, Bergziegen, Stiermenschen, Katzen, Affen und Äffinnen –, die alle als Geschöpfe von Marduk gelten, dem Hauptgott des babylonischen Pantheons. Es heißt ausdrücklich, dass Marduk die Tiere geschaffen hat, und zwar «im Angesicht des rastlosen Meeres», was im Verständnis eines irdischen Betrachters zugleich und unvermeidbar den Blick an dessen Horizont meint.

Die letzte Zeile der Schrift auf der Vorderseite der Weltkarte nennt einige menschliche Gestalten, unter anderem den erwähnten Sintfluthelden mit Namen Utnapischtim, der von den Göttern mit dem ewigen Leben beschenkt wurde und in einem Land namens Dilmun wohnt, das in der mythischen Geographie weit entfernt liegt und von Forschern mit der Inselgruppe Bahrain im Persischen Golf identifiziert werden konnte. Wenn man dem Gilgamesch-Epos folgt, liegt Dilmun jenseits des Ringozeans, den die Babylonische Weltkarte zeigt. Das bedeutet für die Erzählung, dass Gilgamesch bis an den Rand der Welt gelangt und dann umkehrt, um sich damit einem neuen Horizont zuzuwenden.

Die Babylonische Weltkarte entwirft «die Welt als Bild im Sinne einer visuellen Darstellung des Weltganzen», wie sich die Experten überzeugt zeigen, um anschließend darauf hinzuweisen, dass es bei griechischen Schriftstellern aus ähnlich ferner Zeit vergleichbare Beschreibungen der Welt gibt, in der ebenfalls ein Ringozean vorkommt, der sie umfasst und einschließt. Gemeint ist etwa die Beschreibung des Schildes von Achill, gefertigt von dem Schmiedegott Hephaistos, die in der Ilias zu finden ist. Auch die hebräische Bibel enthält umfassende Darstellungen der Welt, so etwa den Weltenbau in Psalm 104. Alle drei uralten Weltbilder – die babylonische, die griechische und die hebräische Fassung – «vermitteln durch ihre explizite und implizite *Bildlichkeit* dem Rezipienten einen Standpunkt, den er aus eigener Erfahrung nur in Ausschnitten kennt», wie Friedhelm Hartenstein im «Atlas der Weltbilder» resümiert.[9] Der Blick von oben auf die Welt kann die Dinge wortwörtlich in eine anschauliche Ordnung bringen. Dabei soll der Betrachter verstehen, dass die «Welt als Handlung» existiert, womit gemeint ist, dass die Götter die Welt äußerlich formen und innerlich zusammenhalten können. Der Blick aus der Vogelperspektive – dies zum Zweiten – macht die Welt überschaubar. Die Orte, die bis dahin unbetreten geblieben sind, erscheinen nun erreichbar. Der Abstand zum ansonsten fernen Horizont schrumpft, und der Mut wächst, sich ihm zu nähern und sich das anzueignen, was man findet, wenn man ihn überschreitet.

Übrigens: Die «Welt als Handlung», so könnte man allgemein die historische Erfahrung von Menschen bezeichnen, die ihre Welt erst durch die Landwirtschaft und die Agrikultur, dann durch den Bau von Straßen und das Anlegen von Städten aktiv geformt und gestaltet hat. Dieses Treiben findet seinen Grund in der später noch ausführlich zur Sprache kommenden Tatsache, dass die Evolution den Menschen als Mängelwesen und ersten Freigänger hervorgebracht hat, der deshalb so erfolgreich überleben und sich vermehren konnte, weil or sich die Umwelt für seine Zwecke zurechtlegte, statt sich ihr nur anzupassen. Die Welt, die Menschen kennen, haben sie durch ihre Handlungen geschaffen, und sie haben dieses Bildungswerk von Anfang an in Karten und Weltbildern ausgedrückt und aufgezeichnet.

Die aus Tonerde gefertigte Babylonische Weltkarte, die das mythische Babylon als «erschaffen auf den Wogen des ruhelosen Meeres» beschreibt, bietet auf jeden Fall das erste Beispiel dafür, wie Menschen der ihnen wahrscheinlich grenzenlos erscheinenden Weite der bewohnten Welt eine Form von überschaubarer Ordnung verleihen. Das babylonische Bild der Erde setzt sich wie erwähnt aus unterschiedlichen geometrischen Figuren zusammen, wobei Text und Zeichen zusammen zur Gestaltung eines Weltbildes einladen, das mehr als zweieinhalb Jahrtausende vor der beginnenden Raumfahrt den Menschen in die Lage versetzt, die von ihnen besiedelte Welt aus der Perspektive eines Schöpfergottes anzuschauen. Wie Jerry Botton in seiner «Geschichte der Welt in zwölf Karten» schreibt, haben Weltkarten «denjenigen, die sie anfertigten oder besaßen – Schamanen, weisen Sehern, weltlichen Herrschern und religiösen Führern –, verborgene, magische Kräfte» verliehen. Denn «wenn solche Personen die Geheimnisse der Schöpfung und das Verbreitungsgebiet der Menschheit kannten, dann wussten sie mit Sicherheit auch, wie man der realen, der irdischen Welt mit all ihrer erschreckenden und unberechenbaren Vielfältigkeit Herr werden konnte».[10] Mit einem Weltbild bekam man die Welt offenbar in den Griff, weil man sie mit seiner Hilfe *begreifen* konnte, wie es die deutsche Sprache auszudrücken erlaubt.

Die Erde wird zur Kugel

In den Jahrhunderten, in denen die Babylonische Weltkarte entstand und die homerischen Dichtungen verfasst wurden, kamen viele das Mittelmeer übergreifende Geschichten auf, in denen von Wasserungeheuern die Rede ist, in denen Riesen und Bestien bekämpft werden und in denen Boote und Schiffe mit ihrer Besatzung das Ende der Welt erreichen und das Land der Toten aufsuchen, aus dem sie sogar zurückkehren können. Die Seefahrer-Epen der Antike mit gewaltigen Wellen und gigantischen Fischen versuchen dabei vielfach, die phantastischen Erzählungen auf tatsächlich existierende Inseln oder Meere zu verlagern.

Sie «transportieren auf diese Weise zeitgenössische Vorstellungen des realen Weltbildes», wie Raimund Schulz es formuliert, wenn er die zahlreichen «Abenteurer der Ferne» aus antiken Tagen und die ihnen gewidmeten Erzählungen vorstellt. Im Falle von Homer kann man festhalten, dass seine Dichtungen «das Weltbild und die Interessen von Menschen» erfassen und beschreiben, «die im 8. Jahrhundert die Grenzen der heimatlichen Gefilde verließen, um im Osten, Norden (Schwarzes Meer) und im fernen Westen ihr Glück zu finden. Ihren Wissensdurst hat der Dichter aufgenommen und literarisch verarbeitet, wenn er den legendären Odysseus an den Mast seines Schiffes gebunden den verführerisch angelegten Gesängen der Sirenen lauschen lässt, die alles wissen und mitteilen, ‹was auf der Welt geschieht›.»[11]

Zwar haben viele Geographen der Neuzeit sich über die erdkundlichen Details der Reiseroute des homerischen Helden gewundert, aber «im Rahmen einer Weltvorstellung, die durch ein Amalgam mythischer Kosmographie, realen geographischen Wissens und Sagentraditionen gebildet wird»[12], sollten erdkundliche Details keine überragende Rolle spielen. Zumal damals zum Beispiel noch niemand bemerkt zu haben schien – warum auch? –, dass Griechenland im Norden mit dem europäischen Festland zusammenhängt, und es sich zudem noch nicht unter den in die Ferne Ausschwärmenden horumgesprochen hatte, dass es sich bei dem Schwarzen Meer um ein Binnengewässer handelt.

Es ist nach Ansicht der Historiker anzunehmen, dass Homer und seine kleinasiatischen Leser und Hörer die mythische Geographie kannten, wie sie auf der Babylonischen Weltkarte zu sehen ist. In den homerischen Epen bekommt die bekannte Erde zwar eine markante Nord- und Westausdehnung, sie bleibt aber insgesamt eine Scheibe, die von einem ozeanischen Ring umschlossen wird. Diese klassische Vorstellung hielt sich danach allerdings nicht mehr lange. Im 6. Jahrhundert v. Chr. schlägt etwa der Philosoph Anaximander von Milet zunächst vor, den begrenzenden Fluss durch ein Meer zu ersetzen. Er stellt sich vor, dass die Erdscheibe erhöhte Ränder besitzt, die das Wasser daran hindern überzulaufen. Den Bereich der gesamten bekannten Welt nannten die Menschen damals die Oikumene. Anaximander dachte bei seinem großzügigen und weitläufigen Vorschlag nicht an Orientierungshilfen oder andere praktische Zwecke. Er wollte die Erde vielmehr «nach den Vorgaben orientalisch-milesischer Geometrie sowie kosmologischer Konstruktionen als eine harmonische Struktur erfassen und zum Objekt von Berechnungen machen», wie sich aus seinen Schriften schließen lässt.[13]

In der Vorstellung des griechischen Philosophen «schwebte die scheibenförmige Erde durch den Druck der sie umgebenden Luft als Oberfläche eines Zylinders in der Mitte eines kugelförmigen Weltalls und wurde von einer halbkreisförmigen Himmelskugel überwölbt», wie bei den geschichtskundigen Gelehrten nachzulesen ist, ohne dass diese mechanisch angelegte Darstellung in ihren physikalischen Details überzeugend klingt.[14] Mit einem Luftdruck wusste die antike Physik noch nicht so recht umzugehen, und es mussten noch fast zweitausend Jahre vergehen, bis italienische Physiker sich in der Lage zeigten, das Gewicht der Luft und den dadurch entstehenden Druck in den experimentellen Griff der aufkommenden Naturwissenschaften zu nehmen. Leserinnen und Leser können sich selbst fragen, ob sie den Luftdruck kennen und begreifen, der unbemerkt auf ihren Schultern lastet.

Die Idee einer auf der als Element betrachteten Luft schwebenden Scheibe zeigt, dass die antiken Philosophen ihr Bemühen um Physik zwar einigermaßen mutig, aber eher halbherzig unternommen und nie ernsthaft mit allen denkerischen Konsequenzen betrieben haben, die dazugehören. Als bekanntes Beispiel kann die Idee der Atome herangezogen werden, die nett klingt und neugierig macht, aber harmlos daherkommt, solange niemand fragt, wie groß und schwer diese Gebilde denn genau sein sollen und vor allem wie sie konkret aussehen könnten. Damit haben Chemiker erst zweitausend Jahre später begonnen, bevor die modernen Physiker das Thema übernommen haben – mit weitreichenden Folgen sowohl für das moderne Weltbild der Wissenschaft als auch für die Frage der Energiegewinnung in der gegenwärtigen Gesellschaft. Immerhin gibt Anaximander Auskunft über den sichtbaren Horizont, den er – wie erwähnt – als den erhöhten Rand eines Meeres beschreibt, das die Oikumene umschließt. Hinter seinem Horizont müsste dann allerdings anzutreffen sein, was vor ihm ist, nämlich Wasser; man wüsste gerne, wer oder was die dazugehörigen Massen fassen und halten soll.

Solche halbherzigen Modelle erinnern an die Geschichte des Astronomen, der behauptet, die Erde sei eine Kugel auf dem Rücken einer Schildkröte, und die Frage, worauf diese Schildkröte denn stehe, damit beantwortet, sie befinde sich auf dem Rücken eines zweiten Reptils. Schließlich fügt der Astronom triumphierend hinzu: «Bevor jetzt jemand wissen will, worauf diese zweite Schildkröte steht, sage ich in aller Klarheit, ‹it's turtles all the way down›», wie der Witz auf Englisch ausgeht. Also Schildkröten, wohin man auch schaut und wie tief es auch geht, sogar bis ganz nach unten.

Doch zurück zu Anaximander. Der griechische Philosoph passt die Gestalt der Erde der Kugelform des Weltalls an, und diesen runden Gedanken hat er wahrscheinlich aus Babylonien übernommen. Sphärisch-geometrische Vorstellungen solcher Art verdanken sich weniger empirischen Befunden als dem ästhetischen Bedürfnis nach einer harmonischen Ordnung des Weltganzen. Verbreitet wurden sie zu dieser Zeit nicht zuletzt durch die Anhänger des Pythagoras, die überall nach Zahlen oder Zahlverhältnissen Ausschau hielten – «Alles ist Zahl» lautete ihr Credo – und entsprechend geeignete Proportionen überraschend und überzeugend in den Saitenlängen harmonisch klingender Musikinstrumente fanden.

In der Mitte des 5. Jahrhunderts v. Chr. scheint sich dann tatsächlich mehr und mehr der Gedanke in Griechenland durchzusetzen, dass die Erde kugelförmig ist und in der Mitte des ebenso sphärisch geformten Weltalls ihren Platz einnimmt. Den entsprechenden Schriften ist merkwürdigerweise kein Hinweis auf die dazugehörige Empirie beigegeben, zu der unter anderem eine den meisten Küstenbewohnern sicher vertraute Beobachtung gehört: Schiffe, die am Horizont auftauchen, kündigen sich zunächst durch die Spitzen ihrer Segelmasten an, bevor sich auch der Rumpf des ankommenden Gefährts dem Auge zeigt. Auf eine Wölbung der Erdoberfläche hätte man auch aus dem Sachverhalt schließen können, dass sich Sternbilder verändert zeigen, wenn man einen anderen Standort zu ihrer Betrachtung einnimmt. Außerdem zeigte der Erdschatten bei Mondfinsternissen schon damals eine runde Form, und dieser Erdschatten ließ sich jährlich etwa zweimal beobachten, wobei die Menschen oft einen wolkenlosen Himmel über sich hatten und noch nicht durch die heutige Lichtverschmutzung abgelenkt wurden.

Solche Erklärungen spielen erst hundert Jahre später in den Schriften von Aristoteles eine Rolle, der die Vorstellung einer Erdkugel nicht nur vertreten hat, sondern zuverlässig und zweifelsfrei beweisen wollte. Während er das versuchte – ohne dabei den Vorschlag Platons zu übernehmen, dass sich die Erde um ihre eigene Achse dreht –, hielten die Gelehrten Kleinasiens noch lange an der Scheibenform fest. Zu erklären ist das vielleicht ganz einfach dadurch, dass sich unter dieser Vorgabe viel bessere Karten der Welt anfertigen ließen, in der man lebte und sich zurechtzufinden hatte. Die Menschen mussten noch knapp zwei Jahrtausende warten, bis sie um 1500 herum – also zu Beginn der Renaissance – einen ersten dreidimensionalen Globus in Händen halten oder wenigstens begutachten konnten. Mit einem solchen Modell ließ sich plötzlich die ganze Welt in den Blick nehmen und begreifen.

Noch einmal: Die durch die tägliche Anschauung gestützte Vorstellung, dass die Erde eine Scheibe ist, deren Rand mit dem Horizont zusammenfällt, der natürlich rund erscheint, wenn sich der beobachtende Mensch einmal um seine Körperachse dreht – diese Idee steckt vermutlich noch heute in den Köpfen vieler Menschen. Dass diese Menschen die Kugelgestalt der Erde als Globus vorgeführt bekommen haben oder sich an die Aufnahmen ihres Heimatplaneten aus dem Weltall erinnern, die es seit den 1960er und 1970er Jahren gibt, mag daran nicht viel ändern. Und auch wenn die mediale Evidenz einer Kugelgestalt der Erde auch vielfältig ist und unwiderlegbar scheint, so könnte es doch sein, dass eine beträchtliche Zahl von Menschen sich auch in heutiger Zeit noch immer nicht klargemacht hat, was solch eine globale Existenz für sie bedeutet – woraus man rasch die Schwierigkeiten ersehen kann, die die Zeitgenossen von Anaximander und Aristoteles haben mussten, um aus der vertrauten Scheibe eine ungewohnte Kugel zu machen.

Ein geradezu komischer kosmischer Gedanke, der das neue sphärische Weltbild von dem alten ebenen Modell unterscheidet, soll hier noch einmal wiederholt und ausgeführt werden. Er besteht darin, dass man auf einer Scheibe immer aufrecht steht, wie man es gerne hätte, auf einer Kugel aber auch mit dem Kopf nach unten in den Raum hängen kann, was sich einige lieber nicht vorstellen möchten. Womöglich sind sich selbst in modernen, aufgeklärten Zeiten viele Erdbewohner nicht explizit darüber im Klaren, dass sie die Hälfte ihres Lebens nicht nach oben, sondern nach unten schauen, wenn sie in den Himmel blicken. Natürlich wissen Zeitgenossen im 21. Jahrhundert mit ihrem Verstand, dass sie auf einer Kugel leben, und nicht auf einer Scheibe mit Rand. Aber möglicherweise sagt ihnen ihr Herz oder ihr Gefühl, dass sie auf dieser Kugel immer oben stehen, was dann ein ebenso schlichtes Weltbild ergibt, wie es die Anhänger einer Scheibenerde vertreten haben. Die Vorstellung, an der Unterseite der Kugel zu hängen, bringt als weiteres Problem die Frage mit sich, wie man sich an diesem Platz halten kann, ohne in den Weltraum zu fallen. Wer sich vorstellt, oben auf dem Globus zu stehen, macht sich eher weniger Gedanken über die Tatsache, dass er dort festgehalten wird. Jedenfalls bringt eine runde, global besiedelte Erdkugel das Schema von unten und oben so durcheinander, dass man weder weiß, wo einem der Kopf steht, noch begreift, wo sich jetzt der Gott oder die Götter aufhalten, die das alles – von oben oder unten? – betrachten und beeinflussen. Und wenn alles Gute von oben kommt, was gilt dann, wenn man mit dem Kopf nach unten im Weltall hängt?

Wie dem auch sei – im Anschluss an Anaximander und in Hinblick auf dessen Kosmogonie verfasste Aristoteles seine um 350 v. Chr. abgeschlossene Betrachtung «De Caelo», «Über den Himmel», in der er meint, schlüssig beweisen zu können, dass die Erde kugelförmig ist. Sein Argument lautet – heutigen Lesern nicht unbedingt auf Anhieb verständlich –, dass die «Masse der Erde überall gleichmäßig werden wird, wenn sich die Teile überall von den Enden her gleichmäßig zur Mitte hin bewegen. Denn wenn überall gleich viel zugeführt wird, so muss der Abstand der Grenze zur Mitte immer derselbe sein. Und dieses ist eben die Gestalt der Kugel.»[15] Ach!, würde Loriot sagen und in sich hineinlächeln.

Aristoteles weist auch auf andere Phänomene hin, die «nur durch die Kugelgestalt der Erde zu erklären» sind, insgesamt aber scheint ihn eher das zu beschäftigen, was er in seiner etwa zur gleichen Zeit entstandenen Schrift «Meteorologia» beschreibt. Deren Titel heißt wörtlich übersetzt «Studium der überirdischen Dinge», auch wenn das griechische Wort heutzutage mehr an Wetterberichte denken lässt. Es geht darin zum einen um Kometen, Sternschnuppen, Blitz und Donner, zum anderen um jene Zonen der Erde, die bewohnt sind und die auch Aristoteles als «Oikumene» bezeichnet. Dem Wissen und der Überzeugung des griechischen Philosophen nach gibt es «zwei bewohnbare Erdzonen», die er gegenläufig auf der Kugel anordnet, wobei der von ihm und seinesgleichen okkupierte Bereich «gegen den oberen Pol hin» zu finden ist, den man heute Nordpol nennt. Aristoteles macht sich über die kreisrunden Erdkarten lustig, die er gesehen hat, denn seiner Ansicht nach zeigen die Berichte «über Reisen zu See und zu Land, dass die Länge der Oikumene viel größer ist als die Breite». Was ihn interessiert, ist unter anderem die Entfernung «zwischen den Säulen des Herakles und Indien».[16]

Mit den Säulen des Herakles (oder des Herkules) meint Aristoteles zwei Felsenberge, die in der Straße von Gibraltar liegen und Europa von Afrika trennen oder die beiden Kontinente verbinden – je nachdem, wie man diese Situation betrachtet. Dabei ist anzumerken, dass damals niemand ahnte, wie groß der südliche Teil der Erde ist, der in manchen antiken Texten oft nur als Libyen angesprochen wird, womit dessen Nordküste erfasst wurde. Die Bezeichnung «Säulen des Herakles» für die beiden Felsen geht auf den griechischen Dichter Pindar zurück, der außerdem berichtet, dass man am Ausgang des Mittelmeeres die Inschrift «Nicht mehr weiter» angebracht hatte, um so das dort vermutete Ende der Welt zu markieren. In der lateinischen Fassung «Non plus ultra» fand diese Anweisung oder Vorstellung Eingang in das Wappen des spanischen Staates – mit dem hübschen Twist, dass nach der Entdeckung Amerikas im Jahre 1492 durch Kolumbus das «non» gestrichen und nur das «Plus ultra» beibehalten wurde. Es geht seit dem Ende des Mittelalters tatsächlich immer weiter – selbst auf einer kugelförmigen Erde, nach deren Umrundung man wieder in den Heimathafen einläuft.

Was die Erwähnung von Indien angeht, so wird ein Schüler des Aristoteles, der berühmte Alexander der Große, seine Eroberungszüge bis zu diesem Rand der Oikumene hin führen. Damit wurde Indien zum Ende der damals bekannten Welt und lieferte einen Horizont, hinter dem Aristoteles «wegen der Hitze keine Menschen mehr» erwartete. Diesem Urteil liegt eine zwar willkürliche, aber sorgfältige Einteilung der Welt in fünf Klimazonen zugrunde, die hier nur deshalb erwähnt wird, weil sie den Ursprung des heute in aller Munde befindlichen Wortes «Klima» erkennen lässt. Es kommt von den «klimata» her, mit denen Aristoteles die Neigung der Sonnenstrahlen oder die Schräglage der Erde bezeichnete, die nicht zuletzt für die gewaltige Hitze verantwortlich gemacht wurde, die zu unbewohnbaren Zonen hinter dem Horizont jenseits von Indien führte. Die Erde wird hoffentlich trotz des unübersehbaren Klimawandels in jüngster Zeit nicht dieses Schicksal erleiden, «wegen der Hitze keine Menschen mehr» ertragen und ernähren zu können.[17]

Eine Vermessung der Erde

Das Bild einer kugelrunden Erde bekam in der Antike seine endgültige Bestätigung durch die Idee eines Mannes namens Eratosthenes, der aus dem ägyptischen Kyrene stammte und im Jahre 245 v. Chr. mit der Leitung der Bibliothek in Alexandria betraut wurde. Diese erste zentral organisierte Sammlung des Wissens mit bis zu fünfzigtausend Schriftrollen war ursprünglich als Erziehungsstätte für Priester konzipiert, dann aber zu einer Forschungsstätte für alle Wissbegierigen erweitert worden. Eratosthenes hatte bei den Philosophen Athens studiert und sich sowohl als Dichter als auch als Mathematiker einen Ruf erworben. In Alexandria nahm er sich vor, ein neues Bild der Erde auf mathematischer Grundlage zu entwerfen, das er in einem leider verloren gegangenen Buch mit dem Titel «Die Vermessung der Erde» vorstellte. Hier unternahm es Eratosthenes etwa, Größe und Gestalt verschiedener Erdregionen mit viereckigen Figuren darzustellen und beispielsweise das sagenhafte Indien als Raute zu zeichnen. Dabei folgte er der griechischen Tradition, in der philosophische, astronomische und geometrische Methoden zur Erforschung und Beschreibung der physischen Welt eingesetzt wurden.

Bis in die moderne Zeit hinein berühmt wurde Eratosthenes, weil ihm sowohl empirische Wege als auch mathematische Methoden in den Sinn kamen, um den Umfang des gesamten Planeten sorgfältig bestimmen und ziemlich genau berechnen zu können.

In einem ersten Schritt wandelte der Bibliothekar in Alexandrien den aus antiken Schätzungen bekannten riesigen Abstand der Erde zum leuchtenden Himmelsgestirn in die Hypothese um, dass die Strahlen der Sonne parallel auf die bewohnbaren Zonen mit ihren Menschen fielen; unter dieser Vorgabe konnte geometrisch gearbeitet und dann auch gerechnet werden.

Es war den damaligen Gelehrten bekannt, dass die Sonnenstrahlen in jedem Jahr am 21. Juni um 12 Uhr senkrecht auf die in Südägypten liegende Stadt Syene fielen, die heute Assuan heißt. Eratosthenes kannte die Entfernung zwischen Syene und seinem Standort in Alexandria (in damaligen Einheiten gemessen knapp fünftausend Stadien), und er konnte selbst den Winkel bestimmen, unter dem das Sonnenlicht dort am Beginn des Sommers mittags eintraf, er betrug dreiundachtzig Grad. Vom hypothetischen Erdmittelpunkt aus gesehen zeigten sich die beiden Städte Alexandria und Syene also in einem Winkel von sieben Grad (neunzig Grad minus dreiundachtzig Grad) zueinander, und da sich dieses Ergebnis zum Vollwinkel eines Kreises von dreihundertsechzig Grad so verhielt wie die (bekannte) Entfernung zwischen den sonnenbeschienenen Orten zum (unbekannten) Umfang der Erdkugel, konnte Eratosthenes dessen Wert so berechnen, wie Mathematiklehrer dies heutzutage ihre Schüler tun lassen. Er kam auf einen Betrag von zweihundertfünfzigtausend Stadien, was in heutigen Einheiten etwa neununddreißig- bis sechsundvierzigtausend Kilometern entspricht. Dies ist ein ausgezeichnetes Ergebnis, wenn man sich vergegenwärtigt, dass der seit dem 19. Jahrhundert mit sorgfältigen wissenschaftlichen Verfahren ermittelte und in den Handbüchern als korrekt bezeichnete Wert für die Länge des Äquators bei knapp über vierzigtausend Kilometern liegt.

In der Folgezeit machte sich Eratosthenes daran, eine «Geogra-
phiká» zu verfassen, also eine Zeichnung (griechisch «graphein»)
oder ein Bild der Erde zu liefern, wie der Titel wörtlich übersetzt
besagt. Dazu wertete er die in der Bibliothek gesammelten Berichte
über Expeditionen auf den Meeren und entsprechende Fahrtenbü-
cher aus. Auch andere Bibliothekare bemühten sich darum, eine
Darstellung der Erde in Form eines Globus zu schaffen, unter anderem der Vorsteher der Bibliothek von Pergamon, ein Mann namens
Krates von Mallos. Krates fertigte in der Mitte des 2. Jahrhunderts
v. Chr. eine Erdkugel an, auf der ein oberflächlich an Europa erin-
nernder Kontinent zu sehen ist, der den oben eingeführten Namen
Oikumene trägt. Neben dieser vertrauten und besiedelten Zone
zeigt sein Globus drei weitere Kontinente oder Erdinseln, die zu
einem Viereck angeordnet liegen und zwischen denen ein Ozean
kreuzförmig sowohl vom Nord- zum Südpol als auch entlang des
Äquators fließt. Einem dieser von Menschen unbewohnten Erdteile werden doch so etwas wie Lebewesen zugewiesen, die den
hübschen Namen «Antipoden» tragen und folglich als Gegenfüßler
verstanden werden. Sie stehen in der damaligen Sicht der Dinge
tatsächlich auf dem Kopf oder hängen mit ihm nach unten, wie immer man sich das im 2. Jahrhundert v. Chr. auch im Detail vorgestellt haben mag.

Anzumerken ist, dass zum einen der römische Schriftsteller
Cicero rund hundert Jahre später das Weltbild des Krates von
Mallos in seinem Werk «Über den Staat» aufgenommen hat und
dass diese Darstellung der Erde als Globus zum Zweiten als Vorbild für die Weltdarstellungen diente, die auf römischen Münzen
seit dem Jahr 76 v. Chr. zu finden sind. Darüber hinaus wirkte
sich das vertraut wirkende Bild der viergeteilten Welt und die
Aufteilung der Erde bis in die Zeit der Renaissance aus, als Erkun-
dungsfahrten in der Absicht unternommen wurden, genau jenen
unbekannten «quarta pars» der Welt zu finden, den man zwar

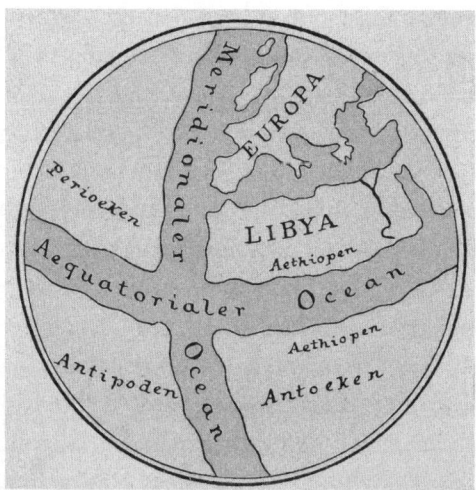

Eine Darstellung der Weltkarte des Krates von Mallos, die der griechische Grammatiker um 167 v. Chr. angefertigt hat. Auf dieser Nachzeichnung aus dem 19. Jahrhundert ist die ursprüngliche Beschriftung «Oikumene» durch das inzwischen bekannte «Europa» ersetzt worden.

bei Krates, aber noch nicht auf der realen Erde selbst gesehen hatte.

Der Vorgänger des Eratosthenes als Leiter der Bibliothek von Alexandria war übrigens kein Geringerer als der Grieche Euklid, der als Vater der Geometrie bekannt ist. Sein Werk «Die Elemente» liefert eine Beschreibung des Raumes, der Welt, Erde und Menschen fasst, die bis in das 19. Jahrhundert – also mehr als zweitausend Jahre lang – als unangefochtene Wahrheit Bestand hatte. Sie wurde erst durch geniale Mathematiker wie Carl Friedrich Gauß und Bernhard Riemann und dann nach 1900 durch Albert Einstein korrigiert. Euklid hat eine Welt entworfen, die als ein homogener Raum zu denken war. Dieser Raum konnte nicht zuletzt durch eine Folge von parallelen Linien und Dreiecken gefüllt und erfasst werden, die sich nicht schneiden konnten beziehungsweise deren

Winkelsumme hundertachtzig Grad betrug. Als diese Lehre der
Erdvermessung nach der Aufklärung ihre unangefochtene Autorität verlor, dachten sich Mathematiker zunächst Möglichkeiten von
gekrümmten Geometrien aus, in denen parallel laufende Linien
sich doch an einer Stelle schneiden konnten. Später zeigten Einsteins Theorien, dass sich kosmische Phänomene unter der Annahme verstehen lassen, dass es solch eine Krümmung tatsächlich
gibt, wobei es die Materie und ihre Energien sind, die der Welt ihr
gewohntes euklidisches Aussehen nehmen. Die Materie sagt dem
Raum, in dem sie sich befindet, wie er geometrisch auszusehen
hat, und der Raum gibt aufgrund seiner Krümmung der Materie
die Wege vor, auf denen sie sich in ihm bewegen kann. So zumindest ließe sich das Weltbild der Allgemeinen Relativitätstheorie in
wenigen Worten zusammenfassen.

Um auf die vier etwa gleich groß angelegten Quadranten zurückzukommen: Diese Aufteilung findet sich vermutlich zum ersten Mal bei einem Adligen aus Milet, dessen Name mit Hekataios
angegeben wird. Hekataios versuchte um 400 v. Chr. die Informationen, die er den Berichten von Expeditionen bis nach Persien
entnehmen konnte, mit dem Wissen seiner eigenen Heimatstadt
zusammenzubringen. Er nahm sich vor, eine umfassende Darstellung zustande zu bringen, die er in Form einer «Reise um die Welt»
vorlegte. Dabei knüpfte Hekataios an Vorläufermodelle an. Er teilte
die Erde in eine halbkreisförmige Nord- und Südhälfte ein und zog
eine durchgehende Linie von der gut bekannten Donau zum eher
rätselhaften Nil, dessen Quelle den neugierigen Menschen lange
verborgen blieb. Unabhängig davon konnte mit Hilfe der beiden
Flüsse ein Globus mit vier Quadranten ausgestattet werden. Die
darauf befindlichen Länder konnte man in Form geometrischer
Formen anlegen, wie es allgemein gehandhabt wurde. So schlicht
solch ein erstes Vorgehen auch wirkt, es lässt erkennen, dass Karten kreative Entscheidungen zugrunde liegen und dass sie künst-

lerische Komponenten enthalten. Wenn man so sagen darf, zeigen diese frühen Weltbilder die Erde im Stil eines geographischen Kubismus, der es erlaubte, einen Rundgang um die Welt – griechisch eine «periegese» – zu unternehmen, der bei den Säulen des Herakles begann und über Europa, Asien und Libyen (Afrika) zu ihnen zurückführte.

Die Schriften des Herodot und ihre Leser

Noch befindet sich die Darstellung in den Zeiten vor Christi Geburt, und die umfangreichen geographischen Kenntnisse der Neuzeit müssen erst noch im Laufe der kommenden Jahrhunderte erworben werden. Was etwa Afrika angeht, hatten die Menschen von Karthago aus afrikanische Regionen weiter im Landesinneren besucht und einige Flüsse erkundet, dann aber trafen sie auf eine lebensfeindlich wirkende Sandbarriere, die heute als Sahara bekannt ist. So blieb die riesige Ausdehnung des Kontinents nach Süden erst einmal unerkannt und unerschlossen. Der längst legendäre Geschichtsschreiber Herodot teilte um 450 v. Chr. Afrika in drei Zonen ein, deren Aufzählung mit der bewohnten Küste – also mit Libyen – begann, dem ein Gebiet der wilden Tiere folgte, an das sich im Süden die wasserlose Wüste anschloss. Die Wüste sollte sich von Ägypten bis zu den Säulen des Herakles erstrecken, wobei Herodot neugierig und eifrig Berichte von Reisenden gesammelt und niedergeschrieben hat, die den Mut besaßen, die Wüste zu durchstreifen.

Da ist er wieder, der ewige Drang des Menschen, Grenzen überschreiten und hinter Horizonte gelangen zu wollen. Auch in den episch-mythischen Dichtungen dieser Zeit findet man die Zuversicht formuliert, «dass den Menschen auch die südlichen Hemisphären kein ernstes Hindernis mehr sind», wie Raimund Schulz die damalige Stimmung zusammenfasst.[18] Man erkennt dabei auch, dass die Menschen das Gefühl bekamen, ihnen stehe die Welt in alle Richtungen offen.

Die Schriften des Herodot übten großen Einfluss auf das antike Weltbild – genauer auf das Weltbild einiger Größen der damaligen Kultur – aus. Der Begriff «Oikumene» etwa tauchte vor Aristoteles bereits in den Schriften des vielgelesenen Historienschreibers auf. Herodot meint damit anfänglich ein mediterranes Zentrum der Welt, in dem die Menschen ein zwar geordnetes, aber nach heutigem Verständnis ziemlich mühsames Leben führten. Um diesen Kulturkreis herum hatten sich Herodot zufolge Nomaden in Zwischenregionen angesiedelt, und am fernen Rand – am äußeren Ende der Welt – trifft man in den historischen Texten auf Wilde, die sogar zu Menschenfressern werden können, wie sie später noch einmal auftauchten, als Kolumbus unbemerkt einen neuen Kontinent entdeckte.

So einfach dieses frühe Weltbild von Herodot anmutet, der griechische Geschichtsschreiber zeigt sich lernfähig, und mit den Informationen, die ihn seit dem Ende der Perserkriege erreichten, nahm er später eine Revision seines geographischen Weltbildes vor. Herodot gab ohne weiteres die Annahme eines ringförmigen Okeanos auf, um sich eine Aufteilung der bewohnten Welt in zwei Kontinente vorzustellen, die man heute als Europa und Asien identifizieren kann. Er fügte zwei parallel laufende Flüsse in seine Darstellung der Erde ein, die inzwischen als Donau und Nil bekannt sind und die oben bereits erwähnt wurden.

Nachdem Herodot seinen Weltentwurf vorgestellt hatte, nahm der erstaunliche Entdeckerdrang der griechischen Kultur ab. Die Philosophen lenkten den Blick wieder zum Himmel und zu seinem halbkugelförmigen Gewölbe. Platon etwa verlangte es nach einer mathematischen Kosmologie, die deskriptive Erdkunde faszinierte ihn nicht unbedingt – eine Eigenschaft, die die Philosophen bis in die Moderne bewahrt haben. Demgegenüber zeigten sich im Volk andere Interessen, hier tat man die Beobachtung der Sterne und ihrer Bewegungen vielfach als närrisch ab. Die geographischen und die astronomischen Aktivitäten führten jedoch beide zu ähnlichen Fragen, etwa jener nach der zum Norden hin zunehmenden Länge des Tages und der nach der Veränderung je nach der Nähe zum Horizont, die Sternbilder nahe dem Himmelspol erkennen ließen, wenn Beobachter ihre Positionen in nördlicher oder südlicher Richtung veränderten. Herodot versuchte, diese Phänomene der Verschiebung und andere Beobachtungen durch die Annahme zu erklären, dass es nicht einen gleichbleibenden, sondern einen jeweils anderen Horizont gebe, der von dem eingenommenen Standpunkt auf der Erde beeinflusst wird. Damit gelang es ihm, sich von dem Modell einer scheibenförmigen Erde zu lösen.

Der Erste, der die Veränderlichkeit des Horizonts durch Messungen mit einem Schattenanzeiger – einem sogenannten Gnomon mit einem Stab, wie ihn Sonnenuhren aufweisen – sorgfältig bezeugte, war ein vielseitiger und vielgereister Mann namens Eudoxos von Knidos. Eudoxos fügte bei seinen Arbeiten der Oikumene eine Gegenoikumene hinzu, die hinter einer heißen Zone wieder in gemäßigten Breiten liegen sollte. Dabei schloss er die Möglichkeit aus, dass Menschen den heißen und menschenleer gedachten Bereich durchqueren könnten, um von der einen in die andere bewohnte Zone zu wechseln.

Um zu Platon zurückzukehren: In seinem kurz nach 378 v. Chr. verfassten Dialog «Phaidon» malte sich der Philosoph den planetarischen Globus riesengroß aus und stattete ihn mit vier Erdströmen aus, die sich rechtwinklig kreuzten. So brachte er in diesem geometrisch angelegten Weltbild die Streifenelemente hervor, die dem mittelalterlichen Reichsapfel und seinen Designern wörtlich als Vorbild dienten. Platon nahm in seiner Konstruktion der Welt

Der Reichsapfel – hier eine deutsche Anfertigung aus dem 12. Jahrhundert. Auf der Kugel unter dem christlichen Kreuz erkennt man die vier Erdströme, die rechtwinklig zueinander verlaufen, wie es sich der griechische Philosoph Platon vorgestellt hat.

zudem an, es gebe weitere Inseln auf der Erde. In einem späteren Dialog, dem «Timaios», dachte sich der Philosoph neben den vier durch die Erdströme gebildeten Segmenten noch ein fünftes «wahres» Festland aus, das jenseits der Säulen des Herakles liegt, im Westen den gesamten Okeanos umschließt und unter dem Namen «Atlantis» zu großer Berühmtheit und erstaunlicher Nachwirkung gelangen sollte. Abgesehen von den zahlreichen und nicht enden wollenden Bemühungen, diesen mythischen Ort tatsächlich ausfindig zu machen, führt eine konkrete Spur von Platons Idee zu dem Philosophen Francis Bacon. Der konzipierte 1627 eigens ein

Neu-Atlantis und schilderte in der dazugehörigen Schrift eine neuzeitliche Utopie, in der die Menschen Forschungsinstitute betreiben und durch Anwendung des gewonnenen Wissens die Zukunft
nach ihrem Willen gestalten, um so das Glück auf die Erde und zu
ihren Bewohnern zu bringen.

Nach Platon übernahm wie erwähnt auch Aristoteles die These
einer kugelförmigen Erde, wobei an dieser Stelle vor allem interessiert, dass der griechische Philosoph an den Hof des makedo-
nischen Königs Philipp II. geholt wurde. Aristoteles sollte die
Erziehung des Prinzen Alexander übernehmen, der in seiner Re-
gierungszeit als König erstaunliche Schlachten geführt und Erobe-
rungen unternommen hat, was ihm bei den Geschichtsschreibern
den Beinamen «der Große» eingebracht hat. Dieser König kannte
die Schriften Herodots, teilte ihre Faszination für ferne Wunder-
länder und zeigte überhaupt großen Wissensdurst, der sich gut
mit dem Verlangen nach einem Rachefeldzug gegen die Perser
verbinden lies. Alexander begann seine Eroberungszüge im Jahre
334 v. Chr., und er konnte seine Truppen in der Gewissheit mar-
schieren lassen, die Routen durch Kleinasien und über die dortigen Gebirge zu kennen. Bei der am Golf von Iskenderun gelegenen
Seestadt Issos gelang ihm 333 v. Chr. ein Sieg über den persischen
König Dareios III., was Alexander zum Weitermarsch nach Ägypten ermutigte, wo er sich unter anderem als Stadtgründer betätigte.
Im westlichen Mündungsgebiet des Nildeltas – gegenüber einer von
Homer erwähnten Insel – entstand Alexandria, mit dessen Hilfe
unter anderem der Seehandel nach Griechenland erleichtert werden sollte.

Von hier brach Alexander 331 v. Chr. auf, und zwar nicht nur,
um kurzfristig das persische Zentralland zu unterwerfen, sondern
auch, um langfristig zum einen die ihm von Orakeln prophezeite
Weltherrschaft anzustreben und zum Zweiten die Grenzen der
Oikumene zu erreichen. Bei seinen Kriegszügen strebte er dem

Kaspischen Meer entgegen, das als salzhaltig beschrieben worden war und deshalb für eine Ausbuchtung des Okeanos gehalten wurde. Alexander träumte davon, das große Gewässer zum Transport einer Armee von einem Erdteil zum anderen zu nutzen, doch als er 330 v. Chr. am Südufer des Kaspischen Meeres ankam, stellten er und seine Begleiter fest, dass das Wasser süßer schmeckte, als man erwartet hatte. Alexander zog zu Lande weiter und näherte sich den Südhängen des Gebirges, das bei den Persern «Hindukusch» genannt wird, was für einen Gipfel steht, «den der Adler nicht überqueren kann». Für den in der griechischen Sagenwelt bewanderten Alexander bedeutete die Erwähnung des Adlers, dass hier der Ort zu finden sein musste, an dem der Sage nach ein solcher Raubvogel dem angeketteten Prometheus die Leber zerfraß, als Strafe dafür, dass dieser Titan den Göttern das Feuer entrissen hatte. Angedeutet war damit so etwas wie Kulturfähigkeit – wobei daran zu erinnern ist, dass «Prometheus» wörtlich den Vorausdenkenden meint und der Titan offenbar kommen sah, was die Menschen alles bewerkstelligen würden, wenn sie erst einmal das Feuermachen beherrschten.

Bei den Griechen war jede Kenntnis der Geographie untrennbar mit der Kosmogonie verknüpft, also mit einer Erzählung von der Entstehung der Welt. Die Erde zu kennen bedeutete im antiken Denken, die Schöpfung zu verstehen. Aus diesem Grund bemühte sich Alexander, das konkret erreichte Gebirge an die mythische Erzählung anzubinden: Er ließ die mitgereisten Schriftgelehrten die Höhe ausfindig machen, in der Prometheus für seine kulturstiftende Heldentat büßen musste. Mehr als diese philosophische Dimension lockte Alexander aber vermutlich die logistische Herausforderung, mit seiner dreißigtausend Mann starken Armee das Gebirge zu überqueren. Er wollte dieses Hindernis vor dem Horizont überwinden und so in Gebiete gelangen, die den gelehrten Geographen seiner Zeit Rätsel aufgaben und unbekannt geblieben waren. Der Schüler des Aristoteles und makedonische König vermutete, dass man von den Gipfeln des Hindukusch in Richtung Osten die Grenze der Oikumene und das Weltmeer erblicken konnte. Leider aber sahen er und seine Mannen von den erkletterten Bergeshöhen aus nur weitere Bergketten, die sich endlos in die Ferne zu erstrecken schienen. Das führte zu Fragen, die ein wissensdurstiger König nicht auf sich beruhen lassen konnte: Wo endet die Oikumene? Und wo beginnt der Okeanos? Was liegt hinter dem Horizont?

Alexander und seine Berater träumten davon, das östliche Ende der Welt zu erreichen und von dort die Rückfahrt auf dem Nil anzutreten, um das ganze Unternehmen zu einem triumphalen «Weltumritt» werden zu lassen, wie die historischen Bücher es nennen. Nach unsäglichen Mühen und nach Unmengen von Kämpfen kamen er und seine Truppen in den nächsten Jahren bis in das Tal des neben dem Nil anderen bekannten großen Flusses der Antike, der als Indus bekannt war. Mit anderen Worten, Alexander kam in das Land, das damals Indien genannt wurde, und seine Truppen erreichten im Juli 326 v. Chr. die Stadt, die heute Hyderabad heißt. Hier mündete der Indus in ein großes Meer, an dem sich die Gezeiten beobachten ließen. Dies führte Alexander zu dem Schluss, er habe den Okeanos gefunden und somit zumindest ein Ende der Welt erreicht. Er ließ sich auf die See hinausfahren, «um nachzusehen, ob in der Nähe ein anderes Land über dem Meer aufsteige, [und] um sich zu rühmen, als Erster auf dem großen Meer hinter Indien gefahren zu sein», wie antiken Quellen zu entnehmen ist. Alexander opferte den Göttern und bat sie sogar ausdrücklich darum, es keinem anderen Menschen zu ermöglichen, «je über die Endpunkte seines Marsches hinauskommen» zu können.[19] Wenn der Große den Horizont nicht überwinden konnte, dann sollte dies auch niemand anderem vergönnt sein.

Alexander hatte also einen Landweg nach Indien gefunden, aber

wie vielen Lesern seit ihren Schultagen bekannt sein wird, ging es
in den folgenden Jahrzehnten bis in die noch fernen Zeiten von Kolumbus darum, den Seeweg in diesen Teil der Welt zu finden, der
mit einem großen Reichtum an Gewürzen lockte. Es mag verwunderlich klingen, aber bereits um 515 v. Chr. war ein griechischer
Geograph namens Skylax im Auftrag des persischen Großkönigs
aufgebrochen, um die Mündung des Indus zu erkunden und zum
Beispiel festzustellen, ob sich dort auch Krokodile befanden, wie
man sie aus dem Nil kannte. Vor allem wollte der König wissen, wo
der Indus ins Meer fließt, und wenn Skylax auch nur die arabische
Halbinsel umsegeln konnte, ohne Indien zu erreichen, so hat seine
Unternehmung doch dafür gesorgt, dass man nach seiner Pioniertat erfolgreicher vorgehen konnte. Skylax fertigte nämlich eine
Beschreibung der möglichen Seeroute an, die späteren Seeleuten
als Navigationshilfe dienen sollte und aus diesem Grund «Periplus»
genannt wird. Der Ausdruck stammt vom griechischen Wort für
Umschiffung oder Küstenfahrt.

Ein solcher Periplus wurde erneut im 1. Jahrhundert n. Chr. von
einem Seefahrer aus Alexandria verfasst, der darin die genaue
Handelsroute seines Schiffes festhielt. Es entstand ein Buch, das
bis heute (wenn auch nur in Abschriften) vorhanden ist und mit
«Periplus Maris Erythraei» einen hübschen Namen bekommen hat,
der übersetzt «Küstenbefahrung des Roten Meeres» bedeutet. Dargestellt sind Handelsrouten entlang der afrikanischen, arabischen
und indischen Küste, und als Waren befanden sich Gewürze, Seide
und Edelsteine an Bord – neben Glas, Perlen und Kosmetika, die
im Tausch angeboten wurden. Auf jeden Fall war Indien vom Roten Meer her auf dem Seeweg schon mehr als tausend Jahre zuvor
erreicht worden, als die Portugiesen und Kolumbus anfingen, in
einen folgenreichen Wettbewerb zu treten.

Als Kolumbus meinte, sein Ziel erreicht zu haben, wechselte die
Menschheit vom Mittelalter in die Renaissance. Das heißt, noch

orientierten sich die Völker an der Vergangenheit, wie die Vorsilbe «Re» erkennen lässt. Der Blick nach vorne in eine bessere Zukunft ließ noch auf sich warten. Die neue und bessere Welt gab es noch nicht, auch nicht hinter dem Horizont der Zeit. Diese Welt musste erst erschaffen werden, und dazu war eine Revolution nötig. Auf sie steuert die Erzählung im folgenden Kapitel zu.

4.

Weite Wege in neue Welten

Die Umrisse der Kontinente und die Weite der Ozeane

E s ist nicht zu übersehen, dass sich die Menschen seit der Antike mit Macht und Ehrgeiz darum bemühten, an die Grenzen ihrer heimatlichen und vertrauten Welt zu gelangen, um die Gebiete hinter den Horizonten zu erkunden. Historiker unterscheiden drei expansive Schübe, die mit der sogenannten großen griechischen Kolonisation beginnen, in deren Verlauf das Siedlungsgebiet der Griechen unter anderem bis zu den Küsten Kleinasiens und an das Schwarze Meer erweitert wurde. Diesem allgemeinen Vordringen der Völker folgten die spezifischen Feldzüge von Alexander dem Großen, die ihn und seine Armee bis nach Indien brachten und in deren historischer Nachfolge sich eine Ausdehnung des Römischen Reiches in alle vier Himmelsrichtungen erkennen, verfolgen und nacherzählen lässt. Diese organisierte staatliche Ausweitung wurde ergänzt durch individuelle Unternehmungen von Kaufleuten, durch Vorstöße wagemutiger Abenteurer und Erkundungsreisen politischer Gesandter, denen oftmals spektakuläre Berichte zu verdanken sind, die stets aufmerksam registriert wurden und sicher das vielen Menschen eigentümliche Bedürfnis weckten, sich selbst auch einmal in die weite Welt hinauszuwagen. Aufgrund der vielen Berichte und Beschreibungen der Weltreisenden bildete sich im Mittelmeerraum allmählich eine

Vorstellung der Erde heraus, in der Asien als der größte und menschenreichste Kontinent in Erscheinung trat, auf dem ein warmes und feuchtes Klima herrschte und infolge dieser Vorgaben eine auffällig hohe Fruchtbarkeit.

Eine besondere Rolle fiel bei diesen abendländischen Weltansichten dem sagenhaften Indien im Fernen Osten zu, das «im Weltbild der Europäer eine ‹verzauberte Welt› [darstellte], deren Schätze als ‹das Köstlichste› galten, ‹was es auf Erden gibt›», so der Historiker Folker Reichert in seinem Buch über «Das Bild der Welt im Mittelalter».[1] Indien lockte und reizte seit europäischen Urzeiten große und kleine Menschen, und im 6. Jahrhundert n. Chr. lebte dort ein Mann, den man bestaunte und Kosmas den Indienfahrer nannte (oder Kosmas Indikopleustas). Sein Ansehen gründete auf der Vermutung, dass er als Kaufmann mehrfach bis in jene Gegenden vorgedrungen war, die damals unter einen großzügig gehandhabten Begriff von Indien fielen und konkret zum Beispiel das heutige Südarabien erfassten. Kosmas galt auf jeden Fall als weitgereist, und so betrachtete man aufmerksam die «Christliche Topographie», die er in der Absicht entworfen hatte, das Weltbild der Heiligen Schrift den (eher heidnischen) Entwürfen der Geographen und Astronomen entgegenzustellen, die damals zirkulierten.

Diese Entwürfe wiederum gingen vor allem auf die Arbeiten des Claudius Ptolemäus zurück, der im 2. Jahrhundert n. Chr. in Alexandrien gewirkt und mehrere große Werke geschaffen hatte. Von Ptolemäus' erster folgenreicher Publikation war weiter oben bereits die Rede – sie galt dem Kosmos und seinen Gestirnen. Hier wurde das berühmte geozentrische Modell entworfen, das als ptolemäisches Weltbild im europäischen Denken verankert blieb und zum festen Bestand des Wissens gehörte, bis Kopernikus im 16. Jahrhundert endlich die Sonne in die Mitte der Welt setzte. Nach seiner eindrucksvollen Erkundung und Durchmusterung des Himmels wandte sich Ptolemäus in Alexandrien der Vermessung der Erde zu. Er fasste seine sorgfältig kompilierten Ergebnisse in einem Buch zusammen, dessen Titel in wörtlicher Übersetzung «Einführung in die Geographie» lautet und das Fachleute kurz als «Geographia» zitieren, wobei das dazugehörige Schulfach früher «Erdkunde» hieß. In der Einleitung dieser Schrift macht Ptolemäus deutlich, worum es ihm geht, nämlich darum, die Welt verständlich und fassbar zu machen. Dazu greift er auf Verfahren und Methoden zurück, die man heute «wissenschaftlich», «systematisch» oder «exakt» nennen würde. Der Mann aus Alexandrien schreibt: «Diese Dinge gehören zu den erhabensten und schönsten aller geistigen Bestrebungen: Erstens dem Verständnis des Menschen mithilfe der Mathematik die physische Natur der Himmelssphären, wie wir sie bei deren Kreisen um uns herum erkennen können, zugänglich zu machen. Zweitens die Natur der Erde mithilfe eines Abbilds aufzuzeigen, da die wirkliche Erde so riesig ist (...) und infolgedessen von einer einzelnen Person als Ganzes weder auf einmal noch nach und nach in den Blick genommen werden kann.»[2]

Bemerkenswert ist die Tatsache, dass die von Ptolemäus geschaffenen Weltkarten verloren gingen und erst im späten 13. Jahrhundert wieder aufgetaucht sind. Ein eindrucksvoller Nachdruck, der sich heute in der Londoner British Library befindet, lässt neben den Umrissen der Kontinente und der Meere ein Geflecht von Linien erkennen, die sich kreuz und quer über den Globus ziehen und zum Beispiel den Äquator und die beiden Wendekreise im Norden und im Süden markieren. Diese Linien treten so deutlich hervor, als gehörten sie zur realen Erde selbst und nicht bloß zu ihrer Abbildung in den «Geographia». Ptolemäus gab sich offenbar alle Mühe, den dreidimensionalen (räumlichen) Planeten möglichst korrekt auf einer zweidimensionalen (ebenen) Karte abzubilden. Seinen Anspruch, die Welt so wiederzugeben, wie sie sich dem Betrachter auf der Erde in Wirklichkeit zeigt, hoffte er durch eben diese Linien zu erfüllen, aus denen schließlich die Längen- und

Ein Ausschnitt aus der Weltkarte, die auf den großen Astronomen Claudius Ptolemäus zurückgeht. Dieser Nachdruck ist 1478 in Rom entstanden und gehört zu Ptolemäus' Werk «Geographia». Er befindet sich heute in der British Library in London.

Breitenkreise wurden, die der präzisen Ortsbestimmung dienen und den Heimatplaneten der Menschen wie ein Netz umspannen.

Der erwähnte Kosmas konnte diesem unchristlichen Treiben nichts abgewinnen. Er entwarf deshalb eine rechteckige Erde, die von einem Himmel überwölbt wird und an deren Ostseite sich ein Ozean anschließt, hinter dem wiederum das irdische Paradies zu finden und zu erkennen ist. Eine Hölle zeigt Kosmas den Menschen nicht, sie hat bei ihm offenbar keinen Ort – wobei an dieser Stelle um Erlaubnis für den Hinweis gebeten wird, dass dieses Thema zum Beispiel in der «Göttlichen Komödie» von Dante angesprochen wird, die rund sechshundert Jahre später entstand. Der italienische Dichter platzierte die Hölle auf die Rückseite der Erdkugel, also dorthin, wo heute Neuseeland liegt. Er schlug damit zwei Fliegen mit einer Klappe: Zum einen bekommt die Hölle ihren Ort, zum Zweiten kann kein Mensch dorthin gelangen, um nachzuschauen – dachte Dante sicher um 1300.

Wer sich für «Die Vermessung des Paradieses» und die dazugehörige «Kartographie des Himmels auf Erden» interessiert, wird in
dem gleichnamigen Buch des Kunsthistorikers Alessandro Scafi
fündig. Der Blick des Gelehrten auf die Religionsgeschichte zeigt,
«dass sich die Menschheit zu allen Zeiten und an verschiedensten
Orten nach einem zeitlosen ‹Anderswo› gesehnt hat. Kulturen und
Zivilisationen zeugen seit vielen Jahrtausenden von einem tief
verwurzelten Verlangen der Menschen, (...) historische Grenzen
zu überschreiten und nach einem Jenseits zu suchen, (...) nach
der vollkommenen Glückseligkeit, fern in Raum und Zeit.»[3] Das
Wort «Paradies» hat eine komplizierte Geschichte, die vermutlich
mit einer persischen Bezeichnung für «eine Mauer aus formbarem
Material» beginnt und zu dem Obstgarten oder Park führt, der sich
dahinter verbirgt.

In der Genesis tauchen dann die Worte «parádeisos en Eden» –
also «Paradies in Eden» – auf, die «das Bild eines königlichen Parks
vermitteln, der Gottes schönster Schöpfung würdig sei». Seit dem
1. Jahrhundert n. Chr. wird der Begriff «Paradies» «mit dem Schicksal der Gerechten im kommenden Leben in Verbindung gebracht»,
und seitdem suchen Fromme danach und hoffen, den entsprechenden «jenseitigen Ort» auf der Erde mit seinen Geheimnissen zu erreichen.

1520 etwa veröffentlichte der portugiesische Kosmograph Pedro
Margalho ein wissenschaftliches Werk mit dem Titel «Physicae
Compendium», in dem er mittelalterliche Lehrmeinungen über die
Erde und das Wasser, die Länder und die Meere mit den tatsäch-
lichen Erfahrungen der portugiesischen Seefahrer seiner Zeit ver-
gleicht. Margalho fragt unter anderem, ob die Entdeckungs- und
Forschungsreisenden bei ihren Unternehmungen rund um den
Globus «wohl auch das irdische Paradies gefunden haben». «Tat-
sächlich hatten sie keine entsprechende Entdeckung gemacht»,
wie Scafi anmerkt, weshalb aus dem Paradies ein Ort wurde, «der

für die Lebenden unzugänglich bleibt und außerhalb der menschlichen Zeit liegt».[4]

Ganz verschwunden ist der Gedanke an paradiesische Zustände jedoch nicht. Sie geben einen ständigen Horizont ab, den Menschen vor Augen haben und anstreben. Wer möchte nicht den Moment erleben, in dem sich sagen lässt, «verweile doch, du bist so schön» – und zwar möglichst ohne Hilfe des Teufels? Allerdings schleicht sich der Verdacht ein, dass man selbst in diesem Augenblick des vollkommenen Glücks beginnen wird, Überlegungen für den nächsten Schritt anzustellen. Man sieht immer einen Horizont, «eine Mauer aus formbarem Material», auf die es zugeht. Glück ist nicht, im Paradies zu sein, sondern den Weg zu sehen, auf dem man ihm näher kommt. Es muss immer einen lockenden Horizont geben, der verspricht, dass hinter ihm das Paradies zu finden ist.

Eine bewegte Erde

Zurück zu Kosmas. Die Weltsicht, die der Indienfahrer mit seiner rechteckigen Erde vorgelegt hat, ist von Kennern als «Gehorsam bis zum Unverstand» bezeichnet worden. Bereits im 7. Jahrhundert wurde sie durch ein christliches Weltbild der vernünftigeren Art ersetzt, das dem spanischen Bischof Isidor von Sevilla zu verdanken ist. Isidor zeichnete weniger eine konkrete Karte des Planeten, er stellte vielmehr in zahlreichen Werken seine umfassende Sicht auf «Die Natur der Dinge» vor. In den bischöflichen Schriften erscheint die Welt als ein geordnetes Ganzes, denn eben so hat Gott sie Isidors Ansicht nach eingerichtet. Isidor schlug zudem vor, sie «mundus» zu nennen, wobei er dieses lateinische Wort von «motus» ableitete, also von der Bewegung, die man doch überall sieht und spürt – unter anderem bei den Planeten und Sternen am Himmel, beim Lauf der Sonne, bei den wechselnden Winden auf der Erde, bei dem ruhigen oder rauschenden Strömen der Flüsse, beim Ausschwärmen der Menschen und bei manchem mehr. Mit all diesen Bewegungen kann der gesamte Kosmos zu einem Ort werden, an dem Gott Handlungen vornimmt und dabei die Dinge im Laufe der Geschichte so einrichtet, dass sie den Augen der Menschen als schön erscheinen.

Isidor entwickelt auch klare Vorstellungen von der Erde, die er als «orbis» bezeichnet, also als Erdkreis. Wenn man seine geographischen Auskünfte in Kartenform bringt, wie es bis in das 15. Jahrhundert geschehen ist, sieht man einen Ozean als ein rundes «O», das drei Kontinente umschließt, die traditionell Asien, Europa und Afrika heißen und von Meeren und Flüssen in Form eines Balkens getrennt werden, der wie ein «T» aussieht. Die Historiker sprechen deshalb von «TO-Karten», deren Schema beibehalten wurde, als zum Beispiel im späten 11. und frühen 12. Jahrhundert «Isidor-Karten» nach seinen Schriften gezeichnet wurden. Diese Karten dienten weniger der Darstellung der Geographie, als sie die Heilsgeschichte vergegenwärtigen sollten, wie sie sich mit Hilfe der Schauplätze auf der Erde erzählen ließ, wobei die einzelnen landeskundlichen Gegebenheiten einen geistlichen Sinn zugewiesen bekamen. Weltbilder im Mittelalter erzählen also gerne Geschichten, und vielleicht besteht die Aufgabe der Moderne darin, auch das Weltbild der Wissenschaften mit einer Geschichte auszustatten oder sogar durch seine Geschichte hervorzubringen und schmackhaft zu machen.

Übrigens greift der frühmittelalterliche Christ Isidor bei seiner Gesamtdarstellung der Welt auf die philosophischen Ansichten des antiken Heiden Aristoteles zurück, die man als «Vier-Elemente-Lehre» zusammenfassen kann. Bei Aristoteles werden die bekannten vier Grundstoffe Feuer, Erde, Wasser und Luft mit vier

Eine Isidor-Karte mit dem Ins Auge fallenden TO-Schema. Gezeigt wird ein Exemplar, das in der Buchmalerei des frühen 13. Jahrhunderts entstanden ist; entworfen hat solche Darstellungen Isidor von Sevilla im frühen 7. Jahrhundert. Ein Ozean («O») umschließt drei Erdteile – Asien, Europa und Afrika –, die als «T» angeordnet sind.

Sinnesqualitäten verknüpft: warm, kalt, feucht und trocken. Dank Isidor wurde die in der Bibel nicht explizit zu findende Vorstellung der vier Elemente im christlichen Mittelalter zum Allgemeingut der gebildeten Menschen. Dabei sollte man meinen, dass mit dem Aufkommen der christlichen Religion das Schema der Trinität dominieren und die Zahl Drei das Denken bestimmen sollte, was ganz sicher in der Astronomie Johannes Keplers im 17. Jahrhundert der Fall ist. Die christliche Drei taucht natürlich auch bei Isidor auf, der im neunten Kapitel seiner Schrift «Von der Natur der Dinge» bestimmt, was «Welt» bedeutet: «Die Welt ist die ganze Gesamtheit, die aus Himmel und Erde besteht.» Im lateinischen Original: «Mundus est universitas omnis quae constat ex caelo et terra.» Der Bischof aus Sevilla wählt für diese proklamierte Ganzheit den

Kreis als geometrische Grundform und notiert in dessen Mitte drei Worte: «Mundus-Annus-Homo», also Welt-Jahr-Mensch. Deutlich wird damit die Verzahnung zwischen dem Menschen und der Welt, und Isidor hält ausdrücklich fest: «Der Mensch wird Mikrokosmos, das heißt ‹die kleine Welt› genannt», und er ist dann natürlich in einem Makrokosmos – einer großen Welt – zu Hause.[5]

In der Naturwissenschaft des Mittelalters gehören die Lehren vom menschlichen Körper und vom Universum eng zusammen. Der Mediävist Aaron J. Gurjewitsch spricht von einer «Einheitlichkeit der Weltanschauung» im Mittelalter, womit er meint, dass damals «in einem kleinen Teilchen (...) gleichzeitig auch das Ganze enthalten» war. Mit anderen Worten: «Der Mikrokosmos bildete eine Art Duplikat des Makrokosmos.»[6] Wem das zu abstrakt ist, der kann bei Leonardo da Vinci um 1500 sehen, wie sich diese Denktradition konkretisieren lässt. Leonardo vergleicht die Arterien im menschlichen Körper mit unterirdischen Flussläufen, er sieht vergleichbare Muster, wenn sich Haare kräuseln und die Wasseroberflächen sich bewegen, er versteht die Blutzirkulation in Analogie zum Umlauf der Ströme und manche Beziehung mehr. Der Gedanke, dass sich die Ordnung des Universums – des Makrokosmos – im Kleinen widerspiegelt, hält sich bis in das Elisabethanische Zeitalter, in dem William Shakespeare seine Werke verfasst. Der einzelne Mensch trug die Ordnung des Ganzen in sich, was sich auch daran zeigt, dass den vier Säften des menschlichen Körpers – Blut, Schleim, schwarze und gelbe Galle – die vier Elemente der Schöpfung entsprechen. Es hat lange gedauert, bis die Menschen verstanden, dass sie weder Makro- noch Mikrokosmos sind, sondern vielmehr einen eigenen Kosmos dazwischen bilden. Davon soll später noch die Rede sein.

Das Weltall als Ei

So bekannt Isidor von Sevilla geworden ist, so unbekannt ist der Verfasser der Weltentwürfe geblieben, mit denen Isidors Werk mehr oder weniger übertroffen und auf jeden Fall als Bildungslektüre abgelöst werden konnte. Gemeint ist ein Mann des 12. Jahrhunderts, der sein eigenes Leben mit dem Schleier des Geheimnisvollen bedeckte, etwa dadurch, dass er sich einen merkwürdigen Namen gab: Honorius Augustodunensis. Man kann damit bis heute nicht viel anfangen, doch es bleiben uns die zwanzig größeren Werke, die er verfasst hat.

Unsere Aufmerksamkeit soll hier einem Text gelten, den der Autor zwischen 1107 und 1139 mehrfach überarbeitete und mit einem bis dahin ungewohnten Titel versah, nämlich «Imago mundi», «Bild der Welt». «Wie in einem Spiegelbild», so meinte der Verfasser, «soll man die Einrichtung der ganzen Welt erkennen können».[7] Honorius teilt zu diesem Zweck alles, was seiner Ansicht nach vorhanden und dem Menschen zugänglich ist, in drei Kategorien ein: Raum, Zeit und Geschichte. Zum Raum gehören neben der Erde unter anderem auch die Hölle und das Wetter, die Zeit wird von Momenten bis zu Jahrhunderten gerechnet, und die Geschichte lässt sich durch Weltalter, Christenverfolgungen und Herrscher darstellen. Die Welt – das Weltall – erscheint Honorius Augustodunensis zunächst wie ein Ball, also kugelrund, wobei er anschließend genauer wird. Schließlich ist sie von einem Himmel umgeben, unter dem sich das befindet, was er «reinen Äther» nennt, und über dem man «stürmische Luft» erwarten kann. Der globale Ball setzt sich wie ein Ei zusammen, und so stellt Honorius Augustodunensis die Welt dar: als Kosmos-Ei, eine Vorstellung, die es schon zu den Zeiten der Römer gab. Bemerkenswert ist, dass die Leser der «Imago mundi» mit der Kugel- oder Eiform der Erde keine Mühe hatten und auch mühelos dem Gedankenexperiment folgen konnten, bei dem zwei Männer in entgegengesetzte Richtungen losmarschieren und so lange geradeaus laufen, bis sie sich eines Tages auf der anderen Seite der Erde wiederbegegnen. Denn «wenn es unterwegs keine Hindernisse gäbe, könnte man auf der Erde eine Runde machen wie eine Fliege um einen Apfel». Und «wenn der Globus seiner Achse nach durchstochen wäre, könnte man auf der anderen Seite den Himmel sehen», wie der Autor des «Imago mundi» seinen Lesern erzählt.[8]

Folker Reichert denkt in seinem Buch «Das Bild der Welt im Mittelalter» über die Frage nach, wie sehr sich das mittelalterliche Weltbild an der Kugelform orientierte. Er weist auf die im 14. Jahrhundert entstandene Beschreibung einer Reise von England nach Ostasien hin, die den Erzähler bis zu einer fernen Insel bringt, auf der seine Sprache zu hören ist. Wäre er weitergezogen, wäre er sicher nach Hause gekommen. Doch da kein Schiff aufzutreiben ist, das ihn in diese Richtung befördert, kehrt der Reisende einfach um und macht sich auf den Heimweg. Reichert deutet diese Geschichte so, «dass sich nicht jedermann der Kugelform der Erde bewusst war». Zwar kannten sich die Gelehrten aus, und viele hatten auch den Reichsapfel gesehen und wussten, «dass er die Herrschaft über die Erdkugel symbolisierte». Wie dagegen die einfachen Leute, auf dem Land wie in der Stadt, das Aussehen der Erde einschätzten und sich vorstellen, «ob sie überhaupt daran denken wollten, das wissen wir nicht. Das wissen wir nicht für das Mittelalter und auch nicht für die Antike.»[9]

Christliche Weltbilder und die neue Welt am Rande

Wenn man Honorius Augustodunensis ein Verdienst zuweisen möchte, kann man sagen, dass sein «Bild der Welt» die runde Gestalt der Erde – das Kosmos-Ei – populär machte. Wie oben erwähnt, hat er keine eigene Weltkarte angefertigt, doch er hat nachfolgende Generationen zu Illustrationen angeregt. Zum Ende des 12. Jahrhunderts ist dabei zum Beispiel die sogenannte Sawley-Karte entstanden, die nach ihrem Fundort benannt ist – einer Zisterzienserabtei in Lancashire nahe der Irischen See – und im 16. Jahrhundert in das Corpus Christi College in Cambridge gebracht wurde, wo man sie sich bis heute ansehen kann.

Dem anonymen Kartenmacher ging es eindeutig um eine christliche Sicht auf die Welt, wie allein dadurch augenfällig wird, dass die gezeigte Erde von vier Engeln eingerahmt ist, die auf Schauplätze verweisen, an denen das christliche Heilsgeschehen stattgefunden haben soll. Im Osten sieht der Betrachter das irdische Paradies, in dem vier Paradiesflüsse entspringen und sich über die Erde ausbreiten. In der Mitte der Karte finden sich die Inseln des Ägäischen Meeres, die das Apollo-Heiligtum beherbergen und heute als Kykladen bezeichnet werden. Diese Positionierung kann man als Verbundenheit zu antiken Traditionen deuten, man kann beim längeren Hinsehen aber auch zu dem Verständnis kommen, dass dadurch der Blick auf den unmittelbar darüber liegenden Bereich gelenkt wird: Hier sind die Lebensräume der zwölf jüdischen Stämme eingezeichnet, und auch die Stadt Jerusalem bekommt ihren Platz.

Jerusalem erscheint in später gefertigten Weltkarten bald in der Mitte, wobei die Touristen der Gegenwart, die im Heiligen Land gewesen sind, wissen, dass in der dortigen Grabeskirche unter der Vierungskuppel der «Nabel der Welt» zu sehen ist. Christus selbst soll diese Stelle dazu bestimmt haben, indem er gesagt hat: «Hier ist die Mitte der Welt», «Hinc est medium mundi». Auf detaillierteren Karten wird das dann groß erscheinende Jerusalem der biblischen Geschichte als Kreis gezeigt, was Reichert überzeugend erklärt, «schließlich spielte das irdische Jerusalem immer schon

auf das himmlische an, galt als zeitliche Vorform dessen, was zeitlos kommen würde». Die ideale Form aber, die man einer derart
verehrten Stadt zuschreiben kann, «war die Rundform, der Kreis,
das Rad. Sie ist ein Bild der Vollkommenheit, ein Bild der Unend-
lichkeit und Allgegenwart Gottes, der als Mitte gedacht wird.»[10]
Solch ein ästhetisch gefälliges Weltbild hatte nicht nur neben-
bei dramatische politische Folgen. Denn wer Jerusalem in den
Mittelpunkt seines Weltbilds stellte, der verlieh einer allgemeinen
Sehnsucht der Christenheit Ausdruck und machte die nochmalige
Eroberung dieser Stadt zum Thema. Gerade weil der Besitz des
Heiligen Landes in den hier betrachteten Jahrhunderten in weite
Ferne gerückt war, blieb Jerusalem der Dreh- und Angelpunkt
des christlichen Denkens. Seit dem 13. Jahrhundert leistete sich
Europa damit eine geistige Mitte, die außerhalb seiner geographi-
schen Gegebenheiten lag. «Vielleicht liegt darin eine der Wurzeln
der europäischen Expansion in die außereuropäische Welt», wie
Folker Reichert vermutet.[11] Um diese Expansion soll es in den kommenden Abschnitten gehen.

Im späten 16. Jahrhundert – lange Zeit sowohl nach der irdischen Expedition des Kolumbus als auch nach der himmlischen
Revolution des Kopernikus – fertigte der evangelische Theologe
Heinrich Bünting (1545–1606) ein «Reisebuch über die gantze heilige Schrifft innzwey Bücher getheilet» an, das 1581 in Hannover
unter dem Titel «Itinerarium Sacrae Scripturae» gedruckt und
veröffentlicht wurde. Es enthält eine Weltkarte, die auf den ersten
Blick ein dreiblättriges Kleeblatt erkennen lässt, das sich dem Betrachter öffnet. «Die gantze Welt in einem Kleberblat», so nannte
Bünting seinen Holzschnitt selbst. Die drei damals bekannten Kontinente – Europa, Asien, Afrika – sind also als Kleepflanze dargestellt, deren Blätter von einem Kreis in der Mitte ausgehen und sich
von dort aus in symmetrisch anmutender Weise großzügig und
großflächig ausstrecken. Dieses stabile Zentrum der Welt stellt

selbstverständlich Jerusalem dar. Die Zahl der Kontinente, also
die Drei, sah Bünting in klarer Beziehung zu den drei Mitgliedern
der Heiligen Familie, den drei Söhnen Noahs, den drei Weisen aus
dem Morgenland, den drei Kreuzen auf dem Berg Golgatha und natürlich vor allem der urchristlichen Dreiheit (Trinität) von Vater,
Sohn und Heiligem Geist. Dabei hatte der Hersteller der Karte im
16. Jahrhundert längst erfahren, dass es auf der Welt mehr als die
überlieferten drei Landmassen gab. Und so zeichnete er in der unteren linken Ecke seiner Karte – also im Südwesten nach der modernen Einteilung in Himmelsrichtungen und ganz an den Rand
gerückt – eher willkürlich den Umriss eines lange Zeit in Europa
unbekannten Erdteils ein, auf den er die vier Worte schrieb: «America – Die Newe Welt».

Da ist sie – wenn auch nicht zum ersten Mal – auf einer Karte
zu sehen, die Neue Welt namens Amerika, die der Genueser Ent-
deckungsreisende Kolumbus 1492 als erster europäischer Seefahrer erreicht und somit für uns entdeckt hat. Benannt wurde sie
nach dem Florentiner Kaufmann und Abenteurer Amerigo Vespucci, der um 1500 zu der heute als Südamerika geführten Hälfte
des amerikanischen Doppelkontinents gelangte und darüber in
einer Schrift berichtete, die von einer «Mundus Novus» erzählt,
die also eine Neue Welt vorstellt. So kann man in den üblichen und
scheinbar harmlos daherkommenden Worten ausdrücken, was bei
diesen einschneidenden Ereignissen der Weltgeschichte gelungen
und passiert ist.

Zu Christoph Kolumbus sollen hier ein paar Hinweise genügen.
Wie viele wissen, meinte der große Entdecker, Indien erreicht zu
haben, und so nannte er die Menschen, die er dort traf, «Indianer».
In den dazugehörigen Erzählungen wird zwar gerne gefragt, was
der Europäer von den Wilden hielt, aber selten kommt jemand auf
die Idee, die Sichtweise umzukehren, wie es etwa Georg Christoph
Lichtenberg in seinen «Sudelbüchern» unternimmt, wenn er listig

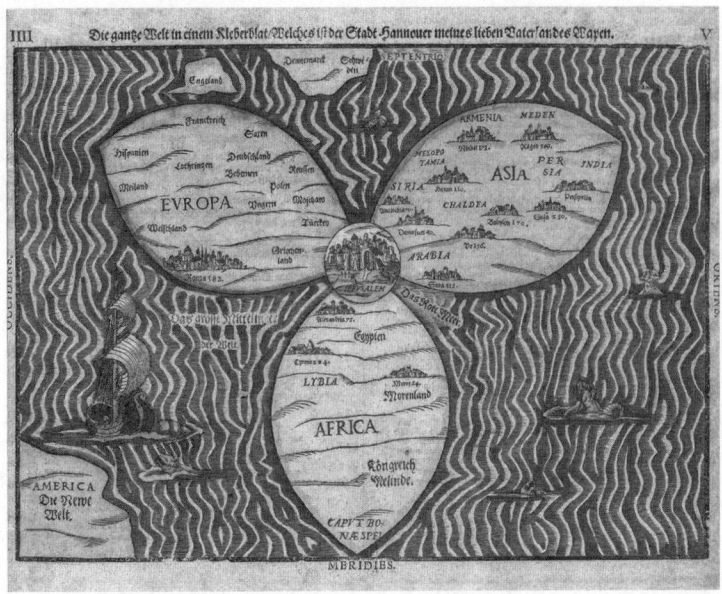

«Die gantze Welt in einem Kleberblatt» – so kann man sie in einem Reisebuch mit dem Titel «Itinerarium Sacrae Scripturae» sehen, das Heinrich
Bünting 1581 in Wittenberg vorgelegt hat. Im Zentrum der (alten) Welt
findet man Jerusalem, und von links unten drängt «America – Die Newe
Welt» ins Bild.

und lustig schreibt: «Der Amerikaner, der den Kolumbus zuerst
entdeckte, machte eine böse Entdeckung.» Während sich der europäische Seefahrer überrascht zeigte, dass auf der fernen Insel
Menschen lebten, sahen die einheimischen Indianer – im heutigen
Sprachgebrauch – keinen Grund zur Aufregung. Ihre Götter hatten ihnen längst verkündet, dass es jenseits des Meeres und hinter
dem Horizont weitere Menschen gab. Dennoch hatten sie offenbar
kein Bedürfnis verspürt, in unbekannte und ungewisse Zonen aufzubrechen und dort nach anderen Zeitgenossen zu suchen. Lieber
wartete man ab, bis das, was hinter dem Horizont lebte, sich von

selbst zeigte. Diese Geduld fehlte den Menschen aus der Welt, die Kolumbus verlassen hatte.

Und noch ein Gedanke zu dem Entdecker aus Genua: Der große Physiker Werner Heisenberg hat einmal gesagt, er bewundere an Kolumbus vor allem, dass dieser den Mut hatte, seine Fahrtrichtung beizubehalten, als die Vorräte an Bord die Menge unterschritten, die für eine Umkehr und die Rückreise benötigt wurden. Der Wille, etwas Neues zu finden, ist offenbar mächtiger als die Angst vor dem Tod. Das Verlangen und Vermögen, hinter den sichtbaren Horizont zu gelangen, bestimmen die Existenz der Menschen mehr als die Sorge vor der unvermeidlichen Lebensgrenze, die ihnen andere Mächte auferlegt haben und hinter der ganz sicher kein Leben zu finden ist. Dass Kolumbus tatsächlich einen Horizont überwinden wollte, zeigen einige Kärtchen, die zwar orot nach selnem Tod gezeichnet wurden, die aber nach verlässlicher Auskunft auf seinen geographischen Vorstellungen wie denen seines Bruders basieren.[12] Die kleinen und schlichten Skizzen zeigen, dass sich Kolumbus an der Weltsicht des Ptolemäus orientierte und darauf hoffte, hinter einigen der eingezeichneten Orte bestimmte Berge – die Berge der Serer – oder hinter einer Küste «das Land der Chinesen» ausfindig machen zu können.

Eigentlich wusste Bünting, dass seine Kleepflanze mit vier Blättern gezeichnet werden müsste, denn bereits 1507 hatte der aus der Nähe von Freiburg stammende Sohn eines Metzgers mit Namen Martin Waldseemüller eine erste Darstellung der Welt vorgelegt, auf der man den gerade entdeckten und von ihm bereits «Amerika» genannten Erdteil erblicken konnte. In einer besonderen Inschrift in lateinischer Sprache wird er ausdrücklich als «orbis quarta pars» bezeichnet, also als vierter Teil des Erdkreises. Außerdem ist auf der Waldseemüller-Karte in moderner deutscher Übersetzung das Folgende zu lesen: «Obwohl viele der Alten eifrig bemüht waren, den Erdkreis zu beschreiben, blieb ihnen nicht weniges unbekannt, zum Beispiel das im Westen liegende Amerika, benannt nach seinem Entdecker, von dem man jetzt weiß, dass es der vierte Teil der Erde ist.»

Im frühen 16. Jahrhundert plante der deutsche Kartograph der Renaissance zunächst zusammen mit zwei Mitarbeitern, Matthias Ringmann und Jean Basin de Sendacour, eine Neuausgabe der Weltkarte des Ptolemäus, auf der natürlich noch kein Amerika zu sehen ist. 1507 verfasste das Trio eine umfassende «Einführung in die Kosmographie enthaltend die erforderlichen Prinzipien der Geometrie und Astronomie nebst den Vier Reisen des Amerigo Vespucci und einer zutreffenden Darstellung der Welt sowohl in Form eines Globus als auch einer Karte, welche ferne Inseln einschließt, die dem Ptolemäus unbekannt waren und kürzlich entdeckt wurden». Im neunten Kapitel dieser «Cosmographiae introductio» schreiben die Autoren: «Es gibt heute einen vierten Teil unserer kleinen Welt, den Ptolemäus kaum gekannt hat und der von Wesen wie uns selbst bevölkert ist.» Und sie weisen stolz auf den Namen des Seefahrers hin, den sie der Neuen Welt gegeben haben, «denn es ist wohl bekannt, dass Europa und Asien nach Frauen benannt sind». Man sieht keinen Grund dafür, «warum jemand es verbieten sollte, diesen vierten Teil Amerige das Land des Amerigo oder America zu nennen, nach dem scharfsinnigen Mann, der es entdeckte».[13]

Neben dem Vorreiter Waldseemüller hat auch der 1488 am Rhein geborene Sebastian Münster, dessen Porträt bis zur Einführung des Euro die alten Hundertmarkscheine zierte, die «TERRA NOVA» namens Amerika auf einer 1532 publizierten Weltkarte eingetragen. Die Karte wurde von ihrem Schöpfer als «Typus cosmographicus universalis», also als «kosmographisches Bild der Welt», überschrieben, und sie gehörte zu einer umfassenden Reisebeschreibung, die den «Novus orbis», den neuen Erdkreis, abstecken wollte. Die Kartenmacher der damaligen Zeit verwendeten auf ihren Werken zunächst das in humanistisch gebildeten Ständen bekannte Latein, sie merkten aber bald, dass auch das gemeine Volk ohne Schulbildung sich für den Zuwachs an Weltwissen und Welterfahrung interessierte. So kam eine deutsche Übersetzung des «Novus orbis» zustande, die bis in das 17. Jahrhundert auf dem Buchmarkt vorrätig blieb und einen langen Titel bekam. An ihm lässt sich nicht zuletzt ablesen, wie weit der Weg noch bis hin zu dem Deutsch ist, das heute gesprochen wird und das sich unter anderem den Mühen und Ideen Martin Luthers verdankt, der sich damals an seine Bibelübersetzungen machte. Münster musste ohne Kenntnis des Luther-Deutsch auskommen, als er seine Weltkarte so bezeichnete: «Die New welt der lanfschaften unnd Insulen, so bis hie her allen Altweltbeschrybern unbekant, Jungst aber von den Portugalesern unnd Hispaniern im Niderenglichen Meer herfunden»,

Münsters «kosmographisches Bild der Welt» wird umrahmt von Szenen und Gestalten, die auf den Maler Hans Holbein den Jüngeren zurückgehen und die den damals bekannten vier Kontinenten zugeordnet werden können. Holbeins Zeichnungen zeigen unter anderem das Zerlegen, Kochen und Grillen menschlicher Leichen, man sieht sogar zum Trocknen aufgehängte Körperteile, und spätestens jetzt wird auch dem letzten Betrachter klar, dass man es mit Kannibalen zu tun hat. Man sagt das so leichthin, ohne sich darüber klar zu sein, welch seltsamen Ursprung das unerfreuliche Assoziationen weckende Wort hat. Reichert geht dem nach: «Als die Mannschaft des Kolumbus erstmals Bekanntschaft mit den

Auf der folgenden Doppelseite:
Diese Weltkarte aus dem Jahr 1532 stammt von Sebastian Münster (1488–1552) und Simon Grynaeus (1493–1541). Die Illustrationen am Rand gehen auf Hans Holbein den Jüngeren (1498–1543) zurück, der als Renaissance-Maler berühmt wurde.

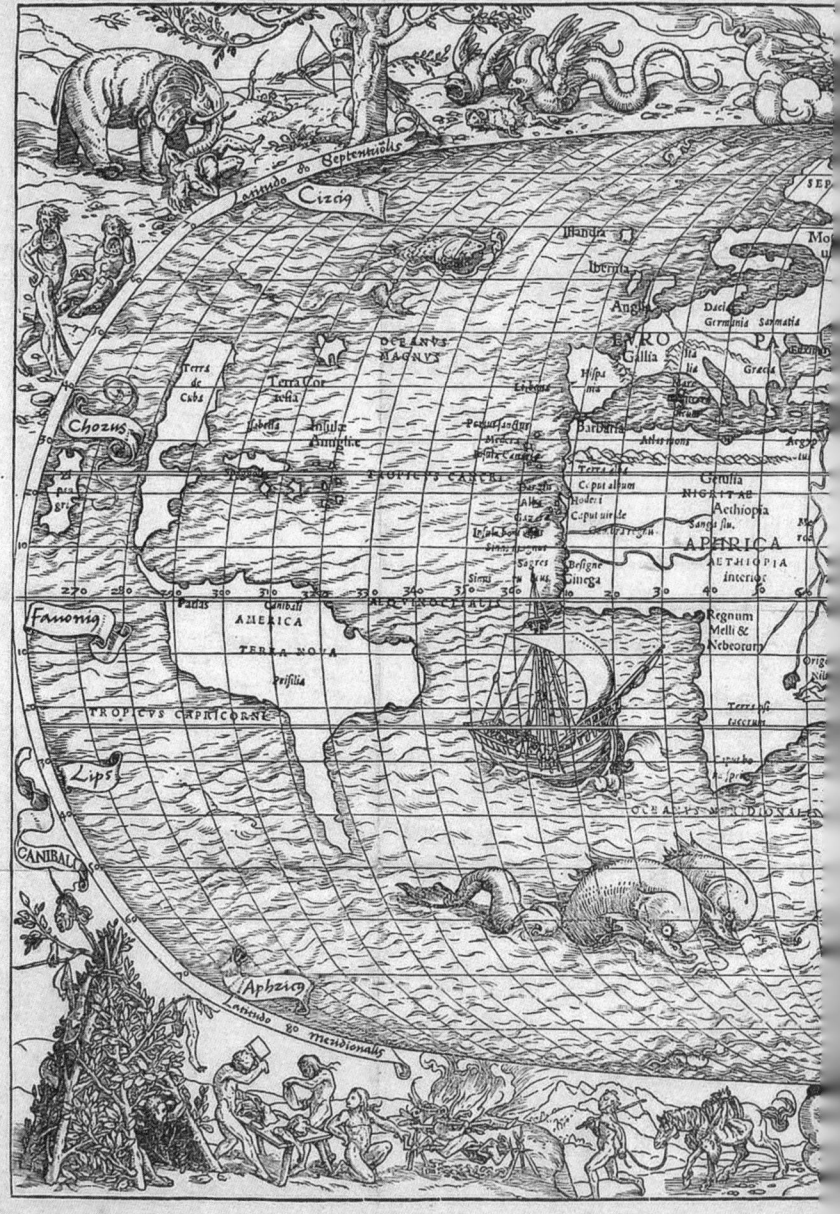

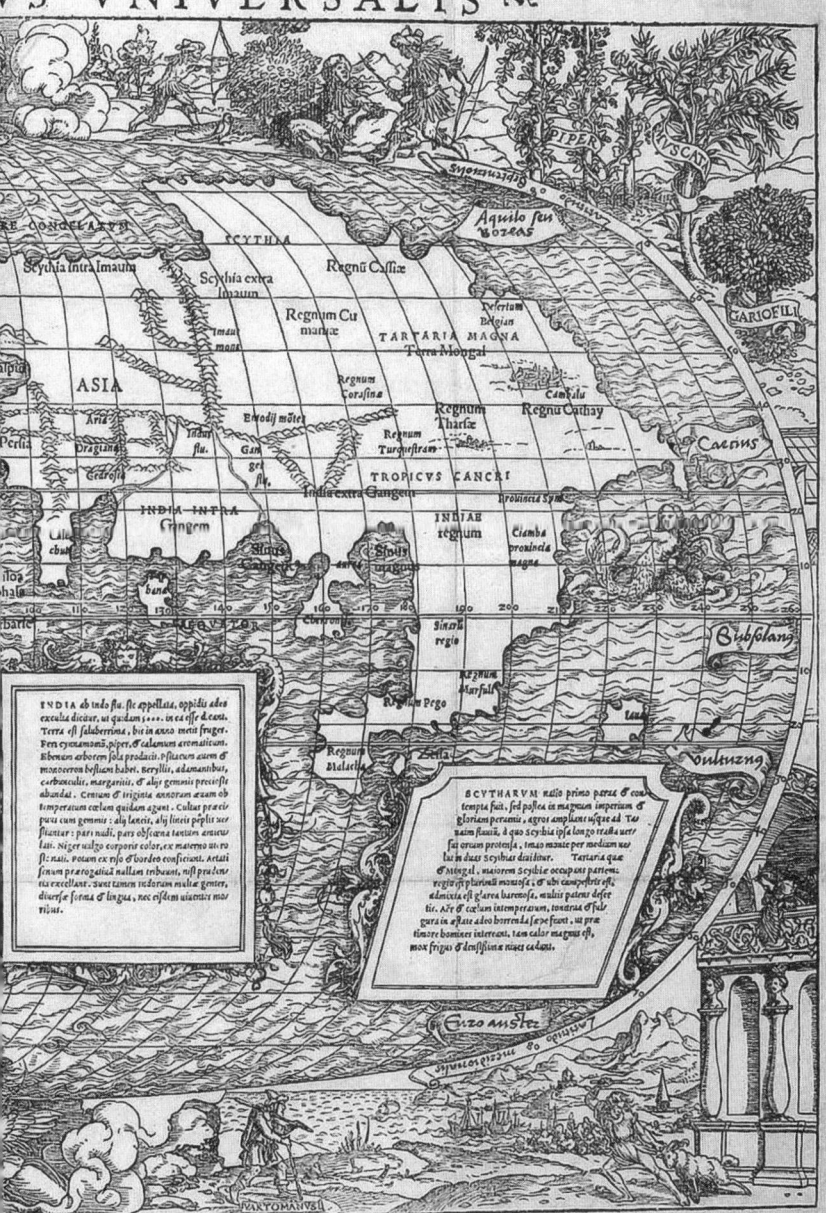

kriegerischen Kariben [den Ureinwohnern des gerade betretenen Kontinents] machte, kam er über deren Absichten ins Grübeln. Man erzählte ihm von den Raubzügen der ‹carib› (der Starken, wie sie sich selbst nannten), und dass sie ihre Gefangenen verspeisten. Da er sich im Osten Asiens wähnte, verstand er ihren Namen als *canib* und deutete diesen als ‹Leute des Großkahns›. Er setzte damit ein kurioses Missverständnis in die Welt, das gleichwohl Bestand haben sollte. Schon immer hatte man Anthropophagen (Menschenfresser) in Zentral-, Ost- oder Südasien vermutet. Gerne wurden sie bei der Vorbereitung ihrer Mahlzeiten an der Schlachtbank gezeigt. Holbeins Darstellung entsprach dem herkömmlichen Muster. Nun aber wurde die Vorstellung auf die Neue Welt übertragen und dafür der Name ‹Kannibalen› kreiert, der von seinem Erfinder, Christoph Kolumbus, ganz anders, nämlich ausgesprochen positiv gemeint war.»[14]

Ein fünfter Kontinent

Als Kolumbus die Neue Welt erreichte, also im Jahre 1492, fertigte der deutsche Kaufmann Martin Behaim, der sich «Martin von Böhmen» nannte, als erster Europäer das an, was man heute als Globus kennt und was in dieser Form auch auf dem Schreibtisch des Verfassers dieser Zeilen steht und ihm seinen bunten Weltblick erlaubt. Martin von Böhmen nannte sein kugelförmiges Objekt «Erdapfel», unter anderem, um ihn von den Himmelsgloben zu unterscheiden, die griechische Kartographen bereits in der Antike gefertigt hatten.

Abgesehen davon, dass es sich bei Behaims Erdapfel um den ersten Globus im modernen Sinn überhaupt handelt, spielte er im 16. Jahrhundert eine herausragende Rolle. Ein Italiener namens

Antonio Pigafetta, der zu Seefahrern gehörte, die den Portugiesen Ferdinand Magellan um 1520 bei seiner ersten Umsegelung der Erde begleiteten, hatte die globale Geographie aus Böhmen studiert. Gerüchten zufolge sollte der Erdapfel eine Wasserstraße zeigen, die den Südatlantik mit dem Pazifik verbindet, was allerdings nicht der Fall war. Dabei ist anzumerken, dass «von allen großen europäischen Entdeckungsreisen (...) keine so falsch verstanden worden [ist] wie Magellans – vermeintlicher – Versuch, die Welt zu umsegeln», wie der bereits zitierte Jerry Brotton berichtet. Es war zwar eine Fahrt, «die hinsichtlich ihrer Ambitioniertheit, ihrer Dauer und des menschlichen Durchhaltevermögens die Reise von Kolumbus zur Neuen Welt oder Vasco da Gamas Reise nach Indien in den Schatten stellte. Es gibt jedoch keinen Hinweis darauf, dass [der in spanischem Auftrag tätige] Magellan wirklich vorhatte, die Erde zu umsegeln. Er trat vielmehr zu einer Handelsfahrt an, mit der man das Monopol der Portugiesen auf den Gewürzhandel unterlaufen wollte, (...) und er war der Erste, der begriffen hatte, dass man die Spitze Südamerikas umfahren und dann über den Pazifik zu den Molukken segeln konnte.»[15]

Wie dem auch sei: Die Magellan'sche Pioniertat, die im September 1522 ohne ihren auf den Philippinen im Kampf getöteten Kapitän mit achtzehn Überlebenden in einem spanischen Hafen ihren nicht unbedingt triumphalen Abschluss fand, lockte viele weitere Abenteurer, eine Reise um die Welt zu versuchen – unter anderem den Engländer Francis Drake, den Holländer Olivier van Noort, den Deutschen Georg Spielberg, den Österreicher Christoph Carl Fernberger und den Franzosen Louis Antoine de Bougainville, mit dem die Aufzählung im 18. Jahrhundert angekommen ist.

Im letzten Drittel dieses historischen Zeitabschnitts, in dem in Deutschland die Philosophie der Aufklärung entsteht und in England erste Schritte einer industriellen Revolution erkennbar werden, gelingt es vor allem dank mehrerer Weltumseglungen des Briten James Cook, «ein nahezu vollständiges Bild der Gestalt der Erde, der Umrisse der Kontinente und der Weltmeere zu gewinnen», wie der Ethnologe Karl-Heinz Kohl in einem «Atlas der Weltbilder» schreibt und weiter ausführt: «Anlass zu Cooks ersten beiden Reisen waren die damals unter europäischen Gelehrten weit verbreiteten Mutmaßungen über die Existenz eines Südkontinents (...). Cook wies nach, dass die legendäre *terra australis* zumindest so, wie die Gelehrten sie sich vorgestellt hatten, nicht existierte: nämlich als eine riesige südliche Landzone, deren Vorhandensein sie als notwendig erachteten, um das Gleichgewicht des Erdballs zu erhalten.»[16] Cook fand zunächst vor allem endlose Wassermassen vor, bis es ihm gelang, eine bereits im 17. Jahrhundert von Holländern aufgefundene Landmasse nautisch genauer zu bestimmen, was bald zu einer Besiedlung des neuen Kontinents durch die britische Krone führte. Aus «terra australis» wurde Australien, und seitdem verfügt die Welt über fünf Erdteile, so viel wie die Finger einer Hand und die Ringe auf der olympischen Flagge.

Die Welt als Gegenstand

In den vorgestellten Jahrhunderten, in denen die Welt bereist und umsegelt und die Erdkunde – die geographischen Kenntnisse der Menschheit – erweitert und verfeinert wurden, vollzog sich eine tiefgreifende und umfassende Veränderung des humanen Denkens und Empfindens, die den Namen Säkularisierung trägt. Es handelt sich dabei tatsächlich um ein Jahrhundertereignis, wie es das lateinische «saeculum» zum Ausdruck bringt, auch wenn vordergründig zunächst die Verstaatlichung der kirchlichen Besitztümer damit bezeichnet wurde. Dahinter liegen die sich von göttlichen Höhen entfernenden und der irdischen Wirklichkeit zuwendenden Wandlungen im Weltbild und im Weltverständnis der Menschen, die sich in einem schlichten historischen Rahmen festhalten und festzurren lassen. Es ist unübersehbar, dass noch im Jahre 1500 der Glaube der Menschen an Gott unvermeidlich und lebensprägend war, während er fünfhundert Jahre später nur eine Option unter vielen darstellt. Wollte man mit viel verbalem Schwung ausdrücken, was in diesem Zeitraum der europäischen Geschichte passiert ist, könnte man sagen, dass die Menschen in dieser Phase ihrer Entwicklung Wege fanden, um zum einen die gigantische Größe des Makrokosmos abzuschätzen und zum anderen die dramatische Tiefe des Mikrokosmos einzusehen. Dabei trat ihnen sowohl ihre eigene Bedeutungslosigkeit als auch ihre fragile Gefährdung in den kosmischen Weiten der Welt vor Augen, und sie mussten auf beide Sachverhalte reagieren.

Es wird in den nächsten Abschnitten darum gehen, diese doppelte Ausweitung des Horizonts nach außen und innen zugleich darzustellen und einzuordnen. Zuvor soll noch ein Blick auf die besondere Weltkarte geworfen werden, die 1569 von einem Kosmographen, Geographen, Philosophen und Mathematiker aus Flandern entworfen wurde, der ursprünglich Gerard de Kremer hieß und heute als Gerhard Mercator berühmt ist. Mercator verfolgte das ehrgeizige Ziel, das «Studium des gesamten universellen Gefüges, das die Himmel und die Erde miteinander verbindet, und der Position, Bewegung und Anordnung seiner einzelnen Teile» zu absolvieren, um die «Organisation der ganzen Weltmaschinerie» zu analysieren.[17] Und er hoffte, den Menschen durch die kontemplative Betrachtung der wunderbaren Welt auf seinen Karten ihre ganze Bedeutungslosigkeit oder «Nichtigkeit» klarzumachen. Der Kartograph empfahl seinen Zeitgenossen, sich bei politischen und religiösen Zwistigkeiten zurückzuhalten, um stattdessen nach spiritueller Geborgenheit zu streben und sich in eine höhere kosmische Harmonie einzufügen. Auch dies kann mit Weltbildern gelingen, wenn sie die Qualität jener Weltbilder Mercators besitzen.

Natürlich ist der Geograph, dessen Ruhm bis in die islamische Welt reichte, weniger wegen dieser Ratschläge berühmt geworden als durch seine Bemühungen, die Dimensionen der räumlichen Kontinente genauer zu bestimmen und angemessen auf eine zweidimensionale Karte zu projizieren. Mercator konnte auf systematische Weise zahlreiche Fehlberechnungen etwa von Ptolemäus korrigieren, nicht zuletzt wurde die Größe Europas auf seinen Karten erheblich reduziert. Wie er ausführlich darlegte, bestand seine Absicht vor allem darin, «auf einer ebenen Fläche die Oberfläche der Erdkugel so auszubreiten, dass die Positionen von Orten nach allen Seiten hin miteinander übereinstimmen (...) und weiter so, dass die Gestalten der Teile erhalten bleiben, so weit dies möglich ist, so wie sie auf der Kugel erscheinen».[18]

Was Mercator im 16. Jahrhundert zustande brachte, muss man eine historische Leistung nennen, denn «Mercators Projektion wurde vom English Ordonance Survey sowie von der Admiralität der Navy für ihre Karten verwendet, und die NASA griff zur Kartierung diverser Bereiche unseres Sonnensystems auf sie zurück», wie bei Jerry Brotton zu erfahren ist. Nach Ansicht des Londoner Professors für Renaissancestudien zeigt sich Mercators Karte «zum einen rückwärtsgewandt, indem sie sich an klassischen und mittelalterlichen Autoren orientiert, zum anderen fortschrittlich, in die Zukunft gerichtet, insofern sie eine neue Auffassung von Geografie zu verwirklichen sucht».[19]

Tatsächlich – auf die Epoche der Rückwärtsgewandtheit, also die Renaissance, folgt ein Jahrhundert, in dem man entschieden nach vorne blickte. Der erste Bundeskanzler der Bundesrepublik Deutschland, der gläubige Katholik Konrad Adenauer, hat einmal gesagt: «Wir leben alle unter dem gleichen Himmel, aber wir haben nicht alle den gleichen Horizont.» Dieser Horizont weitete

sich auf ungewöhnliche Weise im frühen 17. Jahrhundert, als sich
ein Gedanke bemerkbar machte und durchsetzte, der inzwischen
als Idee des Fortschritts zu einer allgemeinen Grundhaltung im
europäischen Denken und Handeln geworden ist und auf dem historischen Weg dahin die Welt und ihr Bild maßgeblich verändern
konnte.

Was sich zu Beginn des 17. Jahrhunderts in Europa ereignete,
hat der italienische Historiker Paolo Rossi «Die Geburt der modernen Wissenschaft in Europa» genannt, was bei ihm genauer
heißt, dass «jene komplexe historische Realität entstand, die wir
heute als *moderne Wissenschaft* bezeichnen».[20] Die Protagonisten
dieser Revolution kamen aus Polen, England, Deutschland, Italien,
Frankreich, Holland, Dänemark und anderen Ländern des alten
Kontinents, und sie vereinte die Vorstellung, dass durch ihr Werk
etwas *Neues* entsteht. Wie schon nach der Entdeckung der Neuen
Welt findet man den Begriff «novus» in Hunderten von Titeln wissenschaftlicher Bücher wieder: zum Beispiel im «Novum Organon»
(1620), dem Werk des Briten Francis Bacon, der «Astronomia Nova»
(1609) von Johannes Kepler und den «Discorsi intorno a due nuove
scienze» (1638), die Galileo Galilei vorlegt.

Damals war der Gedanke des Neuen tatsächlich etwas Neues –
im Gegensatz zu heute, wo man ihn durch den Ausdruck «Innova-
tion» aufzupäppeln versucht –, und er stand für eine veränderte
Sicht auf die Welt und die Wirklichkeit. Es mag in den Ohren der
Menschen im 21. Jahrhundert eher seltsam klingen: Die Idee, die
damals aufkam und wirksam wurde, bestand in der Überzeugung,
dass die Zukunft besser werden kann, als die Vergangenheit war,
und die Menschen sollten selbst dafür sorgen, dass sich solch ein
human konzipierter Fortschritt einstellte. Es ging darum, durch
systematische Anwendung des menschlichen Verstandes und seiner logischen Fähigkeiten das Wissen über die reale Welt zu vermehren. «Wissen ist Macht», wie die Kernbotschaft des frühen

17. Jahrhunderts manchmal in wenigen Worten zusammengefasst wird. Sie hat ihren Ursprung in einer Bemerkung von Francis Bacon, der seinem «Novum Organon» einige Aphorismen voranstellt, von denen der dritte so lautet: «Menschliches Wissen und menschliche Macht treffen in einem zusammen; denn bei der Unkenntnis der Ursache versagt sich die Wirkung. Die Natur kann nur beherrscht werden, wenn man ihr gehorcht; und was in der Kontemplation als Ursache auftritt, ist in der Operation die Regel.»[21]

Die Natur zu beherrschen – das ist das anvisierte und lohnende Ziel, und um es zu erreichen, muss eine unauffällige Voraussetzung gegeben sein, die wiederum eine ungeheure Konsequenz mit sich bringt. Beides zusammen führte dann zu dem neuen Weltbild, das in den darauffolgenden Jahrhunderten intakt blieb und weltweit eine erstaunliche Erfolgsgeschichte ermöglichte. Die oft übersehene Voraussetzung besteht darin, dass die Menschen zum ersten Mal aus der Natur heraustraten und sie als Gegenüber, als Gegenstand behandelten, dem sie konkret entgegentraten. Indem sie die Welt als Objekt betrachteten – um sie objektiv zu beschreiben –, wurden sie selbst zu Subjekten, wobei dieses Wort von seinem lateinischen Ursprung her («subiacere») genau zu dem entscheidenden Gedanken führte, den Bacon an- und ausspricht, wenn er mit maliziöser Dialektik sagt, man müsse der Natur gehorchen oder sich ihr unterwerfen, um sie zu beherrschen. Der Brite versteht unter Fortschritt die Zunahme von Verfügungsmacht über die Natur, und die menschlichen Subjekte gewinnen diese Macht durch Kenntnis der Naturgesetze. Daher gilt also «Wissen ist Macht», wie die Nachwelt diese ungeheuer wirkungsvolle Botschaft in knappster Form verdichtet hat, und dieses zu erwerbende und zu bewahrende Wissen dient dem großen Ziel, in Zukunft besser leben zu können als in der Vergangenheit.

Als sich Europa und seine Gelehrten im 17. Jahrhundert und in den folgenden Epochen mit Vehemenz daranmachten, dieses Ziel mit wissenschaftlichen Mitteln zu verfolgen, entstand auf dem alten Kontinent tatsächlich eine neue und bessere Welt, die das Attribut «lebenswert» in mehr als einer Hinsicht verdient. Das Leben in Europa wurde leichter, erfreulicher und angenehmer, und die wissenschaftliche Methode entwickelte sich zu dem Exportschlager, der bald Amerika und andere Länder wie die im Fernen Osten erreichte und hier wie dort zu dem Wohlstand führte, den sämtliche Menschen anstreben und den sie als Folge der Wissenschaft und mit Hilfe ihrer Methoden und der dazugehörenden Logik sich selbst bereiten können.

Nicht einfach zu beantworten ist die Frage, warum diese humane Idee des leichteren Lebens und der optimistische Gedanke des möglichen Fortschritts ausgerechnet zu Beginn des 17. Jahrhunderts und zudem innerhalb der engen Grenzen von Europa aufgetaucht sind. Hier sei dem Autor immerhin der Hinweis gestattet, dass der wissenschaftlichen Revolution eine Epoche vorangegangen ist, die man in England das «Elisabethanische Zeitalter» nennt und in der dem unvergleichlichen Shakespeare das gelungen ist, was der Literaturwissenschaftler Harold Bloom «die Erfindung des Menschlichen» nennt. Natürlich hat die Natur mit ihrer Evolution die Art Homo sapiens geschaffen, aber es war Shakespeare, «der uns erfunden hat», «so wie wir [den Menschen] bis heute, vierhundert Jahre danach, kennen», wie Bloom schreibt.[22] Und dieser Mensch kann lieben, leiden, lernen und in seinem Spiel erkennen lassen, dass er sich ändern will und man ihm helfen kann. Nach Shakespeare kennt der Mensch den Menschen, wenn man das in dieser Kürze so sagen darf, und nun geht es für die Gesellschaft darum, die Bedingungen seiner Existenz zu verbessern.

Francis Bacon zeigt auf dem Frontispiz seines 1620 erschienenen Buches mit dem langen Titel «Des Francis von Verulam, oberster englischer Kanzler, große Einsetzung» (gemeint ist die der Wissenschaften), was seine Leser im Speziellen und die Menschen im

Allgemeinen zu erwarten haben. Zu sehen ist ein Segelschiff, das zwei Säulen – sie stellen die Säulen des Herakles oder Herkules an der Meerenge bei Gibraltar dar – durchfahren hat und sich auf einen fernen Horizont zubewegt, dessen Linie das Bild ziemlich genau in der Mitte teilt. Am unteren Rand ist eine Inschrift auf Latein zu lesen: «Viele werden hindurchfahren, und die Wissenschaft wird vermehrt werden», «augebitur scientia». Das Passieren der Säulen erfordert größten Mut, da man in den Zeiten vor Bacon und der Geburt der modernen Wissenschaft meinte, hier die Grenze der Alten Welt vor sich zu haben, an der seit Tausenden von Jahren die Warnung prangte, «Non plus ultra!», «Nicht darüber hinaus!», auf keinen Fall weiter aus dem Mittelmeer in den Okeanos hinausfahren und dort das Neue suchen.

Diese strikte Vorgabe lockerte sich bereits im 16. Jahrhundert erheblich, als Kaiser Karl V. aus dem Hause Habsburg, der sich seit 1520 «erwählter Kaiser des Heiligen Römischen Reiches» nannte, die beiden Säulen des Herkules in das Wappen seiner Krone aufnahm. Er kehrte das traditionelle Verbot um: «Plus ultra», heißt es auf einem Band, das sich um die Säulen schlingt. Dieselben Worte in großen Buchstaben – «PLUS ULTRA» – wird der Philosoph Leibniz zwischen 1676 und 1679 auf den handschriftlichen Entwurf eines Traktates setzen, in dem er eine «SCIENTIA GENERALIS», eine Universalwissenschaft formulieren möchte. Leibniz segelt also mutig auf den Horizont zu, er lässt sich endgültig nicht mehr von der Markierung abschrecken, die mit den Säulen des Herkules errichtet worden ist. Hinter sich gelassen hatte sie als Erster Francis Bacon, «um ins Innere und Unbekannte der Natur eindringen und den menschlichen Geist zu seiner Fahrt aufs offene Meer ausrüsten» zu können, wie er seinem König James I. geschrieben hat.[23]

Die Kulturwissenschaftlerin Aleida Assmann hält in ihrer Analyse von Bacons Frontispiz fest: «Die auf dem Bild verherrlichte Grenzüberschreitung war nicht zuletzt eine Frage neuer Tech-

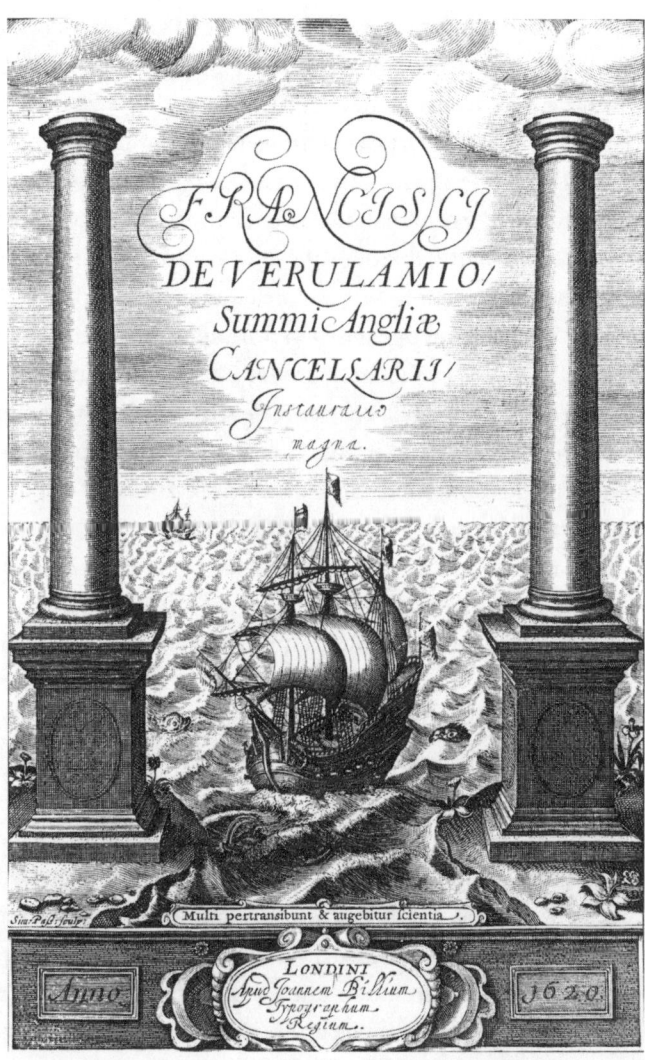

Das Frontispiz zu dem Werk «Instauratio Magna», das Francis Bacon 1620 in London vorgelegt hat. Das Schiff passiert die «Säulen des Herkules», die sich am Ausgang des Mittelmeers in den Okeanos befinden und die Grenze der Alten Welt darstellen. Lange Zeit durfte man darüber nicht hinaus: «Non plus ultra!»

nologien.» Nach Ansicht des britischen Lordkanzlers, der zum
Grafen von Verulam ernannt worden ist, «waren es insbeson-
dere drei Erfindungen, die den Schritt über die Grenze der alten
Welt ermöglichten: die Druckerpresse, das Schießpulver und der
Kompass. Sämtliche Errungenschaften waren maßgeblich an der
Grundlegung der Neuzeit beteiligt: Der Kompass machte aus dem
Abenteuer der Atlantiküberquerung eine kontrollierte Kunst, die
überlegene Kampftechnik war entscheidend für die Überwälti-
gung und Ausmerzung der indigenen Bevölkerung, mithilfe der
Druckerpresse wurden Bibeln in großer Zahl in die Neue Welt ex-
portiert und fanden die Reiseberichte der Seefahrer einen großen
internationalen Markt.»[24] So weit Aleida Assmann, wobei man ergänzen kann, dass Gutenbergs Druckerpresse zunächst vor allem
die Ablasszettel herstellte – was ihrem Erfinder und Betreiber viel
Geld einbrachte –, mit denen die Gläubigen sich ihr Seelenheil er-
kaufen konnten, was wiederum einen gewissen Martin Luther in
Rage brachte und mit nachhaltiger und erschütternder Wirkung
reagieren ließ.

Zurück zu den Säulen des Herkules, die in der frühen Überlieferung den Zugang zum Totenreich markierten und mutige
Abenteurer bei der Durchfahrt wie die Helden in Wildwestfilmen
dem Sonnenuntergang entgegenstreben ließen. Bacon drehte diesen Gedanken um und machte aus den Säulen das Tor zum neuen
Leben, bei dessen Durchfahren man den Sonnenaufgang erwarten
kann. Wer das allgemein ausdrücken will, kann sagen, dass Bacon
dem alten Horizont durch den Blick des Betrachters – oder des
Seefahrers – ein neues Aussehen und ein dynamisches Format gibt.
Der Horizont stellt keine eherne Grenzlinie mehr dar, er wandelt
sich vielmehr mit dem Wechsel der Perspektive, die der jeweilige
Beobachter einnimmt, was dem bekannten Begriff «Subjekt» eine
zweite Bedeutung gibt. Mit der Geburt der modernen Wissenschaft
wird aus dem Menschen nicht nur jemand, der sich der Natur un-

terwirft, um durch dieses Gehorchen die Dinge zu seinem Nutzen einsetzen zu können. Aus dem Menschen wird auch jemand, der seine Bewegung selbst bestimmt und mit dem dazugehörigen Fortschreiten oder den entsprechenden Fortschritten eine neue Lebensform begründet und sich ein neues Weltbild zu eigen macht. Dass Bacons Segelschiff das Alte hinter sich lässt, ist ein dramatischer Vorgang. Der Kirchenvater Augustinus etwa hatte den Erkenntnisdrang der Menschen als ihre schlimmste Hybris bezeichnet, und in Dantes «Göttlicher Komödie» ist zu erfahren, dass, wie Aleida Assmann schreibt, die Überschreitung der Weltgrenze «einem metaphysischen Frevel gleichkam».[25] Aus diesem gefürchteten Verstoß gegen religiöse Ansichten macht Bacon mehr als einen positiven Wert. Er macht aus dem Frevel einen moralischen Imperativ und verwandelt die Grenzubertretung und die Angst vor dem Bösen in den wissenschaftlichen Fortschritt zum Guten, von dem die kommenden Generationen zehren und leben, und zwar nach und nach immer besser – soweit man das bis in die Gegenwart überblicken und sagen kann.

Mit bewaffnetem Auge

Zu den bekanntesten Figuren des wissenschaftlichen Umdenkens im frühen 17. Jahrhundert gehört der streitlustige Italiener Galileo Galilei, der vor allem dadurch Einfluss auf das Weltbild der Menschen nicht nur seiner Zeit nehmen konnte, dass er den Mut hatte, den Himmel und die Sterne mit einem Fernrohr zu betrachten. Zwar hat Galilei das Teleskop, das man vom Jahr 1609 an auf Messen und Marktplätzen erwerben konnte, nicht erfunden, aber er hat dieses Instrument verbessert und entscheidend genutzt. Zunächst aber soll von seinem Zeitgenossen Johannes Kepler die Rede sein. Kepler ist unter anderem berühmt für die Formulierung dreier Gesetze für die Bewegung der Planeten, von denen hier nur das erste erwähnt wird. In ihm hält Kepler fest, dass die Umlaufbahn eines Planeten um die Sonne nicht kreisförmig ist, sondern die Gestalt eine Ellipse hat. Er liefert damit ein erstes elegantes Beispiel für die These Galileis, der Gott zu einem Mathematiker erklärt, weil der Herr das Buch der Natur in der Sprache der Geometrie geschrieben hat, das nun von entsprechend Kundigen zu lesen ist. Es soll und muss nicht ausgeführt werden, dass sich hier ein visionäres Weltbild mit manchen Tücken zeigt, da die Aufmerksamkeit den Ellipsen Keplers gilt, die scheinbar harmlos daherkommen und oftmals eher nebenbei abgehandelt werden.

Tatsächlich kann man das, was Kepler zustande brachte, nur als radikal neues Weltbild begreifen, und zwar aus einem einsichtigen Grund – oder vielleicht auch zwei. Die frühen Astronomen und Philosophen, die das Himmelsgeschehen durch kreisförmige Sphären erklärten – diese Gebilde mit den von ihnen mitgeführten Planeten zirkulierten selbst noch bei Kopernikus, der ausdrücklich ihre «Umwälzung» und nicht die der Planeten betrachtet –, kamen gar nicht auf die Idee, dafür kausale Gründe anzugeben oder zu suchen. Für die himmlischen Kreise oberhalb der Mondbahn waren die Götter verantwortlich. Mit dieser Auffassung eines transzendenten Geschehens räumte der tiefgläubige Kepler nun radikal auf. Einfach ausgedrückt: Götter stellen Kreise an den Himmel, aber keine Ellipsen her. Ellipsenbahnen brauchen eine völlig anders geartete Erklärung, sie brauchen eine Begründung nicht aus himmlischen Höhen, sondern aus physikalischen – also immanenten – Gründen, und da wusste Kepler zunächst keinen Rat. Wie sich von heute rückblickend erläutern lässt, musste die Menschheit bis in die zweite Hälfte des 17. Jahrhunderts und persönlich auf Isaac Newton warten, der spätestens 1687 die entscheidende Kraft ausmachen und berechnen konnte, die für die elliptische

Form der Planetenbewegung sorgt. Sie ist heute als Schwerkraft oder Gravitation geläufig, erfüllt das ganze Weltall und benötigt in diesem weiten Raum keinen Gott mehr, um den Himmel und seine Gestirne in Bewegung zu halten.

Im Englischen gibt es zwei Ausdrücke für den Himmel, nämlich «Sky», wo Vögel und Flugzeuge fliegen, und «Heaven», wo Gott mit seinen Engeln residiert. Mit diesen Begriffen kann man sagen, dass Kepler aus dem «Heaven» der Alten den «Sky» des Neuen geschaffen hat, und es mag sein, dass es niemals einen radikaleren Wechsel im Weltbild der Menschen gegeben hat, auch wenn viele dies nicht mitbekommen haben.

Die zweite radikale Neuerung bei Kepler besteht darin, dass er die traditionelle Idee aufgab, die Planeten würden von und in Sphären bewegt, die sie mitschleiften. In seiner Sicht der Dinge mussten sich die Himmelskörper selbst bewegen, wie es Steine und Speere, Kugeln und Kutschen auf der Erde taten, was natürlich erneut die Frage mit sich brachte, welche (immanente) Eigenschaft es den materiellen Dingen erlaubte, ihre Bahnen zu ziehen und ihre Wege zu absolvieren. Auch hier zeigte sich Kepler ratlos. Er vermutete so etwas wie eine «inertia», also eine Trägheit, die Gegenstände in Bewegung hielt, doch erst Newton konnte diese Frage klären.

Wer an dieser Stelle fragt, wie Kepler auf die Form der Ellipse gekommen ist, kann auf die Tatsache verwiesen werden, dass dem gläubigen Protestanten eine Fülle von Daten über die Bahn des Planeten Mars zur Verfügung standen, die sein Vorgänger Tycho Brahe in Prag gesammelt hatte. Zwar musste Brahe noch ohne Fernrohr auskommen, aber er konnte eigenwillige Präzisionsinstrumente basteln und mit ihrer Hilfe genauer als alle vor ihm die Positionen der Planeten bestimmen. Kepler vertraute diesen empirischen Daten mehr als anderen Vorgaben, er vertraute ebenso ihrer mathematischen Verarbeitung und konnte auf diese Weise zu seinem historischen Ergebnis kommen. Im Zeitalter der

Rechenmaschinen kann man sich gar nicht mehr so recht vorstellen, welch ein riesiger kalkulatorischer Aufwand von Kepler allein mit Kopfrechnen zu bewältigen war.

Der von ihm ermöglichte neue Blick an den Himmel erfuhr dramatische Ausweitungen, als ab 1609 die ersten Teleskope verfügbar wurden, wobei dieses Datum genannt wird, weil Galilei in diesem Jahr ein eigenes Fernrohr konstruiert hat, das vermutlich eine zwanzigfache Vergrößerung der betrachteten Objekte erlaubte. Mit dem Teleskop konnten die Menschen näher an den Horizont herankommen, ohne sich persönlich in Bewegung setzen zu müssen. Man brauchte bloß durch einen Apparat mit unterschiedlichen Linsen zu schauen, den man natürlich nicht nur an den Himmel richten, sondern auch zu Beobachtungen auf der Erde nutzen konnte. Tatsächlich überzeugte Galilei seinen Dienstherren, den Dogen von Venedig, von der Bedeutung des Fernrohres, indem er ihm zeigte, dass man damit feindliche Flotten, die sich im Anmarsch befanden, zwei Stunden früher zu erkennen vermochte. Vielleicht kommt daher der Ausdruck des «bewaffneten Auges».

Auf jeden Fall verdoppelte der Doge Galileis Gehalt, und so nahm der große Mann im Dezember 1609 gutgelaunt sein Fernrohr und richtete es an den Himmel. Nun taten sich vor seinen Augen wahrlich neue Welten auf. Zum einen bekam er eine erste Ahnung von der riesenhaften Ausdehnung des Alls. Zum Zweiten zeigten sich dort, wo das unbewaffnete Auge nur Nebel erkennen konnte, massenhaft Ansammlungen von Sternen in wachsender Zahl. Zum Dritten konnte der Sterngucker den Jupiter als Scheibe ausmachen, was Galilei richtigerweise vermuten ließ, dass die Punkte, mit denen sich die Sterne zeigten, sehr viel weiter entfernt sein mussten als der Planet. Zum Vierten gab es aber Pünktchen, die um den Jupiter kreisten, sie mussten so etwas wie dessen Monde darstellen. Fünftens beobachtete er vor Sonnenaufgang den Morgenstern, die hell leuchtende Venus, und sah, dass der Planet Phasen erkennen ließ, wie man sie vom Mond her kannte. Galilei verstand sofort: Die Venus umkreist die Sonne, wie die Erde es tut, und sie wird von dem Zentralgestirn unterschiedlich beleuchtet. Sechstens – und vorläufig abschließend – richtete Galilei sein Gerät auf den Erdtrabanten selbst und sah dort Linien und Schatten, die er als guter Kenner der toskanischen Landschaft und ihres Lichtes sofort als Gebirge und Hügel deutete. Das reißt uns zwar heute nicht unbedingt vom Hocker, aber Galilei kam aus dem Staunen nicht mehr heraus. Der Mond erwies sich nicht als eine perfekte Kugel, wie ihn eine göttliche Schöpfung geschaffen hätte. Er war vielmehr ein gewöhnliches physikalisches Objekt, das zufällig am Himmel kreiste und die Menschen mit wechselnden Phasen umrundete.

Mit dem Fernrohr sah der Himmel völlig anders aus als ohne. Den Menschen standen vom 17. Jahrhundert an Mittel zur Verfügung, um ein ungewöhnliches wissenschaftliches Weltbild entstehen zu lassen, und es wird kein Geheimnis verraten, wenn man dazu anmerkt, dass die Arbeiten daran auch in der Gegenwart längst nicht abgeschlossen sind und vermutlich endlos weitergehen können.

Bevor im nächsten Kapitel ausgeführt wird, wie weit die heutigen Instrumente reichen, gilt es, den tiefergehenden Blick nach innen vorzustellen, der ebenfalls im 17. Jahrhundert möglich wurde und der nicht auf den Makrokosmos, sondern auf den Mikrokosmos gerichtet war. Das dazu dienende Gerät heißt deshalb auch «Mikroskop» (was die Frage erlaubt, warum das Fernrohr nicht «Makroskop» heißt und warum man nur Stirnrunzeln hervorruft, wenn man von einem «Nahrohr» spricht). Wie das Teleskop verdankt sich das erste Mikroskop der Kunstfertigkeit von Glasschleifern. In den Niederlanden montierten gegen Ende des 16. Jahrhunderts zwei Optiker mehrere Linsen hintereinander und stellten dabei fest, dass sich ferne Objekte näher holen und nahe Gegenstände vergrößern ließen. In historischen Büchern wird der Leser darüber informiert, dass die niederländischen Glasschleifer Zacharias und Hans Jansen – Sohn und Vater – die ersten einfachen Mikroskope konstruiert haben, ohne dass sie damit etwas entdeckten, das Beiträge für ein Weltbild liefern konnte. Dieses Verdienst rechnet die Wissenschaftsgeschichte dem holländischen Tuchmacher und Wissenschaftler Antoni van Leeuwenhoek zu, der im späten 17. Jahrhundert hochwertige Linsen polieren und durch ihre Kombination einen Tubus bauen konnte, dem die Literatur eine Vergrößerung um einen Faktor von rund zweihundertsiebzig zutraut.

Van Leeuwenhoek übertraf damit seine Konkurrenten, die nur eine fünfzigfache Vergrößerung erreichten, und er vermochte es, Gegenstände sichtbar zu machen, die den millionsten Teil eines Millimeters ausmachten. Er blickte in einen durchsichtigen – und scheinbar reinen – Wassertropfen und entdeckte eine neue, wimmelnde Welt, die ihn begeisterte. Was augenscheinlich klar und sauber war, steckte in Wirklichkeit voller Bakterien, Viren, Hefezellen und anderem Gewürm, wie sich heute sagen lässt. Van Leeuwenhoek sprach von «animalcula», und er meinte damit die mikroskopisch winzigen Lebewesen, die er im Regenwasser ebenso fand wie in geschmolzenen Schneeflocken und Pfefferaufgüssen, die er zu diesem Zweck zubereitete.

Von 1673 an verfasste van Leeuwenhoek einige hundert Mitteilungen, die er zum Beispiel an die Royal Society in London schickte, deren Mitglieder anfangs nicht glauben wollten, welche Fülle sich da formenreich in der Tiefe der Dinge zeigte und fröhlich tummelte. Der Holländer berichtete von Infusorien (Protozoen), von Spermien, von Blutkörperchen und von winzigen Wesen, die auf Flöhen parasitierten. Die von ihm beobachtete Vielfalt konnte es mit dem berühmten Werk «Micrographia» aufnehmen, das der englische Physiker Robert Hooke bereits 1665 verfasst hatte – und das van Leeuwenhoek nicht lesen konnte, da er nur seine holländische Muttersprache beherrschte.

Hookes Buch wird bis heute zitiert, weil es einen Begriff einführte, der im 19. Jahrhundert Karriere machen sollte. Er ermöglichte einen neuen Blick auf das Leben und lässt die Menschen bis
heute verstehen, wie das Organische aufgebaut ist. Hooke untersuchte Dünnschnitte von Flaschenkork und Holundermark und
bemerkte dabei wabenartig angeordnete Kammern, die er als Zellen – «Cells» – bezeichnete, ohne sich anschließend weiter darum
zu kümmern. Bis daraus die Lehre vom zellulären Aufbau des Lebens entwickelt und eine neuartige Sicht auf die Organismen und

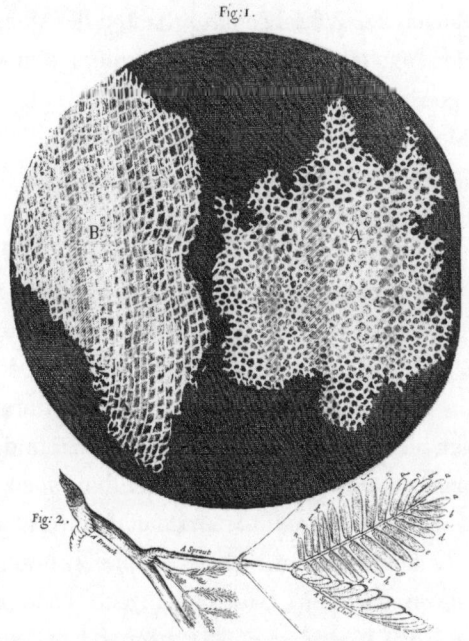

Diese Ansicht von Korkscheiben aus Robert Hookes 1665 in London er-
schienenem Werk «Micrographia» brachte Hooke dazu, von «Zellen» zu
sprechen. Im 19. Jahrhundert konnten Biologen dann mit verbesserten
Mikroskopen erkennen, dass alles Leben aus Zellen besteht, die sich teilen
und dabei immer wieder neue Zellen hervorbringen können.

ihren Bau möglich wurde, musste noch das ganze 18. Jahrhundert vergehen. Hooke repräsentiert auf seine Weise einen kommenden Forschertyp, der mehr an der Verbesserung seiner Instrumente interessiert ist als an dem Weltbild, das zu erblicken oder zu erschaffen sie erlauben. Seine «Micrographia» enthält erstaunliche Bilder etwa von Flöhen, auf deren Körper er sogar kleine Härchen unterscheiden kann. Trotz solcher faszinierenden Bilder kam die Entwicklung der Mikroskopie kaum weiter. Während die Fernrohre immer besser und größer werden, blieben die Nahrohre in den nächsten zweihundert Jahren im Wesentlichen unverändert. Wie schon in den antiken Anfängen der Wissenschaft schauten die Menschen auch zu Beginn der Neuzeit lieber an den Himmel als in sich hinein. «Alles Gute kommt von oben», wie man ja weiß, und vermutlich suchte die Menschheit auch in den Jahren der Aufklärung noch nach Anweisungen aus der Götterwelt, die sich wohl eher an den Gestirnen ablesen ließen als an den kleinsten Teilen.

Wie dem auch sei: Es ist vielleicht mehr als nur ein Versprecher, wenn die Philosophin Hannah Arendt in einem Vortrag aus den 1960er Jahren das Fernrohr nicht als Teleskop, sondern als «Teleoskop» bezeichnet, also als ein Instrument, mit dem man ein Ziel sucht und das sich ein Ziel setzt.[26] Vielleicht braucht es tatsächlich solch ein Teleoskop, um ein Weltbild zu finden, an dem man sich orientieren kann – wobei jedem auffallen wird, dass «orientieren» auf den Orient und damit auf den Horizont verweist, hinter dem die Sonne aufgeht. «Nichts Schöneres unter der Sonne, als unter der Sonne zu sein», wie es bei Ingeborg Bachmann heißt. Mal sehen, was den Menschen dabei begegnet.

Vom Bild zur Wirklichkeit

Die Bedingungen der menschlichen Existenz erleichtern – das ist zunächst natürlich nur ein Versprechen, und es lohnt sich zu fragen, ob und wann Zusagen dieser Art in welcher Form praktisch eingelöst werden konnten und wie lange darauf gewartet werden musste. Als Bacon sein «Wissen ist Macht» formulierte und zur Fahrt über den Horizont hinaus ermutigte, versuchte er, im Detail herauszufinden, wie Nahrungsmittel konserviert und länger haltbar gemacht werden konnten. Er kam auf die Idee, es mit Kälte zu probieren – er legte dazu tote Hühner in den Schnee und beobachtete ihre verlangsamte Verwesung –, und würde sich heute über die Kühlschränke freuen, die in jedem Haushalt zu finden sind. Um solche Apparate zu bauen, musste man mindestens die Lehre der Thermodynamik kennen, die das 19. Jahrhundert ebenso entwickelte wie die Batterie und manches mehr, womit sich Elektrizität verstehen und der Strom erzeugen lässt, ohne den heute überall die Lichter ausgingen und das öffentliche Leben zum kompletten Stillstand käme. All diese Entwicklungen des 19. Jahrhunderts werden noch ihr eigenes Kapitel bekommen, führen aber zunächst einmal zu der eingangs gestellten Frage zurück.

Über Rechengeräte im Speziellen und mechanische Maschinen im Allgemeinen wurde bereits im 17. Jahrhundert fleißig geforscht, und spätestens 1671 stellte Leibniz eine Rechenmaschine vor, die alle vier Grundrechenarten beherrschte. Das Versprechen der Anhänger Bacons wurde bei allem Fleiß und Ingenium der Forscher aber noch lange Zeit kaum eingelöst. Die Arbeits- und Lebensbedingungen begannen sich erst gegen Ende des 18. Jahrhunderts spürbar zu ändern, als der Schotte James Watt eine erste funktionstüchtige Dampfmaschine konstruieren konnte und weitere Entwicklungen bald den Bau eines dampfgetriebenen Automobils ermöglichten. Eine zunehmende Zahl von mechanischen Erfindungen erlaubte die immer ausführlichere Nutzung nichtmenschlicher Energie. Mit Webstühlen und der Konstruktion von Eisenbrücken, über die man Schienen führen und Waren transportieren konnte, begann das, was Historiker als industrielle Revolution bezeichnen, wobei man inzwischen mehrere dieser Bewegungen unterscheidet und das, was vor allem im England des 18. Jahrhunderts seinen Ausgang nahm, als industrielle Revolution 1.0 verzeichnet wird. Bald gab es Dinge, von denen Bacon und seine Mitstreiter nur träumen konnten – Düngemittel, Medikamente gegen Fieber und Stromquellen zum Beispiel. Es traten aber zugleich auch unvorhergesehene Probleme auf – die Menschen zogen in Massen vom Land in die Städte, wo in beengten Wohnverhältnissen Epidemien ausbrachen, die rasch hygienische Maßnahmen erforderten, denen nicht jeder nachkommen konnte. Die Löhne sanken, sodass es Hungersnöte nicht wegen mangelnder Ernten, sondern wegen unerschwinglicher Preise gab, Arbeitsunfälle häuften sich, und manches mehr trug zum Elend bei. Dies alles führte in kurzer Zeit zur «sozialen Frage», auf die es keine einfache Antwort geben konnte und um die bis heute gestritten wird. Die Geschichtsbücher sprechen wohl vor allem deshalb von einer industriellen *Revolution*, weil sich damals in wenigen Jahrzehnten das bürgerliche Weltbild von Grund auf änderte, um bei allen Schwierigkeiten immer bunter und vielfältiger zu werden. Über diese Verwandlung der Welt wird noch zu sprechen sein.

5.

So weit die Bilder tragen

*Einblicke in die Tiefe der Zellen und
die Weite des Universums*

A m Anfang der folgenden Betrachtungen soll die bereits weiter oben gezeigte «Blaue Murmel» stehen, jene 1972 entstandene Aufnahme eines Astronauten der Apollo-17-Mission, die es nach ihrer Veröffentlichung auf die Titelseite fast jeder Zeitung der Welt geschafft hat. Mehr kann man von einem Weltbild nicht verlangen.

Es wurde gesagt, dass die Aufnahmen des blauen Planeten aus kosmischen Höhen das Umweltbewusstsein seiner Bewohner verstärkt und ungemein bereichert haben. Dabei lässt die «Blaue Murmel» an keiner Stelle irgendeine Aktivität des Menschen erkennen. Weder die Chinesische Mauer noch die riesigen Gebiete des Braunkohletagebaus oder die gigantische Ausbreitung von Kupferminen etwa in Chile, auch keine großflächigen Waldbrände und erst recht keiner der Riesenstauseen Asiens sind mit dem bloßen Auge zu erkennen. Die Erde zeigt sich einfach so, wie Gott sie in die Welt gesetzt hat oder wie sie sich selbst in kosmischen Prozessen dank physikalischer Gesetze geschaffen haben könnte. Die runde Heimstätte der Menschen schwebt leicht und locker im Weltraum, und doch markiert das Erblicken dieses Bildes einen Wendepunkt im Denken der Menschen.

Seit diese Aufnahme vorliegt, kann jeder mit eigenen Augen

sehen, dass die Erde «whole and round and beautiful and small» ist, wie es der amerikanische Dichter und Politiker Archibald MacLeish ausgedrückt hat, dass also der blaue Planet «ganz und rund und schön und klein» ist. Man hat den Eindruck, man könnte diese Murmel in die Hand nehmen und sorgfältig aufbewahren oder gar mit ihr spielen. Natürlich vermittelt die Sicht von einer solch hohen Warte aus das erhebende Gefühl, wie ein fliegender Gott auf die schwebende Erde zu schauen. Genauso mag es dem unbekannten Schöpfer der Babylonischen Weltkarte oder dem bekannten Autor der sokratischen Dialoge in ihren Phantasien gegangen sein. Und vielleicht kann nur solch eine himmelhohe Perspektive dafür sorgen, den Menschen das Gefühl für die Verantwortung zu geben, das sie brauchen, um ihre Heimat in und durch die Zukunft tragen zu können.

Im Jahre 2012 hat die NASA eine neue Version der «Blauen Murmel» vorgestellt, die sich anders als die ursprüngliche Aufnahme von 1972 nicht einer einzelnen Fotografie verdankt. Sie ist vielmehr aus einer Reihe von digitalen Bildern zusammengefügt worden, die ein Satellit in knapp tausend Kilometern Höhe aufgenommen hat. Auch die Blaue Murmel von 2012 sieht so aus, als sei sie wie das Original vierzig Jahre zuvor von einem bestimmten Ort im Raum, den ein Mensch eingenommen hat, fotografiert worden. Dass dies aber nicht der Fall ist, verweist auf einen allgemeinen Sachverhalt: In der digitalisierten Gegenwart wird die präsentierte Welt und ein dazugehöriges Weltbild immer mehr aus einzelnen Bruchstücken zusammengesetzt, wobei das fertige Produkt ganz unschuldig tut und bei seinem Betrachter den Eindruck einer kohärenten Sichtweise von Realität hinterlässt. Bilder der Welt kommen heutzutage überwiegend durch Rechenleistungen großer Computer zustande – so etwa auch der eindrucksvolle «Weltatlas der Lichtverschmutzung», der aus Daten eines NASA-Satelliten erstellt worden ist.

Die «Blaue Murmel» – «Blue Marble» – in der modernen Version aus dem Jahr 2012. Das Bild ist nicht wie eine herkömmliche Fotografie entstanden, sondern wurde aus unzähligen Daten zusammengesetzt, die von einem erdbeobachtenden Satelliten der NASA namens «Suomi NPP» gesammelt worden waren.

Die Menschen sehen die Welt also inzwischen mit Hilfe von Maschinen, und damit sind weder Brillen noch Fernrohre gemeint. Immer schon kamen konzeptionelle oder philosophische Weltbilder durch konstruktive und kreative Leistungen neugieriger Denker und wissensdurstiger Forscher zustande. Heute entstehen selbst fotografische Weltbilder durch konstruktive und raffinierte Operationen leistungsfähiger Maschinen, was man sich in Erinnerung rufen sollte, bevor man bei ihrer Betrachtung ins Schwärmen gerät.

Wenn die hochmodernen Apparate über die Erde und das Planetensystem, zu dem sie gehört, hinausgehen und die grandiose Galaxie namens Milchstraße in ihre spähenden und rechnenden Augen fassen, dann bringen sie herrliche Bilder mit ästhetisch lockenden Spiralen zustande, auf denen sich der Ort des leuchtenden und von der Erde umkreisten Zentralgestirns genau anzeigen lässt. Die galaktischen Großgebilde erwecken scheinbar selbstverständlich den Eindruck, jemand hätte sie so gesehen wie der Astronaut die Blaue Murmel von 1972 oder jemand hätte in einem Raumschiff gar den Ort gefunden und erreicht, von dem aus die Milchstraße so fotografiert werden kann. Natürlich gibt es fotografische Aufnahmen von spiralförmigen Galaxien, aber sie sind von Positionen innerhalb der Milchstraße aufgenommen worden. Was bei dem einladenden Blick auf die irdische Heimatgalaxie tatsächlich zu sehen ist, haben erstaunlich leistungsfähige Computer dankenswerterweise aus den vielen Daten zusammengefügt, die Beobachtungen des Sternenhimmels seit Jahrzehnten liefern. Man sollte und kann solche Kompositionen ruhig Weltbilder nennen, gerade wenn man sich von ihnen dazu anregen lassen möchte, über die immensen Dimensionen zu staunen, die dabei offenbar werden.

Während die Erde mit ihrem Durchmesser von etwa zwölftausend Kilometern und einem Umfang von vierzigtausend Kilometern noch halbwegs vorstellbare Ausmaße bietet – mehr dazu später –, versagt jedes menschliche Vorstellungsvermögen, wenn man erfährt, dass die Milchstraße einen Durchmesser von mehr als hunderttausend Lichtjahren aufweist. Es wird vielen bekannt sein, dass Licht in jeder Sekunde etwa dreihunderttausend Kilometer zurücklegt, auch wenn sich selbst ein Flugzeugpilot solch eine Geschwindigkeit nicht einmal im Ansatz vorstellen kann. Wer trotzdem unverdrossen mit dieser Vorgabe ausrechnet, welche Distanz in einem Jahr bewältigt wird – sie ergibt dann ein Lichtjahr – und sich darüber hinaus erkühnt, dieses Ergebnis mit hunderttausend zu multiplizieren, wird einen immensen und immer länger werdenden Kometenschweif von Nullen auf dem Papier vor sich sehen, der gnadenlos deutlich macht, wo das Ende der vorstellbaren Welt und damit der Rand des einprägsamen Weltbildes zu finden ist.

Das Universum wird größer

Der eher ärgerliche und läppische Spruch, dass früher alles besser war, bekommt einen hübschen Sinn, wenn man mit «früher» die Jahre meint, in denen Albert Einstein seine kosmologischen Theorien entwickelt hat. In diesen ersten Jahrzehnten des 20. Jahrhunderts glaubten die Menschen nämlich tatsächlich noch, dass die Grenzen der Milchstraße die Grenzen der gesamten Welt seien – bis der amerikanische Astronom Edwin Hubble in den 1920er Jahren nachweisen konnte, dass das, was bis dahin als Andromeda-Nebel zur heimischen Galaxie gerechnet worden war, weit außerhalb dieser Ansammlung von Milliarden Sternen liegt und eine eigene Spiralgalaxie neben der von Menschen bewohnten Milchstraße ausmacht.

Damit hatte Hubble nur den Anfang für eine Kette von Beobachtungen geliefert, in deren Verlauf das Universum immer größer

wurde – wozu es selbst noch durch seine eigene Expansion beisteu-
erte, die Hubble 1927 ebenfalls als Erstem aufgefallen war. Nach und
nach und mit immer besseren Instrumenten, die in immer mehr
Observatorien an den Himmel gerichtet wurden, zeigte sich, dass
es eine Fülle von weiteren Galaxien gab, die zusammen so etwas
wie einen Haufen bildeten, was auf Englisch «cluster» heißt und in
dieser Sprache einfach besser klingt. Und auch damit war oder ist
noch nicht Schluss. Denn die Milchstraße und die Andromeda-Ga-
laxie gehören nur zu einer von vielen Ansammlungen von Galaxien,
die unter Fachleuten inzwischen als «Lokale Gruppe» geführt und
trotz ihrer scheinbaren Riesengröße nur sage und schreibe den bil-
lionsten Teil des beobachtbaren Universums ausmacht und erfüllt.

Es lohnt sich, diese Situation sorgfältig zu betrachten, um sich
über das Weltbild klarzuwerden, das hier entstanden ist. Zu Beginn ihrer Himmelsbeobachtungen gingen Menschen von der Annahme aus, sich im Zentrum des Kosmos zu befinden und von hier
aus die Bewegungen der Gestirne verfolgen zu können. Dann gab
es erbitterten Streit um die Frage, ob die Erde tatsächlich eine mittlere Position beanspruchen könne oder nicht vielmehr als Planet
unter Planeten auf einer Umlaufbahn die Sonne umkreise. Heute
wissen die Astronomen und Kosmographen, dass die Erde zu
einem von sehr, sehr vielen Sonnensystemen gehört, das auf keinen Fall irgendeine ausgezeichnete oder privilegierte Position in
der Milchstraße einnimmt, und die Heimatgalaxie selbst einen
winzig kleinen Haufen am Rand einer Lokalen Gruppe bildet, die
wiederum nur als kaum merklicher Teil von vielen Galaxienhaufen
zu dem gesamten Kosmos beiträgt, den Menschen überschauen
können. Computer weisen der Lokalen Gruppe mit der Erde eine
derartig randständige Lage im gesamten Weltall zu, dass sich der
für seinen kauzigen Humor bekannte britische Astrophysiker
Stephen Hawking während eines Besuches beim Papst in Rom darüber beschwert und ihn gefragt hat, ob der Papst und sein Chef der

Erde nicht doch zu einer etwas zentraleren Position in der sichtbaren Welt verhelfen könnten. Das Kirchenoberhaupt musste zu seinem Bedauern mitteilen, dem Physiker hier nicht helfen zu können, und so bleibt den Menschen – gläubigen und ungläubigen – nichts weiter übrig, als die periphere Ortszuweisung in den vielen Superhaufen aus scheinbar endlos vielen Galaxien hinzunehmen.

Auf den ersten Blick offenbaren die kosmischen Dimensionen der beobachtbaren Welt die Nichtigkeit des Menschen, und viele Artgenossen sind bei der zunehmenden Vergrößerung des Weltalls immer zuversichtlicher geworden, dass sich nichtmenschliches intelligentes Leben im Kosmos finden lässt. SETI – Search for Extraterrestrial Intelligence, Suche nach außerirdischer Intelligenz –, so nennt sich eine Gruppe von Aktivitäten, die seit 1960 organisiert und betrieben werden. Man sucht dabei nach Signalen und Anzeichen von Zivilisationen im Universum, deren technische Fähigkeiten es ihnen erlauben, Kontakt mit der Erde aufzunehmen. In jüngster Zeit haben sich der erwähnte Stephen Hawking und der russische Milliardär Juri Milner zusammengetan, um mit großen Gedanken und Unsummen von Geld – Milner stellt hundert Millionen Dollar bereit – intelligentes Leben in den Fernen des Weltalls aufzuspüren.

Natürlich wäre es ein äußerst folgenreiches Ereignis in der Geschichte der menschlichen Zivilisation, wenn sich plötzlich andere Lebensformen zeigen und mit der Erde Kontakt aufnehmen würden. Doch an dieser Stelle erzählen Historiker gerne von dem italienischen Kernphysiker und Nobelpreisträger Enrico Fermi, der unter anderem für unkonventionelle Fragen berühmt war. Er wollte zum Beispiel wissen, wie viele Gummibärchen in einen Bus passen, wie viele Schneeflocken es für einen Schneemann braucht oder wie viele Bäume in Europa wachsen. Die berühmteste seiner Fragen hat als Fermi-Paradoxon Verbreitung gefunden. Sie lautet schlicht: Wenn es intelligente Zivilisationen außerhalb der Erde gibt, wo sind ihre Mitglieder? Warum sind sie noch nicht hier? Als Paradoxon formuliert: Der Glaube, es gebe viele außerirdische Zivilisationen, steht im Widerspruch zu den bisher ergebnislos gebliebenen Beobachtungen, und er hat es nicht leicht, wenn wir bedenken, welche Voraussetzungen notwendig waren, um das Leben auf der Erde wahrscheinlich und entwicklungsfähig zu machen. Die Frage, wie die Erdbewohner reagieren, wenn es tatsächlich Außerirdische gibt und sie bei uns auftauchen, stammt nicht von Fermi. Sie hätte ihn kaum interessiert.

Vor wenigen Jahren hat der dänische Physiker Rasmus Bjork sich um die Fermi-Frage bemüht, und er ist dabei zu dem Ergebnis gekommen, dass es einen guten Grund gibt, warum die Außerirdischen die Erde noch nicht gefunden haben. Es würde nämlich etwa zehn Milliarden Jahre dauern, nur vier Prozent der Milchstraße mit Raumsonden abzusuchen, zweihundertsechzigtausend Systeme mit jeweils vierzigtausend Sternen wären zu erkunden. Mit anderen Worten, die Zeit reichte bislang nicht aus, uns Menschen zu finden, aber diese Auskunft wird Hawking und Milner in ihrer Sehnsucht nicht aufhalten, sich dem SETI-Programm mit Geld und Prominenz zu widmen. Die Aufmerksamkeit der Welt wird den beiden Herren sicher sein, wobei die Vermutung gestattet sein soll, dass es ihnen mehr darum als um außerirdische Besucher geht.

Was suchen Menschen in den Tiefen des Kosmos? Warum hoffen sie darauf, dort zu finden, was ihnen die Erde nicht liefern kann, den Ursprung des Lebens oder eine unbekannte Form der Intelligenz? Warum suchen sie in der Dunkelheit und übersehen ihr eigenes Licht?

Man kann zwei Antworten auf die Frage geben. Die erste weist darauf hin, dass es zu den Grunderfahrungen von Menschen gehört, aus einer Nacht hervorgegangen zu sein. «Du Dunkelheit, aus der ich stamme», beginnt ein Gedicht von Rainer Maria Rilke, und jeder hat erfahren, was der russische Poet Vladimir Nabokov zu Beginn seiner Erinnerungen in Worte fasst, wenn er schreibt, dass sich das Leben nur als ein kurzes Licht zwischen zwei ewigen Dunkelheiten abspielt. Menschen lieben das Dunkle, das sein Geheimnis bewahrt und die Gelegenheit gibt, sich zu wundern.

Menschen wissen weder woher sie kommen noch wohin sie gehen, es sei denn, sie sind fromme Gläubige, und dieser Aspekt liefert einen Hinweis und die zweite Antwort. Zwar haben sich bislang keine Außerirdischen gezeigt. Dafür sind die Menschen im Laufe ihres langen Werdens auf die vorteilhafte Idee gekommen, dass es neben der irdischen Realität eine himmlische Sphäre gibt, einen «Heaven» neben einem «Sky». In dieser transzendenten Welt herrschen Götter oder ein Gott, und aus ihren Höhen erfährt das irdisch verhaftete Volk Anweisungen für das richtige und sinnvolle Handeln, wie die historisch-soziologische Forschung immer genauer belegen kann. Das heißt, die menschliche Zivilisation funktioniert, weil es nicht nur wissenschaftliche Bemühungen um immanente Kausalitäten, sondern zugleich auch Vertrauen in transzendente Verkündigungen gibt.

Die Sterne und der Weltraum – sie locken nicht nur Astronomen, sie locken viele Menschen, gerade weil sie bei aller Helligkeit im Dunkel bleiben. In diesen Tagen darf darüber gestaunt werden, wie nahe die Menschen den Kometen und Planeten gekommen sind. Im Jahr 2012 ist die 1977 gestartete Sonde Voyager 1 an Pluto vorbeigeflogen, und sie führt eine goldene Schallplatte mit sich für den Fall, dass sie auf intelligentes Leben trifft, das sich über die Erde informieren will. Ist Voyager schon in einem «Heaven» oder immer noch an unserem Himmel? Menschen machen mit den fliegenden Maschinen und ihren Meldungen auf jeden Fall eine neue Grenzerfahrung. Es gab einmal Zeiten, da fürchteten sie die unendliche Dunkelheit. Heute lieben wir die Tiefe des Raumes, weil es dort so viel zu finden gibt.

Seit 2009 sucht das Weltraumteleskop Kepler nach bewohnbaren Planeten außerhalb unseres Sonnensystems, die als extra-
solare Planeten oder kurz als Exoplaneten bezeichnet werden.
Inzwischen sind schon über tausend Treffer gelandet worden. Die
Hoffnung bleibt, in den Fernen des Alls nicht nur öde Steinwüsten,
sondern vielleicht auch einen Ort zu finden, an dem sich das Leben
lohnt, wie es durch sein Entstehen dort gezeigt hat. In den Tagen
des Jahres 2016, in denen an diesem Kapitel geschrieben wurde,
meldet die Fachwelt, dass ein Planet von der Größe der Erde entdeckt worden ist, der um den Stern Proxima Centauri kreist, der
etwas mehr als vier Lichtjahre von der blauen Murmel entfernt,
aber am nächsten bei der Sonne liegt. Der «Erdartige» hat den Namen Proxima b bekommen und umkreist sein Zentralgestirn in
einem Abstand, der hoffen lässt, dass auf dem Exoplaneten Wasser
und möglicherweise auch Leben gefunden werden können. Allerdings gilt zu beachten, dass Proxima Centauri heftig Energie her-
ausschleudert und die potenzielle Neuerde vierhundertmal mehr
Röntgenstrahlung bekommt als die Alterde von der Sonne.

Das Fachjournal «Nature» hat den Fund eines «warmen, terres-
trischen Planeten auf einer Umlaufbahn um Proxima Centauri» auf
seiner Titelseite mit den Schlagworten «Near Horizon» angekün-
digt. Man fühlt sich offenbar ganz nah am kosmischen Horizont,
hinter dem es mit dem Leben weitergehen muss. Man meint, in
dem Proxima-Planeten eine neue Stufe der planetarischen Forschung erreicht zu haben, und jetzt warten alle gespannt auf weitere Meldungen – wobei Witzbolde meinen, dass Proxima b den
Menschen die Zufluchtsstätte liefern könnte, die sie in fünf Milliarden Jahren brauchen. Dann nämlich ist damit zu rechnen, dass
sich die Sonne aufbläht und die Erde schluckt. Proxima Centauri
wird sehr viel länger leuchten, und so könnte die Erdgesellschaft
auf Proxima b umsiedeln. Aber noch ist Zeit, und noch kann viel
passieren.

Hinter dem Ereignishorizont

Zu den nach wie vor erstaunlichen Entwicklungen der astronomischen Forschungen gehört der 2016 gelungene Nachweis von sogenannten Gravitationswellen. Damit ist die Ausbreitung von Wirkungen der Schwerkraft gemeint, deren Ausläufer sich wellenartig durch den Raum bewegen. Genauer durch die Raumzeit, die den Kosmos ausmacht, in dem sich – wenn auch ganz am Rande – das Sonnensystem mit der Erde befindet. Zwar hat Albert Einstein die Existenz solcher Gravitationswellen – solch eines periodischen Gewackels in der Raumzeit – schon vor hundert Jahren vorhergesagt, aber es ging dabei um winzig kleine physikalische Effekte, und die Zunft hat viel leisten müssen, um die hochsensible Technik bereitstellen zu können, die den Namen LIGO trägt. LIGO steht kurz für «Laser Interferometer Gravitational-Wave Observatory», und es gibt in den USA zwei davon.

Eine dem menschlichen Zugriff entzogene Voraussetzung für den Nachweis von Gravitationswellen besteht in dem Zusammentreffen zweier Schwarzer Löcher, wie es jetzt beobachtet werden konnte. Zwar hat Einstein seine Vorhersage ohne Kenntnis Schwarzer Löcher gemacht und mehr an binäre Sterne gedacht, aber seine auch als Gravitationstheorie bekannte Allgemeine Theorie der Relativität erlaubt die Existenz solcher Gebilde, bei denen die Schwerkraft so stark ist, dass erst alle Materie ganz dicht zusammengepresst wird, wie man sie in Neutronensternen findet, und dass dann innerhalb dieser geballten Masse die Atome selbst in sich zusammenstürzen, bis alles schwarz wird. Als diese Zusammenhänge zum ersten Mal von Physikern erörtert wurden, sprach die Gemeinde der Forscher von «gravitationsbedingt instabiler stellarer Materie», was die Öffentlichkeit erst zur Kenntnis nahm, als dieser sperrige Ausdruck durch das lockende Versprechen eines «Schwarzen Lochs» ersetzt wurde. Gemeint war aber damit genau das, nämlich gravitationsbedingt instabile stellare Materie, die alles aufsaugt.

Es geht hier nicht darum, das dynamische Entstehen von Schwarzen Löchern zu verfolgen, sondern nur auf eine Besonderheit ihrer Existenz hinzuweisen. Im Rahmen der Allgemeinen Relativitätstheorie, die das kosmische Geschehen physikalisch ziemlich gut im Griff hat, hängen die beiden grundlegenden Größen Energie und Zeit dadurch zusammen, dass der Verlauf der Zeit von der Höhe der Energie abhängig ist, die an einem betrachteten oder durcheilten Ort vorliegt. Die Zeit läuft je langsamer, je mehr die Energie zunimmt, und dieser Zusammenhang führt letztlich dazu, dass es Regionen am Himmel gibt, in denen die Zeit stillsteht. Die Fachwelt spricht dann von einem Ereignishorizont, hinter dem ein Schwarzes Loch liegt. Doch so schön «Ereignishorizont» klingt, so ärgerlich erweist sich das, was der Name bezeichnet, für die Forschung, da kein Mensch darüber hinaus und dahinter kommen kann. Denn wie soll man sich bewegen, wenn die Zeit stillsteht? Tatsächlich können Menschen niemals hinter diesen Horizont schauen, und vielleicht wollen sie das auch gar nicht. Schließlich wissen sie, was dahinter liegt, nämlich ein Schwarzes Loch, das alles Licht an sich reißt und nicht mehr aus seinen Klauen lässt.

Im Fall der Gravitationswellen haben die Physiker trotzdem Signale von Schwarzen Löchern jenseits des Ereignishorizonts empfangen. Auch wenn das Licht an solch einem Ereignishorizont Mühe hat und die Raumzeit einen kleinen Knacks bekommt, weil die Zeit stehenbleibt, kann der Raum hinter diesem Horizont doch seine eigentümlichen Wellen schlagen, die bis zu den Menschen durchdringen. Es bleibt schwierig, sich die Welt hinter dem Ereignishorizont vorzustellen. «Schwarzes Loch» klingt ja nicht zuletzt deshalb so verlockend, weil es vor allem ein Geheimnis bezeichnet. So müssen Menschen hier außen vor bleiben, was aber ihrer Neugierde keine Grenze setzt. «Macht euch bereit, in das Unbekannte zu schauen.» So sprach das britische Wissenschaftsmagazin «New Scientist» seine Leser an, um anschließend zu berichten, dass man im Rahmen einer internationalen Zusammenarbeit plane, ein «Event Horizon Telescope» einzusetzen.[1] Das «Ereignishorizontteleskop» besteht aus insgesamt acht Beobachtungsstationen für Radiowellen aus dem Weltall, die sich unter anderem in Spanien, Chile, Mexiko und den USA befinden. Wenn sie alle gleichzeitig an den Himmel schauen und sich auf das Schwarze Loch im Zentrum der Galaxie M87 konzentrieren, sollten sie in der Lage sein, ein Bild von dem Ereignishorizont zu bekommen, der sich darum winden muss. Bislang kennt man den Ereignishorizont nur als theoretisches Konzept, das allerdings zur Mythologie der Wissenschaft beigetragen hat. Wenn man den Horizont einmal wirklich zu sehen bekäme, konnte sich mit seinem Bild das gesamte Weltbild ändern. Die beteiligten Astrophysiker jedenfalls haben sich darauf vorbereitet. Im Jahr 2018 hoffen sie, den Ereignishorizont sehen zu können und dann noch tiefere Einblicke in den Kosmos zu gewinnen.

Der Blick nach innen

Als Edwin Hubble in den 1920er Jahren zeigen konnte, dass es zum einen mehr Galaxien als die eine Milchstraße gibt und dass diese riesigen Sternansammlungen in einer Art Fluchtbewegung zum Zweiten ein immer größer werdendes Universum beanspruchen und schaffen – in diesen wahrlich und wörtlich bewegten 1920er Jahren gelang den Physikern auch ein überraschender Blick in das Innere der Materie, in dem sich unter anderem Atome und Elektronen tummeln. 1924 stellte der Franzose Louis de Broglie seine Idee vor, dass nicht nur das (immaterielle) Licht als Welle und Teilchen zu betrachten ist, wie Einstein 1905 vorgeschlagen hatte, sondern dass auch die (materiellen) Elektronen über solch eine Doppelnatur verfügen können. Das galt zunächst als völlig abwegig, weil die Wissenschaft den atomaren Bausteinen doch eine Masse zuweisen konnte, und wie sollte eine Masse sich als Welle verhalten? Der damalige Umsturz im Weltbild der Physik erfasste jedoch auch das Elektron, und bald stand nicht nur fest, dass an diesem Gebilde etwas für Wellen Charakteristisches festzustellen war – Elektronen zeigen wie Licht die Erscheinung der Interferenz –, es machten sich auch die ersten Pioniere an die Arbeit, um neben den Licht- jetzt auch Elektronenmikroskope zu ersinnen und zu konstruieren. In den frühen 1930er Jahren konnte dann der in Heidelberg geborene Elektroingenieur Ernst Ruska ein erstes solches Gerät vorführen und einsetzen, wobei er bis 1986 warten musste, bis er als mittlerweile Achtzigjähriger dafür den Nobelpreis für Physik erhielt.

In etwa dem gleichen Zeitraum, in dem das Elektronenmikroskop geschaffen wurde, im Verlauf der späten 1930er Jahre, machten sich einige Wissenschaftler daran, der Genetik ein neues Gesicht zu geben. Sie versuchten, statt mit Erbsen, Heuschrecken und Fliegen mit Mikroorganismen die Regeln der Vererbung zu erkunden. Genauer konzentrierten sich die ersten Molekularbiologen auf einige Bakterien und die Viren, die sie befallen konnten. Man sprach dabei von Bakteriophagen, also von Bakterienfressern, und hatte anfangs nicht die geringste Vorstellung davon, wie diese biologischen Gegebenheiten an den Grenzen von Leben und Nichtleben aussehen würden. Dies änderte sich schlagartig mit der Verfügbarkeit von Elektronenmikroskopen, die den Pionieren der Genetik ein Werkzeug an die Hand gaben, mit dem sie bislang abstrakte Symbole in konkret visualisierbare Gebilde mit individueller Gestalt verwandeln konnten. Als die Mikrobiologen die ersten Bilder von Bakteriophagen zu sehen bekamen, deren Bezeichnung bald als «Phagen» abgekürzt wurde, schlugen sich einige von ihnen mit der Hand an die Stirn und riefen dabei aus: «Mein Gott! Die haben ja Schwänze!»

Phagen haben, wie nachfolgende Untersuchungen zeigten, nicht nur Schwänze, sondern auch ein Köpfchen, in dem die bakteriellen Viren ihr Erbmaterial transportieren. Der chemische Name für diesen Stoff ist ziemlich lang, wird aber sowohl in Fachkreisen als auch in der Öffentlichkeit mit den drei Buchstaben «DNA» abgekürzt. Im Laufe der 1950er und 1960er Jahre erkannte man die Struktur des Stoffes in Form einer Doppelhelix, und man kam mehr und mehr auf den Gedanken, in der DNA stecke das Geheimnis des Lebens. Grundsätzlich schien klar zu sein, dass die DNA der Stoff ist, aus dem die Gene bestehen, aus dem also das Erbmaterial einer Zelle aufgebaut ist, wobei niemand daran zweifelte, dass diese Gene an einem Stück auf der DNA zu finden sein müssten.

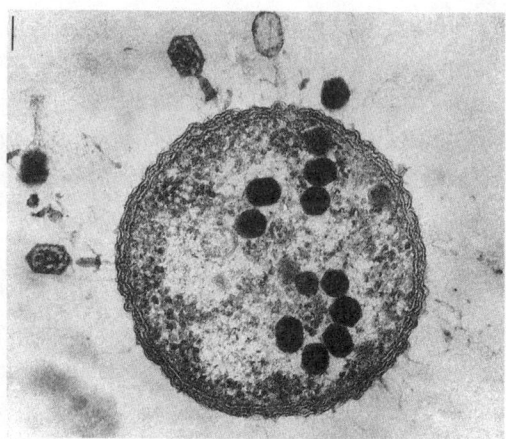

Die elektronenmikroskopische Aufnahme von Viren (Phagen), die ein Bakterium angreifen und in das Innere der Zelle eingedrungen sind. Das Bild zeigt das Bakterium E. coli, nachdem es dreißig Minuten zuvor von Phagen attackiert wurde, die als T2 gelistet werden. Während man früher meinte, Viren seien flüssig, zeigt sich in Bildern wie diesem deutlich, dass sie als Partikel existieren und Köpfe aufweisen.

Dieses statische Weltbild erfuhr in den späten 1970er Jahren eine dramatische Veränderung, als mit Hilfe der Gentechnik und der Elektronenmikroskopie die merkwürdige Einsicht unvermeidbar wurde, dass es Gene nicht in einem Stück gibt, sondern dass es viele Stücke von DNA benötigt, um daraus erst das Gen zu machen, das eine Zelle braucht. Mit anderen Worten, eine Zelle verfügt nicht über feste Gene. Sie muss diese erst herstellen und diesen dynamischen Prozess den aktuellen Umständen anpassen. Ein völlig neues Bild des Lebens trat dabei hervor, und es lässt sich in einem knappen Satz zusammenfassen, der weiter oben schon einmal formuliert wurde: Gene *sind* nicht, sondern *werden* ständig. Alles ist Bewegung oder in Bewegung, und zwar die kleinen Gene ebenso wie die große Erde und das riesige Weltall.

Während sich das dynamische Bild eines Gens entwickelte und mit ihm ein neuer Blick auf die Lebensabläufe und ihre molekularen Details möglich und nötig wurde, tauchte auch der Gedanke auf, dass Krebs eine genetische Krankheit sein könnte. In den 1980er Jahren wurden zahlreiche solcher Faktoren identifiziert, wobei sich in diesem Zusammenhang zwei Genformen unterscheiden ließen. Es gibt zum einen Erbmaterial, das von einer Zelle für normale Aufgaben wie Wachstum und Stoffwechsel benötigt wird, das aber infolge einer Mutation krebsartige Wucherungen auslösen kann. Die Biologen sprechen dabei von Onkogenen, die sie solchen DNA-Abschnitten an die Seite stellen, die in einer gesunden Zelle verhindern, dass es überhaupt zu einer Tumorbildung kommt, den Tumorsuppressorgenen. Die genauere Untersuchung der Letzteren hatte eine Änderung im medizinischen Weltbild zur Folge, die nur selten zur Sprache kommt, vielleicht, weil sie etwas Bedrohliches hat. Während man früher darüber rätselte, warum Krebs so häufig auftritt, müssen sich die Onkologen heute fragen, warum Krebs so selten zu beobachten ist. Eigentlich hat die Evolution Zellen geschaffen, um sich zu teilen und zu vermehren, und nun finden die Forscher Faktoren, die genau diesen Vorgang verhindern, was natürlich sinnvoll erscheint, wenn Zellen nicht isoliert, sondern in einem Verband existieren, der sich als Organismus teilt und vermehrt. In ihm müssen die Zellen festgehalten werden, was den hoffentlich nicht zu leichtfertigen Gedanken erlaubt, dass Krebs die Befreiung des Lebens und seiner Gene aus der Gefangenschaft des Körpers ist.

Die Krebserkrankung gibt also Rätsel auf, aber die Hinweise auf die genetischen Komponenten legten immerhin eine Strategie nahe, um mehr zu erfahren. Wenn Krebs eine Krankheit ist, die von Genen (und ihren Mutationen) ausgeht, und wenn es möglich ist, das gesamte Genmaterial eines Menschen – sein Genom – zu erfassen und die Reihenfolge seiner Bauteile zu ermitteln (sequenzieren), warum unternimmt man das dann nicht?

Diese Idee tauchte Mitte der 1980er Jahre auf, und sie erschien zu verlockend, um nicht in ein Projekt – das Humangenomprojekt – umgewandelt zu werden. Seit den ersten Jahren des 21. Jahrhunderts gilt das menschliche Genom als bekannt und offengelegt, mit der merkwürdigen Folge, dass die große Gemeinde der Molekularbiologen und Bioinformatiker sich nach ihrem technischen Triumph verwirrter zeigte als davor. Während man zu Beginn des Projektes zum Beispiel noch damit gerechnet hatte, viele Hunderttausende von Genen in einer menschlichen Zelle zu finden, stellte sich am Ende heraus, dass es da zum einen sehr viel weniger relevante DNA-Stücke gibt – heutige Schätzungen gehen von knapp über zwanzigtausend aus – und dass das menschliche Genom zum Zweiten vor allem aus Elementen besteht, deren Funktion mehr in den Sternen als in den Zellen steht.

Und während so der menschliche Anteil in seinem eigenen Erbmaterial allmählich immer kleiner wurde, nahm auch der Prozentsatz an eigenen Zellen ab, die den Körper einer Person bilden. Menschen bestehen vor allem aus Mikroben, wenn man sich an den

Zahlen orientiert, die aus den analytischen Laboratorien kommen. Allein auf der menschlichen Haut findet man ein paar Milliarden Fremdzellen, wobei sich wiederum an die Erde denken lässt, die von etwa ebenso vielen Menschen bewohnt wird. «Auf einem Quadratzentimeter können sich bis zu zehn Millionen der Winzlinge tummeln, doch ein einziges Gramm Darminhalt enthält bis zu einer Billion Bakterien», wie dem Buch «Die Herrscher der Welt» zu entnehmen ist, in dem Bernhard Kegel beschreibt, «wie Mikroben unser Leben bestimmen». Kegel fährt fort: «Noch hundertmal mehr, nämlich hundert Billionen (10^{14}) Mikroben sollen sich (...) an und in einem einzigen menschlichen Körper befinden.» Mit dieser Zahl kann man den Mikrokosmos an den Makrokosmos anbinden, denn die Milchstraße enthält zwar mindestens hundert Milliarden oder 10^{11} Sonnen, aber das bedeutet vor allem, dass «die Zahl der Mikroben, die jeder von uns mit sich herumträgt, die der Sonnen in der Milchstraße noch um das Tausendfache übertrifft».[2]

Ein Mensch, der von hundert Billionen Mikroben bewohnt wird, verfügt über etwa siebenunddreißig Billionen eigene Zellen, was einem alten Begriff neues Leben einhaucht, nämlich dem des Holobionten. Wörtlich ist damit so etwas wie ganzheitliches Leben gemeint, und vorgeschlagen wurde der Ausdruck schon vor gut fünfzehn Jahren durch die Biologin Lynn Margulis, die dem Menschen damit absprach, ein Individuum zu sein. 2012 kündigte ein Trio aus dem Wissenschaftshistoriker Jan Sapp, dem Entwicklungsbiologen Scott Gilbert und dem Philosophen Alfred Taubner in einem provozierenden Artikel «Eine symbiotische Sicht des Lebens» an und fügte hinzu: «Wir sind nie Individuen gewesen.»

Der philosophische Begriff des Individuums ist in einer Zeit geprägt worden, als den Menschen mangels besserer technischer Ausstattung unbekannt war, dass es erstens Mikroorganismen gibt – diese konnte man, wie oben ausgeführt, zum ersten Mal im späten 17. Jahrhundert in einem Wassertropfen beobachten – und dass sie zweitens auf ihrem Körper selbst jede Menge davon beherbergen. Heute wird immer klarer, wie unvorstellbar vielfältig das mikrobiologische Leben auf und in einem ehemaligen Individuum ist und wie eng es mit der eigenen Existenz verschränkt ist. Es scheint längst so, als gebe nicht das Humangenom Auskunft über einen Menschen – etwa seine Gesundheit –, sondern ein Metagenom, in dem das eigene genetische Material zusammen mit den Genen der mikrobiellen Gemeinschaft betrachtet wird, die zu einem gehört.

Solch eine Sicht auf den Menschen könnte verständlich machen, warum das humane Genom schon für sich mehr wie ein Hologenom aussieht und zusammengesetzt ist, zu dem das ganze Leben in der Fülle beiträgt, die sich im Körper des Menschen breitmacht und wohlfühlt. Das Ganze ist einfach mehr als die Summe seiner Teile, wie man zwar immer gesagt und gewusst hat, jetzt aber erst so richtig zu verstehen beginnt.

Zwischen dem Großen und dem Kleinen: der Mesokosmos

Die Zahlen, die sowohl im Makro- als auch im Mikrokosmos auftauchen und deren Kometenschweif oder Rattenschwanz an Nullen die Mathematiker raffiniert als Hochzahlen verstecken – eine Milliarde schreiben sie als 10^9 und eine Billion als 10^{12} –, bereiten dem gesunden Menschenverstand Schwierigkeiten. Als Philosophen anfingen, sich über diese Schwierigkeiten Gedanken zu machen und dabei das biologische Erbe des Menschen mit ins Kalkül zogen, kamen sie auf die Idee, dass der evolutionäre Gedanke auch tragen und weiterhelfen sollte, wenn es nicht nur um die menschliche Gesundheit und den dazugehörigen Körper, sondern auch um die Erkenntnisfähigkeit der Art Homo sapiens und ihrer Mitglieder geht. Es kam die Frage auf, ob es so etwas wie eine Evolution des Erkennens gegeben haben kann, und inzwischen gibt es viele Wissenschaftler, die dieses traditionell philosophische Terrain lautstark für die Biologie und ihren evolutionären Ansatz reklamieren. Die dahinterstehende Hauptthese hat Gerhard Vollmer in seinem 1975 erschienenen Buch mit dem Titel «Evolutionäre Erkenntnistheorie» formuliert: «Unser Erkenntnisapparat ist ein Ergebnis der (biologischen) Evolution. Die subjektiven Erkenntnisstrukturen passen auf die Welt, weil sie sich im Laufe der Evolution in Anpassung an diese reale Welt herausgebildet haben. Und sie stimmen mit den realen Strukturen (teilweise) überein, weil nur eine solche Übereinstimmung das Überleben ermöglichte.»[3]

Völlig neu war dieser Gedanke allerdings nicht, auch wenn Vollmer ihn für sich entwickelt hat. Die Vorstellung, dass sich die kognitiven Strukturen des Menschen evolutionär erklären lassen, findet sich bereits in den Tagebüchern, die Charles Darwin geführt hat, als er seiner Idee noch auf der Spur war. Darwin las in den platonischen Dialogen und stieß dort auf die Ansicht des griechischen Philosophen, dass Verstehen etwas mit seelischen Bildern (Ideen) zu tun hat, die es schon immer gegeben hat, die also vor den Menschen da gewesen sind, die also eine Form von Präexistenz aufweisen. Für den evolutionär ausgerichteten Blick hat dieses «vor» eine konkrete Bedeutung, und so vermerkt Darwin: «Lies Affe für Präexistenz.»

Abgesehen davon haben sich lange Zeit weder Biologen noch Philosophen um die Erklärung der kognitiven Fähigkeiten unserer Art gekümmert, die mit der Evolutionsidee möglich wird, wobei es vor allem die Trägheit der Erkenntnistheoretiker ist, die in diesem Zusammenhang überrascht. Schließlich hatte spätestens Immanuel Kant am Ende des 18. Jahrhunderts in seiner «Kritik der reinen Vernunft» von angeborenen Strukturen des Erkennens gesprochen, die er mit den beiden Worten «a priori» belegte. Was angeboren ist, muss doch irgendwie etwas mit biologischen Gegebenheiten zu tun haben, wie heute selbst dem schlichtesten Gemüt einleuchten sollte, und es hätte den reinen Denkern nicht geschadet, wenn sie genauer nach den im biologischen Leben verankerten Wurzeln unserer Denkgewohnheiten und ihrer geistigen Höhen gefragt hätten.

Diese Aufgabe abgenommen hat ihnen ein Physiker, der Wiener Ludwig Boltzmann. Boltzmann hat in zahlreichen Vorträgen und «Populären Schriften» um die Wende zum 20. Jahrhundert vorgeschlagen, Darwins Lehre auf die Philosophie anzuwenden und das Gehirn «als den Apparat [zu betrachten], das Organ zur Herstellung der Weltbilder, welches sich wegen der großen Nützlichkeit dieser Weltbilder für die Erhaltung der Art entsprechend der Darwin'schen Theorie beim Menschen geradeso zur besonderen Vollkommenheit herausbildete, wie bei der Giraffe der Hals, beim Storch der Schnabel zu ungewöhnlicher Länge». Für Boltzmann war wichtig, «dass die Darwin'sche Lehre keineswegs bloß die Zweckmäßigkeit der Organe des menschlichen und tierischen Körpers erklärt, sondern auch davon Rechenschaft gibt, warum sich oft Unzweckmäßiges, rudimentäre Organe, ja geradezu Fehler in der Organisation bilden konnten und mussten».[4]

Seine entscheidende Beobachtung trug Boltzmann im November 1900 in Leipzig vor: «Nach meiner Überzeugung sind die Denkgesetze dadurch entstanden, dass sich die Verknüpfung der inneren Ideen, die wir von den Gegenständen entwerfen, immer mehr der Verknüpfung der Gegenstände anpasste. Alle Verknüpfungsregeln, welche auf Widersprüche mit der Erfahrung führten, wurden verworfen und dagegen die allzeit auf Richtiges führenden mit solcher Energie festgehalten und dieses Festhalten vererbte sich so konsequent auf die Nachkommen, dass wir in solchen Regeln schließlich Axiome oder Denkgewohnheiten sahen.» Und weiter: «Man kann diese Denkgesetze aprioristisch nennen, weil sie durch die vieltausendjährige Erfahrung der Gattung dem Individuum angeboren ist.»[5]

Damit nahm Boltzmann vorweg, was sein Landsmann Konrad Lorenz einige Jahrzehnte später prägnant formulierte, als er die angeborenen Formen der Erfahrung unter den biologischen Gesichtspunkten untersuchte, die ihm als Verhaltensforscher besonders wichtig erschienen. In allerkürzester Form identifizierte Lorenz die Kategorien, die uns ontogenetisch ohne Erfahrung (a priori) gegeben sind, mit den Erkenntnisstrukturen, die sich im Laufe der Stammesgeschichte (phylogenetisch) an der Erfahrung bewährt haben. Der besondere Vorteil dieses Ansatzes bestand darin, dass sich damit die Frage beantworten ließ, warum die Denkkategorien mit den Realkategorien (zumindest teilweise) übereinstimmen: «aus denselben Gründen, aus denen die Form des Pferdehufes auf den Steppenboden und die Fischflosse ins Wasser passt. (...) Zwischen der Denk- und Anschauungsform und dem an sich Realen [besteht] genau dieselbe Beziehung, die zwischen Organ und Außenwelt, zwischen Auge und Sonne, zwischen Pferdehuf und Steppenboden, zwischen Fischflosse und Wasser auch sonst besteht (...), jenes Verhältnis, das zwischen dem Bild und dem abgebildeten Gegenstand, zwischen vereinfachendem Modellgedanken und wirklichem Tatbestand besteht, das Verhältnis einer mehr oder weniger weit gehenden Analogie.»[6]

Wie konkret etwa die Apriori-Kategorie des Raumes im Verlauf der Evolution entstanden sein könnte, hat der englische Biologe George G. Simpson einmal sehr drastisch dargelegt: «Um es grob, aber bildhaft auszudrücken: Der Affe, der keine realistische Wahrnehmung von dem Ast hatte, nach dem er sprang, war bald ein toter Affe – und gehört daher nicht zu unseren Urahnen.»[7] Etwas sachlicher lässt sich der Tatbestand bei dem deutschen Zoologen Bernhard Rensch nachlesen, der in seiner Geschichte des Homo sapiens schreibt: «Ein Affe, der auf der Flucht durch die Baumkronen eilt, sieht fast niemals auf die Aststelle hin, wo seine vier Hände jeweils zugreifen. Mit den Augen beurteilt er den Fluchtweg und schätzt nur die Sprünge auf erreichbare Äste ab. Diese Zusammenarbeit der Augen und der Tastorgane an den vier Händen wäre nicht möglich, wenn nicht aus Sehraum und Tastraum eine einheitliche Raumvorstellung gebildet worden wäre. (...) Der geistige Aufstieg in der tierischen Stammesgeschichte hat also wahrscheinlich eine zunehmende Anpassung der nervösen Strukturen und ihrer parallel zugeordneten psychischen Komponenten an einen physikalischen ‹objektiven› Raum und eine ‹objektive› Zeit mit sich gebracht.»[8]

Wenn die Evolution bemüht wird, um etwas zu erklären, dann geht es vor allem um Adaptionen oder um Anpassungen oder noch kürzer um Passungen. Eine sich in diesem Sinne orientierende Theorie des Erkennens versucht, eine Frage zu beantworten, die im Rahmen der traditionell ausgerichteten Philosophie gar nicht ins Blickfeld geraten ist: Wie kommt es, dass die Strukturen des Denkens überhaupt auf die konkret sicht- und fassbare Realität passen? Die Antwort auf diese Frage kann offenbar nur innerhalb bestimmter Grenzen gültig sein, und zwar der Grenzen, die durch das Anschauliche beziehungsweise das unseren Sinnen Zugängliche abgesteckt werden. Die evolutionäre Erklärung des menschlichen Erkenntnisvermögens kann nur in dem Bereich gelingen, mit dem unsere Vorfahren im Verlauf der Stammesgeschichte in Berührung gekommen sind und der ihrem Wahrnehmungsapparat zugedacht war. Mit anderen Worten, wissenschaftliche Erklärungen und die Möglichkeit einer mathematischen Theoriebildung zur Beschreibung der atomaren Bewegungen und Wandlungen sind nicht gemeint, wenn es um die Verbindung der Begriffe «Evolution» und «Erkenntnis» geht. Weder im Makrokosmos des Universums mit seinen ungeheuren Entfernungen und gigantischen Energien noch im Mikrokosmos der Atome mit ihren extrem schnellen Bewegungen und unvorstellbar dichten Packungen lassen sich Passungen finden. Sie gibt es einzig in dem Zwischenraum, in dem sich unser sinnliches Leben abspielt und für den der Wissenschaftsphilosoph Gerhard Vollmer den Ausdruck «Mesokosmos» vorgeschlagen hat.

Schon früher gab es die vergleichbare Vorstellung eines «Mediokosmos», und beide Begriffe erfassen sicher den gleichen Teil der Wirklichkeit, den man sich als kognitive Nische vorstellen kann. Der neue «Mesokosmos» hat gegenüber dem alten «Mediokosmos» den Vorzug, dass er seine biologische Begründung mitliefert und cum grano salis auch wunderbar definiert (eingegrenzt) werden kann.

Was räumliche Entfernungen angeht, so reicht der Mesokosmos etwa von der Dicke eines Haares bis zu der Strecke, die man im Verlauf eines Tages zurücklegen kann. Werden die Abstände kleiner oder größer, können wir unseren evolutionär erworbenen Fähigkeiten – unserem gesunden Menschenverstand – nicht mehr vertrauen und benötigen die Hilfe von Wissenschaft und Technik. Auf die Enge der Nanometer, um die es bei Lichtwellen geht, und die Weiten der Lichtjahre, die sie durcheilen, sind Menschen sicher nicht von Natur aus vorbereitet. Ihr einfaches Fassungsvermögen gerät schon in Schwierigkeiten, wenn sie sich Entfernungen vergegenwärtigen wollen, die sie innerhalb eines Tages in einem Flugzeug zurücklegen können.

Was zeitliche Dimensionen betrifft, so erstreckt sich der Mesokosmos ungefähr von der Dauer eines Herzschlags bis zu dem Alter, das ein langes Leben währen kann, also von dem Bruchteil einer Sekunde bis zu einhundert Jahren. Alles, was kürzer dauert – wie zum Beispiel der Takt eines Elektrons in einem Atom – oder was länger währt – etwa die Stammesgeschichte des Homo sapiens –, kann der gewöhnliche Verstand, den die Evolution dem Menschen beigebracht hat, nicht fassen (wobei die Evolution den Verstand genetisch so verankert hat, dass Kinder ihn als heranwachsende Wesen im Umgang mit der Umwelt ausbilden). Das gesunde Fassungsvermögen wird schon überschritten, wenn man sich die vierhundert Jahre seit der Geburt der modernen Wissenschaft vorstellen soll.

Was Geschwindigkeiten angeht, reicht der Mesokosmos in etwa von dem Dahinschreiten eines Fußgängers bis zu dem Sprint eines professionellen Sportlers, also bis rund vierzig Kilometer pro Stunde. Alles, was viel schneller ist – wie die Rennwagen der Formel 1 – oder was wesentlich langsamer abläuft – wie das Kriechen einer Schnecke oder das Wachsen von Gras –, lässt sich nur nach rationaler und systematischer Erkundung in den Griff bekommen, denn die Evolution hat an dieser Stelle nichts für ihre Geschöpfe tun können.

Man kann dieses mesokosmische Zwischenspiel mit vielen anderen Größen fortsetzen – mit Beschleunigungen, mit Kräften, mit Energien –, um ein Gefühl für die Reichweite der evolutionären Erkenntnistheorie zu bekommen. Diese Theorie hilft allerdings nicht mehr weiter, sobald Zufälle statt einfacher Kausalitäten eine Rolle spielen oder die Komplexität und Vernetzung von Systemen zunimmt und Rückkopplungen möglich werden. Die Evolution hatte wenig Grund, ihre Kinder auf unanschauliche Gegebenheiten der genannten Art vorzubereiten, und so mussten eigens die Wissenschaft und ihre Methoden erfunden werden, um damit umgehen zu können. Wissenschaftliche Erkenntnisse – zum Beispiel die Relativitätstheorien oder die Idee der natürlichen Selektion – können nicht im Rahmen einer evolutionären Erkenntnislehre erläutert werden, und die Frage, wie die Menschen nach ihrem natürlichen Start im Mesokosmos diesen mittleren Teil der wirklichen Welt hin zum Großen und zum Kleinen verlassen konnten, bildet ein spannendes Thema der Wissenschaftstheorie. Bei der Beschäftigung damit lernt man vielleicht, wie der Schritt aussieht, der von der Natur ausgeht und zur Kultur führt.

Der Aufbau der realen Welt

Wer vom eigenen Mediokosmos aus die kleine und die große Welt in Augenschein nimmt, kommt bestenfalls langsam und allmählich darauf, dass es da etwas gibt, das die beiden weit entfernt liegenden und getrennt operierenden Bereiche des Wirklichen gemeinsam haben. Diese Übereinstimmung oder Zusammengehörigkeit steckt in einem alten und wenig beachteten Gedanken, den der Philosoph Nicolai Hartmann in einem erstmals 1940 veröffentlichten Buch mit dem Titel «Der Aufbau der realen Welt» zu Papier gebracht hat. Hartmann kann es zum Bedauern des Verfassers dieser Zeilen an Popularität leider nicht mit seinem Zeitgenossen Heidegger aufnehmen, wird in lexikalischen Artikeln gerne als «wichtiger Erneuerer der Metaphysik des 20. Jahrhunderts» gepriesen und hat in seiner 1962 in vierter Auflage erschienenen «Ethik» den schönen Satz geschrieben: «Die Tragik des Menschen ist die des Verhungernden, der an der gedeckten Tafel sitzt und die Hand nicht ausstreckt, weil er nicht sieht, was vor ihm ist. Denn die wirkliche Welt ist unerschöpflich an Fülle, das wirkliche Leben ist wertgetränkt und überströmend, wo wir es fassen, da ist es voller Wunder und Herrlichkeit.»[9]

Mit anderen Worten: Die Welt wird nicht ent-, sondern verzaubert, wenn sie wissenschaftlich ergriffen und erläutert wird, und mit welchen Weltbildern auch immer Menschen versuchen, sich in der Wirklichkeit zu orientieren, sie werden immer Grund und Anlass finden, über sich und die Dinge zu staunen und durch die dazugehörigen Geheimnisse angezogen und gelockt zu werden.[10] Eines der Wunder in seiner Herrlichkeit stellt Hartmann in seinem Buch über den «Aufbau der realen Welt» vor, wenn er verdeutlicht und ausführt, dass sich das wirkliche Etwas, in dem sich menschliches Leben abspielt, in hierarchisch angeordneten Schichten begreifen lässt, von denen jede durch eine besondere Kategorie gekennzeichnet ist, wie es in der Sprache der Philosophen heißt. Unter einer «Kategorie» wird dabei eine mögliche Aussage über etwas Seiendes oder Aufgefundenes in einer gegebenen Schicht verstanden. Hartmann trennt zum Beispiel das anorganische Sein vom geistigen Sein, wobei dem Ersten unter anderem die Eigenschaft der materiellen Festigkeit und dem Zweiten nicht zuletzt die Kategorie des eigenen Willens oder persönlichen Wünschens zugewiesen wird. In seinem Aufbau der realen Welt geht er von insgesamt vier Schichten aus, die sich in folgende Hierarchie bringen lassen: An oberster Stelle steht das Geistige, darunter folgt erst das Seelische und dann das Organische, zuunterst kommt das Anorganische.

Über diese vier Ebenen der Wirklichkeit schreibt Hartmann: «So erhebt sich die organische Natur über der anorganischen. Sie schwebt nicht frei für sich, sondern setzt die Verhältnisse und Gesetzlichkeiten der Materialien voraus; sie ruht auf ihnen auf, wenn diese schon keineswegs ausreichen, das Lebendige auszumachen. Ebenso bedingt ist seelisches Sein und Bewusstsein durch den tragenden Organismus, an und mit dem allein es in der Welt auftritt. Und nicht anders bleiben die großen geschichtlichen Erscheinungen des Geisteslebens an das Seelenleben der Individuen gebunden, die seine jeweiligen Träger sind. Von Schicht zu Schicht, über jeden Einschnitt hinweg, finden wir dasselbe Verhältnis des Aufruhens, der Bedingtheit ‹von unten› her und doch zugleich der Selbständigkeit des Aufruhenden in seiner Eigengeformtheit und Eigengesetzlichkeit.» Nach diesen allgemeinen Erläuterungen folgt der zentrale Begriff der Einheit in der Welt, der auch für das hier entworfene und ausgebreitete Bild der Welt gilt: «Dieses Verhältnis [des Aufruhens] ist die eigentliche Einheit der realen Welt. Die Welt entbehrt bei aller Mannigfaltigkeit und Heterogenität keineswegs der Einheitlichkeit. Sie hat die Einheit des Systems, aber das System ist ein Schichtenbau. Der Aufbau der realen Welt ist ein Schichtenbau» – und in und mit ihm zeigt sie sich den Menschen.[11]

Als ein begeisterter Anhänger dieses in verständlichen Worten ohne metaphysisches Gemurmel formulierten philosophischen Vorschlags hat sich der 1973 mit dem Nobelpreis für Medizin ausgezeichnete Konrad Lorenz zu erkennen gegeben. Lorenz schrieb in seinem Buch über «Die Rückseite des Spiegels», einer «Naturgeschichte des menschlichen Erkennens»: «Der überzeugendste Beweis für [die] ontologische Richtigkeit [des Schichtenaufbaus] ist in meinen Augen, dass sie, ohne auf die Tatsachen der Evolution im geringsten Rücksicht zu nehmen, dennoch genau mit ihnen übereinstimmt, ähnlich wie jede gute vergleichende Anatomie es tut, selbst wenn sie vor den Erkenntnissen Darwins entwickelt wurde. Die Schichtenfolge der großen Hartmannschen Seinskategorien stimmt schlicht und einfach mit der Reihenfolge ihrer erdgeschichtlichen Entstehung überein. Anorganisches war auf Erden sehr lange vor dem Organischen vorhanden, und im Verlauf der Stammesgeschichte tauchen erst spät Zentralnervensysteme auf, denen man ein subjektives Erleben, eine ‹Seele› zuschreiben möchte. Das Geistige schließlich ist erst in der allerjüngsten Phase der Schöpfung auf den Plan getreten.»[12]

Wenn, wie zu Beginn des Buches betont worden ist, die Geschichte zu einem Weltbild gehört, dann stellt die oben aufgeführte Schichtenfolge ein höchst instruktives Weltbild dar, weil es die Geschichte, die seinem Sein zugrunde liegt, enthält oder gar zu erzählen gestattet. Dabei gibt Hartmann mit seinen vier fundamentalen Schichten nur das allgemeine Prinzip vor, das auf die vorgefundenen Gegebenheiten, aus denen die reale Welt zusammengesetzt ist, übertragen und dabei verfeinert werden kann. «Die höheren Gebilde, aus denen die Welt besteht, sind ähnlich geschichtet wie die Welt», heißt es bei ihm, und diese konstruktive Idee des Philosophen lässt sich ganz konkret an einem menschlichen Körper nachprüfen, wenn man in seiner Betrachtung etwa von außen nach innen geht und dabei Schicht um Schicht freilegt. Hierbei zeigt sich außerdem, dass sich die real praktizierten wissenschaftlichen Disziplinen so geformt und eingerichtet haben, dass sie jeweils für eine der Schichten des Lebens zuständig sind und ihre Gesetzmäßigkeiten zu erfassen versuchen.[13]

Schicht	Beispiel	Zuständige Wissenschaft
Organismus	Mensch	Anatomie
Organ	Herz	Kardiologie
Gewebe	Muskel	Physiologie
Zelle	Blutzelle	Zellbiologie
Organelle	Chromosom	Genetik
Molekül	Protein	Biochemie
Atom	Sauerstoff	Chemie

Der erste Blick auf einen Menschen lässt einen Organismus als Ganzes erkennen, wobei im Zustand der Nacktheit vor allem das Organ auffällt, das ihn umfasst und zusammenhält. Die Rede ist von der Haut des Menschen, deren Schicht sich an die Ebene des Organismus anschließt. Organismen bestehen aus Organen, und Organe bestehen aus Geweben. Gewebe bestehen aus Zellen, und Zellen wiederum stecken voller Moleküle, die ihrerseits aus Atomen zusammengesetzt sind. Von dieser Ebene aus könnten Physiker weiter in die Tiefe steigen und neben den Kernteilchen elementare Bausteine wie Quarks anführen, aber diese Ebenen spielen – nach allem, was die Forschung sagen kann – keine Rolle, wenn es um das Verstehen des Menschen und seiner Körperlichkeit geht, weshalb die hier vorgenommene Freilegung der Schichten an dieser Stelle abgebrochen wird.

Für jede der realen Schichten gibt es eine eigene Wissenschaft, die ihre besonderen Fragestellungen kennt, aber aufpassen muss, keinen Denkfehler zu begehen. Während Organismen wie etwa ein Mensch einen Willen zeigen und sich etwas wünschen können, bleiben den Zellen Qualitäten dieser Art verschlossen. Zellen wollen nichts, auch wenn es so aussieht, als würden sie davon träumen, sich zu teilen und so aus eins zwei zu machen. Wenn sie dies tun, verfolgen sie keine Absicht, vielmehr laufen in ihnen kausal zu verstehende Prozesse ab, über die man allein oder auch in Gesellschaft anderer ruhig staunen darf. Geschieht dies, kann es passieren, dass Biologen vom «Tanz der Chromosomen» oder von der «Gefangenschaft von Zellen in Körpern» sprechen, aber die Freude an solchen Metaphern darf nicht zu Kategorienfehlern führen, wie sie passieren, wenn etwa Gene als egoistisch beschrieben werden und man meint, damit das Erbgut verstanden zu haben. Egoismus setzt eine Absicht voraus, und diese Kategorie taucht in der molekularen Schicht nicht auf.

Top-down und Bottom-up

Die Tatsache, dass sich reale Körper Schicht um Schicht erkunden lassen, ermöglicht zwei Zugänge zu dem vertrauten Ganzen, das ein Organismus darstellt. Für diese beiden Wege haben sich im Jargon der Wissenschaft die englischen Bezeichnungen «Top-down» und «Bottom-up» eingebürgert: Im einen Fall gelangt man vom Organismus zu den Zellen oder auch tiefer, im anderen werden mit den Atomen die Moleküle und mit den Geweben die Organe aufgebaut. Das Ziel ist in jedem Fall, das Ganze, das man vor Augen hat, in seiner Funktionsweise zu verstehen.

Auch nur in einer der beiden Richtungen von Ebene zu Ebene zu schreiten überfordert die Möglichkeiten sowohl dieses Buches als auch des Autors, der nur eine Schicht in Augenschein nehmen möchte, die für das Leben besondere Relevanz zeigt. Gemeint ist die Ebene der Chromosomen, auf denen die Gene zu finden sind,

die in einer Zeit, in der eine Wissenschaft mit Namen Molekularbiologie Triumphe feiert und zahlreiche Nobelpreise verliehen
bekommt, besondere Aufmerksamkeit verdient. Tatsächlich versuchen Biologen seit den 1960er Jahren, den Menschen durch sein
genetisches Fundament nicht nur zu verstehen, sondern sogar zu
definieren. So hat der amerikanische Nobelpreisträger Joshua Lederberg im Jahr 1963 stolz verkündet: «Nunmehr können wir den
Menschen definieren. Zumindest genotypisch [gemeint ist: auf der
Ebene der Gene] besteht er aus sechs Fuß einer besonderen molekularen Abfolge von Kohlenstoff-, Wasserstoff-, Sauerstoff-, Stick-
stoff- und Phosphoratomen – der Länge von fünf Milliarden gepaar-
ten Nukleotiden der DNA im Kern seiner Ursprungs-Eizelle und im
Kern jeder ausgereiften Zelle.»[14] Es lohnt sich nicht, diesen Satz als
Definition ernst zu nehmen, auch wenn er nicht zuletzt zeigt, wie
vergänglich selbst das als verlässlich eingeschätzte Wissen ist: Die
Zahl von fünf Milliarden molekularen Bausteinen einer menschlichen Zelle ist inzwischen auf drei Milliarden geschrumpft, und
womöglich wird es nicht dabei bleiben.

Mit diesen Riesenzahlen soll der Mikrokosmos verlassen und
der Blick noch einmal auf den Makrokosmos gelenkt werden, weil
sich auch am anderen Ende der von Menschen betrachteten Systeme die eingängige Schichtenstruktur erkennen lässt, von der bei
Hartmann die Rede ist und die er als eine fundamentale ontologische Ordnung erkennt. Ontologie meint dabei die Lehre vom Sein
oder vom Seienden, die in der Sprache der Philosophie und im
Laufe ihrer Geschichte raffinierte Überlegungen hervorgebracht
hat. Für die Zwecke von Laien genügt es, sich auf das zu konzentrieren, was ihnen gegeben oder vorgegeben zu sein scheint – ein
Philosoph zum Beispiel, der zu ihnen spricht.

Wenn man davon ausgeht, dass der Schichtenaufbau der realen Welt maßgeblich Auskunft über jedes Sein gibt – also über das
Sein im Kleinen wie im Großen und so auch über die kosmischen

Entitäten –, dann kann man sich auf die Suche nach den entsprechenden Ebenen machen und dabei etwa auf die folgenden stoßen, wiederum vom höchsten zum niedrigsten Sein notiert: Kosmos – Galaxienhaufen – Galaxien – Sternhaufen – Planetensysteme – Planeten. Von hier aus könnte man zum Beispiel über «geologische Formationen» weiter einteilend fortfahren. Es bleibt an dieser Stelle offen, ob mit dieser Hierarchie und diesen Schichten ebenso eine oder ihre Geschichte erfasst wird, wie es bei den Fundamentalebenen dank der Idee der Evolution gelungen ist. Aber es ist offenkundig, dass die Schritte von den Planeten über die Galaxien bis hin zu den von ihnen gebildeten Haufen die historische Reihenfolge ihrer Findung widerspiegeln, sodass sich auch an diesem Weltbild zeigt, dass zu ihm eine Geschichte gehört oder von ihm eine Geschichte erzählt wird – in dem Fall eine der Entdeckungen.

Wer mit der philosophischen Vorgabe von realen Schichten nicht bei den Sternen stehen bleiben will, kann sich davon überzeugen, dass alle stabilen Strukturen der Welt in dieser hierarchischen Weise aufgebaut sind. Jedes Wirtschaftsunternehmen, jeder staatliche Aufbau (Staat – Land – Kreis – Gemeinde – Bürger), jede Klassifikation von biologischen Arten ist durch eine aufeinanderfolgende und übereinanderliegende Folge von Schichten gekennzeichnet. Verwunderlich ist, dass es für diesen eigentlich unübersehbaren Sachverhalt noch keine plausible Erklärung gibt, die als Allgemeingut zirkuliert. Natürlich hat es Bemühungen gegeben, das Auftauchen neuer Merkmale auf höheren Organisationsebenen durch Begriffe wie «Emergenz» oder «Fulguration» verständlich zu machen, aber so einleuchtend das «Auftauchen» oder der «Blitzeinschlag» auch klingen mögen, über die reine Deskription der Hartmann'schen Aufbauidee mit ihren aufruhenden Qualitäten kommen solche Vorschläge nicht hinaus.

Und da ist noch etwas: Was die Hierarchie des Makrokosmos angeht, so ist ebenso selbstverständlich wie leicht einsehbar, dass die Komponenten des Ganzen, also seine Teilchen und Teile, «Bottom-up» funktionieren. Die Eigenschaften der tieferliegenden Schicht bestimmen also die Eigenschaften der darüber liegenden Schicht oder tragen zumindest zu diesen bei. Inzwischen denken die Physiker aber auch in die andere Richtung – «Top-down» – und versuchen, etwa die Eigenschaften von Elektronen wie ihre Ladung und ihre Masse aus den Qualitäten abzuleiten, die dem ganzen Weltall zuzurechnen sind. Mit anderen Worten: Die Welt besteht aus Atomen und bestimmt die Atome. Ein Mensch besteht aus Zellen und beeinflusst seine Zellen. Zellen werden von Genen gebildet und bilden ihre Gene selbst. Es ist im Großen wie im Kleinen dieselbe Art der Dynamik der Teile im Ganzen. Alles ist, wie es geworden ist, und alles zeigt ein weiteres Werden, wenn es ist. Dieses Bewegen bringt eine neue Ontologie und damit ein neues Weltbild mit sich. Es gibt offenbar gar kein Sein, es gibt dafür überall ein Werden. Das Sein ist ein Werden, und jedes Weltbild verändert sich mit ihm. Weltbilder müssen in jeder Generation neu angelegt und gedeutet werden. Diese Weltbildung beschäftigt die Menschen. Das Bilden hört nie auf. Es ist das Leben.

6.

Im Kosmos der Kulturen

Eine Reise um den Globus

Z war reichen die fotografischen Bilder und die kosmischen Schichten des letzten Kapitels tief und weit in das Weltall hinein, die damit verbundenen Sichtweisen lassen aber vor allem den Schluss zu, dass es in diesen ungeheuren Weiten, unauslotbaren Tiefen und dramatischen Dimensionen eines sicherlich nicht gibt: eine herausragende oder hervorgehobene Position für den einzigartigen Menschen auf seiner sich drehenden blauen Murmel. Aber diese aus dem Mesokosmos kommende und zu ihm gehörende Einsicht konnte nicht vom Beginn der langen Geschichte humaner Neugier an vorhanden sein. Sie musste vielmehr erst nach und nach erworben werden, wobei man in den historisch vorgehenden Wissenschaften versucht ist, auch den Menschen in frühen Zivilisationen und Kulturen zu unterstellen, ihre eigenen Weltbilder gesucht und geformt zu haben. Sie bezogen sich dabei natürlich vielfach auf die überschaubare und den Sinnen zugängliche Heimstätte namens Erde, wobei allererste Bemühungen um ein Verständnis des erfahrbaren weiten Weltkreises von dem eigenen begrenzten Standpunkt aus stets Bezug auf das große Wasser nahmen, bis zu dem einen die Füße trugen und an dessen Ufer man den Horizont als eine Linie vor Augen hatte. Die riesigen Ozeane legen den Gedanken nahe, dass die Erde eigentlich «Wasser» heißen müsste, schließlich bestehen zwei Drittel ihrer Oberfläche aus diesem nassen Element, das zudem von vielen für den Ort gehalten wird, an und aus dem das Leben entsprungen ist.

Zu den meisten Horizonterfahrungen gehört ein Blick über das Meer, das mit seiner Tiefe lockt, während die Augen zugleich in die Ferne schweifen. Grenzen, wohin man schaut, auch am Himmel, und seit es Menschen gibt, wächst bei ihnen die Versuchung, sie zu überwinden.

Sumerische und ägyptische Weltbilder

Ein allererstes Weltbild kann man bei dem uralten Volk der Sumerer finden oder aus ihren Überlieferungen rekonstruieren. Diese Menschen verdanken ihren Namen dem Gebiet namens Sumer im südlichen Mesopotamien. Im 3. Jahrtausend vor der modernen Zeitrechnung haben sie die Keilschrift erfunden, mit deren Hilfe so etwas wie die erste Hochkultur entstanden ist. In seinem Buch «Die Geburt der Wissenschaft», in dem es wohlgemerkt nicht um die Geburt der modernen Wissenschaft im 17. Jahrhundert, sondern um sehr viel frühere Zeiten geht, stellt der französische Wissenschaftstheoretiker André Pichot das sumerische Weltbild so vor, wie es der amerikanische Sumerologe Samuel Noah Kramer im Jahre 1957 rekonstruiert hat: Die Erde wird in dieser Vorstellung von einem eigenen (irdischen) Ozean umflossen, und über beides spannt sich ein Himmel, der eine Halbkugel bildet. Dieser Himmel macht zusammen mit einer unterhalb der Erde mit ihrem Ozean platzierten und ähnlich strukturierten Hölle die gesamte Weltkugel aus, die schließlich in allen Richtungen von einem Urmeer umgeben ist.[1]

Diese zwar aus mythologischen Keilschrifttäfelchen rekonstruierte, aber letztlich hypothetisch bleibende Sicht der Welt erinnert christlich erzogene Menschen an den Beginn der Bibel, in der Finsternis über der Urflut herrscht, bevor der Befehl «Es werde Licht!» erteilt wird. Die sumerische Welt erscheint vor allem als ein Urmeer, wobei weiteren Keilschriften zu entnehmen ist, dass man sich die darüber schwebenden Sterne wie Leuchten an einem Himmel vorstellte, von dem metallische Meteoriten herabstürzen konnten. Fairerweise muss gesagt werden, dass mesopotamische Astronomen sorgfältig gearbeitet und sowohl viele Daten über die Bewegungen von Sternen gesammelt als auch das Auftreten der Sommer- und Wintersonnenwende bemerkt und untersucht haben. Nur haben sich solche himmlischen Analysen nicht in der Gestaltung der Weltbilder niedergeschlagen, um die es an dieser Stelle geht.

Von vergleichbaren Weltentwürfen kann dann vor allem in jener ägyptischen Kultur die Rede sein, die sich etwa um 1000 v. Chr. etablieren konnte. «Wie in Mesopotamien ist auch in Ägypten die Vorstellung von der Welt, ihrer Beschaffenheit und ihrem Ursprung gänzlich dem Mythos verhaftet», wie bei Pichot zu lesen ist, der ergänzend darauf hinweist, dass der Himmel für die Ägypter dieser Zeit so etwas wie eine feste Decke darstellte, die offenbar aus Eisen bestand und auf der geheimnisvolle Urfluten wogen konnten. Der Schweizer Ägyptologe Gustave Jéquier hat mit Hilfe von Papyri um 1930 das ägyptische Weltbild so rekonstruiert: Eine Himmelsgöttin namens Nut trägt auf ihrem Rücken die Sonnenbarke und wird ihrerseits vom Gott der Luft gestützt. Auf dem Boden liegt der Gott der Erde, und rechts mit einem Ibiskopf gibt sich Thot, der Gott der Weisheit, zu erkennen.

Man bekommt den Eindruck, der ägyptische Kosmos bestehe aus Gottheiten, die kultisch handeln, um die Schöpfung der Welt in Gang zu halten und ihre Existenz zu sichern. Die urzeitliche Trennung von Himmel und Erde lässt sich übrigens bis in prähis-

Ein ägyptisches Weltbild, das in der 3. Zwischenzeit entstanden ist, wie Historiker sagen. Damals regierte die 21. Dynastie (1069 bis 945 v. Chr.). Das Bild stammt von einem Sarkophag und stellt die Zeugung der Sonne durch die Vereinigung der Himmelsgöttin Nut (oben) mit dem Erdgott Geb (unten) dar.

torische Zeiten und in alle Weltteile zurückverfolgen, wobei in Asien – anders als in Ägypten – der Himmel das männliche und die Erde das weibliche Prinzip repräsentiert. Mit dieser Vorgabe und Zweiteilung können Menschen und Völker auf Zeugungen von Himmel und Erde zurückgeführt werden, und für einen über allen und allem schwebenden Schöpfergott braucht es keinen besonderen Platz mehr. Die Menschen werden selbst zu Schöpfern des Lebens, wobei die Frauen die Hauptlast tragen und ihnen die eigentliche Schöpferkraft zufällt, was an späterer Stelle weiter ausgeführt werden soll.

Griechische Feuer

Der griechische Beitrag zu der Menschheitsaufgabe, ein Weltbild
zu schaffen, stammt aus den Jahrzehnten, in denen Pythagoras
und seine Anhänger ihre umfassenden Bemühungen ausweiteten,
die Welt durch Zahlen – «Alles ist Zahl!» – zu verstehen. Historisch
belegt ist, dass Pythagoras und seine Anhänger durch eigene Reisen und durch Mitteilungen anderer Philosophen in Kontakt mit
Ägypten und Mesopotamien standen. Alles ist Zahl, aber alle Zahlen werden vom Unendlichen überragt, wobei ein jüngerer Pythagoreer namens Archytas, der aus Tarent stammte, das damals zu
der griechischen Kolonie Apulien gehörte, eine bemerkenswerte
Idee präsentierte: Er kam zu der Ansicht, dass es diese alles über-
steigende Zahl ist, mit der sich das Universum einfangen und erklären lässt. Er dachte sich sogar einen Beweis für die Unendlichkeit des Kosmos aus, der allerdings nur über Umwege überliefert
ist. Ein Autor, der über Aristoteles geschrieben hat, berichtete von
einem ihm persönlich bekannten Eudemus, der wiederum gehört
hatte, was Archytas ausgeführt hat. Bei dieser stillen Post ist Pichot
zufolge das nachstehende Zitat zustande gekommen, das beim Lesen sofort an den Holzschnitt erinnert, den Camille Flammarion
1888 angefertigt hat: «Angenommen», so wird Archytas direkt zitiert, «ich stünde an der äußersten Grenze des Himmels, mit anderen Worten, auf der Fixsternsphäre – könnte ich da die Hand oder
einen Stock hinaushalten oder nicht? [Zu behaupten], ich könne
es nicht, ist fraglos ungereimt; gelänge es mir jedoch, so setzte
das die Existenz eines Außerhalb, sei es Körper oder Ort, voraus.»
Daran schließt der Pythagoreer in indirekter Rede an: «Man stieße
[nach den Worten des Archytas] demnach durch Wiederholung
der Frage unaufhörlich in immer gleicher Weise an die Grenze vor,
und da das, was der Stock erreichen würde, stets ein Anderes wäre,
müsste notwendig auch dieses Andere unbegrenzt sein.»[2]

Mit anderen Worten: Hinter dem Horizont liegt stets ein weiterer Horizont, hinter dem dann wiederum nur ein weiterer Horizont erscheinen kann, und so weiter – allerdings nicht bis zum Ende aller Horizonte, wie man meinen könnte, sondern nur, bis man mit dem Erreichten zufrieden ist und sich an seiner Endlosigkeit erfreuen oder sich damit abfinden kann. So wie ein Pythagoreer den «Wanderer am Weltenrand» des 19. Jahrhunderts vorwegnimmt, findet sich bei einem anderen Pythagoreer die gewöhnlich kopernikanisch genannte Vorstellung einer im Zentrum der Welt ruhenden und umkreisten Erde. Gemeint ist der als Vorsokratiker eingestufte Philosoph Philolaos, der sich Gedanken über die Entstehung des Kosmos gemacht und dabei entschieden hat, dass die Welt zum einen einheitlich und zum Zweiten von ihrer Mitte aus entstanden und geformt worden ist. In dieses Zentrum platziert Philolaos nicht die Sonne, sondern ein Feuer, wobei dieser Gedanke an die Idee des zeitgenössischen Philosophen Heraklit erinnert, der das Feuer als eine Art Logos die Welt regieren ließ und mit seiner Hilfe die Bewegungen der Gestirne und Planeten aufeinander abstimmte. «Alles fließt», wie Heraklits berühmtes Diktum lautet, und diese permanente Weltbildung gelingt dank des Feuers. Es liefert das Licht der Sonne, die dessen Widerschein aufnimmt. Philolaos vertrat darüber hinaus die Vorstellung, dass neben diesem zentralen noch ein zweites, peripheres Feuer brennt, das die Welt erfüllt und ihr «Zusammenhalt und Maß» verleiht.

Solche Konstruktionen haben stets Schieflagen, und sie werfen einfache Fragen auf, die sich nicht beantworten lassen – etwa die, warum das zentrale Feuer von der Erde aus nicht zu sehen ist. Solche Details sollen hier übergangen werden, um den Hinweis geben zu können, dass das Weltbild des Philolaos der erste Vorschlag ist, bei dem die Erde nicht im Mittelpunkt des Kosmos ruht, sondern eine Kreisbahn um das Zentralfeuer durchläuft. Zwischen dem Weltfeuer und der Erde stellt sich der Philosoph einen noch unbekannten Planeten vor, dem er den hübschen Namen «Antichthon» (Gegenerde) gibt, der bis heute Autoren von Science-Fiction-Geschichten begeistert. Philolaos erklärt sogar, warum die Menschen die Gegenerde nicht sehen können: Sie leben nur auf der feuerabgewandten Seite der Erde, was sie daran hindert, die Gegenerde und ihre Bewohner zu erblicken – falls es solche Wesen überhaupt gibt, worüber sich Philolaos ausschweigt. Er war offenbar so von seiner eigenen Erklärung beeindruckt, dass er auch die Tatsache, dass Menschen nur eine – und nicht die erdabgewandte – Seite des Mondes sehen können, mit dieser Einseitigkeit verstehen will, wobei er sich ohne Kenntnis der Erdrotation um die eigene Achse – die zweite Umwälzung des Kopernikus – in seinen Erklärungen derart verheddert, dass ein weiterer Blick darauf nur traurig oder gar depressiv machen kann und deshalb an dieser Stelle unterbleibt.

Weltentwürfe im Vergleich

Auf den folgenden Seiten dieses Kapitels soll eine ganze Reihe weiterer Kulturen in ostwestlicher Richtung betrachtet und vorgestellt werden, wobei sich die Möglichkeit dieses Unterfangens der erfreulichen Tatsache verdankt, dass das Museum Rietberg in Zürich vom Dezember 2014 bis zum Mai 2015 eine Ausstellung mit dem Titel «Kosmos – Rätsel der Menschheit» gezeigt hat und dazu ein Begleitbuch mit dem Titel «Kosmos – Weltentwürfe im Vergleich» erschienen ist. Dieser Band «zeigt anhand von siebzehn Kulturen weltweit, wie sich die Menschen seit Urzeiten mit dem Kosmos beschäftigt haben».[3] Auf welche Weise haben die Menschen den Kosmos erforscht? Und welche Mythen haben sich Menschen aus verschiedenen Kulturen ausgedacht oder zu welchen Methoden haben sie gegriffen, um von seinem Ursprung und seinem Werden erzählen zu können? Es ging den für das Buch und die Ausstellung Verantwortlichen darum, den «Einfallsreichtum» der Menschen aufzuzeigen, mit dem im Laufe der Geschichte rund um die Welt versucht wurde, «das Rätsel Kosmos zu verstehen» und sich ein Bild von der Welt zu machen. «Die Reihenfolge der Beiträge folgt dem Lauf der Sonne, und zwar so, wie wir ihn sehen: Aufgang im Osten, Untergang im Westen», so die Herausgeber. Die folgende Zusammenfassung der kulturellen Weltentwürfe folgt dieser vorgegebenen Spur. Es soll eine impressionistische Vielfalt vorgeführt werden, die Leserinnen und Leser um eigene Kenntnisse und Erfahrungen ergänzen können, die sie im Laufe ihres Lebens auf Reisen oder bei Lektüren gewonnen haben. Die Fülle der Weltbilder kann man wie Mosaiksteine zu einer wimmelnden Gesamtschau zusammensetzen, wobei man über die menschliche Phantasie staunen muss, die sich überall auf der Erde ein Bild von der Welt machen will.

Ein Kosmos aus drei Sphären

Japan kennt man als das Land der aufgehenden Sonne, weshalb das globale Abschreiten der Weltentwürfe hier im Fernen Osten einsetzt. «Die japanische Literatur beginnt mit neun Weltentstehungs-Erzählungen», wie dem Buch zur Ausstellung zu entnehmen ist, und diese Erzählungen verteilen sich auf zwei Werke, die am Anfang und am Ende des 8. Jahrhunderts der modernen Zeitrechnung entstanden sind. Sie heißen «Aufzeichnungen alter Angelegenheiten» (Kojiki) oder werden unter dem noch spröderen Titel «Dokumente und Annalen von Japan» angeführt (Nihon shoki). Darin ist zum Beispiel das Folgende zu lesen: «Vor alters waren Himmel und Erde noch nicht geschieden und Yin und Yang

noch nicht getrennt, und sie bildeten ein Gemenge wie ein Hüh-
nerei. Diese trübe Masse enthielt einen Keim [zur Trennung]. Das
helle Yang davon breitete sich lang gezogen hin aus und wurde zum
Himmel. Das Schwere und Trübe blieb zurück und wurde schließlich zur Erde. Das Feine versammelte sich leicht, aber das Schwere
und Trübe ballte sich nur mühsam zusammen. Daher bildete sich
der Himmel, und danach nahm die Erde eine bestimmte Form an
[die nicht näher spezifiziert wird]. Darauf entstanden zwischen ihnen göttliche Wesen. Daher heißt es, dass im Aufgang der Welt der
Länderboden nach oben trieb gleich einem Fisch, der im Wasser
umherschwimmt. Nun wurde zwischen Himmel und Erde ein Ding.
Seine Gestalt glich einem Schilfschössling, und es verwandelte
sich sogleich in eine Gottheit. Ihr Name war Dauerhaftes Bestehen
des Landes.»

Die auf westliche Leser etwas willkürlich und sprunghaft wirkenden Texte sind entstanden, als die damaligen Herrscher in
Japan den Anspruch erhoben, ein eigenes Imperium zu vertreten
und als «himmlische Herrscher» (tennō) zu agieren. Der zitierte
Text fügt das Imperium in die ostasiatische Welt und Kultur ein,
die von China dominiert wurde. Aus dessen seit jeher überlieferter
Gedankenwelt stammen die beiden Grundkräfte Yin und Yang, die
zusammen einen Kreis bilden und deren Trennung einen Kosmos
von Gegenständen ermöglicht, womit wörtlich gemeint ist, dass
sich zu jedem Stück der Welt ein Gegenstück finden lässt und
beide trotz ihrer Gegensätzlichkeit zusammengehören. Das helle,
geistige, männliche Yang ist dabei zur Herrschaft bestimmt, das
weiblich vorgestellte Yin unterwirft sich. So will es leider die philosophische Tradition, und so gefällt es manchen Zeitgenossen bis
in die gegenwärtigen Tage.

Im Laufe der nachfolgenden Geschichte wurden die beiden Texte
über die Weltentstehung zusammengelegt und zu einer Kosmogonie vereinigt, die von einem dreistöckigen Weltgebäude erzählt,

das aus Himmel, Erde und Unterwelt besteht. Ab dem 16. Jahrhundert gelangten die Kenntnisse westlicher Astronomen nach Japan, was im 18. Jahrhundert zu dem literarischen Versuch führte, die kosmischen Auffassungen zu modernisieren und die Vorstellung von einem Weltall mit drei Sphären zu entwickeln. Dabei ging man von drei horizontalen Ebenen aus, in denen das Trio aus Erde, Mond und Sonne verortet wurde. Im 19. Jahrhundert kritisierte Yamagata Bantō derartige Bemühungen um Anpassungen und Harmonisierung. Der bürgerliche Gelehrte machte sich um das Jahr 1820 daran, ein eigenes Weltbild zu entwerfen, wobei er unter anderem auf Einsichten zurückgriff, die japanischen Astronomen zu verdanken waren. Bantōs Kosmos bestand «aus einer dunklen Welt, dem Weltall, in dem unzählige helle Welten, das heißt Sonnensysteme, existieren. Diese haben je einen Stern im Zentrum, um den Planeten kreisen. Manche davon verfügen über eigene Monde, und je nach Größe des Sterns kann die Anzahl, Größe und Beschaffenheit der Himmelskörper variieren. Grundlage für die Existenz von Leben ist das Licht des Sterns, die dunkle Welt selbst ist unbewohnt. Götter finden in diesem Weltbild keinen Platz.»[4] Japanische Mythen befassen sich dafür eher mit ehrfurchtsvoll erfahrenen Naturerscheinungen und elementar spürbaren Kräften der Natur. Sie bleiben auf das Diesseits bezogen, in dem die Menschen ihr Leben führen und ihre Gedankenwelt ausbreiten.

Harmonie zwischen Himmel und Erde

Während es scheint, als orientierte sich die japanische Weltdeutung mehr an historisch-ökonomischen Wendungen der eigenen Geschichte, lässt sich in China schon früh ein genuines Interesse am Himmel ausmachen. «Die Sterne zu beobachten und Erschei-

nungen am Himmel aufzuzeichnen gehörte im alten China zu den
wichtigsten Aufgaben der Herrscherhäuser.» Man meinte, in den
Regelmäßigkeiten der Sternbewegungen eine «überzeitliche, perfekte universelle Ordnung» – also einen Kosmos – erkennen zu können, und die politische Aufgabe bestand darin, «die menschliche
Gesellschaft auszurichten und so eine Harmonie zwischen Himmel und Erde herzustellen».[5]

Der berühmte erste Kaiser von China, Qin Shihuangdi, der um
das Jahr 220 v. Chr. regierte, soll dreihundert Astronomen an seinem Hof beschäftigt haben, die Erscheinungen am Himmel als gu-
tes oder als schlechtes Omen zu deuten hatten, damit der Kaiser
entsprechend handeln konnte. Dabei wurde allerdings nicht angenommen, dass sich hinter dem Horizont der Sterne transzendente
Gottheiten aufhielten, die diese Zeichen gaben, um die Menschen
damit zu lenken. Hier kannte man keinen Zeus, der Blitze schleu-
derte, und nur eine zentrale Ordnung, die für Menschen zugänglich und einsichtig war.

Auch später haben chinesische Herrscher durch kaiserlichen
Befehl die Erkundung der kosmischen Weiten gefördert, und die
gesammelten Erkenntnisse wurden unter der Han-Dynastie zusammengefasst und vereinheitlicht. Der Astronom Chen Zhou
verzeichnete im 3. Jahrhundert n. Chr. 1464 Sterne in 283 Konstellationen, und er schuf eine Sternenkarte, die zum Vorbild für
spätere Darstellungen des Nachthimmels wurden. Eine systematische Kartographie des Kosmos wurde entwickelt, die von einem
nördlichen Himmelspol ausging – dem Polarstern der westlichen
Astronomie –, um den alle Sterne zu kreisen schienen, und die
achtundzwanzig Segmente vorsah, die als Haus (xiu) bezeichnet
wurden. Auf diese Weise konnten etwa Kometen und im Jahre
185 v. Chr. sogar eine erste Supernova registriert werden, wenn
damals auch noch niemand wusste, wie genau zu verstehen war,
was sich da plötzlich als ein hell aufleuchtender «Gaststern» zeigte,

der bald lichtschwächer wurde und wieder verschwand. Im Jahre 1054 haben chinesische Astronomen unter der Song-Dynastie eine weitere Supernova registriert, die mit den Worten «am Tag sichtbar wie die Venus» beschrieben wurde. Aus Europa sind in den genannten Jahren keine besonderen Beobachtungen des Himmels bekannt.

Während die chinesischen Astronomen akribisch aufzeichneten, was mit eigenen Augen über ihren Köpfen zu sehen war, beschäftigte sie kaum die weitergehende Frage, wie der Kosmos beschaffen sein könnte. «In allen frühen Quellen aus der Zeit vor Christus findet sich die Vorstellung, dass die Erde viereckig sei und der Himmel sich als runder Schirm darüber erhebe. Diese *gaitian*- bzw. Himmelsgewölbe-Theorie wurde im 1. Jahrhundert von der *huntian*- oder Himmelskugel-Theorie abgelöst. Der Himmel wurde als Kugel angesehen, in deren Mitte die Erde wie das Eidotter in einem Ei schwebte. Gleichzeitig entstand die *xuanye*-Schule, die Schule der unendlichen Leere, die den Himmel als unermesslichen Raum betrachtete, in dem die Sterne sich bewegten.»[6]

Woraus der Himmel gemacht und wie sich ein Stern dort befestigen ließ, war kein Thema der chinesischen Astronomie, wobei insgesamt auffällt, dass China im Laufe seiner Geschichte konkrete Kosmogonien hervorbrachte, die immer an einer Stelle in offene Fragen mündeten. Zu den Legenden dieser großen Kulturnation gehört die Erzählung von einem Erschaffer der Welt, der P'an Ku heißt und achtzehntausend Jahre lang gearbeitet hat, um die Sterne und Planeten aus dem Felsen des Chaos der Urzeit herauszuschlagen. Als er fertig war, starb er zum Nutzen seiner Schöpfung, und dies ereignete sich im Beisein unter anderem eines Drachen und einer Schildkröte, die zu den intelligenten Geschöpfen der Welt gerechnet werden.

Neben dieser konkreten Kosmogonie kennen Chinesen natürlich auch eine raffinierte abstrakte Form der Weltentstehung. Aus aller und tiefer Ewigkeit stammt das Tao, der Anfang, der Weg, der nicht zu wissen ist. Aus dem Tao entstand das Chaos, das große Letzte, das aber zu Yin und Yang führte. Yin, das haben wir oben gesehen, steht für Weiblichkeit und Ruhe, Yang steht für Männlichkeit und Stärke, und beide zusammen bringen in mehreren Stufen alle Dinge und auch den Menschen zustande – wie auch immer dieser kreative Vorgang im Einzelnen abgelaufen sein mag.

Die Schildkröte, die den Lehm versteckt

Auf der Reise nach Westen trifft man als Nächstes auf das Volk der Ewenken, die früher auch als Tungusen bezeichnet wurden. Die Ewenken besiedelten ein riesiges Gebiet, das zu Russland, China und der Mongolei gehörte, sie lebten von Rentierzucht, Jagd und Fischfang, und sie wurden kulturell aus vielen Richtungen bedrängt. Von Westen her strömte das orthodoxe Christentum aus Russland zu ihnen, und aus dem Süden trafen verschiedene Formen des Buddhismus ein, die sowohl von Han-Chinesen als auch von Mongolen vertreten wurden und es immer schwieriger machten, ursprünglich ewenkische Vorstellungen von fremden Einflüssen abzugrenzen. Trotzdem lässt sich ein überschaubarer Korpus mündlicher Überlieferungen zusammentragen, in dem sich auch kosmogonische und kosmologische Mythen finden.

Das Universum der Ewenken besteht aus drei Welten: der Oberwelt (ugi buga), der Mittleren Welt (dulin buga) und der Unterwelt (ergi buga). Die Oberwelt, in der sich die Sonne befindet, liegt zum Beispiel im Süden, und die Unterwelt, die auch als Totenreich ohne Sonne gesehen wird, findet man im Norden. Die vertikale Dreiteilung entspricht dabei nicht dem, was im Christentum durch das Trio Himmel, Erde und Hölle gegeben ist. Die Welten der Ewenken sind zum Beispiel durch Öffnungen miteinander verbunden, die durch einen Baum oder eine Stange markiert werden und Geistern einen Durchlass bieten. Die Seelen der Menschen dagegen benötigen oftmals die Hilfe von Schamanen, um ihren Platz in der Unterwelt einnehmen zu können.

Wer die mythischen Überlieferungen der Ewenken über die Entstehung der Welt untersucht, muss zwischen russischen und chinesischen Mitgliedern des tungusischen Volks unterscheiden. In einer auf chinesischem Gebiet verbreiteten Erzählung sorgt eine Schöpfergottheit für eine Miniaturwelt, die nach ihrer Fertigstellung verworfen wird, weil sie sich als für Menschen ungeeignet herausstellt. Nun wird eine zweite Welt geschaffen, der die kreative Gottheit eine mächtige Schamanin an die Seite stellt, die der Welt ermöglicht zu wachsen. «Auch bei der Erschaffung des Menschen aus Lehm arbeiten beide zusammen: Die Schamanin muss eine Schildkröte besiegen, die den Lehm verbirgt. Später muss diese entweder auf dem Rücken liegend mit ihren vier Beinen oder auf dem Bauch liegend mit ihrem Panzer die Welt bzw. das Himmelsgewölbe tragen.»[7]

Die Erschaffung der Welt durch zwei Wesen ist das verbindende Element der tungusischen Kosmogonie. Während bei den chinesischen Ewenken die Schöpfergottheit und die Schamanin zusammenarbeiten, konkurrieren bei ihren russischen Stammesgenossen zwei Brüder, die mit der Schöpfung zugleich die Dichotomie von Gut und Böse in die Welt bringen, wie sie in vielen Weltentwürfen zu finden ist.

Viele tausend Weltsysteme

Der Buddhismus kennt mehrere kosmologische Theorien, die deutliche Unterschiede aufweisen. Eine ist im Abhidharmakosa enthalten, einer Schrift, die im 5. Jahrhundert in Indien von einem Mann namens Vasubandhu verfasst worden ist, der zu den Philosophen der Mahayana-Tradition gehört. Man spricht bei dieser Hauptrichtung des Buddhismus manchmal auch von dem Großen Weg oder dem Großen Fahrzeug, mit dem es gelingen soll, aus dem ewigen Kreislauf des Seins, Samsara, auszusteigen. Folgt man Vasubandhu, gibt es eine nahezu unendliche Anzahl von Weltsystemen, von denen jedes auf einem riesigen zylinderförmigen Sockel ruht, dessen Oberfläche durch Wasser und Berge gegliedert ist und über dem sich der Bereich des Himmels erstreckt. «Für das Entstehen der einzelnen Weltsysteme aus dem ‹wartenden Raum› war kein Schöpferwesen verantwortlich, vielmehr bewirkte die Kraft der kollektiven Taten oder das ‹kollektive Karma› früherer Lebewesen, dass aus allen vier Himmelsrichtungen ein unglaublich starker Wind aufkam. Er füllte den leeren Raum und trug zur Bildung der Wolken bei, aus denen sich sintflutartig Wasser ergoss. Die tobenden Orkane formten aus dem Wasser den untersten Baustein eines Weltsystems, den gigantischen zylindrischen Sockel.»[8]

Im weiteren Verlauf der Geschichte wird etwa in der Mitte des Weltzylinders – der goldenen Erdscheibe – eine viereckige Bergsäule errichtet, die als Weltenberg aufragt, um den sich Terrassen bilden, und es passiert manches mehr, womit es für den westlichen Leser immer unübersichtlicher wird. Zuletzt wird die goldene Erdscheibe von einem eisernen Wall umschlossen, und die Höhe des Weltzylinders wird bei ähnlich großem Durchmesser mit neun Millionen Kilometern angegeben, woher auch immer diese Angaben stammen.

Nach buddhistischer Auffassung existiert nicht nur ein solches

Weltsystem, auch wenn dieses eine schon verwickelt genug ist. Vielmehr soll es so etwas wie Galaxien geben. «Tausend Weltsysteme bilden einen ‹kleinen Kosmos›, tausend solcher kleinen Kosmen bilden einen ‹mittleren Kosmos› und tausend mittlere einen ‹Giganto-Kosmos›, der somit eine Milliarde Weltsysteme umfasst.» Hier darf man sich an den Schichtenaufbau der realen Welt erinnert fühlen, der im letzten Kapitel eingeführt worden ist. «Alle diese Weltsysteme stehen auf einer Windscheibe, deren Höhe zwar bezifferbar, deren Durchmesser aber so groß ist, dass es kein Maß dafür gibt.»[9]

Einzelne Weltsysteme können nach buddhistischer Überlieferung entstehen und vergehen, was dem «wartenden Raum» die Möglichkeit gibt, durch aufkommende Winde aktiv zu werden und einen neuen Kosmos werden zu lassen. Der Raum gehört übrigens zu den fünf Grundelementen der materiellen Welt, die im Buddhismus durch das Quartett aus Erde, Wasser, Feuer und Wind vervollständigt werden.

Etwa um das Jahr 1000 n. Chr. entsteht eine neue Kosmologie, die noch heute als Kalachakra-Tradition gepflegt und weitergegeben wird. Der tibetische Geistliche Kalu Rinpoche weist ausdrücklich darauf hin, dass jede Kosmologie ihre Gültigkeit jeweils nur für diejenigen Menschen hat, «deren karmische Projektion sie dazu veranlassten, das Universum in dieser Weise zu erfahren».[10] Individuelle oder spezielle Kosmologien sind also nicht im faktischen Sinne wahr, sie basieren vielmehr auf der Erfahrung und der karmischen Neigung einzelner Personen und beziehen daraus ihre Geltungskraft.

In der Kalachakra-Tradition geht man davon aus, dass Weltsysteme in unendlich langen Zeiträumen entstehen und dass die Atome ihrer fünf Elemente am Ende ihres Daseins nicht etwa verschwinden, sondern auseinanderfallen und durch Raumatome voneinander getrennt werden, die im Westen unbekannt sind.

Unter Atomen verstehen altbuddhistische Texte ansonsten wie gewohnt kleinste Teile der Materie, die weder gesehen noch gehört oder gar berührt werden können und nur in einem Verbund (anu) existieren. Atome können dank eines ihnen zugewiesenen «Vorrats an kollektivem Karma» immer wieder neue Verbindungen eingehen und etwa erst Wasser und dann Regen und sogar Regenbögen manifestieren, bevor die Erdatome erscheinen und die feste Erde ergeben.

Buddhistische Visualisierungen des Kosmos sind für westliche Betrachter schwer zu deuten, da weder Maßstabstreue gilt noch eine Zentralperspektive eingenommen wird. Nachvollziehbar sind eher strukturelle Übereinstimmungen, wie sie zwischen Kosmos und Mensch zu entdecken sind, für die man ein äußeres und ein inneres «Zeitrad» anlegt. «Der oberste Bereich des Universums kommt dem menschlichen Haupt gleich; die größte horizontale Ausbreitung eines Weltsystems entspricht der maximalen Höhe des Kosmos – so wie beim Menschen mit ausgebreiteten Armen der Abstand zwischen den Fingerspitzen seiner Körpergröße entspricht.»[11]

Oben wurde erwähnt, dass starke Winde zur Entstehung einer Welt führen können. So sieht die buddhistische Tradition auch bei der Geburt eines Menschen eine Rolle für den Wind vor, «der dem Bewusstsein einer verstorbenen Person als Träger zu neuem Leben dient. Beim Tod löst sich wie bei der Auflösung eines Weltsystems Erde in Wasser auf, Wasser in Feuer, Feuer in Luft, diese in Raum und Raum schließlich in Weisheit.» Zurück bleiben die Impulse oder Regungen – das Karma –, aus denen Winde einen neuen Menschen entstehen lassen. Dies geschieht immer wieder in einem ständigen Kreislauf von Entstehen und Vergehen – «im Kleinen wie im Großen».[12]

Ausdehnen, entfalten, auflösen

Wer kosmische Vorstellungen oder Kenntnisse zu einem Weltbild zusammensetzen möchte, geht dabei von Annahmen über Raum und Zeit aus, die sich in seiner oder ihrer Kultur etabliert haben. Wer die kosmischen Vorstellungen verstehen möchte, die im Hinduismus entstanden sind, muss auf den Unterschied achten, der zwischen einem religiösen Raumbewusstsein und dem naturwissenschaftlichen Raumbegriff besteht. Nach Auskunft des Indologen Axel Michaels sind im Hinduismus Räume (Sanskrit: loka) physikalisch nicht allgemein messbar, sie stellen keine Kategorie dar, sondern bleiben als Sphären der Existenz stets spezifisch und unbeständig.[13] Sowohl materielle als auch immaterielle Manifestationen wie Feuer, Wasser, Tiere, Menschen, Gestirne, Götter, Sprache oder Gedanken verfügen über eine eigene Sphäre. Mit anderen Worten, es gibt keine gemeinsame Welt, in der sich alle zusammenfinden. Dafür aber gibt es verschiedene Welten, die nebeneinander existieren. Räume werden zu Kraftfeldern, ohne auf Sichtbares begrenzt zu sein – wobei zu erwähnen ist, dass dieser Gedanke im Westen in den Jahren der Romantik aufkam und ernst genommen wurde, als der englische Naturforscher Michael Faraday den Begriff des Feldes einführte, um durch den Raum vermittelte oder transportierte physikalische Kraftwirkungen erfassen und verstehen zu können – was dann Einstein im 20. Jahrhundert ausweitete und mehr oder weniger perfektionierte.

Eine zweite Schwierigkeit, sich Kosmogonien im Hinduismus vorzustellen, rührt von dem Sachverhalt her, dass es das *eine* Weltbild des *einen* Hinduismus nicht gibt und stattdessen eine Reihe von oftmals widersprüchlichen Modellen nebeneinander besteht. Hier soll der Blick nur auf die kosmischen Konzepte gerichtet werden, die in der von der Fachwelt als brahmanischer Sanskrit-Hinduismus bezeichneten Denkschule anzutreffen sind.

Das genannte Attribut leitet sich von dem Substantiv «Brahman» her, mit dem der ewige Urgrund allen Seins gemeint ist. Man kann darin ein unpersönliches Konzept einer göttlichen Sphäre sehen, in der kein Schöpfer existiert oder agiert. Im brahmanischen Sanskrit-Hinduismus werden drei Existenzbereiche unterschieden, die man sich als Erde, Luftraum und jenseitige Welt vorstellen kann. Hier halten sich, ohne dass man dazu die westliche Unterscheidung von «Sky» und «Heaven» bräuchte, sowohl Götter als auch Gestirne auf.

Im Verlauf der Geschichte wurde das hinduistische Universum dann in sieben Kontinente gegliedert, die jeweils von sieben Ozeanen umgeben sind. Jeder Kontinent besteht wiederum aus sieben Welten und den Existenzsphären der Menschen, Tiere, Pflanzen, Dämonen und Geister, Planeten und Sterne, Heiligen und Götter.

Die ältesten überlieferten Texte des brahmanischen Sanskrit-Hinduismus heißen Veden. Sie wurden seit dem 5. Jahrhundert n. Chr. nach mündlichen Überlieferungen aufgezeichnet und lassen die Konturen eines Weltbaumeisters erkennen, wobei es auch andere Berichte gibt, in denen nicht gebaut und errichtet, sondern gezeugt und geboren wird und sich Welten aus sich selbst heraus entfalten und zu keimen beginnen. In einer der vier Veden, die Rigveda heißt, beschreibt Prajapati, der Schöpfer des Universums, einen Urzustand, der erst geteilt und dann geordnet wurde. «Am Anfang gab es nur Finsternis, ohne Nichtsein, Sein, Luftreich, Himmel, Tod, Unsterblichkeit, Nacht und Tag. Alles war eine unterschiedslose Wasserflut. Dann entstand aus der Hitze ‹das Eine›. Verlangen überkam es, und der erste Samen des Geistes entstand. Die Götter kamen erst später. Am Ende lässt der Text offen, wer wirklich etwas über den Anfang sagen kann.»[14] Er fragt: Wer weiß, woraus diese Schöpfung entstanden ist? Wer weiß, ob jemand sie geschaffen hat oder nicht? Und der Aufseher im höchsten Himmel – weiß er es oder nicht? Als die «Lieder der Rigveda» 1923 von Ernst Schwentner auf Deutsch vorgelegt wurden, hatte der Herausgeber diese letzten Fragen in Gedichtform zu Papier gebracht: «Doch, wem ist auszuforschen es gelungen, / Wer hat, woher die Schöpfung stammt, vernommen? / Die Götter sind diesseits von ihr entsprungen! / Wer sagt es also, wo sie hergekommen?»[15]

Im Laufe der Jahrhunderte wurden in Indien immer wieder neue Mythen entwickelt, in deren Verlauf den Göttern ein stetig zunehmender Teil an der Schöpfung zugewiesen wurde. Neu hinzu kam die Idee von vier sich wiederholenden Weltzeitaltern. Ihr zufolge unterliegt die Welt einem wiederkehrenden Zyklus der Entfaltung, der Schöpfung und der Auflösung, wobei zuletzt die höchste Manifestation des Göttlichen, die den Namen Vishnu trägt, die Welt verbrennt und überflutet.

Kosmische Vorstellungen im Hinduismus lassen drei Merkmale klar hervortreten. Zum einen gibt es nicht nur ein Universum, sondern eine Vielzahl von existenziellen Sphären. Im Gegensatz zu den linear und nur in eine Richtung verlaufenden christlichen Ansichten zurzeit sind – dies zum Zweiten – hinduistische Auffassungen von einem zyklischen Zeitbewusstsein geprägt. Drittens münden alle Kosmologien und Weltbilder in dem Gedanken der Einheit. Es gilt zu erkennen, dass Teil und Ganzes identisch sind – der Mensch und die Welt, sie stellen das unteilbare Eine dar, das deshalb mit einem uralten Wort auch «Atom» genannt werden kann. Das klingt in westlichen Ohren höchst modern, was man ruhig erstaunlich finden darf und was den Autor dieser Zeilen erfreut.

Drei Welten und ein Nichts

Im 6. und 5. Jahrhundert v. Chr. ist in Indien eine Religion entstanden, die heute Jainismus heißt und aus der sich später der
Hinduismus entwickelt hat. Hinduisten glauben bekanntlich an
eine Reinkarnation und erwarten eine ständige Wiederholung des
Weltgeschehens, was als «Samsara» bezeichnet wird. Für die Anhänger des Jainismus, die Jains, besteht das Ziel ihres Daseins nun
gerade darin, aus diesem ewigen Zyklus der Wiedergeburt auszu-
brechen und damit das zu erreichen, was mit dem hart klingenden
deutschen Wort «Auslöschung» bezeichnet werden kann.

Anfang des 21. Jahrhunderts haben Statistiker mehr als vier Millionen Anhänger des Jainismus gezählt, die – wenig überraschend –
zum überwiegenden Teil in Indien leben. Sie sind offiziell der Ansicht, dass das Universum sich aus drei Welten zusammensetzt, die
ohne einen Schöpfer zustande gekommen sind und ewig bestehen.
Neben diesem unvorstellbar großen Drei-Raum geht man von drei
Windsphären aus, die eine Grenze zu einem Nicht-Universum oder
einem Nicht-Raum ziehen, der selbst keine Grenze kennt und sich
außerhalb des religiösen Systems befindet.

Kenner der jainistischen Auffassung erzählen, dass sich die
relevanten kosmologischen Texte der Jains «wie mathematische
Kompendien» lesen, in denen mit einer Maßeinheit namens «rajju»
operiert wird, die «der Strecke entspricht, die ein Gott innerhalb
von sechs Monaten zurücklegen kann. Mit dieser Einheit wird alles
vermessen – von der Breite und Tiefe der Himmelsetagen bis hin zu
den Abständen zwischen den Höllen.» Wie bei diesen exakten Vorgaben zu erwarten ist, besitzt das Jain-Universum geometrische
Formen. «Die untere Welt bildet ein symmetrisches Trapez, an
dessen schmaler Grundseite die Mittlere Welt angesiedelt ist. Darauf steht ein Sechseck, das die Obere Welt darstellt.» Die Verbindung zwischen Makro- und Mikrokosmos lässt nicht lange auf sich

warten. Denn «die gesamte Form der geschilderten Kombination erinnert an den Bau des menschlichen Körpers: Die Untere Welt entspricht den Füssen, Beinen und dem Bauchbereich, die Mittlere Welt entspricht der schmalen Taille, und die Obere Welt dem oberen Torso mit Hals und Kopf.»[16]

Der Jainismus kennt somit den «kosmischen Menschen», der als eine Art universale Landkarte gelesen werden kann. «Die Obere Welt ist Sitz der zehn oder zwölf Himmelsetagen und unterschiedlicher Götterklassen. Sie wird an der Grenze zum Nicht-Raum vom Sitz der Siddahs gekrönt», womit die glücklichen Menschen gemeint sind, die aus dem dauernden Zyklus der Wiedergeburt ausgetreten sind und damit das Ziel eines Jains erreicht haben.

Es gibt Gelehrte, die das Jain-Universum als eine «perfekte Ordnung» beschreiben, in der sich Grundstrukturen mit beruhigender Regelmäßigkeit wiederholen, was dem Gläubigen in seiner religiösen Praxis erlaubt, sich «in einen dynamischen Kosmos eingebettet» zu fühlen. Er kann also mit einer Befreiung in seinem Leben rechnen – und da man hofft, solange man lebt, kann ein Außenstehender wie der Autor für den Jainismus Sympathie entwickeln.

Islamische Bemühungen

Die islamische Welt hat erst in der Mitte des 8. Jahrhunderts n. Chr. Kenntnis von der griechischen Wissenschaft des Kosmos erhalten, als sie gerade dabei war, ihr kulturelles Zentrum von Damaskus in das östlicher gelegene Bagdad zu verlegen. Und es waren dann indische Gelehrte, die mit dem griechischen Erbe vertraut waren und den ersten Anstoß zu kosmologischen Studien in der islamischen Welt geben konnten. Sie vermittelten ein Bild der Welt, in dessen Mitte eine kugelförmige Erde zu finden war, die ein System rotierender Sphären umgab. Als das bereits erwähnte Hauptwerk des Ptolemäus, der «Almagest», verfügbar wurde, ersetzten die islamischen Astronomen die einfachen indischen Modelle durch komplexere Konstruktionen, die der Wirklichkeit besser zu entsprechen schienen. Erst im 13. Jahrhundert richtete man im Nordwesten des Iran ein Observatorium ein, um damit die Sterne zu beobachten. Zu erwähnen ist, dass die Erde selbst schon ein paar hundert Jahre zuvor Gegenstand von sorgfältigen Messungen und sauberen Berechnungen geworden war und dass die islamische Welt die Länge eines geographischen Breitengrads erstaunlich genau zu bestimmen vermochte.

Islamische Gelehrte debattierten unter anderem darüber, ob die Astronomie nur eine Hilfswissenschaft der Philosophie sei oder allein der Einsatz von Mathematik zu unumstößlichen Erkenntnissen führe. Um das Jahr 1000 herum stellte Ibn al-Haytham in einem Buch die Fehler zusammen, die sich in dem umfangreichen «Almagest» befanden (und die man auch in anderen gelehrten Werken finden kann), und im 15. Jahrhundert traten sogar Skeptiker auf den Plan, die meinten, die griechische (aristotelische) Physik sei gänzlich irrelevant für die Astronomie und die Kenntnis der großen Welt – ohne ihr allerdings ein eigenes System entgegenstellen und die alte Sicht der Dinge durch eine neue ablösen zu können.

Neben solchen theoretischen Irrungen und Wirrungen muss der praktische Erfolg erwähnt werden, den man mit immer raffinierter konstruierten Astrolabien erzielte. Diese sowohl präzise funktionierenden als auch ästhetisch reizvollen Instrumente stellten nicht nur ein projiziertes Bild des Himmels dar, sondern gestatteten es den Lehrern der Astronomie auch, ihren Schülern Phänomene wie etwa den Auf- und Untergang von Gestirnen in ihrem Verlauf vorzuführen. «Astrolabium» heißt wörtlich «Stern-Nehmer», und wie die griechische Herkunft des Namens erwarten lässt, stammen die ersten mechanischen Konstruktionen dieser Art aus

Ein islamisches Astrolabium (Durchmesser 12,2 cm), wie es in Marokko – genauer in Fez – angefertigt und verwendet wurde. Es ist signiert und datiert von Muhammad ibn Omar ibn Jaafar al-Karmani auf das Jahr 764 nach der Hidschra des Propheten, was in der christlichen Welt 1362 nach Christus meint.

Hellas. Um das Jahr 1000 herum stellte dann der islamische Gelehrte Al-Biruni ein Astrolabium vor, mit dem neben der Bewegung der Sonne auch die des Mondes verfolgt werden konnte. Überhaupt wurde damals in der islamischen Welt eine Fülle von Astrolabien gefertigt, von denen viele noch erhalten sind. Sie fanden weit über die Grenzen der muslimischen Welt hinaus Verbreitung und ermöglichten es vielen Menschen, die Bewegungen am Himmel zu bestimmen und zu verfolgen, um nicht zuletzt sich selbst daran zu orientieren. Neben den Astrolabien fertigten islamische Gelehrte auch Himmelsgloben an, die den vollen Bestand der Sterne zeigten, die Ptolemäus in seinem Katalog angeführt hatte. In der islamischen Kosmologie wurde mehr gemessen, gerechnet und gezeigt als spekuliert. Es ging ihren Urhebern um Wissen und weniger um den Glauben, auch wenn man das heute nicht mehr glauben möchte.

Im alten Mesopotamien und im alten Ägypten

Auf dem eingeschlagenen Weg von Ost nach West trifft der Weltbild-Reisende als Nächstes auf Mesopotamien, wenn dabei zugleich ein größerer Zeitsprung in das erste vorchristliche Jahrtausend erlaubt ist. Man stellte sich dort den Kosmos in zwei Modellen vor: «Das eine hebt die bei aller Unabwägbarkeit doch erstaunliche Stabilität der Verhältnisse hervor, insbesondere im Bild des von Tieren, menschlichen Verehrern oder Genien flankierten Heiligen Baumes. Das andere Modell betont stärker die in der Wirklichkeit wahrgenommenen Spannungen und deutet Ordnung als Ergebnis von handfesten Kämpfen und heldenhaften Siegen.»[17]

In der genannten Zeit festigte sich auch die Vorstellung, dass sich der Kosmos durch große Rhythmen und ein komplexes Zusammenspiel von Planeten, Sternen und Himmeln auszeichnet. Es kam der Gedanke auf, dass es kosmische Konstellationen gibt, die Einfluss auf die Schöpfung und vielleicht sogar auf das Leben einzelner Menschen haben könnten. Mesopotamische und ägyptische Erkenntnisse führten zu der Karriere von Horoskopen in der mediterranen Welt, die bis in die Gegenwart hinein beliebt sind und konsumiert werden. In einem Horoskop – gebildet aus den griechischen Wörtern für Stunde und Beobachtung – wurden ursprünglich Planetenpositionen zu einem bestimmten Zeitpunkt dargestellt, um dann zu versuchen, einen Zusammenhang mit den Tierkreiszeichen, dem Zodiak, herzustellen. Im sogenannten

Nutbuch, das korrekt «Grundriss des Laufes der Sterne» betitelt war, wurden im Ägypten der pharaonischen Zeit viele solcher Aufzeichnungen zu einer Art Handbuch der religiösen Astronomie versammelt.

An dieser Stelle sei ein kurzer Exkurs zur Astrologie gestattet, die einmal in hohem Ansehen stand und noch gut dastehen könnte, wenn sie sich nicht durch zahlreiche Vulgärastrologen, die harmlose Horoskope erfinden und Boulevardblätter mit platten Prognosen füllen, selbst abgewertet hätte. Wofür an dieser Stelle geworben werben soll, könnte man einen humanen, gebildeten Umgang mit der Astrologie nennen, die mehr ist als billiger Aberglaube. Für den griechischen Arzt Hippokrates etwa hatte niemand das Recht, sich Arzt zu nennen, der nicht über astrologische Kenntnisse verfügte. Und Johannes Kepler hat seine Kritiker – «etliche Theologos, Medicos und Philosophos» – ermahnt, «dass sie bei billicher Verwerfung des Sternguckerischen Aberglaubens nicht das Kind mit dem Bad ausschütten und hiermit ihrer Profession zuwider handeln».[18]

Kepler selbst hat sich nicht nur deshalb ernsthaft mit der Astrologie beschäftigt, weil er damit Geld verdienen konnte, sondern auch weil er – und dies ist ein wichtiger wissenschaftlicher Aspekt – eine Theorie für die Wirkungsweise der Sterne hatte. Um sie formulieren zu können, musste er zunächst einen entscheidenden grundsätzlichen Schritt tun. Noch vor Keplers Zeiten war die Vorstellung einer umfassenden Weltseele weit verbreitet, das ganze Universum galt als belebt. Kepler schaffte diese «anima mundi» ab und ersetzte sie durch die Vorstellung von Einzelseelen, die jedem Stern und jedem Planeten innewohnen sollten. Davon ausgehend konnte er von einem Gleichklang zwischen den Seelen der Gestirne am Himmel und den Seelen der Menschen auf der Erde sprechen. Ein gemeinsamer Schöpfer – Gott – hat beides so angelegt, dass es miteinander in Einklang kommen kann. Modern ausgedrückt, entwirft Kepler eine Resonanztheorie für die Astrologie, die er als Zeugnis von Gottes Wirken oder Werken versteht.

Der Begriff «Resonanz» kann wörtlich genommen werden, denn Kepler war der Meinung, dass es eine Harmonie des Kosmos gibt, dass die himmlischen Sphären und ihre Bewegung eine Musik erzeugen, die Menschen empfangen und wahrnehmen können. Sie sind dabei Personen in der wörtlichen Bedeutung, weil etwas durch sie hindurch tönt – «per sonare», wie es auf Lateinisch heißt. «Die Sonne tönt nach alter Weise», heißt es in Goethes «Faust», als die Engel den Auftritt des Herrn ankündigen, und auch wenn diese Bemerkungen weit aus dem wissenschaftlichen Feld herauszuführen scheinen, würde man doch erneut das Kind mit dem Bade ausschütten, wenn man den musikalischen Gedanken völlig ignorierte. Wer sich nämlich in modernen Büchern umsieht, die zum Beispiel «Das elegante Universum» beschreiben, wird feststellen, dass die heutige Physik im Inneren findet, was Kepler im Äußeren entdeckt hat – nämlich Rhythmus und harmonische Bewegungen. «Stringtheorie» heißt das jüngste Kind der Hochenergiephysik, der zufolge selbst die elementarsten Teilchen wie Elektronen noch ein Innenleben haben, und zwar in Form von «strings», also Saiten, die man sich auch tatsächlich wie die Saiten einer Violine vorstellen kann und soll. Könnte es nicht sein, dass Kepler und die Stringtheoretiker recht haben und Menschen genau in der Mitte zwischen zwei natürlichen Harmonien Platz gefunden haben, dass in ihnen und durch sie hindurch die Musik des Kosmos tönt? Könnte es nicht sein, dass Menschen im erwähnten wörtlichen Sinne Personen sind, weil sie den inneren und den äußeren Rhythmus, die atomare und die kosmische Bewegung miteinander verbinden?

In vielen Darstellungen der Astrologie wird besonderer Wert auf einen Gedanken gelegt, der die bereits vielfach angetroffene Analogie zwischen der großen und der kleinen Welt voraussetzt. Man geht davon aus, dass der Mensch ein Mikrokosmos ist, der die Welt

als Makrokosmos «spiegelt», wie es in einem «Lexikon der Astrologie» heißt.[19] Dieser Gedanke lässt sich weit zurückverfolgen. Gefallen daran hat schon Leonardo da Vinci gefunden, der um 1492 –
also das Jahr, in dem Kolumbus unterwegs nach Amerika war – als
Auftakt für ein dann ungeschrieben gebliebenes «Traktat über das
Wasser» folgende Ideen konzipiert hat:

«Der Mensch wurde von den Alten eine Welt im Kleinen [Mi-
krokosmos] genannt. Gewiss ist diese Bezeichnung recht treffend,
denn da der Mensch aus Erde, Wasser, Luft und Feuer zusammengesetzt ist, gleicht ihm dieser Erdenkörper. Wie der Mensch die
Knochen als Stützen und Gerüst des Fleisches in sich hat, so hat
die Welt das Gestein als Stützen der Erde. Wie der Mensch in sich
den Blutsee hat, wo die Lunge beim Atmen zunimmt und abnimmt,
so hat der Körper der Erde sein Weltmeer, das auch alle sechs Stunden abnimmt und zunimmt mit dem Atmen der Welt. (...) Da die
Welt von ewigem Bestand ist, findet dort keine Bewegung statt, und
da keine Bewegung stattfindet, sind die Sehnen nicht nötig. Aber in
allen anderen Dingen sind sie [der Mensch und die Welt] einander
sehr ähnlich.»[20]

Es stellt sich die Frage, ob die Verbindung Mikrokosmos–Makrokosmos tatsächlich durch das Bild einer Spiegelung erfasst
werden kann. Mir scheint sich dabei mehr ein Fenster zu öffnen,
durch das man sowohl in den Menschen als auch in den Kosmos
schauen kann. Die Idee zeigt ein Fenster, das sich nach innen und
nach außen öffnet, und es besteht sogar die Möglichkeit, aus beiden Richtungen durch den dazugehörigen Rahmen zu blicken.

Bekanntlich lehnen ernsthafte Physiker die Astrologie aus guten Gründen ab und hören gar nicht erst hin, wenn diese die Gestirne erklären will. Das aber wird die menschliche Neigung zu
astrologischen Bemühungen nicht erschüttern. Warum das so ist,
hat Goethe in einem Brief ausgeführt, den er am 8. Dezember 1798
an Schiller schrieb: «Der astrologische Aberglaube ruht auf dem

dunklen Gefühl eines ungeheuren Weltganzen. Die Erfahrung spricht, dass die nächsten Gestirne einen entschiedenen Einfluss auf Witterung, Vegetation etc. haben; man darf nur stufenweise immer aufwärts steigen und es lässt sich nicht sagen, wo die Wirkung aufhört. Findet doch der Astronom überall Störungen eines Gestirns durch andere. Ist doch der Philosoph geneigt, eine Wirkung auf das Entfernteste anzunehmen. So darf der Mensch im Vorgefühl seiner selbst nur immer etwas weiter schreiten und diese Einwirkung aufs Sittliche, auf Glück und Unglück ausdehnen. Diesen und ähnlichen Wahn möchte ich nicht einmal Aberglauben nennen, er liegt unserer Natur so nahe, ist so leidlich und lässlich als irgendein Glaube.»[21]

Zurück nach Mesopotamien. Erzählungen aus diesem Kulturkreis und aus der biblischen Überlieferung machen deutlich, dass die Welt, in der die Rezipienten der kosmologischen Vorstellungen lebten, nicht als vollkommen angesehen wurde und den Menschen noch etwas zu tun gab. Sie lassen weiter erkennen, dass damals keine verbindliche und einheitliche Erklärung der Welt und ihrer Entstehung zu erwarten war – vielleicht weil die Menschen ahnten oder aus anderen Quellen zu entnehmen wussten, wie in den oben zitierten «Weltentwürfen im Vergleich» zu lesen ist, «dass das Universum und sein Entstehen das menschliche Vorstellungsvermögen überschreiten und höchstens durch poetische Annäherungen erfasst werden können».[22]

Von Mesopotamien geht es weiter in das alte Ägypten, wo sich konkrete Vorstellungen vom Kosmos finden lassen. Er setzte sich aus drei Weltbereichen zusammen, aus Himmel, Erde und Unterwelt. «Die Unterwelt war das Reich des Totengottes Osiris und weiterer Jenseitsgötter. Die Erde war der Ort aller Lebewesen, welche die Schöpfung hervorgebracht hatte», wie die Kunsthistorikerin Mariana Jung in den «Weltentwürfen» schreibt und dann weiter erläutert: «Der Himmel gehörte den kosmischen Gottheiten, die als Sonne, Mond und Gestirne in Erscheinung traten.»

Dabei webt der fachliche Text eine Erfahrung, die jeder Reisende im Land des Nils machen wird, in das ägyptische Weltbild ein, nämlich den täglichen Sonnenlauf. «Denn nur durch den Sonnengott Re wurde der gesamte Kosmos mit Leben gefüllt», wie man sich gut vorstellen kann. «Re war der wichtigste Gott, er wurde jeden Morgen neu geboren», und der Lauf der Sonne brachte zudem Jenseitsvorstellungen hervor, denn «ein verstorbener Ägypter wünschte, an einer Fahrt des Gottes Re teilzunehmen, um wie dieser jeden Tag neu geboren zu werden und auf diese Weise am kosmischen Lebenszyklus teilzunehmen»[23].

Der intensiv erfahrene Lauf der Sonne brachte in der alt-ägyptischen Vorstellung den Gedanken an einen allumfassenden kosmischen Prozess mit sich, der das Leben im Diesseits und Jenseits bestimmte. In diesem Denkschema wurde es möglich, die Vergänglichkeit zu überwinden, so etwas wie Unsterblichkeit zu erlangen und die Ewigkeit zu gewinnen, die hinter dem zeitlichen Horizont eines Lebens steckt und offenbar in vielen Kulturen anvisiert wurde.

Die bekannte Welt

Von Ägypten aus geht es in westlicher Richtung weiter nach Europa, dessen kosmologische Vorstellungen von Platon bis Kopernikus schon vielfach erwähnt worden sind und die deshalb hier nur kurz gestreift werden sollen. Platon lässt einen Demiurgen aus dem anfänglichen Chaos einen harmonischen Kosmos erschaffen, Aristoteles ordnet die Planeten auf sieben Schalen um eine unbewegliche Erde im Zentrum an und schließt das Ganze mit einer achten Kon-

struktion ab, in der er eine Haupttriebfeder agieren lässt, die bald
«Primum Mobile» heißt. Im Mittelalter übernimmt der christliche
Schöpfergott diese Rolle eines «unbewegten Bewegers», wobei man
die aristotelischen Himmelssphären durch einen weiteren Bereich
überformt, das Reich Gottes, der Engel und der Seligen. Kopernikus stellt dann seine Umwälzungen – Revolutionen – der Sphären
vor, die der Erde eine eigene Umlaufbahn um die Sonne verschaffen, die aber nicht als Kreis, sondern als Ellipse verläuft, wie Kepler mit analytischer Genauigkeit bemerkt, um damit das Ende der
transzendenten Erklärungen einzuläuten und von nun an immanente Gesetze zu verlangen. Mit diesem Gedanken freundet sich
bald der französische Philosoph René Descartes an, der die Kosmologie mit Macht und Vergnügen säkularisiert, indem er das Universum als Resultat einer physikalisch bedingten Entwicklung deutet
und erklärt, dass dieser historische Verlauf von Eigenschaften
ausgeht, die den Dingen selbst eingeschrieben sind, wie es Kepler
gelehrt hat, und sich in der Welt draußen als ihre Bewegung zu erkennen geben. Mit dem Rationalisten Descartes hört die Kosmologie auf, ein Feld für theologische Spekulationen zu sein. Sie ist vielmehr eine Aufgabe für die Naturwissenschaft geworden, und zwar
eine große. An ihr müht sich in der zweiten Hälfte des 17. Jahrhunderts mit erstaunlichem Erfolg der Engländer Isaac Newton ab, der
auf den grandiosen Gedanken der Gravitation kommt und mit dem
dazugehörigen Gesetz die von Kepler beschriebenen Planetenbahnen berechnen kann. Davon begeistert zeigt sich der Philosoph Immanuel Kant, der zu der Ansicht gelangt, die Milchstraße sei eine
unter dem Einfluss der Schwerkraft entstandene Ansammlung
von Sternen, die in Form einer Scheibe vorliege. Er entwirft eine
«Allgemeine Naturgeschichte und Theorie des Himmels», die 1755
erscheint und die Ansicht vertritt, das ganze Universum sei unter
dem Einfluss der Schwerkraft in ständiger Entwicklung begriffen,
was einen ungeheuren Schluss ermöglicht, der in Kants Worten

lautet: «Die Schöpfung ist niemals vollendet. Sie hat zwar einmal angefangen, sie wird aber niemals aufhören.» Die Bildung der Welt geht ständig weiter, und die Weltbilder müssen dieser Dynamik folgen. Weltbildung, wohin man auch schaut.

Der Franzose Pierre-Simon Laplace veröffentlicht am Ende des 18. Jahrhunderts eine mathematisch versierte Schrift, in der er rational argumentiert, dass sich Materie durch ihre eigenen Eigenschaften bildet und aus sich heraus die kosmischen Strukturen schafft, die zu beobachten sind. Auf die Frage seines Kaisers Napoleon, ob er dabei nicht die Rolle Gottes übersehen habe, antwortet Laplace kühn und selbstsicher, dass er dieser Hypothese nicht bedurft habe.

Bald überschlagen sich die Ereignisse in der europäischen Kosmologie, die erst durch die Spektroskopie umgekrempelt wird und dann lernt, kosmische Entfernungen immer genauer zu bestimmen, die dabei nach und nach merkt, dass es mehr als eine Galaxie gibt, dass es sogar viele Milliarden von Galaxien gibt, die schließlich durch Albert Einstein lernt, dass Raum und Zeit und Energie und Materie zusammenhängen und eine gemeinsame Geschichte haben, mit deren Kenntnis dann das moderne Weltbild eines expandierenden Universums geformt werden kann, das aus einem Urknall heraus entstanden sein soll und voller Dinge ist, die sich bis in die Gegenwart nicht zeigen und sich damit auch den Physikern entziehen, weshalb sie – ungeschickt und ungenau – Dunkelenergie und Dunkelmaterie genannt werden, auch wenn das immerhin zeigt, dass sie voller Geheimnisse stecken, was man nicht bedauern sollte. Denn das Schönste, was ein Mensch erleben kann, ist das Gefühl, etwas Geheimnisvollem zu begegnen, und genau dieses grundlegende Gefühl kann die Welt bei richtiger Betrachtung allen Menschen auf der Erde bieten – ein Weltbild, so deutungsoffen und interpretationsfähig wie das Gemälde eines großen Künstlers.

Das Weltbild der Germanen

Vermutlich hat der Blick an den Himmel schon immer das Gefühl für das Geheimnisvolle geweckt und die aufschauenden und
neugierigen Völker bereits in der Frühzeit dazu gebracht, Mythen
über die Schöpfung der Welt und der Menschen zu erzählen. Da
es stets die Mitglieder der einen Art Homo sapiens sind, die ihre
Ursprungsgeschichte erfinden und ersinnen, muss es nicht verwundern, wenn etwa die Schöpfungsmythen der Germanen, die
zu der sechstausend Jahre alten, in Europa und Asien verbreiteten
indogermanischen Kultur gehören, sich als eng verwandt mit den
indischen Mythen erweisen. Es sind vor allem drei Quellen, die
Auskunft über das Weltbild der Germanen geben – die im 13. Jahrhundert in Island verfasste Sammlung der «Edda», die Schriften
antiker Autoren wie Caesar und Tacitus und archäologische Bo-
denfunde aus frühen germanischen Kulturen.

Die Schöpfung der Welt erklärt die «Edda» mit dem Opfer, der
Tötung des Riesen Ymir durch die Götter und dem Aufbau der Welt
aus seinen Bestandteilen: «Sie nahmen Ymir (...) und erschufen aus
ihm die Erde; aus seinem Blut das Meer und die Gewässer; die Erde
aus den Knochen. Sie nahmen auch seinen Schädel und machten
daraus den Himmel und setzten ihn an vier Ecken auf die Erde.» –
«Die Erde ist am Rand kreisförmig, und ringsherum liegt das tiefe
Meer.» Nach einem kurzen Zwischenspiel wird «in der Mitte der
Welt» eine Burg gebaut. «Dort wohnten die Götter. Und wenn sich
Allvater auf seinem Hochsitz niederließ, da sah er, was alle Welten
und jeder einzelne Mensch taten.»[24]

Im Zentrum der germanischen Welt steht der Weltenbaum, der
Himmel, Erde und Unterwelt miteinander verbindet, und der Allvater kann diesen Weltenbaum hinauf- und hinabsteigen. «Zeitlich», so erfahren wir aus den «Weltentwürfen im Vergleich», «ist
die germanische Welt nicht stabil. Ähnlich wie die indische kann

Die Welt mit Yggdrasil, dem Weltenbaum oder der Weltesche, die in der nordischen Mythologie den gesamten Kosmos darstellt. Das Bild stammt von dem dänischen Kupferstecher Oluf Olufsen Bagge, der es 1847 angefertigt hat.

sie zerstört werden. Dies geschieht während des *ragnarök*, des Göttergerichts, wenn die Götter gegen die Riesen (gegen das Chaos) den Kampf verlieren. Dann versinkt die Welt im Meer, taucht danach aber neu und besser wieder auf: Sie ist zyklisch.» Erst das christliche Denken verabschiedete diese zyklische Vorstellung, als sie der Zeit eine Richtung aufdrückte und sie auf ein Ende zulaufen ließ.

Gaius Julius Caesar schrieb im Jahre 58 v. Chr. über die Gallier und Germanen: «Ihre Hauptlehre ist, die Seele sei nicht sterblich, sondern gehe von einem Körper nach dem Tod in einen anderen über, und sie meinen, diese Lehre sporne zur Tapferkeit an, da man die Todesfurcht verliere. Auch sprechen sie ausführlich über die Gestirne und ihre Bewegung, über die Größe der Welt und Erde, über die Natur, über Macht und Walten der unsterblichen Götter und überliefern ihre Lehre der Jugend.»[25]

Die Germanen kennen einen allwissenden Schöpfergott, dessen Weg vom Himmel hinab auf die Erde durch den Lauf der Sonne dargestellt wird, dem diese Erzählung nun nicht mehr länger streng folgt. Sie hat sich seit den ägyptischen Tagen nach Europa begeben und verspürt nun wieder die Sehnsucht nach dem Süden, weshalb sie auf den afrikanischen Kontinent zurückkehrt.

Der göttliche Funke

In Afrika und genauer in Nigeria lebt das Volk der Yoruba, deren Ursprung im alten Ägypten vermutet wird und deren Vorfahren vor rund fünftausend Jahren nach Südwesten gezogen sind, um sich im heutigen Benin und in Nigeria niederzulassen. Ein Sprichwort der Yoruba lautet: «Die Welt ist eine Reise, aber das Jenseits ist das Zuhause.» Diese Haltung erinnert an den Gedanken der europäischen Romantik, dass alles in Bewegung oder selbst Bewegung ist und man sich immer auf dem Weg befindet, um nach Hause zu kommen und dort zu sich selbst zu finden.

«Wie in vielen Kulturen Afrikas wird der Kosmos bei den Yoruba aus zwei untrennbar miteinander verbundenen Hälften gedacht», wie den «Weltentwürfen im Vergleich» zu entnehmen ist, «der sichtbaren Welt der Lebenden und der unsichtbaren Welt der Gottheiten, Ahnen und Geistwesen», die in der Sprache der Yoruba «orun» heißen. Ihr Weltbild zeichnet sich durch ein besonders umfangreiches Pantheon mit über vierhundert Gottheiten (orisha) aus, die neben dem Schöpfergott Olodumare die Geschicke der Menschen beeinflussen. «Das Diesseits wird als ‹Reise› oder als ‹Marktplatz› imaginiert, ein Sinnbild für die unvorhersehbaren und sich ständig wandelnden Herausforderungen des Lebens. Das Jenseits erscheint hingegen als Heimathafen, der nach dem Tod ein spirituelles Dasein für die Ewigkeit verspricht.» Beide Bereiche hängen zusammen und befinden sich im Gleichgewicht, und dieses geschlossene Verständnis gilt auch für die Zeit, die als zirkulär angesehen wird. «In der Vorstellung der Yoruba wird ein Mensch geboren, lebt und stirbt, kann danach aber als Nachkomme eines Ahnen mütterlicher- oder väterlicherseits wiedergeboren» oder von «Gottheiten zurück auf die Erde geschickt werden».[26]

In den Mythen der Yoruba wird die Vielfalt der Götterwelt auf die folgende Weise erklärt: «Am Anfang war Orisha, der Allmächtige. Orisha lebte allein in einer Hütte. (...) Er hatte einen treuen Sklaven, der für ihn kochte und ihn versorgte. (...) Eines Tages lauerte der Sklave Orisha auf. Er wartete auf ihn oben auf dem Felsen, und als er sah, dass Orisha von seinem Feld zurückgekehrt war, rollte er einen riesigen Stein auf die Hütte. Orisha zerbrach in Hunderte Stücke, die auf der ganzen Welt verstreut wurden.»[27]

Dem Autor dieses Buches kommt an dieser Stelle eine westliche Schöpfungsgeschichte in den Sinn, die der Schweizer Erzähler

Franz Hohler geschrieben hat. Sie geht so: «Am Anfang war nichts
außer Gott. Eines Tages bekam er eine Gemüsekiste voller Erbsen. Er fragte sich, woher sie kommen, denn er kannte niemanden
außer sich. Er traute der Sache nicht ganz und ließ die Kiste einfach stehen oder eher schweben. Nach sieben Tagen zerplatzten
die Hülsen und die Erbsenkugeln schossen mit großer Gewalt ins
Nichts hinaus. Oft blieben dieselben Erbsen, die in einer Hülse gewesen waren, zusammen und umkreisten sich gegenseitig. Sie begannen zu wachsen und zu leuchten, und so wurde aus dem Nichts
das Weltall. Gott wunderte sich sehr darüber. Auf einer der Erbsen
entwickelten sich später alle möglichen Lebewesen, darunter auch
Menschen, die ihn kannten. Sie schrieben ihm die Erschaffung der
Welt zu und verehrten ihn dafür. Gott wehrte sich nicht dagegen,
aber er grübelt bis heute darüber nach, wer zum Teufel ihm die
Kiste Erbsen geschickt haben könnte.»[28]

Zurück nach Nigeria zu den Yoruba, in deren Mythen die ersten Menschen entstehen, «indem die Gottheit Obatala Tonfiguren
formte und der Schöpfergott Olodumare ihnen Leben einhauchte»,
was westlichen Lesern im Prinzip nicht unbekannt sein wird.[29]
Anders als in der europäischen Tradition und im Gegensatz zum
biblischen Gott erweisen sich die Gottheiten der Yorubas nicht
als perfekt, und manchmal sind sie auch betrunken, wie die Menschen, die von ihnen erzählen. Deren Aufgabe besteht darin, die für
sie geeignete Gottheit zu finden und mit ihr im Einklang zu leben.

Verzauberung in Mali

Die Dogon in Mali gehören seit dem frühen 20. Jahrhundert zu
den bekanntesten Ethnien und Kulturen Afrikas. Der französische Ethnologe Marcel Griaule erkundete um 1930 ihre kosmolo-

gischen Vorstellungen und kam dabei zu der Überzeugung, dass
«bei den Dogon das Magische, Mythische, Unmittelbare wirklich
zu sein schien». In Gesprächen mit einem blinden Jäger erfuhr
Griaule eine Version des Ursprungsmythos. Die wichtigste Rolle
spielte darin der Schöpfungsgott Amma, der mit seiner Gemahlin
Geschlechtsverkehr haben wollte, nachdem er die Erde erschaffen
hatte. «Aber die Erde war nicht beschnitten und unrein», wie der
Jäger erzählte, «der Termitenhügel, ihre Klitoris, wehrte sich dagegen. Amma beschnitt sie und zwang die Erde zum Sex. (...) Der
Sprössling, der daraus hervorging, war kein menschliches Wesen,
sondern der blasse Fuchs, Ogo Yurugu, der zu einem Geist des
Unheils und der Unordnung in der Welt wurde, der aber auch als
Erstgeborener das Wissen der Divination besaß. (...) Nachdem der
blasse Fuchs die Erde missbrauchte, entschied sich Amma für eine
andere Schöpfungsmethode. Er formte die ersten acht menschlichen Ahnen aus Ton in der Gestalt der menschlichen Genita-
lien, die dann Menschen erzeugten. So kamen die Dogon auf die
Erde.»[30]

Nach Griaule beschäftigten sich auch andere Ethnologen mit
den Dogon und stellten dabei etwa fest, dass der merkwürdige
blasse Fuchs nicht den zentralen Stellenwert hatte, den Griaule
ihm zuweisen wollte. Überhaupt bestehen heute Zweifel an seiner
Vorstellung, die Dogon verfügten über ein philosophisches System,
das ähnlich komplex ist wie diejenigen, die sich im europäischen
Denken finden. Griaules Vermutung, die Dogon würden ihren
rituellen Kalender nach dem Stern Sirius und seinem Begleiter
Sirius B ausrichten, hat zwar in den 1970er ein Buch über «Das
Sirius-Rätsel» hervorgebracht, konnte aber insgesamt nicht bestätigt werden.

Zur Information: Im 19. Jahrhundert hatte der Königsberger
Astronom Friedrich Wilhelm Bessel Unregelmäßigkeiten in der
Bewegung von Sirius bemerkt und sie durch einen lichtschwachen

Begleitstern erklärt. Den kann man aber mit unbewaffnetem Auge auf keinen Fall ausfindig machen, was den astronomischen Kenntnissen der Dogon Grenzen setzt, die auch ein Ethnologe nicht abbauen kann.

Mythen der Maya

Es geht weiter auf einem anderen Kontinent, nämlich dem amerikanischen, auf dem das Volk der Maya gelebt hat. Der Beginn der modernen Maya-Archäologie lässt sich auf das Ende des 19. Jahrhunderts datieren, als die geheimnisvollen Tempelruinen des mittelamerikanischen Volkes, dessen Blütezeit in den Jahrhunderten zwischen 250 und 900 n. Chr. anzusetzen ist, gefunden, freigelegt und untersucht wurden. Man war offenbar auf die Reste einer Hochkultur gestoßen, in der sich ein Volk – die Maya – vorwiegend mit Tempelbau und dem Studium der Gestirne beschäftigt hatte, wie man anfänglich vermutete, inzwischen aber korrigieren konnte. Auf jeden Fall besaßen die Maya ein differenziertes Kalendersystem, kosmologische Konzepte und Ursprungsmythen.

Was den Ursprung der Welt betrifft, so kam die Rolle des Erschaffers einem Maisgott zu. Die feurige Axt des Regengottes Chaak brach die Erde auf und sorgte damit dafür, dass der Maisgott in Form eines kosmischen Baumes aus der Unterwelt hervorkommen konnte. Der große kosmische Baum hob dabei den Himmel an, stützte ihn und schuf so den Lebensraum für die Menschen.

Von den Maya aus dem Hochland Guatemalas ist ein Buch überliefert, das Ende des 17. Jahrhunderts von einem Dominikanermönch übersetzt worden ist und «Popol Vuh» heißt, «Das Buch des Rates». «Der Popol-Vuh-Ursprungsmythos berichtet von mehreren Vorwelten, die von erfolglosen Kreaturen besiedelt waren.

Eine Sintflut zerstörte die vorletzte Welt; auch danach fehlte es an Tag und Nacht, und der riesige Vogel Vukub Kaquix behauptete von sich, sowohl Sonne als auch Mond zu verkörpern.»[31] Zwei Brüder treten auf, die als gute Ballspieler gelten, doch gegen die Todesgötter in der Unterwelt verlieren, was ihrem Leben ein furchtbares Ende setzt.

Ein Ballspielplatz stellte in den meisten Maya-Städten den zentralen Ort des Tempelbezirks dar, der die Grenze zwischen Lebenswelt und Unterwelt markierte. Hier bemühte man sich, einen kiloschweren Ball in der Luft zu halten und zuletzt durch einen Ring zu schlagen, der sich in sechs Metern Höhe befand. Die Verlierer – und vielleicht sogar die Sieger – des Spiels erwartete der Tod, wobei diesem Opfer für die Götter der Gedanke zugrunde liegen könnte, dass der Tod nicht das Ende darstellt, sondern vielmehr als Übergang in eine andere Sphäre zu verstehen ist und insofern den ewigen Lauf der Welt anzeigt. Die Maya dachten dabei an den Kreislauf eines in die Erde gesteckten Maiskorns, das zur Pflanze wird und in dessen Werden sie sowohl die Bewahrung der königlichen Dynastie als auch den immer wiederkehrenden Auf- und Abstieg von Sonne und Venus zu erkennen glaubten. So zeigte sich in ihrem Weltbild die Überzeugung, dass die kosmische Ordnung bewahrt bleibt und das Leben ermöglicht, das sich ständig erneuern und hervorbringen kann.

Die Kiste mit dem Licht

Als vorletzte Station erreicht der hier ausgeführte Rundgang die Nordwestküste Nordamerikas. In der «Wahrheitswelt» der hier anzutreffenden Völker «ist der Mensch nicht Herr auf Erden, es existieren weder Schöpfergottheiten noch Priester, Glaubenssätze,

Kulte oder Tempel». Dafür gibt es jede Menge Geister. «Der Geist
eines jeden Wesens ist unsterblich und verlässt den toten Körper,
um später wiedergeboren zu werden. Zugang zu der Geisterwelt
und ihren Kräften hat einzig der Schamane», der «aus den Fugen
Geratenes wieder in Ordnung zu bringen» vermag.[32]

«Dass die Welt so ist, wie sie ist, dafür hat mit seiner List vor allem der Rabe Yehl gesorgt», ohne den es nicht einmal Licht auf der
Welt gäbe, wie in den dazugehörigen Mythen erzählt wird, in denen
erneut eine Kiste eine mysteriöse Rolle spielt: «Eines Tages erfährt
der Rabe, dass der alte Mann, der allein mit seiner Tochter am
Strand wohnt, eine geheimnisvolle Kiste in seinem Haus verborgen hält. Der Rabe möchte die Kiste in seinen Besitz nehmen und
heckt einen Plan aus. Als die Tochter am Bach Wasser holen will,
verwandelt er sich in eine Tannennadel und lässt sich in den Was-
sereimer treiben, worauf er von der trinkenden Frau verschluckt
wird. Sie wird schwanger und gebärt einen merkwürdigen Sohn,
der bald laut krähend nach der Kiste verlangt. Der Vater erbarmt
sich seines Enkels und zeigt ihm die Kiste, in der sich wiederum
eine unwesentlich kleinere Kiste befindet, darin unendlich viele
kleinere und noch kleinere. In der kleinsten Kiste steckt ein Lichtball. Höchst entzückt greift der Junge nach ihm, verwandelt sich
in den Raben und entfliegt. Vom Adler erschreckt, lässt er den
Lichtball fallen, der auf dem steinigen Boden zerschellt. Ein großes Bruchstück und Tausende kleine zerstreuen sich im Himmel
und bilden Mond und Sterne. Nach langer Flucht lässt der Rabe
erschöpft das letzte Bruchstück los und seither erhellt am Himmel
die Sonne die Welt.»[33]

Polynesische Strategien

Wenn Europäer von Polynesien sprechen, meinen sie gewöhnlich eine pazifische Inselregion, zu der zum Beispiel auch Neuseeland gehört. Der australische Anthropologe und Historiker Nicholas Thomas hat dagegen vorgeschlagen, sich die Region «nicht als eine kartographische Abstraktion verstreuter Inseln, sondern wie ein Meer voll von Orten vorzustellen, die eng durch Verkehrs- und Kolonialbeziehungen verbunden und darüber hinaus ein Schauplatz der Imagination waren».[34]

Der gesamten Region liegen kosmogonische Prinzipien zugrunde, die in zahlreichen Artefakten zum Ausdruck kommen, angefertigt häufig mit seltenen Materialien wie Perlmutt und Walzähnen. In Tahiti etwa erzählen Schöpfungsgeschichten davon, wie der Gott Ta'aroa einst in der umfassenden Dunkelheit der Anderswelt (te po) eingeschlossen war, womit der Bereich der Nacht, der Ahnen und der Götter gemeint ist. Von dort grub er sich seinen Weg durch die ihn umgebende Schalenkuppel, hob diese in die Höhe und formte daraus den Himmelsbaldachin. Darunter entstand eine Welt aus Raum und Licht, «te ao» genannt, die von Menschen bevölkert wurde.

Für die Polynesier steckt in allen Dingen ein Gott, was die Notwendigkeit mit sich bringt, diese Dinge zu trennen, damit sie ihr Wesen bewahren können. Die Annahme einer potenziell alles verschlingenden Dunkelheit, des «te po», bringt ein rituelles System hervor, das darauf abzielt, Trennlinien in allen Bereichen des Lebens wie des Todes einzuführen und aufrechtzuhalten. Sozialanthropologen haben die beiden Strategien der Vervielfältigung und der Umschließung ausfindig gemacht, mit denen die Trennung zwischen den Bereichen gesichert werden soll. Die in Polynesien weitverbreiteten «tatau» – Tätowierungen – können als eine solche Strategie des Umschließens verstanden werden, mit der man verhindern will, dass das «mana», die immanente heilige Kraft eines Menschen, abgebaut wird.

Das Binden, Umwickeln, Knüpfen und Flechten von Objekten und Körpern ermöglicht im Ritual die Überwindung der Trennung zwischen «te ao» und «te po». Eingehüllte Objekte können durch Worte und Gesten angesprochen werden und dabei eine dynamische Verbindung zwischen den beiden Reichen herstellen. Räumliche und zeitliche Grenzen lassen sich so überwinden, und die Menschen erhalten Zugang zum «mana» der Götter. Ritualobjekte wie Fliegenwedel werden so gefertigt, dass sie durch ihre Form an das Firmament erinnern und Himmel und Erde, Tag und Nacht, Vergangenheit und Gegenwart verbinden. Es ist gerade das Materielle, das die Verbindung zur immateriellen (spirituellen) Welt herstellt.

Es muss sie ganz konkret geben, die Übergänge zwischen dieser Welt und der Anderswelt. Und es gibt sie auch in diesem Buch, das nun diese kosmisch-irdische-völkische Reise um die Welt beendet und auf den vertrauten europäischen Kontinent zurückkehrt, wo sich im 19. Jahrhundert «die Verwandlung der Welt» vollzieht, die vielerorts zu beobachten ist. Es entsteht die moderne Welt, die man auch Anderswelt nennen könnte und in der sich bald das Leben abspielt.

7.

Vom Wandel der Weltbilder

*Die Entdeckung der Tiefenzeit und
die Dynamik der Evolution*

E s geht in diesem Kapitel um das lange 19. Jahrhundert, in dem Historikern zufolge die bereits erwähnte «Verwandlung der Welt» einsetzt, die zu den modernen Lebensformen unserer Tage geführt hat. Am Ende dieser Periode, also zu Beginn des 20. Jahrhunderts und genauer in den Jahren des Ersten Weltkriegs, wird der Soziologe Max Weber konstatieren, dass es die Menschen in dem genannten Zeitraum geschafft haben, «Wissenschaft als Beruf» zu betreiben. Die Voraussetzungen dafür erkannte er in einer «zunehmenden Intellektualisierung und Rationalisierung», wobei er anmerkt, dass diese kulturelle Entwicklung nicht unbedingt eine «zunehmende allgemeine Kenntnis der Lebensbedingungen» der Menschen mit sich gebracht hat. Seinen Zuhörern versucht er das durch die Tatsache zu veranschaulichen, dass sie vermutlich so wenig erklären können wie er, wie es eine Straßenbahn schafft, loszufahren und anzuhalten.[1] Man überlässt so eine Frage lieber den Experten, ohne zu bemerken, welche Schwierigkeiten gerade Fachleute mit den wissenschaftlichen Stoffen wie der Elektrizität und ihren Kraftwirkungen haben. Kein Experte weiß zum Beispiel zu sagen, was Energie – als Form des eigentlich Seienden – tatsächlich ist, worauf noch zurückzukommen sein wird. Man kann viel mit ihr anstellen, etwa einen Maschinenpark damit betreiben. Man kann zusehen, wie sich die Energie wandelt und zugleich unzerstörbar bleibt, was sie aber nur geheimnisvoll werden lässt und wodurch nichts entzaubert wird – außer der These von der Entzauberung selbst.

Weber will aus der Tatsache lernen, dass aus dem ursprünglich von Einzelnen mit Leidenschaft betriebenen Abenteuer des wissenschaftlichen Suchens ein erlernbarer, breit ausgeübter und manchmal auch gut bezahlter Beruf mit bürgerlichen Aufstiegschancen etwa zu einem Forschungsleiter oder gar CSO – Chief Scientific Officer – geworden ist, deren Teams ihren Aufgaben weniger unter dem grandiosen Sternenhimmel und mehr unter einem nüchternen Fabrikdach nachgehen und dabei pünktlich Meilensteine abarbeiten müssen, um die Finanzierung sicherzustellen und Produkte entwickeln zu können. Der Soziologe will verstehen, welche Folgen diese Verwissenschaftlichung sowohl der Arbeitswelt als auch der Kultur für die sie tragende und hervorbringende Gesellschaft mit sich bringt, und Weber formuliert seine philosophische Sicht mit dem einprägsamen und beliebten Ausdruck von der «Entzauberung der Welt».

Diesen Begriff kennt die europäische Geistesgeschichte schon seit dem 19. Jahrhundert. Er meinte ursprünglich die Neutralisierung des Kosmos, die im Rahmen der Säkularisierung eingetreten war: Menschen sahen den Himmel über ihren Köpfen nicht mehr als die Wohnstatt Gottes an, sondern als einen Bereich, in dem sie Gesetze der Natur finden können, auch wenn sich dadurch kaum noch ein Lebenssinn offenbart. Das menschliche Leben vollzieht sich fortan nicht mehr durch die Gnade eines göttlichen Schöpfungsaktes, sondern als ein Geschehen, das seit den Tagen des Philosophen Leibniz als «kontingent» bezeichnet wird und den Menschen das abverlangt, was der Philosoph Hermann Lübbe einmal als «Kontingenzbewältigung» bezeichnet hat. Mit dem Rückzug Gottes wird die Kontingenz, also das Mögliche, das aber nicht notwendig passiert, zu einem Thema der Weltdeutung und damit der dazugehörigen Weltbilder.

Erst durch Webers Verwendung fand der Begriff der Entzauberung Verbreitung und anhaltende Popularität, zuerst in akademischen Kreisen und dann in den Medien. Sein Vorschlag wurde in den folgenden Jahrzehnten vielfach übernommen und zum Beispiel von den Sozialphilosophen Max Horkheimer und Theodor W. Adorno wiederholt, die nach dem Zweiten Weltkrieg sogar ohne Rücksicht auf intellektuelle Verluste behaupteten, «das Programm der Aufklärung» sei «die Entzauberung der Welt».[2] Dies ist und bleibt starker Tobak, schließlich ging es den Aufklärern mehr um die Frage, wie man den Menschen das Glück bringen könnte. Dieser Sachverhalt verhindert nicht, dass solch eine steile These vor allem bei Menschen auf begeisterte Zustimmung trifft, für die Wissenschaft äußerlich bleibt und denen die sowohl gesellschaftlich wirksamen als auch kulturell relevanten Erfolge der Wissenschaft – etwa in der Quantenphysik oder der Molekularbiologie – offenbar keinen Grund liefern, sie als Teil der Bildung anzuerkennen. Ein Beispiel aus der jüngeren Vergangenheit ist das Buch «Bildung – Alles, was man wissen muss», in dem der 2004 verstorbene Anglist Dietrich Schwanitz die Naturwissenschaft explizit als etwas erwähnte, das nichts zur Bildung beiträgt, wobei seine Thesen begeistert vom deutschen Feuilleton aufgegriffen wurden.

Wer eine solche Position vertritt, bringt bestenfalls ein verzerrtes Weltbild zustande, das niemanden zufriedenstellen kann. Selbst Heidegger hätte an dieser Stelle den mahnenden Zeigefinger gehoben und daran erinnert, dass zu einem Weltbild die Geschichte gehört. Und wer sich fragt, wer verantwortlich für das Werden der erlebten Gegenwart ist, findet eine Antwort bei dem französischen Philosophen Michel Serres, der im Vorwort der von ihm herausgegebenen «Elemente einer Geschichte der Wissenschaften» schreibt: «Weder die Wechselfälle der politischen oder militärischen Verhältnisse noch die Ökonomie können – für sich genommen – hinreichend erklären, wie sich unsere heutigen Lebensweisen durchgesetzt haben; dazu bedarf es einer Geschichte der Wissenschaften und Techniken.» Serres geht sogar so weit zu behaupten, dass das Lehren der Geschichte ohne die Geschichte der Wissenschaft der wirklichen Welt «fremd» bleibt und «eine kulturelle Krise» nach sich zieht.[3]

Der Autor dieser Zeilen hat in seinen Büchern über «Die andere Bildung» und «Die Verzauberung der Welt» zu zeigen versucht, dass weder die These von Schwanitz noch der Gedanke von Weber zutreffen oder gar weiterführen. Adorno und Horkheimer konnten nicht wirklich darüber Auskunft geben, wie nicht nur die gesellschaftliche, sondern auch die kulturelle Geschichte des Menschen als Folge der Wissenschaft zu verstehen ist. Die Wissenschaft erlaubt vermehrt praktische Anwendungen und bringt entsprechend ökonomische Erfolge hervor, und sie erklärt weder philosophisch noch weltanschaulich betrachtet irgendwelche Geheimnisse weg. Im Gegenteil: Sie vertieft das Mysteriöse in der Welt und lässt Menschen staunen. Das zeigen auch die Veränderungen, die Weltbilder im Verlauf des wissenschaftlichen 19. Jahrhunderts durchliefen. Nie hatten die Menschen mehr Möglichkeiten, sich Vorstellungen von der Natur und ihrer eigenen Stellung darin zu machen. Darum soll es in diesem Kapitel gehen.

Energie und Romantik

Bevor der Gang durch das «lange 19. Jahrhundert» unternommen wird, das Historiker mit der Französischen Revolution von 1789 beginnen und kurz nach dem Ende des Ersten Weltkriegs enden lassen, soll daran erinnert oder darauf hingewiesen werden, das vor und nach 1800 eine besondere Reihung von Jahrzehnten zu finden ist, die zwei völlig verschiedene Namen bekommen hat, was aber niemanden daran hindern soll, nach einem Zusammenhang zwischen ihnen zu suchen.

Politisch orientierte Historiker kennen für diese Jahre den Begriff «Sattelzeit», womit der Übergang von der «Frühen Neuzeit» zur «Moderne» gemeint ist. Als Jahreszahlen werden 1770 für den Anfang und 1830 für das Ende der Sattelzeit genannt, in der die Menschen wohl das Pferd gesattelt und bestiegen haben, mit dem sie dann in die Welt hineinritten und vorwärtskamen. Der zitierte französische Philosoph und Historiker Michel Serres sieht genau in der Mitte, also im Paris des Jahres 1800, eine «lokale und zeitliche Singularität», die das «Universelle in sich» trug und das auch wusste. Er konstatiert eine «vulkanische Explosion, Erdbeben [und die] völlige Verwandlung der Welt», also so etwas wie einen Urknall der modernen Geschichte.[4]

Mit den oben genannten Eckdaten wird aber nicht nur die Sattelzeit, sondern auch jene Epoche abgesteckt, die Kunsthistoriker und Literaturwissenschaftler die Romantik nennen. Die sprichwörtliche blaue Blume der Romantik blüht im Anschluss an die philosophisch betriebene Aufklärung mit ihren strengen wissenschaftlichen Überzeugungen, und sie erhebt ihr Haupt vermutlich sogar als Reaktion auf einige ihrer Entwicklungen und ihre weitreichenden Folgerungen. Diese neue Blüte der Kultur entfaltet ihre Pracht noch vor dem Beginn der großen (ökonomischen) Industrialisierung, die unter anderem und nicht zuletzt als charakteristisch für das 19. Jahrhundert auszumachen ist.

Während der Sattelzeit, so die sozial orientierten Historiker der Gesellschaft, vollzieht sich zum einen ein demographischer Wandel – die Zahl der Menschen überschreitet erstmals die Milliardengrenze – und zum anderen eine Umwälzung in der Mobilität, weil

jetzt Eisenbahnen und Dampfschiffe fahren und neue Raumzeiter-
fahrungen mit sich bringen. Zudem lässt sich der Beginn der modernen Wirtschaftsordnung mit zunehmendem Energieaufwand
in der Produktion konstatieren und die Herausbildung neuer Kon-
sumformen verfolgen, die besonders dem Bürgertum gefallen.

Das eigenwillige kulturelle Denken, das in dieser politisch-öko-
nomischen Übergangszeit zugleich unter dem Begriff der Romantik entsteht und das im vorliegenden Buch schon mehrfach
angesprochen wurde, trennt unter anderem die Tatsachen, die
Menschen in der Welt vorfinden und mit den Mitteln der Wissenschaft erfassen können, von den Werten, die Menschen aus sich
selbst hervorbringen und die von der technisch erfolgreichen Wissenschaft unberührt bleiben. Die Romantiker versuchen darüber
hinaus, mit ihrer Vernunft die Grenzen eben dieser Vernunft zu
ergründen und die dabei zutage tretenden Widersprüche für die
eigene Kreativität zu nutzen.

Die Romantiker entwerfen ihr dynamisches und spannungs-
geladenes Weltbild in Form von Polaritäten. Sie nehmen an, dass
neben dem Sichtbaren, dem Bewussten und dem Rationalen auch
das Unsichtbare, das Unbewusste und das Irrationale als gleichbe-
rechtigte Areale von Wirkkräften existieren, wobei die jeweiligen
Dualitäten oder Dichotomien – Tag und Nacht, Licht und Schatten,
Mann und Frau – als zusammengehörend betrachtet werden. Sie
entspringen einer Einheit, die als Urphänomen verstanden und bezeichnet wird und die in dieser Form zum Beispiel auch den großen
Goethe fasziniert hat. Die Teilung des Lebens ist für ihn zum Beispiel ein «Urphänomen», was er durch die Worte ausdrückt: «Nun
ist aber die einfachste Art der Teilung *die Teilung in zwei*, welche
durch abermalige Teilung immer grössere Vielheit hervorbringt,
und so wird also der Begriff des Gegensatzes, welcher kein anderer
ist als der aus einer Einheit in gleichem Mass hervorgegangenen
Zweiheit, vollkommen ausgesprochen.»[5]

Als übergreifende Hypothese könnte formuliert werden, dass romantisches Denken in der (unsichtbaren) Energie die Einheit sucht, die die (sichtbaren) Bewegungen ermöglicht, wobei auch die Gesellschaft eine eigene Dynamik hat, die grundlegend zur romantischen Sehnsucht im Leben gehört. Man will immer woanders oder ein anderer sein, weshalb viele Figuren auf den Bildern der romantischen Schule am Fenster stehen und in die Ferne blicken, während sie dem Betrachter den Rücken zuwenden. Die Menschen auf den Gemälden bewundern einen Horizont, den sie vor Augen haben, und in den Erzählungen lockt ein Posthorn zum Aufbruch in die Ferne.

Mit dem Beginn des 19. Jahrhunderts wechselt die Betonung und Betrachtung der Dinge vom Sein zum Werden, was bei dem Zeitgenossen Goethe dadurch zum Ausdruck kommt, dass er von der Notwendigkeit einer genetischen Methode in der Wissenschaft spricht. Diesen inhärenten Bildungswillen spricht auch der lange in Oxford tätige Ideenhistoriker Isaiah Berlin an, wenn er «Die Wurzeln der Romantik» freizulegen versucht. Bei ihm heißt es: «Der Wille und der Mensch als eine Form der Tätigkeit, als etwas, das unbeschreiblich ist, weil es in einem fort schöpferisch tätig ist; man muss nicht einmal behaupten, dass es sich selbst erschafft, denn es gibt kein Ich, es gibt nur die Bewegung [dank der Energie]. Das ist der Kern der romantischen Bewegung.»[6]

Für den Romantiker gibt es keine feste Struktur der Dinge, wie Berlin meint, denn diese «treten erst durch die eigene formende Tätigkeit – [energeia] – ins Dasein», um sich anschließend weiterzuentwickeln. Das Leben kennt keinen Stillstand – kein Gesetz, das wörtlich etwas festsetzt –, es kennt nur die Energie, die dem Möglichen den Weg in die Wirklichkeit bahnt, wie es vom Wortsinn her auch verständlich ist. Und mit diesem Hinweis auf die Rolle der Energie können die politisch-ökonomische und die kulturell-wissenschaftliche Betrachtung und Benennung der Epoche

um 1800 wieder verbunden werden. Denn Energie gehört zugleich
zur Sattelzeit und zur Romantik, als physikalisches Prinzip für Maschinen, die Materie und Menschen bewegen, und als spirituelles
Prinzip für den Menschen, der sich selbst und sein Leben formt
und bildet, wie man dies mit einem Kunstwerk unternimmt.

«Die Verwandlung der Welt»

Mit dem Beginn des 19. Jahrhunderts taucht in der Physik der aus
der Antike stammende Begriff der Energie auf, der an die Stelle der
Kraft treten wird und mit dessen Hilfe es gelingt, einen grundlegenden Hauptsatz der Naturwissenschaft aufzustellen. Er besagt
in einfachen Worten, dass die Energie der Welt konstant ist, was
sich schöner durch die Formulierung ausdrücken lässt, dass Energie unzerstörbar ist und weder erzeugt noch vernichtet und nur
umgewandelt werden kann. Ein seltsames Etwas, diese Energie,
von der Menschen aber Gebrauch machen können und mit der die
Verwandlung der Welt einsetzt. Das 19. Jahrhundert beginnt mit
der Konstruktion einer ersten Batterie und endet mit der Elek-
trifizierung der Haushalte. Man kann jetzt überall ein Licht ein-
schalten und in seinem Schein die Weltbilder betrachten, die von
den zuständigen Wissenschaften entworfen worden sind – aber
nur um bei dem Versuch, das Licht selbst zu verstehen, die Notwendigkeit zu erfahren, neben der Welt auch die Weltbilder zu
erneuern.

Wenn dieser Gang durch das lange 19. Jahrhundert mit der
Französischen Revolution beginnen soll, mag der Blick auf einen
Mann fallen, der als Steuereintreiber verhasst war und deshalb
am 8. Mai 1794 unter das Fallbeil der Guillotine kam. Als sein Kopf
fiel, schaute ein dabeistehender Mathematiker auf seine Uhr und

sagte: «Eine Sekunde brauchen sie nur, um seinen Kopf zu nehmen, vielleicht werden hundert Jahre vergehen, bis ein ähnlicher wieder wächst.»[7]

Das abgeschlagene Haupt gehörte Antoine Laurent Lavoisier, der sich im Laufe seiner Lebens weniger als Steuereintreiber und mehr als Chemiker betätigt hatte und von dem die Geschichte zu erzählen weiß, dass er seine Wissenschaft mit der Waage revolutionierte. Lavoisier glaubte nicht einfach seinen Vorgängern, die behaupteten, bei der Verbrennung etwa von Schwefel würde ein hypothetischer Stoff entweichen. Der französische Chemiker prüfte vielmehr mit einer Waage nach, was passierte, wenn die Flammen hoch schlugen. Zu seiner eigenen Überraschung konnte er melden, «dass der Schwefel beim Verbrennen, weit davon entfernt, sein Gewicht zu verlieren, im Gegenteil schwerer wird».[8]

Die exakte Wissenschaft sollte fortan immer mehr Erkenntnisse zutage fördern, mit denen der Common Sense zu ringen hat. Es wurde einmal vorgeschlagen, eine wissenschaftliche Erkenntnis dadurch zu definieren, dass sie dem gesunden Menschenverstand widerspricht, und es lohnt sich auf jeden Fall, über diesen Zusammenhang nachzusinnen – was ich ausführlich in meinem Buch «Kritik des gesunden Menschenverstandes» unternommen habe.

Doch so deutlich das Ergebnis der chemischen Messung auch ausfiel, es brachte für Lavoisier die knifflige Frage mit sich, was genau den Schwefel schwerer werden ließ, oder anders gefragt, was für ein Stoff da mit dem gelben Element in Verbindung trat. Nach einigem Experimentieren und Überlegen kam er zu dem Schluss, dass es etwas aus der Luft sein musste. Er gab diesem brennbaren Teil der Luft den Namen Sauerstoff, den das Gas heute noch trägt, wobei man nicht übersehen sollte, was die Chemie mit diesem Gedanken damals wirklich zustande brachte. Als sich Lavoisier und andere – zum Beispiel der Engländer Joseph Priestley – mit dem

Verbrennen beschäftigten, galt Luft neben Wasser, Erde und Feuer als eines der vier Elemente, was bedeutete, dass die Menschen das sie umwehende und von ihnen eingeatmete Medium als einheitlich und untrennbar betrachteten – und so wird die Luft im Allgemeinen noch heute wahrgenommen. Doch erste sorgfältige Untersuchungen in den letzten Jahrzehnten des 18. Jahrhunderts ließen eindeutig erkennen, dass die Luft nicht elementar, sondern zusammengesetzt war und aus Anteilen bestand, die man bald als «Gase» bezeichnete. Sauerstoff trat als ein Gas in Erscheinung, das gut eingeatmet werden konnte, weshalb Lavoisier es «oxygène» nannte, und mit dem Stickstoff zeigte sich ein zweites Gas, das gerade nicht eingeatmet werden konnte, was seinen deutschen Namen unmittelbar verständlich macht.

Das, was zuvor als elementar angesehen wurde, erwies sich nun also als teil- und trennbar – so zum Beispiel auch das Wasser, von dem Lavoisier zeigen konnte, dass es aus Sauerstoff – der brennbaren Luft – und einem anderen Gas gebildet wurde, das erst «Lebensluft» hieß und nach der Demonstration, dass es zusammen mit Sauerstoff flüssig werden und Wasser bilden konnte, als «Wasserstoff» bezeichnet und bekannt wurde. Und auch wenn etwa bei Google unter dem Stichwort «Weltbild der Chemie» nur wenig zu finden ist und Werke, die von einer «Philosophie der Chemie» künden, höchst selten geschrieben werden – ganz anders als im Fall der Physik oder der Biologie –, so kann doch konstatiert werden, dass sich in den Zeiten von Lavoisier so etwas wie ein Weltbild seiner Wissenschaft zu erkennen gibt.

Ein Problem mit der Chemie steckte und steckt darin, dass sie offenkundig eine eigenwillige Wissenschaft darstellt. Das zeigt sich schon allein daran, dass sie keinen griechischen, sondern eher einen ägyptischen Namen trägt, der sich von der «schwarzen Erde» dieses Landes ableitet, die als fruchtbar galt und die Wandlungsprozesse ermöglichte, an denen frühe Alchemisten interessiert waren. Diese suchten bekanntlich nach einem Stein der Weisen, mit dem sie wertlose Substanzen wie Blei in wertvolle wie Gold umwandeln wollten, wobei man der Ansicht war, dass das Gold bereits im Blei vorlag und nur aus ihm befreit werden musste. Die heutige Trennung zwischen der Chemie und der Alchemie, die sich zunächst noch als die würdige und erhabene Form der Stoffverwandlung betrachtete, lässt sich ziemlich genau datieren. 1753 trug der französische Aufklärer Denis Diderot in seiner «Encyclopédie» beide Stichworte ein und unterschied sie gründlich: «Alchimie» war jetzt nur noch die Kunst, Metalle zu schmelzen und zu wandeln, während «chimie» die Lehre von den Prinzipien war, nach denen sich Substanzen trennen und vereinen lassen.

An diesen Prinzipien arbeitete in den Jahren der Französischen Revolution der erwähnte Lavoisier, und seine Kollegen machten damit im 19. Jahrhundert weiter. Im Sinne eines Weltbildes, das dabei ermöglicht wurde, könnte man sagen, dass die Chemiker einer Partikularisierung oder Atomisierung – einer praktischen Zerlegbarkeit des Ganzen und seiner Reduzierung auf isolierbare Teilchen – den Weg bereiteten, und ihre Zunft unternahm dies in den folgenden Jahrzehnten erfolgreich in ganzer Breite. Lavoisier partikularisierte (atomisierte) die antiken Elemente Luft und Wasser und machte auf die einzelnen Anteile in allen chemischen Verbindungen durch eine neue Nomenklatur aufmerksam: Aus «Vitriolgeist» wurde zum Beispiel «Schwefelsäure», und aus «Blutstein» machte er «Eisenoxid». Lavoisier führte strenge Regeln ein, um zu bestimmen, wann ein Stoff den Titel Element verdient, und mit seinen Anstrengungen begannen antike Begriffe wie «Atom» und «Molekül» eine neue Karriere.

Zu Beginn des 19. Jahrhunderts unternahm der Brite John Dalton Experimente, die ihn zu seiner Atomhypothese führten. Diese besagte, dass es kleinste Einheiten der Materie gibt, die sich untereinander binden können und zusammen das Element ergeben, mit dem dann die Chemiker hantieren können. Schwefel besteht aus Schwefelatomen, Sauerstoff aus Sauerstoffatomen, wobei Dalton bald bemerkte, dass Gase aus Molekülen – also aus Verbindungen von Atomen – bestehen, Wasserstoff zum Beispiel aus H_2-Molekülen, und Sauerstoff aus O_2-Molekülen. Dalton und seine Zeitgenossen stellten und legten fest, dass Atome sich bei chemischen Reaktionen nicht verwandeln, sondern nur neu verbinden. Sie erstellten Tabellen, die das Gewicht von Atomen angeben, und seit der Mitte des 19. Jahrhunderts versuchten Chemiker die rasch wachsende Zahl von Elementen zu ordnen. Im Jahr 1869 konnten sie mit dem berühmten Periodensystem der Elemente Erfolg melden, das anfänglich natürlich noch Lücken aufwies, heute aber als buntes Poster in nahezu jedem Hörsaal naturwissenschaftlicher Fakultäten zu bewundern ist.

Man kann dieses Periodensystem ruhig als ein Weltbild der Chemie betrachten. Es liefert Stoff für Geschichten und immer neue Deutungen, nicht anders als ein Werk von van Gogh. Man muss nur offen dafür sein und seine Phantasie einsetzen. Das chemische Narrativ kann zum Beispiel in dem Buch von Theodore Gray nachgelesen werden, das «Die Elemente» heißt und von den «Bausteinen unserer Welt» erzählt. Dazu gehört unter anderem der Schwefel, den Lavoisier bei seinen Experimenten verbrannt hat und zu dem Gray anmerkt, dass einem bei seinem Verbrennen klarwird, «warum viele Religionen ihre Hölle damit füllen».[0]

Die Chemie war es, die sich im 19. Jahrhundert das Partikuläre der Welt auf die Fahne schrieb und sogar in der Lage war, die Zahl der Atome oder Moleküle anzugeben, die zu einer gegebenen Menge einer bestimmten Substanz gehören. Der Italiener Amedeo Avogadro erkannte 1811 als Erster, dass gleiche Volumen verschiedener (ideal gedachter) Gase die gleiche Zahl von Molekülen enthalten. Ein Mol einer Substanz, also eine überschaubare Menge,

In fast jedem Hörsaal, in dem naturwissenschaftliche Vorlesungen gehalten werden – hier an der Universität Potsdam, die eine Reihe mit dem Titel «Kinder-Universität» veranstaltet – findet man ein Periodensystem der Elemente. Man könnte sagen, dass es das Weltbild der Chemie zeigt.

die man in einer Hand halten kann und die so viel Gramm wiegt, wie das dazugehörige Molekulargewicht angibt, enthält 602 Trilliarden Teilchen, was man auch als 6,02 mal 10^{23} notieren, sich aber trotzdem nicht vorstellen kann. Es ist schade, dass ein solches Ergebnis nicht als Kulturleistung verstanden und entsprechend philosophisch gewürdigt wird. Immerhin können Chemiker jetzt genau sagen, woraus die Welt besteht, nämlich aus Trilliarden von Teilchen. Der Gedanke des Atoms kann von nun an ernst genommen werden, und die Folgen sind bekannt.

Vom Ende der Alchemie

Als die Chemie mit diesen Zahlen zu operieren lernte und ganz selbstverständlich von Atomen wie Wasserstoff und Sauerstoff sprach, die sich zu Molekülen wie Wasser – H_2O – oder Schwefelsäure – H_2SO_4 – zusammenfanden, hatte sie sich endgültig von ihrem Vorgänger emanzipiert und losgesagt, der ziemlich lange als «Alchemie» Furore gemacht hatte. Kein Geringerer als der Philosoph Friedrich Nietzsche hat noch 1882 in seiner «Fröhlichen Wissenschaft» zu bedenken gegeben, dass Physik, Chemie und Biologie nicht «entstanden und groß geworden wären, wenn ihnen nicht die Zauberer, Alchimisten, Astrologen und Hexen vorangelaufen wären». Die Leistung dieser Vorläufer lag ihm zufolge vor allem darin, dass sie «mit ihren Verheißungen und Vorspiegelungen erst Durst, Hunger und Wohlgeschmack an verborgenen Mächten» hervorriefen.[10]

Der Chemie hing lange Zeit der Ruf an, auf undurchschaubare Weise mit einem geheimnisvollen Stein der Weisen Blei in Gold verwandeln zu können, und man traute ihr sogar zu, aus anorganischem Material einen Menschen zu formen. Vorgeführt wird das in einer Szene im zweiten Akt des zweiten Teils von Goethes «Faust»: Hier versucht ein Dr. Wagner im Laboratorium einer Rezeptur aus dem Jahre 1666 zur Herstellung von «chymischen Menschen» zu folgen, als ganz zufällig Mephisto und Faust vorbeischauen. Goethe hat lange den Gedanken in sich getragen, das alchemistische Experiment auf der Bühne gelingen und dabei ein «chemisch Menschlein» auftreten zu lassen. Ein «wohlbewegliches Zwerglein» sollte den Glaskolben sprengen, in dem es erzeugt worden ist. An diesem Plan hat Goethe mindestens bis 1826 festgehalten, aber in der endgültigen Textfassung von 1829 bleibt der Homunkulus in der Phiole stecken, und er muss erst noch erkunden, «wie man enstehn und sich verwandeln kann».[11]

Der Grund für den Sinneswandel des Dichters liegt in einer Entwicklung in der chemischen Naturwissenschaft, über die Goethe genau informiert war. Gemeint ist ein Experiment des Chemikers Friedrich Wöhler, der 1828 im Reagenzglas einen Stoff herstellen konnte, der sonst nur in den Organen lebender Körper zu finden war und dessen Entstehung man auch nur dort für möglich hielt. Gemeint ist die Synthese von Harnstoff, und zwar nicht mit Hilfe einer Niere, sondern nur mit ein wenig Wärme und einem anorganischen Ausgangsmaterial namens Ammoniumcyanat. Wöhler bereitete mit diesem Experiment den Weg, um der alten Trennung zwischen anorganischer und organischer Chemie eine neue Bedeutung zu geben. Sie bestand bald nicht mehr in der Trennung zwischen Molekülen aus lebloser und aus lebendiger Materie, in der eine besondere Vitalkraft agieren sollte. Vielmehr bestand sie jetzt in der Trennung zwischen chemischen Verbindungen, die mit dem Element Kohlenstoff eingegangen wurden, und Verbindungen, die frei davon blieben. Mit dem Kohlenstoff konnte die Natur und konnten bald auch die Chemiker besonders große Moleküle herstellen, die im 20. Jahrhundert einen eigenen Namen bekamen, nämlich den der Makromoleküle, womit sich das Leben dann immer besser verstehen ließ.

Zur gleichen Zeit, als Wöhler die wundersame Herstellung eines organischen Stoffes aus anorganischen Vorstufen gelang, brachte die Chemie eine weitere Großtat zustande, die stark zum Selbstbewusstsein ihrer Vertreter beitrug. Die Chemiker schafften es, im Reagenzglas einen beliebten und viel verwendeten Stoff herzustellen, der bis dahin von sehr weit her (etwa aus Ägypten) herbeigeholt werden musste. Gemeint ist Soda, das Chemiker als Natriumkarbonat oder als kohlensaures Natrium kennen und bis heute als Ausgangssubstanz für die Herstellung von Wasch- und Reinigungsmitteln verwenden. Die Synthese von Soda gelang erst im kleinen Maßstab im Laboratorium und bald in Riesenmengen in Fabriken, sodass der begehrte Stoff plötzlich in neuer Form erschien – nämlich billiger, besser und selbstgemacht.

Mit Wöhlers Harnstoffsynthese tauchte gegen Ende von Goethes Lebenszeit der Gedanke auf, dass nicht nur die anorganischen, sondern alle Stoffe – auch die organischen der lebenden Natur – den Chemikern zugänglich sind und von ihnen hergestellt – und dann auch angeboten und verkauft – werden können. Tatsächlich nahm im 19. Jahrhundert die Zahl der künstlich herstellbaren Substanzen derart rasch zu, dass eine chemische Industrie aufgebaut werden konnte, die in den kommenden Jahrzehnten und Jahrhunderten umfassende gesellschaftliche und politische Folgen zeitigte. Diese werden von vielen Historikern leider nur am Rande zur Kenntnis genommen und in Schulbüchern kaum erwähnt, obwohl sich gerade mit ihnen die Welt wesentlich änderte und damit auch das Bild, das sich Menschen von ihr machen. In dieser Zeit gelang es der Chemie, «eine biblische Wissenschaft zu werden, denn sie ernährt die Hungrigen, kleidet die Nackten und heilt die Kranken», wie Dieter Neubauer in seiner «anderen Einführung in die Anorganische Chemie» mit dem Titel «Demokrit lässt grüßen» schreibt, um im nächsten Satz zu bedauern, dass das öffentliche Bild der biblischen Wissenschaft völlig anders aussieht. In ihm zeigen sich Angst und Verweise auf Umweltsünden, wobei vor allem zutrifft, dass die Chemie «die große Unbekannte unter den Naturwissenschaften» ist – und die Ängste vor ihr sich vermutlich zu einem großen Teil aus diesem Nichtwissen speisen.[12]

Was die Ernährung der Hungrigen angeht, so trug dazu unter anderem der Chemiker Justus von Liebig bei, der im 19. Jahrhundert zeigen konnte, dass Pflanzen und wahrscheinlich sämtliche lebendigen Organismen – also das organische Leben überhaupt – keine geheimnisvolle «Lebenskraft» enthalten oder benötigen, wenn sie wachsen und umtriebig werden. Die in speziell eingerichteten Laboratorien an der Universität Gießen durchgeführten Experimente und viele systematische Analysen des Freiherrn deuteten vielmehr darauf hin, dass die Chemie in der Welt stimmen musste, wie man heute sagen würde, um auszudrücken, dass dem Lebendigen und Wachsenden die geeigneten chemischen Verbindungen – und mit ihnen ausreichend Energie – zugeführt und einverleibt werden müssen, um es aufblühen zu lassen und stark zu machen.

Schlichte Gemüter ohne wissenschaftliches Interesse können solch eine Einsicht natürlich als Entzauberung der Welt begreifen. Man kann über diesen neuen Blick auf die Dinge aber auch entzückt sein und sich davon begeistern lassen, erlaubte er doch Justus von Liebig und seinen Zeitgenossen, Schritt für Schritt das Material zu entwickeln, das heute als Düngemittel ganz selbstverständlich geworden ist und mit dessen Hilfe die Erträge an Lebensmitteln mindestens ebenso rasch zunehmen konnten wie die Größe der Bevölkerung, die sie verbrauchte und benötigte. Justus von Liebig entzauberte das Wachsen von Nahrungsmitteln also nicht. Er zauberte vielmehr erstaunliche Erträge herbei und wusste zugleich als guter Wissenschaftler, dass Alexander von Humboldt völlig recht hatte, wenn er in seinen «Kosmos»-Vorlesungen schrieb, die er als «Entwurf einer physischen Weltbeschreibung» untertitelte: «Ich kann der Besorgnis nicht Raum geben, zu welcher Beschränkung oder eine gewisse sentimentale Trübheit des Gemüts zu leiten scheinen: der Besorgnis, dass bei jedem Forschen in das innere Wesen der Kräfte die Natur von ihrem Zauber, vom Reiz des Geheimnisvollen und Erhabenen verliere.» Es ist doch vielmehr so: «In dem wundervollen Gewebe des Organismus, in dem ewigen Treiben und Wirken der lebendigen Kräfte führt allerdings jedes tiefere Forschen an den Eingang neuer Labyrinthe. Aber gerade diese Mannigfaltigkeit unbetretener, vielverschlungener Wege erregt auf allen Stufen des Wissens freudiges Erstaunen. Jedes Naturgesetz, das sich dem Beobachter offenbart, lässt auf ein höheres, noch unerkanntes schließen; denn die Natur ist, (...) ‹das ewig Wachsende, ewig im Bilden und Entfalten Begriffene›.»[13]

Im 19. Jahrhundert bot die «Lebenskraft» – also die physiologische Energie eines Körpers – ein offenkundiges Geheimnis, dem man versuchte, ein konkretes molekular modellierbares Aussehen zu geben, um es letztlich als eine materielle Erscheinung verstehen zu können. Dies geschah, als immer mehr organisch-chemische Verbindungen identifiziert werden konnten, die sich vornehmlich aus den Elementen Kohlenstoff, Sauerstoff, Stickstoff und Wasserstoff zusammensetzten. Sie ermöglichen, wie sich zeigte, in ihrer Gesamtheit einen Stoffwechsel im lebendigen Gewebe, der dem Leben die nötige Energie liefert, die auch als «Lebensenergie» angesprochen wurde.

Der Chemiker von Liebig lebte in einer Zeit, in der schlechte Ernten und ausgelaugte Böden zahlreiche Hungersnöte mit sich brachten, was nicht nur zu der Erforschung und Entwicklung von Düngemitteln und ihrer organisch verfügbaren Energie führte, sondern die Wissenschaft allgemein dazu brachte, sich der menschlichen Ernährung zuzuwenden. Von Liebig experimentierte unter anderem mit künstlicher Milch, verbesserte Kaffeeextrakte, konzipierte das Backpulver und ersann einen Fleischextrakt, mit dem bedürftigen oder kranken Menschen die Energie gehaltvoller Nahrung in flüssiger Form verabreicht werden konnte. So entstanden in den Räumen der Wissenschaft zuerst eine Agrar- und dann eine Biochemie, mit deren Hilfe die schubartige Vermehrung der Menschen, die schon eingesetzt hatte, weiter ermöglicht wurde, und zwar unter allmählich würdiger werdenden Umständen und ohne die Überlebenskämpfe, die im frühen 19. Jahrhundert vorausgesagt worden waren und die selbst Charles Darwin erwartete, als er sich daranmachte, sein biologisches Weltbild zu entwerfen, dem bald mehr Aufmerksamkeit geschenkt wird.

Das neue Bild der Krankheit

Die Idee des Partikulären machte sich im 19. Jahrhundert auch in der Medizin breit, wobei die Anfänge dieser Entwicklung im 18. Jahrhundert zu finden sind. Im Jahr 1763 legte der italienische Arzt Giovanni Battista Morgagni sein fünfbändiges Werk «Über den Sitz und die Ursachen von Krankheiten, aufgespürt durch die Anatomie» vor. Der in Padua tätige Gelehrte bezweifelte und überwand die aus der Antike stammende Humoralpathologie, die jede Krankheit auf ein Ungleichgewicht von vier Körpersäften zurückführte, dem Blut, dem Schleim, der gelben und der schwarzen Galle. Morgagni setzte dieser alten Idee die Ergebnisse seiner empirischen Untersuchungen an toten Körpern entgegen, die ihm zeigten, dass Krankheiten offensichtlich mit anatomischen Veränderungen an festen und fassbaren Organen einhergehen. Der Paduaner trug damit zum Entstehen der Konzeption bei, die bald als «Solidarparadigma» einen neuen Blick auf körperliche Störungen erlaubte und nach den Solida, den – partikulären – Stellen im Kranken sucht, auf die sich die Schmerzen oder Leiden zurückführen lassen. Aus der Humoralpathologie wurde eine Solidarpathologie, die nach Störungen von festen Bestandteilen und Strukturen eines Körpers Ausschau hält, um das zu erklären, was von Gesunden vornehm als Krankheitsgeschehen bezeichnet wird.

Hinter solchen medizinischen Neuerungen trifft der Beobachter auch auf die Bemühungen von Botanikern und Zoologen, mit Hilfe von ständig verbesserten Mikroskopen den Aufbau des Organischen zu erfassen. Bereits seit dem späten 17. Jahrhundert zirkulierte der Begriff der Zelle, den man immer besser auf die Strukturen von Geweben anwenden konnte, die sich bei zunehmender Vergrößerung unter dem Mikroskop zeigten. Die historische Entwicklung der Biologie im frühen 19. Jahrhundert lässt erkennen, dass sich die Zunft der Botaniker und Zoologen auf dem Weg zur

Zellenlehre befand, wobei ein wichtiger Schritt auf diesem Weg in der ersten Beschreibung von noch kleineren Partikeln bestand, die bald als Zellkern bezeichnet wurden. Als Erster machte sich im Jahre 1831 der schottische Botaniker Robert Brown auf diesen Weg, und er berichtete darüber am Rande einer Sitzung der Linnean Society in London. Zunächst ging es ihm darum, seine 1827 gemachte Beobachtung vorzustellen, die heute als Molekularbewegung bekannt ist und auf die eingegangen werden soll, bevor es mit den Zellen und ihren Kernen weitergeht.

Brown hatte beim Mikroskopieren ruckartige Bewegungen von Pollen in einem Wassertropfen bemerkt. Zunächst dachte er, der Lebenskraft ansichtig zu werden, die damals selbst im Blütenstaub und in seinen Körnchen vermutet wurde. Dann aber konnte er zeigen, dass auch leblose Staubpartikel eine solche Zitterpartie lieferten, und damit stellte er der physikalischen Wissenschaft eine Aufgabe, nämlich diese Brown'sche Molekularbewegung zu erklären. Die Physiker waren begeistert, da sie hofften, das sichtbare und quantitativ auszuwertende Zappeln der Körnchen unter dem Mikroskop auf die Bewegungen von kleineren Atomen und Molekülen zurückführen zu können, aus denen ihrer Ansicht nach die Materie – also etwa ein Wassertropfen – aufgebaut war.

Tatsächlich konnte diese Aufgabe 1905 gelöst werden, und zwar von keinem Geringeren als Albert Einstein. In seiner Arbeit «Über die von der molekularkinetischen Theorie der Wärme geforderte Bewegung von in ruhenden Flüssigkeiten suspendierten Teilchen», die in seinem Wunderjahr in den «Annalen der Physik» erschien, konnte er nicht nur den Nachweis führen, dass die Brown'sche Beobachtung die Existenz von – nach wie vor unsichtbaren – Atomen und Molekülen sicherstellte, sondern fand dabei auch einen Weg, die Zahl von Atomen mit physikalischen Methoden zu ermitteln. Die partikuläre Sicht der Welt hatte sich damit offenbar und endgültig durchgesetzt – oder sollte da noch etwas nachkommen, mit

dem sich alles in einem ganz anderen Licht zeigt und ein neues
Weltbild erkennbar und notwendig wird?

Wie gesagt, die von dem Botaniker Brown beobachtete Bewegung der Pollen kam 1831 nur als Nebenbemerkung zum Zug, als es
dem Schotten vor allem darum ging, von den winzigen Strukturen
zu erzählen, die er beim Mikroskopieren im Zentrum von Zellen
gesehen hatte und die er vorschlug, «Kern der Zelle» zu nennen.
Seine volle Bedeutung bekam dieses Gebilde durch den deutschen
Botaniker Matthias Jacob Schleiden, der auf der Suche nach einem
einheitlichen Bildungsprinzip von Zellen war und dem der Zellkern dabei zu Hilfe kam. Schleiden rückte ihn in den Mittelpunkt
des biologischen Geschehens und erklärte unter allgemeiner Zustimmung, dass jede «etwas höher gebildete Pflanze ein Aggregat
von völlig individualisierten, in sich abgeschlossenen Einzelwesen,
[nämlich] den Zellen ist».[14] Mit anderen Worten, alle strukturellen
Elemente des Lebens gehen aus Zellen hervor, und da sich bald die
Überzeugung verbreitete – vorangetrieben unter anderem durch
den Zoologen Theodor Schwann –, dass alle Organismen aus Zellen
bestehen, konnte der legendäre Pathologe Rudolf Virchow 1855 als
Leitsatz für das Leben konstatieren: «Omnis cellula e cellula» – jede
Zelle entsteht aus einer Zelle.

1855 markiert auch das Jahr, in dem Virchow sein berühmtes
Werk mit dem Titel «Cellularpathologie» vorlegte, in dem er die
kausalen Solida seiner Wissenschaft erheblich verkleinerte. Nun
waren es nicht mehr Organe, die Krankheiten auslösen und bewir-
ken. Es waren jetzt die Zellen, aus denen die Organe bestehen, die
zu Störungen im Lebensablauf führen und Gebrechen der Körper
zur Folge haben können. Die grundlegende Idee blieb unverändert,
während die partikulären – teilchenartigen – Krankheitsursachen
immer kleiner wurden, und dieser Trend setzte sich in den folgenden Jahrzehnten fort. Um 1880 herum entstand eine Wissenschaft
namens Bakteriologie, deren Objekte – die Bakterien – ihren Na-

men nach dem griechischen Wort «bakterion» bekommen haben, was «Stäbchen» bedeutet. Beschrieben wird damit, was man im Lichtmikroskop sehen kann, wenn man nach Objekten sucht, die noch kleiner sind als die Zellen.

Die immer hochauflösenderen Mikroskope eröffneten den Blick auf eine wimmelnde Welt von Mikroorganismen, wie man bald sagte. Zu ihnen gehörten die Bakterien ebenso wie einige Pilze und Algen, und im 20. Jahrhundert gesellten sich noch viel kleinere Partikel dazu, die auch vom feinsten Filter nicht aufgefangen werden konnten und deshalb mit einem Wort bezeichnet wurden, das ursprünglich einen giftigen Saft meinte. Die Rede ist von Viren, die weniger etwas Flüssiges, Fließendes sind als raffiniert gebaute Teilchen, wie man mittlerweile erkannt hat, was in das Muster oder Weltbild von partikulären Erklärungen für Gesundheitsstörungen passt, die im Laufe der Geschichte kleiner und kleiner wurden.

Das 20. Jahrhundert, das auch als das «Jahrhundert des Gens» beschrieben worden ist, drang schließlich – wenn man so will – zur kleinstmöglichen funktionellen Ebene der Pathologie vor, indem Gene oder Mutationen von ihnen als Ursachen von Krankheiten ausgemacht wurden. Dieser Umstand hat zwar in das Weltbild vieler Menschen Eingang gefunden – nach dem allzu leicht ausgeplauderten Motto, Krebs ist eine genetische Krankheit –, bleibt aber allein schon deshalb problematisch, weil ein evolutionäres Verständnis des Lebens den dazugehörenden Genen nur Überlebensqualitäten und Durchsetzungsvermögen zuschreiben kann, und Krankheiten gehören wohl kaum zu diesem Arsenal.

Übrigens – als die Physik erstmals ihre Gesetze vorstellte, zeigten sich die Menschen bereit, an ein mechanisches oder deterministisches Geschehen zu glauben, was sich auch in einem Weltbild niederschlug, von dem noch heute Spuren zu finden sind. Mit dem Aufkommen der Genetik hielten die Menschen am Determinismus durch die Gene fest – man fühlte sich sicher an der genetischen

Leine –, wenn dafür auch gerne das Konzept des Programms verwendet wurde. Vieles war oder schien genetisch programmiert, was sich im öffentlichen Diskurs leicht sagen lässt, auch wenn die Bedeutung dieser Festlegung keineswegs so klar ist, wie es scheint. Die Wirklichkeit bietet ein raffinierteres Bild, und wer etwa die Rolle von Genen bei dem Auftreten einer Körperstörung verstehen will, muss eine Unterscheidung ganz genau beachten. Experten trennen die proximate von der ultimaten Wirkung eines Gens oder überhaupt proximate und ultimate Ursachen, wie man am Beispiel der Gicht erläutern kann. Bei Gicht enthält der Körper zu viel Harnsäure, die sich in den Gelenken ablagert und dort zu Schmerzen führen kann. Das ist der proximate Grund. Die Frage eines Evolutionsbiologen lautet, warum ein Körper so viel Harnsäure produziert, und die Antwort lautet, weil er sich in den frühen Tagen des Werdens nur so vor Radikalen schützen konnte, die er mit der Nahrung aufnahm – wobei «Radikale» nicht politisch, sondern biochemisch gemeint ist. Hier steckt der ultimate Grund für die Gicht, womit erläutert werden sollte, wie wenig hilfreich es ist, etwas von Krankheitsgenen zu murmeln, wenn man die Gesundheit verstehen will. Ein Weltbild sollte nicht zu kompliziert sein, aber Schlichtheit allein stellt auch keine Lösung dar.

Leben mit Mikroben

Wer die Geschichte der Bakteriologie oder Mikrobiologie vor der Dominanz der Genetik erzählen will, kommt rasch und zuverlässig auf zwei Forscher zu sprechen, die mehr gegeneinander als miteinander gearbeitet haben und deren gemeinsames Bemühen um das Verständnis von Mikroorganismen als «Duell zweier Giganten» beschrieben worden ist. Gemeint sind der ursprünglich als Chemiker

tätige Franzose Louis Pasteur und der zunächst als Landarzt aus-
gebildete deutsche Bakteriologe Robert Koch. Der Letztere wurde
1905 für seine Arbeiten über die Tuberkulose mit dem Nobelpreis
für Medizin ausgezeichnet, eine Ehre, die Pasteur nicht zuteilwer-
den konnte, weil er im Jahre 1895 starb, als der Stifter Alfred Nobel
noch damit beschäftigt war, sein Testament zu verfassen.

Robert Koch zeigte seine Qualitäten vor allem als Entdecker
von Krankheitserregern, wobei es ihm 1882 gelang, die Bakterien
ausfindig zu machen, die zu Tuberkulose führen. Zuvor hatte Koch
schon den Erreger des Milzbrandes in den mikroskopischen Blick
bekommen, und er sollte auch noch das Bakterium identifizieren, das Cholera auslöst. Bei all diesen Triumphen blieb ihm die
eigentliche Krönung versagt, nämlich ein Medikament zu finden,
das sich gegen diese Infektionskrankheiten einsetzen lässt. An
dieser Stelle ist der Hinweis zu geben, dass solch ein Begriff – «an-
steckende Krankheit» oder «Infektion» – nicht vom Himmel fällt,
sondern die Ergebnisse auf den medizinischen Punkt bringt, die
Mikrobiologen wie Koch über die Jahrzehnte gesammelt und zu
einem neuen Bild von Krankheit zusammengestellt haben. Diese
von Erfolg zu Erfolg eilende mikrobielle Sicht auf Störungen der
Gesundheit hatte zwei weitreichende Folgen, die hier angesprochen werden sollen. Die erste betrifft die Suche nach Heilmitteln,
die jetzt fokussiert werden konnte, indem man sich vornahm, chemisch auf die Krankheitserreger zu zielen. Paul Ehrlich, der als
Arzt an der Charité tätig war, träumte von entsprechenden «Zau-
berkugeln», die im Laufe der Medizingeschichte vor allem in Form
von Antibiotika entwickelt wurden, die sich also wörtlich «gegen
Lebendiges» richteten und es abtöten konnten, wenn es dabei anderes (höheres) Leben gefährdete, das es zu retten galt.

Die zweite Konsequenz aus den Erfolgen der Mikrobiologen zeigt
sich eher in umgekehrter Richtung. Vor dem 19. Jahrhundert und
vor den Entdeckungen der Bakteriologen gab es so etwas wie eine

gesundheitliche Eigenverantwortung, der man durch gemäßigte Lebensweise, kluge Ernährung und ausreichend Schlaf gerecht wurde, um nur einige Beispiele zu nennen, die der Hausgebrauch und der Hausverstand entwickelt hatten. Mit den Entdeckungen der Bakteriologen verwandelte sich Gesundheit in eine messbare Größe, und die Heilung wurde zu einem eher technischen Vorgang, den man nicht mehr selbst erarbeiten musste. Man konnte ihn jetzt bei anderen kaufen und bezahlen, wobei die Kostenfrage in der Medizin inzwischen ihre eigene Dimension erklettert hat.

Die Bedeutung der Bakteriologie für die Gesundheit oder das Bild, das man sich von dieser macht, zeigt sich auch an den Arbeiten von Louis Pasteur. Den höchsten Grad der Berühmtheit, der einem Menschen zugänglich ist, hat Pasteur allein deshalb erlangt, weil sein Name zu einem Tätigkeitswort geworden ist. Wenn Lebensmittel durch das Abtöten von Mikroorganismen – konkret praktiziert durch Erwärmung oder Hitzezufuhr – länger haltbar gemacht werden, spricht man von «Pasteurisierung». Diese Möglichkeit zur Konservierung hat Pasteur um 1864 entdeckt, wobei die wissenschaftliche Leistung in der Einsicht bestand, dass es überhaupt Mikroorganismen gab, die Lebensmittel verderben konnten.

Wer nun denkt, dass es hier um eine eher harmlose angewandte Wissenschaft geht, die wenig mit Weltbildern zu tun hat, kann eines Besseren belehrt werden. Pasteurs Vorschläge zur Haltbarmachung von Milch, Joghurts und anderen Lebensmitteln verdanken sich einem Grundsatz, den er 1861 formuliert hat: «Omne vivum e vive» – alles Lebende entsteht aus Lebendigem. Worauf Pasteur anspielte und was er ausräumen wollte, war die uralte Idee der Spontanerzeugung von Leben, wofür sich schon bei Aristoteles ein Ausdruck findet – «génesis autómatos». Seit der Antike, durch das Mittelalter und die Renaissance, über das 17. und 18. Jahrhundert hinweg hielten Menschen an der Idee der Spontanerzeugung von Leben fest, die man zum Beispiel meinte beobachten zu kön-

nen, wenn sich in verfaulendem Fleisch Maden breitmachten. Die
Fliegeneier, aus denen sich das neue Leben entwickelte, konnte
man lange Zeit nicht sehen, und so musste Pasteur im 19. Jahrhundert sein ganzes Können und seine ganze Autorität aufbieten, um
zu zeigen, dass etwa dann, wenn sich Schimmel auf Brot ausbreitete, nur die vorher bereits vorhandenen (unsichtbaren) Schim-
melzellen angefangen hatten, sich zu teilen und zu wachsen, und
nicht spontan neues Leben entstanden war.

«Alles Lebende entsteht aus Lebendigem.» Damit bot Pasteur
seinen Zeitgenossen ein neues Bild des Lebens an, das an seinen
Rändern aber bestenfalls unscharf blieb. Ganz stimmen konnte
und kann der Satz einfach nicht. Schließlich muss es doch irgendwann im Laufe der kosmischen und irdischen Geschichte dazu gekommen sein, dass sich Moleküle und andere Chemikalien ohne
Lebensfähigkeit so zusammenfanden, dass die erstaunlich hartnäckige Qualität entstand, die Leben heißt und sich seit Jahrmil-
lionen hält und entwickelt.

Der Ursprung des Lebens

In seinem «Zauberberg» denkt Thomas Mann über das Leben und
seinen Ursprung nach. Bei ihm heißt es: «Was war das Leben? Niemand wußte es. Niemand kannte den natürlichen Punkt, an dem es
entsprang und sich entzündete. Nichts war unvermittelt oder nur
schlecht vermittelt im Bereiche des Lebens von jenem Punkte an;
aber das Leben selbst erschien unvermittelt. Wenn sich etwas darüber aussagen ließ, so war es dies: es müsse von so hoch entwickel-
ter Bauart sein, daß in der unbelebten Welt auch nicht entfernt seinesgleichen vorkomme. Zwischen der scheinfüßigen Amöbe und
dem Wirbeltier war der Abstand geringfügig, unwesentlich im Ver-

gleiche mit dem zwischen der einfachsten Erscheinung des Lebens und jener Natur, die nicht einmal verdiente, tot genannt zu werden, weil sie unorganisch war. Denn der Tod war nur die logische Verneinung des Lebens; zwischen Leben und unbelebter Natur aber klaffte ein Abgrund, den die Forschung vergebens zu überbrücken strebte. Man mühte sich, ihn mit Theorien zu schließen, die er verschlang, ohne an Tiefe und Breite im geringsten einzubüßen.»[15]

Die eher pessimistisch wirkende Ansicht, mit der Thomas Mann im letzten Satz seine Unzufriedenheit über die zu seinen Lebzeiten erreichten Einsichten der Biologen poetisch Ausdruck gibt, könnte sich vielleicht als zeitlos gültig herausstellen. Man müht sich bis heute vergeblich, die Kluft zwischen Leben und Nicht-Leben mit Theorien zu schließen, und noch wie vor werden alle Vorschläge von dem Graben verschlungen, der dabei nicht nur weder an Tiefe noch an Breite einbüßt, sondern sich allem Anschein nach sogar weiter öffnet. Thomas Manns Ansicht wird von dem Nobelpreisträger Max Delbrück geteilt – und zwar fast ein Menschenleben später, rund zwanzig Jahre vor dem Ende des 20. Jahrhunderts. In seinen letzten Vorlesungen, die Delbrück unter den Titel «Wahrheit und Wirklichkeit» gestellt hat, ging er auch auf die vielfältigen Versuche ein, dem Ursprung des Lebens wissenschaftlich korrekt auf die Schliche zu kommen. Nach Durchsicht der modernen Literatur und in Hinblick auf die anderen Bereiche der Forschung, die ja auch nicht müßig waren und immer neue Überraschungen bei der Erkundung der existierenden Lebensformen erlebt haben, fällt er ein ziemlich ernüchterndes Urteil: «Tatsächlich hat sich (...) im Lichte der neuen Erkenntnisse über die Komplexität selbst einfachster Organismen herausgestellt, dass die konzeptionelle Lücke, die zwischen der lebenden und der toten Materie klafft, nicht enger geworden ist, sie hat sich vielmehr beträchtlich erweitert.»[16]

Die Frage nach dem Ursprung des Lebens kennt noch keine eindeutige Antwort, und es ist denkbar, dass es so etwas niemals geben wird. Einer der wichtigsten Befunde auf diesem Feld der Forschung ist die Tatsache, dass es nicht lange gedauert hat, bis sich auf der Erde Leben gezeigt hat. Das Leben hatte es offenbar sehr eilig mit seinem Auftritt. Es wollte erscheinen und sich zeigen, wie man vielleicht sagen darf. Denn kaum hatten die kosmischen Energien und Explosionen den Platz geschaffen, auf dem sich einmal jährlich ein kostenloser Rundflug um die Sonne genießen lässt – man hat gute Gründe für die Schätzung, dass dies vor rund vier Milliarden Jahren passiert sein muss –, da bildeten sich Strukturen auf der Erde, denen man Lebensfähigkeit – oder besser: Überlebensfähigkeit – zutraut. Mit «kaum» sind zwar immerhin einige hundert Millionen Jahre gemeint, aber aus heutiger Sicht lässt sich trotzdem sagen, dass das Leben nicht lange gezögert hat, um auf dem Planeten Fuß zu fassen, der aus dem Weltall so schön blau erscheint.

Die blaue Farbe kommt bekanntlich als Folge der Streuung zustande, die das Sonnenlicht in der Erdatmosphäre erfährt. Das heutige Leben benötigt diese dünne Schicht um unseren Planeten vor allem wegen des Sauerstoffs, der darin enthalten ist. Sauerstoff ist ein sehr reaktionsbereites Element, das sich extrem gerne und geradezu gierig mit anderen Substanzen verbindet und sie auf diese Weise «oxidiert», wie Chemiker sagen. Wenn der Sauerstoff dies tut, nimmt er seinen Reaktionspartnern Elektronen ab, und dabei kann so viel Energie frei werden, dass Wärme und manchmal sogar ein Feuer entsteht. Beim Verbrennen wird zum Beispiel das Element Schwefel in die Verbindung Schwefeldioxid verwandelt.

So lebenswichtig der Sauerstoff für uns und andere derzeit präsente («rezente») Lebensformen ist – die eben genannte Qualität macht es aus der Sicht des Chemikers eher unwahrscheinlich, dass er es den ersten zarten Regungen des Lebens gestattete, sich zu bilden. Und so sind einige Chemiker schon vor Jahrzehnten auf den

Gedanken gekommen, einmal mit der Annahme zu spielen, dass auf einer frühen («präbiotischen») Erde gar kein freier Sauerstoff vorhanden war. Es ließ sich mühelos vorstellen, dass er sich schon längst mit den Mineralien der Erde verbunden hatte – in Form von sogenannten Oxiden – oder im Wasser (H_2O) gefesselt war. Diese damals völlig neuartigen Überlegungen wurden in den dreißiger Jahren durch den russischen Biochemiker Alexander I. Oparin vorgetragen, der das erste Buch über den «Ursprung des Lebens» geschrieben hat, das heutigen wissenschaftlichen Ansprüchen genügt. Oparin empfahl seinen Kollegen, nur dann Experimente zu diesem Thema zu machen, wenn sie die Bedingungen simulieren könnten, die auf einer unbelebten Erde geherrscht hätten, und er schlug vor, es mit einer sogenannten reduzierenden Atmosphäre zu versuchen. Der Sauerstoff, den wir heute atmen, ist erst aufgetaucht, nachdem das Leben schon da war, wobei sogar denkbar ist, dass es ihn selbst produziert hat.

Im Jahre 1953 baute Stanley Miller eine Apparatur, die in einem Experiment zeigen sollte, ob Leben spontan entstehen kann und welche Bauteile dazu nötig sind. Miller kreierte eine reduzierende Atmosphäre, die unter anderem aus Wasserstoff, Ammoniak und Methan bestand. Er ließ diese Substanzen über einem kleinen Teich aus Wasser schweben und führte dem Ganzen Energie in Form von Blitzen hinzu, die beim Entladen geeigneter Apparaturen ausgelöst wurden. Miller war überzeugt, so die präbiotische Chemie auf der frühen Erde simulieren zu können, und er durfte hoffen, in seinem Glaskolben dem scheinbar göttlichen Wirken mit wissenschaftlichem Auge ein klein wenig zusehen zu können.

Der kleine Teich, in dem Miller die Möglichkeit der spontanen Entstehung wenigstens einer zentralen Molekülsorte nachgewiesen und der lange Jahre hindurch die Gedanken und Gemüter beschäftigt hat, ist nicht nur ein wunderbares Experiment, das technisches Geschick mit romantischen Träumen verbindet. Millers

Der amerikanische Biochemiker Stanley Miller (1930–2007) in seinem Laboratorium. Hier führte Miller das nach ihm und seinem Lehrer Harold Urey benannte Miller-Urey-Experiment durch, in dem aus anorganischen Vorläufern die Moleküle hervorgingen, mit denen das Leben seinen Anfang hätte finden können.

Experiment öffnet tatsächlich eine Tür, durch die das Leben aus dem Gefängnis der Materie hätte heraustreten können, und es lässt ahnen, was möglich gewesen wäre, wenn … ja wenn die frühe Atmosphäre der Erde tatsächlich so reduzierend gewesen sein sollte, wie Miller sie bereitet hat. Doch die Wirklichkeit, sie war nicht so, jedenfalls nicht nach den jüngsten geologischen und geophysikalischen Befunden. Die erste Schicht, die sich um die Erde legte, muss neutral gewesen sein, wie die Chemiker sagen, und sie meinen damit, dass sie voller träger Substanzen – wie etwa Neon – war, die nichts erschüttern und kaum etwas verwandeln konnte. Was am Anfang über den Wassern schwebte, muss so beschaffen gewesen sein, dass es sich auch beim besten Willen nicht in Formen verwandeln ließ, in denen man das Leben zu erkennen meint.

Mit anderen (und traurigen) Worten: Über die Quelle des Lebens auf der Erde sagt Millers Experiment nicht so viel aus, wie viele es gerne hätten. Sein warmer Tümpel gibt im Lichte der modernen Wissenschaft wahrscheinlich nicht mehr viel her, und er wirkt von Jahr zu Jahr belangloser. Zwar steht weiterhin außer Frage, dass es vom chemischen Standpunkt aus viel leichter ist, mit Proteinen anzufangen – es gibt trotz zahlreicher Versuche und umfangreicher Anstrengungen nach wie vor kein Miller-Experiment, in dem sich die Bausteine von RNA oder DNA generieren lassen –, aber mehr weiß man nicht. So schön Millers Experiment auch war, es kann sich nicht auf die neue wissenschaftliche Evidenz berufen.

Neue Ergebnisse zwingen die Forscher, den Blick von der Oberfläche der Erde wegzulenken und den Ursprung des Lebens – nein, nicht hinaus in den Weltraum, sondern in die andere Richtung zu verlegen, nämlich hinein in den Ozean. Seit einigen Jahren sind unerwartet vielfältige Lebensformen entdeckt worden, die ihren Ort tief unter Wasser gefunden haben, und zwar da, wo der Meeresboden Öffnungen aufweist. Solche Abgründe wurden in großer Zahl entdeckt, als man bei geophysikalischen Untersuchungen die Erdplatten vermessen wollte, auf denen sich die bekannten Kontinente erheben und mit denen sie verschoben werden. Heute weiß man, dass aus vielen Löchern und Spalten in der Tiefe heißes Wasser strömt, und die wallende Wärme ist gesättigt mit Schwefelwasserstoffen und metallischen Schwefelverbindungen. Dabei kommt genau das reduzierende Milieu zustande, das Miller auf der Erdoberfläche im Auge hatte, und möglicherweise kommt die anvisierte Maschinerie hier in Gang. Die moderne Wissenschaft hätte dann einen langen Umweg gemacht, um – auf höherem technischem Niveau – bei derselben Einsicht zu landen, mit der ihre abendländische Geschichte in der Person von Thales von Milet begonnen hat, der sechshundert Jahre vor Christi Geburt meinte, das Leben komme aus dem Meer.

Zwar bringt das Bild der heißen Quelle im dunklen Gewässer mit aufsprudelndem Schwefel unweigerlich den Gedanken an die Hölle mit sich, die dann hinter dem Ozeanschlund lauert, und man könnte die Gelegenheit nutzen, um augenzwinkernd die Hypothese zu wagen, das Leben sei eine Gabe des Teufels an den Herrn, der sich ohne die entsprechenden Erscheinungen gelangweilt hätte. Aber unabhängig davon gilt es, mit diesem Ursprung des Lebens aus der Tiefe zu leben, denn die wissenschaftliche Evidenz weist zurzeit eindeutig in diese Richtung. So hat man zum Beispiel immer mehr Bakterien entdeckt, die heiße Umgebungen bevorzugen und es dort nicht nur aushalten, sondern unter diesen Bedingungen besonders gut gedeihen.

Doch könnte die Entstehung des Lebens nicht ein einmaliger Vorgang gewesen sein? Die Wissenschaft würde in diesem Fall etwas versuchen, was niemand wollen kann, nämlich das singuläre Ereignis des Ursprungs zu einem statistischen Prozess zu degradieren, der rational erfassbar und berechenbar wird und dem damit jedes Geheimnis fehlt. Wenn Leben einmalig entstanden ist, dann kann sein Ursprung per definitionem nicht mit rationalen Mitteln erfasst werden. Möglicherweise lässt sich so verstehen, warum die Kluft zwischen Leben und Nicht-Leben alle Theorien verschlingt, und die einzige Aufgabe, die der Forschung bleibt, besteht darin, der Frage nach dem Ursprung eine poetische Form zu geben. Es ginge dann nicht länger um die Erkundung einer Tatsache, sondern um die Erfassung eines Wertes. Was kann man Schöneres über das Leben sagen?

In der Tiefe der Zeit

Wer über das Leben nachdenkt, mag sich zunächst die Frage stellen: «Was *ist* Leben?» So hat es zum Beispiel Erwin Schrödinger, ein Nobelpreisträger der Physik, in einem Buch mit eben diesem Titel getan, das am Ende des Zweiten Weltkriegs erschienen ist und seitdem immer wieder neu aufgelegt wird. So schön diese drei Worte klingen, sie zielen vielleicht an ihrem Gegenstand vorbei, denn Leben *ist* ja nicht, Leben *wird* vielmehr. Das hat man spätestens in der Goethezeit begriffen, in deren Folge dann der durchdringende Gedanke der Evolution möglich wurde.

Das evolutionäre Bild der Welt, der organischen Natur und des Menschen ist untrennbar mit dem Leben und Wirken von Charles Darwin verbunden, dessen Ideen nicht zufällig im 19. Jahrhundert entstanden sind. Die Zeit und die Erde, wie er sie erlebte und erfuhr, lieferten die nötigen Voraussetzungen für sein Denken. Eines der wichtigsten geistigen Geschenke für Darwin findet man in den Untersuchungen der Geologen, die damals das alte Bild der Erde umkrempelten. Dabei spielte zum einen das Alter eine Rolle, das man für den Heimatplaneten ansetzte, und zum Zweiten ein Gedanke, den Darwin bei einem der großen Geologen des 19. Jahrhunderts fand, dem Briten Charles Lyell, der mit seinem zweibändigen Werk «Prinzipien der Geologie» großen Einfluss auf den Vater des evolutionären Gedankens ausübte. Lyell konnte die notwendigen Zeiträume für Darwins revolutionären Gedanken freimachen, weil er es für unerlässlich hielt, «die früheren Veränderungen der Erdoberfläche durch die heute wirkenden Ursachen zu erklären». Der Geologe zeigte sich überzeugt, «dass es niemals eine Unterbrechung derselben einförmigen Ordnung der Ereignisse gegeben hat», und mit diesen ermutigenden Vorgaben konnte sich Darwin der Geschichte des Lebens zuwenden.[17]

Heute sind die Zeiträume, die der Evolution zur Verfügung ge-

standen haben, wohlbekannt. Sie lassen sich in einer Tabelle darstellen, die auf der gegenüberliegenden Seite abgebildet wird.[18]
Wer sie sich ansieht, wird erkennen, dass sich die Erde, wie
oben erwähnt, seit etwa knapp vier Milliarden Jahren entwickelt
und dass es nicht lange gedauert hat, bis das erste Leben auf dem
Planeten aufgetaucht ist. Daneben erfährt man, dass selbst vielzel-
liges Leben bereits mehr als zwei Milliarden Jahre auf dem Buckel
hat, und vieles mehr. Dabei stellt sich allerdings einmal wieder die
Frage, wer sich unter diesen immensen Zahlen, die mit einem «Kometenschweif an Nullen» daherkommen (Thomas Mann), wirklich
etwas vorstellen kann.

Der amerikanische Paläontologe und Evolutionsbiologe
Stephen J. Gould stellt die wissenschaftlich erkundete Geschichte
der Erde in seinem Buch «Die Entdeckung der Tiefenzeit» all-
gemeinverständlich dar und geht dabei auch auf diese Frage
ein. Gould meint, in der Dimension der Tiefenzeit eine mögliche
Kränkung für den «Narzissmus der Moderne» zu entdecken, und
es könnte tatsächlich sein, dass die Wissenschaft den Menschen
an dieser Stelle verliert oder zumindest beleidigt.[19] Früher hatte
man gedacht, die Zeit sei leicht zu verstehen, da sie «nur fünf Tage
älter als wir» sei, wie Gould einen theologischen Autor aus dem
17. Jahrhundert zitiert, Thomas Browne, der sich dabei ganz auf die
Schöpfungsgeschichte verlässt. Heute stellen die Menschen fest,
dass sich die Zeit und ihre Dauer ihrem Verstehen entziehen, und
zwar gerade weil man den beiden mit Mitteln der Wissenschaft auf
den Leib rückt.

«Wo aber Gefahr ist, wächst das Rettende auch», wie bei Friedrich Hölderlin nachzulesen ist, und tatsächlich – wo die Gefahr
besteht, den Menschen zu verlieren, fällt der Wissenschaft ein
überzeugendes Wort ein, das der «Tiefenzeit» nämlich, welches
in Goulds Titel erscheint und mit diesem Buch im deutschsprachi-
gen Raum populär geworden ist. Dazu zwei Anmerkungen: Zum

Vor Mio. Jahren	Zeitalter	Perioden	Besonderheiten
0,01	QUARTÄR	Holozän	Der Mensch erscheint
1,64		Pleistozän	Eiszeiten, besonders auf der Nordhalbkugel
5,2		Pliozän	Verwandte des Menschen
25,3		Miozän	
35,4	TERTIÄR	Oligozän	Evolution auf getrennten Kontinenten und periodische Migrationen
56,5		Eozän	
65		Paläozän	Säugetiere und Vögel diversifizieren sich
145,6	MESO-ZOIKUM	Kreide	Massenaussterben der Dinosaurier / Ablagerung von Kreide
208		Jura	Dinosaurier zu Lande
245		Trias	Moderne Ozeane verbreitern sich
290	OBER-PALÄOZOIKUM	Perm	Massenaussterben, Superkontinent Pangäa
362,5		Karbon	Kohlensümpfe
408,5		Devon	Fische und Amphibien
438,1		Silur	Besiedlung des Festlands
505	UNTER-PALÄOZOIKUM	Ordovizium	Größte Ausdehnung des Urozeans
545		Kambrium	Trilobiten und andere marine Tiere
2500	PRÄKAMBRIUM	Proterozoikum	Vielzelliges Leben
3500		Archaikum	Leben – Spuren im Gestein

einen stammt der schöne Begriff nicht von Gould selbst, sondern von dem amerikanischen Sachbuchautor John McPhee, der den Ausdruck «deep time» 1980 in seinem Buch «Basin and Range» vorgeschlagen hat; zum Zweiten liefert vielleicht erst die deutsche Version von «deep time» – eben die schöne Bezeichnung «Tiefenzeit» – mit ihrem poetischen Klang den Anreiz, sich einfühlsam auf die Dimension einzulassen, die die Erdgeschichte dem irdischen Werden und menschlichen Denken eröffnet.

Gould greift das verführerisch klingende Wort der Tiefenzeit auch deshalb in seinem wissenschaftlichen Text auf, weil damit etwas erfasst wird, das so fremd ist, dass es sich nur über den Weg der Metapher versuchsweise verstehen lässt. Eine einprägsame und nachvollziehbare Metapher stammt von McPhee selbst: «Wenn man sich die Erdgeschichte als das alte englische Yard vorstellt, also als die Entfernung zwischen der Nase des Königs und der Spitze seiner ausgestreckten Hand, dann würde die Nagelfeile am Mittelfinger des Königs mit einem einzigen Strich die ganze Menschheitsgeschichte in Staub zerfallen lassen.»[20] Eine andere hat der geistige Vater von Huckleberry Finn, Mark Twain, geliefert, der von Gould wie folgt zitiert wird: «Wenn die Höhe des Eiffelturms dem Alter der Erde entspräche, dann entspräche dem Alter des Menschen die dünne Lackschicht auf der obersten Turmspitze.»[21]

Die Frage nach dem Alter ist ihrerseits alt. Sie wurde seit dem Beginn der Geschichte gestellt und vielfach mit Methoden beantwortet, die sich heute kaum noch nachvollziehen lassen. Spannend wurde das Treiben, als im 17. Jahrhundert der aus Dublin stammende irisch-anglikanische Theologe und Bischof James Ussher (1581–1656) durch sorgfältiges Addieren aller in den biblischen Texten enthaltenen Altersangaben sich nicht nur in der Lage fühlte, das Jahr anzugeben, an dem Gott die Erde geschaffen habe – Ussher nannte 4004 BC («Before Christ») –, sondern darüber hinaus sogar den Mut fand, den genauen Tag zu bestimmen, an dem dies ins Werk gesetzt worden war, nämlich am 23. Oktober. Ein Zeitgenosse von James Ussher, Hochwürden John Lightfoot, wollte es noch genauer wissen und sogar die Uhrzeit der Schöpfung angeben, die er schließlich auch exakt ermittelte: 9 Uhr morgens. Und in dieser pedantischen Genauigkeit konnte man es noch am Ende des 19. Jahrhunderts lesen, als Andrew D. White, der angesehene Präsident der renommierten amerikanischen Cornell University, ein Buch über «The Warfare of Science with Theology in Christendom» vorlegte, in dem 1896 als wissenschaftlich ergründete Wahrheit verkündet wurde, dass der Mensch am 23. Oktober 4004 BC um 9 Uhr morgens von Gott geschaffen worden sei.

Der Philosoph Hans Blumenberg berichtet in seinem Buch «Die Sorge geht über den Fluß» davon, dass jemand dieses Datum der Welt- und Menschenschöpfung in das Exemplar der Heiligen Schrift eingetragen hatte, das den englischen Naturforscher Charles Darwin auf seiner ab 1830 unternommenen Reise um die Erde mit der MS Beagle begleitete. Blumenberg weist auf diesen Zusammenhang hin, um zu verdeutlichen, «wie zerstörerisch die fromme Notiz» letztlich war, zeigte sie Darwin doch nur, wie unsinnig die theologische Naturforschung war, die sie hervorgebracht hatte.[22] Genauigkeit kann also tödlich sein. Sie war es in diesem Fall für die alte und behäbige Form der Naturkunde, die danach endlich den Theologen und Philosophen aus der Hand genommen und den Geologen, Botanikern und anderen Wissenschaftlern anvertraut wurde.

Bereits zu Beginn des 19. Jahrhunderts hatte der französische Biologe Jean-Baptiste de Lamarck über die christlichen Angaben gelästert, als er schrieb, «wie klein sind die Gedanken derer, die glauben, seit der Entstehung unserer Erde bis zum heutigen Tag seien nicht mehr als sechstausend und ein paar hundert Jahre vergangen».[23] In der Tat setzte sich damals nach und nach die

Überzeugung durch, dass es mehr als hunderttausend Jahre und vielleicht sogar mehr als eine Million Jahre gedauert haben musste, um das Weltall, die Erde und das Leben auf unserem Planeten so werden zu lassen, wie wir es vorfinden. Überraschend großzügig erwies sich der Philosoph Immanuel Kant, der 1755 eine «Allgemeine Naturgeschichte und Theorie des Himmels» vorlegte und darin seine Ansicht formulierte, die Schöpfung sei nicht in einem Augenblick gelungen, sie benötige vielmehr sehr lange Zeiträume – nahezu eine Million Jahre – und sei noch lange nicht vollendet, wie bereits erwähnt worden ist.

Bald fanden Naturforscher einen Weg, der sie zum korrekten Verständnis des Erdalters führte. Zu den Pionieren zählt der Schotte James Hutton, der 1795 sein großes Werk mit dem Titel «Theory of the Earth» vorlegte, in dem er einen besonderen Gedanken zur Zeit einführte. Hutton stellte fest, dass es neben der linearen Zeit – der gesamten Dauer des Planeten – auch zyklische Zeitverläufe – sich wiederholende Zeitkreisläufe – auf der Erde gibt, in denen immer wieder neue Schichten – Zeitschichten – hervorgebracht werden, die sich den Geologen heute zeigen. Es ist die Stratigraphie, die die Entstehungsprozesse der Gesteine erkundet und neben dem Zeitpfeil auch Zeitzyklen einsetzt, um die Geschichte der Erde zu erfassen. «Time's Arrow – Time's Cycle» – so lautet der Originaltitel von Goulds «Entdeckung der Tiefenzeit», die eben möglich geworden ist mit dem, was heute als «Huttons Weltmaschine» bekannt ist. Diese bringt Formationen hervor, die meist übereinanderliegen, aber auch gekippt zueinander stehen können. Hutton stellte sich die Erde tatsächlich als eine Maschine vor, die mit einer sich wiederholenden Ordnung in der Zeit («a succession of worlds») neue Schichten hervorbringt.

Als Darwin in den 1840er Jahren mit der Geschichte des Lebens beschäftigt war, standen ihm neben den geologischen auch viele Daten einer neuen Wissenschaft namens Paläontologie zur Verfügung. Die Paläontologie untersucht das «Altseiende» in Form von Fossilien, die in verschiedenen Erdschichten auszumachen sind. Mit Hilfe sogenannter Leitfossilien und einer dazugehörigen Biostratigraphie brachte man eine relative Zeitbestimmung der Erde und ihrer Zeitalter zustande, bevor im 20. Jahrhundert eine absolute Altersbestimmung mit Hilfe von radioaktiven Prozessen (Radiometrie) möglich wurde. Inzwischen kann die moderne Wissenschaft das Alter der Erde mittels magnetischer Anomalien messen, die im Laufe langer Zeiträume durch ein Umpolen des Erdmagnetfeldes zustande gekommen sind. Alle Methoden zusammen erlauben die Gliederung der Erdgeschichte, die in der obigen Tabelle gezeigt wurde.

Die evolutionäre Sicht der Dinge

Die heute akzeptierte evolutionäre Sicht der Dinge und das dazugehörige Weltbild formulierte Charles Darwin in seinem 1859 veröffentlichten Werk «On the Origins of Species by Means of Natural Selection». Es gehört inzwischen zu den Allgemeinplätzen der Kritik an Darwin, dass dieses wahrhaft weitreichend wirkende Werk genau genommen sein Thema verfehlt, denn was der Autor auf vielen hundert Seiten beschreibt, kann man nicht «Die Entstehung der Arten» nennen. Wenn überhaupt, dann handelt das wohl einflussreichste Buch der Biologiegeschichte von der Anpassung der Organismen an die Umwelt, in der sie sich zurechtfinden müssen, um zu überleben.

Darwins Vorstellung der Evolution durch natürliche Selektion kann in fünf Beobachtungen zusammengefasst werden, aus denen drei Folgerungen zu ziehen sind. Darwin führt zunächst einen neuen Begriff ein, der zwischen dem Individuum und der Art angesiedelt ist, nämlich den der Population (deutsch meist «Bevölkerung»). Mit diesem anschaulichen Wort ist eine Gruppe von Lebewesen gemeint, die als Lebensgemeinschaft zusammengehört, gemeinsam in einem Habitat die eigene Existenz sichert und für Nachkommen sorgt. Wie sich herausstellt, sind es nicht die Arten, die sich anpassen, sondern Populationen, und es lässt sich vorstellen, dass die jeweiligen Anpassungen (Adaptionen) die Entfernung von der ursprünglichen Art so lange immer größer werden lassen, bis die ersten Exemplare einer neuen Art erscheinen. So viel zu den allgemeinen Vorstellungen, die im Detail wie folgt entwickelt werden.

Die erste Beobachtung betrifft die Fruchtbarkeit der Arten. Darwin bemerkte bei seiner Reise um die Welt, dass die Natur verschwenderisch vorgeht und ihre Geschöpfe äußerst fruchtbar macht. Wenn alle Individuen, die in einer Population zusammen leben, sich in aller Freizügigkeit vermehren würden, so stellte er fest, dann könnte ihre Zahl über alle Maßen zunehmen. Doch – und damit ergibt sich die zweite Beobachtung – dies passiert nicht, denn abgesehen von saisonalen Schwankungen bleiben Populationen stabil, das heißt, die Zahl ihrer Mitglieder hält sich konstant. Mit der dritten Beobachtung, dass die natürlichen Ressourcen in jeder Umgebung begrenzt sind und mit ihr stabil bleiben, kann die erste Schlussfolgerung gezogen werden: Unter den Individuen einer Population muss es Auseinandersetzungen um die Lebensgrundlagen geben, und dieser Wettkampf gehört für Darwin mit zu dem Ringen um das Überleben, «the struggle for life», mit dem jedes Tier und jede Pflanze beschäftigt ist.

Von den Individuen, die sich abmühen und mit- und gegeneinander agieren, sind keine zwei identisch, wie die vierte Beobachtung festhält. Innerhalb einer Population zeigen sich zahlreiche Unterschiede, die Darwin als Variationen bezeichnet. Wie in der Musik lässt sich dabei an ein Thema denken, das von der Natur in verschiedenen Variationen gespielt wird. Das Thema ist natürlich durch die Art oder eine Population vorgegeben, und es ist klar, dass das, was dieses Thema zum Ausdruck bringt – also zum Beispiel «ein Pferd sein» oder «eine Rose sein» –, vererbt wird. Doch – so die fünfte und letzte Beobachtung – auch die Variationen sind erblich, zumindest ein Teil von ihnen. Und damit kann man die gesamte Ernte des Gedankens einfahren, denn nun lassen sich zwei weitere Folgerungen ziehen. Da sich unter den verschiedenen Individuen nicht alle in gleicher Weise behaupten und es notwendigerweise zu einem Ausleseprozess kommt, lässt sich zunächst sagen, dass das Überleben von der erblichen Konstitution abhängig ist. Es kommt – dritte und letzte Schlussfolgerung – zu einer (natürlichen) Selektion von Variationen, die zum Wandel der Population führen. Dies wiederum findet seinen wahrnehmbaren Ausdruck in einer Anpassung der Art.

Spätestens seit 1800 existierte der Gedanke, dass die lebenden Arten keine ewigen Schöpfungen, sondern veränderbare (modifizierbare) Gegebenheiten sind. Darwin erkannte bei seinen weltumspannend betriebenen Naturbeobachtungen, dass der Vorgang der Modifizierung im Laufe der Abstammung – «modification by descent» – schließlich zu völlig neuen Lebensformen – und damit zu einer Evolution der Organismen – führen kann. Der heute so berühmte und vielfach bemühte Begriff der Evolution fällt in Darwins Hauptwerk nicht – wenn man davon absieht, dass der Text mit dem dazugehörigen Verb sein Ende findet. Der letzte Satz in der «Entstehung der Arten» lautet: «Es ist wahrlich etwas Erhabenes um die Auffassung, dass der Schöpfer den Keim alles Lebens, das uns umgibt, nur wenigen oder gar nur einer einzigen Form eingehaucht hat und dass, während sich unsere Erde nach den Gesetzen der Schwerkraft im Kreis bewegt, aus einem so schlichten Anfang eine unendliche Zahl der schönsten und wunderbarsten Formen entstand und noch weiter entsteht.»[24]

MAN · IS · BVT · A · WORM ·

Eine Karikatur von Charles Darwin, dem Begründer des evolutionären Weltbildes, die zeigt, wie Würmer aus dem Chaos kriechen und Affen sich in Menschen verwandeln. Die Zeichnung stammt von dem britischen Illustrator Edward Linley Sambourne und war 1881 in der Zeitschrift «Punch» zu sehen.

Das abschließende «entsteht» lautet im englischen Original «evolved», und nur an dieser Stelle verwendet Darwin das heute so gebräuchliche Wort. Das mag auch daran liegen, dass der Begriff schon damals so viele Bedeutungen hatte, dass er mehr zur Verwirrung als zur Klärung beigetragen hätte. Kurz vor Schluss seines Werkes fällt der wohl am meisten zitierte Satz, «Licht wird auch fallen auf den Menschen und seine Geschichte», der aber erst im folgenden Kapitel genauer betrachtet werden soll. Beim ersten Lesen scheint dieser Satz eine Reihenfolge des Verstehens vorzugeben, nämlich die, dass aus dem, was man über die Natur erkannt hat, etwas zu lernen ist für den Menschen, seine gegenwärtige Existenz und seine historische Entwicklung. Wer sich auf diesen Weg macht, übersieht allerdings, dass er oder sie den Gedanken der Evolution nur dorthin trägt, wo er herkommt. Tatsächlich stammt Darwins theoretische und begriffliche Grundlage keineswegs aus der Natur, wie es vielfach nahegelegt wird. Als der britische Naturforscher auf seiner Weltreise zwischen 1831 und 1836 Vögel und andere Lebewesen auf den Galapagosinseln und in weiteren Habitaten beobachtete und für Forschungszwecke einsammelte, ging es dabei – philosophisch gesprochen – ausschließlich um Anschauungsmaterial, und der bald überwältigenden empirischen Tatsachenfülle stand zunächst noch kein klärender oder strukturierender Begriff zur Seite, wie Darwins Aufzeichnungen aus dieser Zeit erkennen lassen. Mit den angehäuften Proben stand ihm noch kein Gedanke zur Verfügung, der ein theoretisches Durchschauen des Gesehenen und Gefundenen erlaubt hätte.

Die Entstehung des evolutionären Denkens und Verstehens bietet ein klassisches Beispiel für die philosophische Einsicht, die Immanuel Kant in seiner «Kritik der reinen Vernunft» von 1791 vorgestellt hat und die darin besteht, dass gelingendes Erkennen zwei unabhängige und eigenständige Komponenten benötigt. Kant nennt sie «Begriff» und «Anschauung», und er macht ihre individuelle Unzulänglichkeit durch den mir aus Schulzeiten in Erinnerung gebliebenen berühmten Hinweis deutlich, dass die Anschauung ohne Begriffe blind bleibt, während ein Begriff ohne Anschauung leer wirkt.

Darwins Anschauung der Welt bis zu seiner Rückkehr nach London im Jahr 1836 war insofern tatsächlich blind, da er über keine Theorie verfügte, mit denen sich die beobachteten Variationen etwa bei den Schnäbeln von Drosseln und Finken durch einen passenden Begriff verstehen ließen. Es dauerte bis zum Jahre 1838, als es Darwin nach der Lektüre eines Buches plötzlich wie Schuppen von den Augen fiel, und die Historiker sind über den entscheidenden Augenblick durch einen Tagebucheintrag im Detail informiert. Hier heißt es: «Im Oktober 1838 las ich zufällig zur Unterhaltung Malthus, über Bevölkerung, und da ich hinreichend darauf vorbereitet war, den überall stattfindenden Kampf um die Existenz [struggle for existence] zu würdigen, kam mir sofort der Gedanke, daß unter solchen Umständen günstige Abänderungen dazu neigen, erhalten zu werden, und ungünstige, zerstört zu werden. Das Resultat hiervon würde die Bildung neuer Arten sein. Hier hatte ich nun endlich eine Theorie, mit welcher ich arbeiten konnte.»[25]

Das Buch, das Darwin erwähnt, war in den frühen Jahrzehnten des 19. Jahrhunderts ein Bestseller, der von den gebildeten Kreisen der englischen Gesellschaft gelesen wurde. Sein Autor war der Nationalökonom und Pfarrer Thomas Malthus, und die erste Auflage seines «Essays on the Principle of Population» stammte aus dem Jahre 1798. Malthus brachte die Befürchtung zum Ausdruck, dass sich die englische Bevölkerung stärker vermehrte als die landwirtschaftliche Produktivität, und für diesen Fall sagte er einen «Kampf ums Dasein» unter den Menschen voraus, wie es später immer wieder in deutschen Übersetzungen sowohl von Malthus als auch von Darwin hieß. Dieser Begriff vom «struggle for existence» – so das mildere englische Original –, wie grausam oder harmlos er auch gemeint ist, öffnete Darwin die Augen. Er konnte jetzt endlich das beschreiben, was er längst vielfach gesehen hatte. Mit dem theoretischen Konstrukt von Malthus verstand er die Natur, und um auf die Reihenfolge des Verstehens zurückzukommen: Darwins Begriff der Evolution kommt nicht aus der Natur, sondern aus der englischen Gesellschaft nach 1800, die das erlebte und praktizierte, was Schulbücher korrekt als «industrielle Revolution» bezeichnen. Mit anderen Worten – es ist nicht die Natur, die die menschliche Gesellschaft erklärt, es ist genau umgekehrt die Gesellschaft, die die Natur erklärt. Wenn Sozialdarwinisten anschließend hergehen und versuchen, den Spieß umzudrehen, dann bringen sie sich nur selbst um die Früchte ihres Bemühens und rennen ins Leere.

Die Beobachtung, dass Darwins Gedanke aus der Gesellschaft stammt, erlaubt zwei Bemerkungen, die zur Klärung historischer Rätsel beitragen. Zum einen kann man jetzt verstehen, warum viele Weltreisende und Naturbeobachter – etwa Alexander von Humboldt –, die vor Darwin die Kontinente auf dem Globus naturwissenschaftlich erkundet haben, ohne dessen evolutionäre Erkenntnis geblieben sind. Ihnen fehlte der gesellschaftliche Begriff, der die persönliche Anschauung in die intersubjektive Einsicht verwandelt hätte. Diesen Begriff besaß hingegen ein Zeitgenosse Darwins, der Engländer Alfred Wallace. Von ihm weiß man, dass er den Gedanken der Evolution etwa zur gleichen Zeit wie Darwin entwickelt hat, und zwar aus denselben Quellen, wie die historische Forschung inzwischen nachweisen konnte. Wallace – dies als zweite Anmerkung – bereiste nicht nur die Welt wie Darwin, er las auch dasselbe Buch, nämlich Malthus' Prognose eines Kampfes ums Dasein. Er entnahm ihm dabei dasselbe Konzept, und beide gemeinsam – Anschauung und Begriff – versetzten ihn ebenso wie Darwin in die Lage, von einer Evolution der Arten zu sprechen.

Wenn man diese Zeitbedingtheit des Verstehens einer evolutionären Natur ernst nimmt und akzeptiert, dann folgt daraus unter anderem, dass das heutige Verstehen von «Evolution» anders gelingt als im 19. Jahrhundert. Die Gesellschaft, die Darwin erlebte, funktionierte nicht so wie die Gesellschaft, in der Menschen im 20. Jahrhundert aufgewachsen sind und ihre Erfahrungen gemacht haben, und den Menschen stehen gegenwärtig nicht nur andere Anschauungen zur Verfügung als dem Vater der Evolutionstheorie, sie machen sich auch andere Vorstellungen, wenn sie einen martialischen Begriff wie «Kampf ums Dasein» verwenden. Das heutige Verstehen muss damit nicht danebenliegen. Es weist nur Besonderheiten auf, die von denjenigen beachtet werden sollten, die meinen, mit Hilfe wissenschaftlicher Einsichten so etwas wie eine feststehende Wahrheit angeben zu können. Die Einsicht in die Evolution unterliegt selbst der Wandlung.

Die soziale Herkunft des evolutionären Gedankens erlaubt auch eine neue Antwort auf die alte Frage, warum Darwin so lange zögerte, seine Theorie zu veröffentlichen. Er hat sich immerhin mehr als zwanzig Jahre lang – von 1838 bis 1859 – Zeit gelassen, um «Die Entstehung der Arten» vorzulegen. Zumeist wird bei der Suche nach Gründen für die lange Spanne Darwins Angst genannt, die religiösen Gefühle seiner Frau zu verletzen, oder es wird insgesamt die Sorge angeführt, von einer – damals wie heute – intoleranten Geistlichkeit angegriffen und vorgeführt zu werden. Glaubwürdiger erscheint Historikern inzwischen die Beobachtung, dass Darwins Evolutionstheorie unvollständig war, was niemand besser wusste als ihr Schöpfer selbst, der hinter jeder Lücke eine mögliche Widerlegung seiner Idee befürchtete. Erst als Darwin eine besonders große Leerstelle füllen konnte, fasste er den Mut, sich in aller Öffentlichkeit zu seinem Konzept zu bekennen. Gemeint ist das sogenannte Divergenzprinzip, das ihm erst 1851 in den Sinn kam, als er die Weltausstellung in London besuchte, die die erste ihrer Art war und in deren Zentrum ein blitzender Kristallpalast stand.

Bevor Darwin nach London aufbrach, hatte er schon das Kon-

zept der Selektion (Zuchtwahl) genutzt, das – wie nicht näher zu
erläutern ist – ganz selbstverständlich dem Bereich menschlicher
Tätigkeit etwa bei der Hunde-, Pferde- und Bienenzucht entnom-
men ist. Darwins Problem bestand darin, verständlich zu machen, wie eine natürliche Selektion all die vielen Verzweigungen
hervorbringt, die Menschen an Stammbäumen schätzen und mit
deren Hilfe sie sehen können, wie das Leben seine Vielfalt zu generieren imstande ist. Darwin löste diese Frage durch den und
bei dem Besuch der Weltausstellung in London. In den Worten
seiner Biographin Janet Browne bediente er sich «zur Veran-
schaulichung seines Gedankens eines Bildes, das er aus der Welt
der englischen Industrie bezogen hatte. Die natürliche Selektion
begünstigte wahrscheinlich am meisten diejenigen Tier- und
Pflanzenspezies, welche die am breitesten gefächerten Varianten
aufweisen, meinte er – als ob die Natur ein Industriebetrieb wäre,
in dem ja die Arbeiter bekanntermaßen desto effizienter produzie-
ren, je weiter fortgeschritten die Arbeitsteilung ist – je vielgestalti-
ger also die Tätigkeiten der Einzelnen sind.» «Die erfolgreichste
Art, meinte Darwin, werde diejenige sein, deren Abkömmlinge in
Bau, Konstitution und Lebensweise am weitesten auseinanderge-
hen, denn diese werden am besten geeignet sein, viele und sehr
verschiedene Stellen im Haushalt der Natur einzunehmen.»[26]

Eine Welt voller Wahrscheinlichkeiten

Variationen und Mutationen sind ein entscheidendes Element in
Darwins Auffassung von Evolution. Ihr Auftreten oder Erscheinen wird von Darwin als rein zufällig angesehen, als eine Möglichkeit unter vielen, und diese Idee unterscheidet seine Konzeption
grundsätzlich von den Überlegungen, die Vorgänger wie der Fran-

zose Jean-Baptiste de Lamarck vorgelegt haben, die irgendeine
Macht in der Natur, im Himmel oder im Leben am Werk sahen, um
dem ganzen Geschehen auf der Erde oder der Welt eine Richtung
oder ein Ziel zu geben. Im Sprachgebrauch der modernen Genetik
kommen organische Variationen durch Änderungen (Mutationen)
im genetischen Material zustande, und sie treten dem Verständnis
der allermeisten zeitgenössischen Wissenschaftler nach offenbar
genau so auf, wie Darwin es gedacht hat, nämlich zufällig und ohne
gezielte Absicht. Mutationen finden ohne lenkende Ursache statt,
aber nachdem sie einmal eingetreten sind und sich auswirken,
kann die natürliche Selektion zwischen ihnen wählen und dafür
sorgen, dass sich einige verstärkt und andere überhaupt nicht in
einer Population ausbreiten.

Dem Zufall fällt also eine wesentliche Rolle zu, und dies hat
mindestens eine besondere Konsequenz. Eine Theorie der Evolution kann damit niemals vollständig sein. Sie kann auch nicht
die Qualität der Theorie gewinnen, die Naturwissenschaftler zum
Beispiel von der Physik her gewohnt sind. Wenn Darwin – wie zitiert – davon schwärmt, mit der natürlichen Selektion ein Naturgesetz gefunden zu haben, und möglicherweise davon träumt, ein
«Newton des Grashalms» zu werden, dann entgeht ihm, dass er in
Wirklichkeit eine viel größere Leistung vollbracht hat. Er hat nämlich verstanden, dass es neben den Naturgesetzen, die einen physikalischen oder chemischen Ablauf festlegen – ihn determinieren –,
auch Naturgesetze gibt, die dies nicht tun und trotzdem die Welt
beeinflussen. Darwin hat entdeckt, dass es eine zweite Form von
Naturgesetzen gibt. Er fand das erste statistische Gesetz der Natur.

Hingewiesen hat darauf bereits 1877 der amerikanische Philosoph Charles Peirce, als er sich zu den Debatten äußerte, die sich
bis heute auf die Frage «Gott oder Darwin?» reduzieren lassen.
Peirce merkte an, dass die oft hartnäckige Abneigung Darwins Ansichten gegenüber nicht nur einen theologischen, sondern einen

anderen, hübsch handfesten Grund hat: «Die Kontroverse um Darwin ist zu weiten Teilen eine Frage der Logik. Darwin schlug vor, die statistische Methode auf die Biologie anzuwenden. Dasselbe ist in einem sehr verschiedenen Zweig der Wissenschaft geschehen, in der Theorie der Gase. Obwohl sie nicht sagen konnten, wie die Bewegung eines bestimmten Gasmoleküls unter gewissen Voraussetzungen über die Zusammensetzung dieser Art von Körpern aussehen würde, konnten [die Väter des Zweiten Hauptsatzes der Thermodynamik] – schon acht Jahre vor der Publikation von Darwins unsterblichem Werk – durch Anwendung der Wahrscheinlichkeitspostulate voraussagen, dass auf lange Sicht der und der Anteil der Moleküle unter den und den Umständen die und die Geschwindigkeit erreichen würde; dass sich da jede Sekunde soundso viel Zusammenstöße ereignen würden und so weiter; und aus diesen Aussagen gelang es ihnen, bestimmte Eigenschaften der Gase abzuleiten, besonders was ihr Verhalten bei Wärme anging. In gleicher Weise kann Darwin nicht sagen, was die Wirkung der Variation und natürlichen Selektion in irgendeinem Einzelfall sein wird, er zeigt aber, dass sich Tiere, auf lange Sicht gesehen, ihren Lebensumständen anpassen werden und angepasst haben.»[27]

Mit anderen Worten: Darwin entdeckte die universelle und weitreichende Gültigkeit des statistischen Gedankens, der im Zentrum der folgenden Abschnitte steht. Es ist ein historischer Zufall oder ein geschichtlicher Glücksfall, dass der Schotte James Clerk Maxwell in genau demselben Jahr 1859 auf mathematisch saubere Weise die von Peirce erwähnte statistische Verteilung der Eigenschaften von Gasmolekülen beschreibt, in dem Darwins Buch über den Ursprung der Arten publiziert wird. Maxwell hat bemerkt und später, im Jahr 1873, beschrieben, dass die Menschen sich bei der Analyse der Wahrscheinlichkeit von Ereignissen «eine neue Art des Wissens» aneignen,[28] mit der naturgemäß ein neues Bild der Welt einhergeht.

Die neue Art von Wissen

Das Denken in Wahrscheinlichkeiten – probabilistisches Argumentieren – reicht viel weiter zurück. Bereits Cicero stellte um 85 v. Chr. eine Ähnlichkeit fest zwischen dem, was normalerweise geschieht, und dem, was Menschen gewöhnlich glauben und erwarten. Er nannte das «probabile» mit dem Substantiv «probabilitas» für den Erwartungswert, wie man heute übersetzen würde. Spätestens im 10. Jahrhundert versuchten Mönche, sämtliche Kombinationen zu bestimmen, die beim Würfeln auftreten können, um die Wahrscheinlichkeiten für den Erfolg zu berechnen, und Talmudgelehrte dachten schon früh probabilistisch über die Eigenschaften von Eltern und Kindern nach.

Die ersten systematischen Überlegungen zum Zufall finden Historiker bei dem philosophischen Mathematiker Blaise Pascal, der um 1650 die Erwartung als Grundbegriff verwendete und das Konzept der Wahrscheinlichkeit daraus ableitete. Anlass seiner Überlegungen waren merkwürdigerweise erneut Würfelspiele. Auch der Holländer Christiaan Huygens stellte die Erwartung bei Glücksspielen 1657 in seiner Schrift «De ratiociniis in ludo aleae» an den Anfang und definierte sie als Fairness: In einem fairen Spiel herrschen gleiche Erwartungen, niemand sollte benachteiligt sein, und unter dieser Vorgabe kann man versuchen, Gewinnchancen zu berechnen.

Zu den Fragen, die sich den ersten Statistikern stellten, gehörte die nach der Quelle der Zufälligkeiten. Woher kommen Wahrscheinlichkeiten? Bezeichnen sie Gegebenheiten der objektiven Welt oder den Zustand des mangelnden Wissens eines Subjekts? Braucht ein Gott Wahrscheinlichkeiten, und handelt er mit ihrer Vorgabe? Was genau nennen Menschen einen Zufall? Die Koinzidenz von Ereignissen oder die fehlende Absicht, wenn etwas zur gleichen Zeit passiert? Unabhängig davon begannen Gruppen oder

Gesellschaften, demographische Angaben über Geburten, Eheschließungen und Todesfälle zu sammeln, wobei die Bewohner in London damit 1562 den historischen Anfang machten. Mit den erhobenen Daten entstand die Notwendigkeit, sie auszuwerten, und so setzten sich Menschen daran, Mittelwerte von und Verteilungen um solche Durchschnittszahlen zu bestimmen, was allmählich zum Umgang mit Statistiken führte, wie er heute selbstverständlich ist. In der ersten Hälfte des 17. Jahrhunderts wurden in Europa viele Gemeinden verpflichtet, Register ihrer Bewohner anzulegen. Es ging dabei zunächst nicht um eine Theorie der Wahrscheinlichkeit, sondern darum, den Nachweis für das Alter und den Status einer Rechtsperson zu liefern. 1699 kam der erwähnte Physiker Huygens dann auf die Idee, aus Sterbetafeln eine «Lebenserwartung» zu berechnen, um damit Leibrenten festlegen zu können. Es dauerte dann noch ein halbes Jahrhundert, aber um 1750 stand die Mathematik der Sterblichkeit – vor allem in Anwendung auf Rentenermittlung und Anwartschaftszahlungen – an der Front der Wahrscheinlichkeitstheorie.

Im ausgehenden 18. Jahrhundert fiel Physikern und anderen Wissenschaftlern auf, dass sich immer dann, wenn sie hinreichend viele Ergebnisse von Einzelbeobachtungen auf einem Blatt Papier zusammenstellten, die eingetragenen Messpunkte zuletzt zu einer Glockenkurve zusammenfinden. Diese Kurve fand bald die Aufmerksamkeit eines der größten Genies, die Deutschland hervorgebracht hat. Gemeint ist der Mathematiker Carl Friedrich Gauß, der kurz vor 1800 der Glocke ihre korrekte analytische Form gab und sie als Normalverteilung so berühmt machte, dass sie mit seinem Porträt auf dem letzten Zehn-Mark-Schein der Bundesrepublik abgebildet wurde.

Diese Normalverteilung, die Gauß mit einer raffinierten «Methode der kleinsten Quadrate» nutzen konnte, um den «wahren Wert» einer Messreihe zu finden, brachte nach 1844 den belgi-

schen Astronomen und Statistiker Adolphe Quetelet auf die Idee,
eine Sozialstatistik einzuführen. Quetelet erkannte, dass menschliche Eigenschaften wie der Brustumfang von Soldaten so um
einen Mittelwert – also normal – verteilt sind wie die Abweichungen von dem Durchschnittswert in einer Messung, die es Maxwell
nach 1850 erlaubte, die Eigenschaften von Gasen – ihren Druck und
ihre Temperatur – durch die Verteilung der Geschwindigkeit auf
die dazugehörigen Moleküle zu berechnen. In der zweiten Hälfte
des 19. Jahrhunderts gestattete das statistische Denken dem Wiener Physiker Ludwig Boltzmann, die Richtung der Zeit zu erklären –
sie verläuft in der Sicht der Physik von wenig wahrscheinlichen zu
wahrscheinlicheren Zuständen eines Systems. Mit all diesen Einsichten und Fortschritten lässt sich sagen, dass die Normalverteilung oder Glockenkurve wirklich «a new kind of knowledge» darstellt, wie es in der englischen Sprache heißt.

Im 21. Jahrhundert geht es bei der Normalverteilung «längst
nicht mehr allein um Messfehlerbereinigungen», wie Hubert Mania in seiner Gauß-Biographie schreibt: «Die besorgniserregenden
Abweichungen eines Kometen von seiner erdnahen Bahn, patho-
logische Stoffwechselstörungen im Blut oder die Reaktionszeit
von Hundertmetersprintern auf den Startschuss: Überall ist die
Normalverteilung im Spiel. Und selbst psychologische Merkmale
wie die Ängstlichkeit in einer Schulklasse vor der Mathearbeit, die
Leistungsmotivation von Bankangestellten oder die Intelligenzver-
teilung in der deutschen Bevölkerung bringen Glockenkurven hervor, in denen sich die Abweichungen um den Normalwert herum
anordnen. Die Gauß'sche Normalverteilung durchdringt fast jeden
Aspekt des Alltags.»[29]

Diese Durchdringung wird kaum mehr explizit bemerkt. Aber
genau diese Abnahme der Aufmerksamkeit nennt man den Fortschritt der menschlichen Gesellschaft. Denn «eine Zivilisation
schreitet durch die Zahl der wichtigen Operationen voran, die wir

ausführen können, ohne darüber nachdenken zu müssen», wie der Begründer der Kybernetik, der Mathematiker Norbert Wiener einmal festgestellt hat.[30] Und dieser Fortschritt beginnt im 19. Jahrhundert, als den Menschen «Das Reich des Zufalls» zugänglich wird – so der Titel eines Buches, das die Revolution des statistischen Wissens in seiner ganzen Breite darstellt. Diese Revolution fand ihren Höhepunkt und Abschluss im 20. Jahrhundert, als der Bereich der Wirklichkeit erkundet wurde, in dem das Quantum der Wirkung eine Rolle spielt, also auf der atomaren Bühne. Hier bekamen die Wahrscheinlichkeit und der Zufall eine neue Bedeutung. Die Bewegung eines Elektrons in einem Atom etwa wird durch eine mathematische Gleichung bestimmt, die nicht über so etwas wie die Bahn des Elektrons informiert, sondern deren Lösung, wenn man sie zum Quadrat erhebt, die Wahrscheinlichkeit angibt, ein Elektron an einem bestimmten Ort anzutreffen. Die Physiker müssen im Innersten der Welt unterscheiden zwischen dem subjektiven Zufall, wie er etwa beim Würfeln auftritt, und dem objektiven Zufall, der einem Photon, das auf ein halbdurchlässiges Glas trifft, die Richtung vorgibt, in der es weiterfliegt. Beim objektiven Zufall gibt es keinen klassischen Grund, wie man ihn aus der Physik der alltäglichen Dinge kennt, und der Zeitpunkt für den Zerfall eines radioaktiven Elements lässt sich nicht so festmachen wie der Zeitpunkt, zu dem sich zwei Kugeln treffen, wenn sie zusammenstoßen, was natürlich den Umgang mit der Kausalität schwieriger macht.

Die Welt steckt wahrlich voller Wahrscheinlichkeiten, mit denen um 1800 nur einige Mathematiker rechneten, die aber bald Versicherungsgeschäfte möglich machten – Lebens-, Unfall- und Schadensversicherungen wurden zuerst angeboten –, und die damit profitablen Unternehmungen wurden im 19. Jahrhundert bald ebenso gegründet wie Rückversicherungen, die Risiken von Erstversicherern übernehmen und auf diese Weise zu mindern helfen. Als Beispiel sei die Kölnische Rückversicherungs-Gesellschaft genannt, die 1842 gegründet wurde und 1852 mit Abschluss eines ersten Rückversicherungsvertrages den Geschäftsbetrieb aufnahm. Er läuft bis heute, was die inzwischen unter dem Dach einer General Reinsurance tätige Gesellschaft zum ältesten Rückversicherungsunternehmen der Welt werden lässt.

Übrigens – die Rolle des Zufalls in der Welt ist selbst von berühmten Evolutionsbiologen oftmals in dem Satz ausgedrückt worden, der Mensch sei nichts als ein Zufall im kosmischen Geschehen. Während sie das sagten, grinsten die Herren ziemlich feist und stolz, ohne zu merken, dass sie für den Fall, dass die menschliche Existenz sich tatsächlich einem Zufall verdankt, diese gar nicht untersuchen könnten, jedenfalls nicht mit den Mitteln der Naturwissenschaft. Im Rahmen des evolutionären Argumentierens wird die humane Existenz aber zum Thema des Diskurses, und allein dadurch drücken die Forschenden aus, dass unser Vorhandensein auf der Erde mehr ist als das, was sie behaupten. Menschen und Lebensformen überhaupt sind mehr als ein Zufall, und dieses Mehr gilt es besser zu verstehen, wobei es dafür den passenderen und eleganteren Ausdruck einer «kontingenten Existenz» gibt. Das wesentlich angenehmer als «zufällig» klingende Attribut leitet sich vom lateinischen «contingere» ab, das «sich ereignen» oder «gelingen» heißt. Ein Geschehen ist kontingent, wenn es tatsächlich eingetreten ist, ohne dass dies notwendig so passiert sein müsste.

Dass kontingente Sachverhalte immer auch anders vorliegen können, hat den schon mehrfach zitierten Evolutionsbiologen und Paläontologen Stephen J. Gould zu einem Gedankenexperiment verführt. Er hat dazu einen kleinen Text verfasst, den man sich wie ein Hare-Krishna-Mantra mehrmals am Tag vorsingen sollte, damit die Einsicht, die er formuliert, umso tiefer in die Seele eindringt: «Menschen sind nicht das Endergebnis eines vorsehbaren Evolutionsfortschritts, sondern ein zufälliger kosmischer

Nachzügler, ein winzig kleiner Zweig an dem unglaublich üppigen Busch des Lebens, der, würde er ein zweites Mal aus dem Samen heranwachsen, mit ziemlicher Sicherheit nicht noch einmal diesen Zweig oder überhaupt einen Zweig mit einer Eigenschaft, die wir Bewusstsein nennen könnten, hervorbringen würde.»[31]

Ihm widersprochen hat der britische Evolutionsbiologe Simon Conway Morris, der weniger Kontingenz und mehr Konvergenz im Leben und in seiner Entwicklung sieht. «Konvergenz» meint die Tendenz von Organismen, von deutlich verschiedenen Ausgangspositionen herkommend mit Hilfe von Mutation und Selektion zu ähnlichen Lösungen zu gelangen. Der Evolution stehen demnach nicht beliebig viele Alternativen zur Verfügung, was zahlreiche Wege zum gleichen Ergebnis führen lässt (das man auch «Ziel» nennen könnte, wenn dies in der Biologie nicht ein verbotenes Wort wäre). Nicht nur Augen und andere Sinnesorgane sind konvergent – im Laufe der Evolution mehrfach gleichartig entstanden –, sondern auch eine so komplexe Organisationsform wie die Landwirtschaft. Sie findet sich tatsächlich auch bei Ameisen. Deren «Getreide» ist ein Pilz, der in großen Anlagen tief in der Erde angebaut wird, die sich durch eine innere Struktur auszeichnen, zu der etwa Abfallkammern und Lüftungsrohre gehören.

Conway Morris zufolge ist es nicht notwendig Unsinn, wenn jemand von der Unvermeidlichkeit des Menschen im evolutionären Werden spricht. Vielleicht stecken doch irgendwie und irgendwo in den Naturgesetzen so etwas wie Sinn und Zweck einer Existenz, und es ist nicht weiter nötig, alles auf irgendeinen Zufall zu reduzieren. Kontingenz und Konvergenz machen einen Menschen aus, und warum auch nicht?

Eine neue Geometrie

Im 19. Jahrhundert – jeder wird es wissen – fahren die ersten
Eisenbahnen, was auf der praktischen Seite den Versicherungs-
gesellschaften neue Aufgabenfelder bietet und auf der theoretischen Seite «eine echte Zäsur in der Geschichte darstellt», wie
der Gauß-Biograph Hubert Mania meint. Mania zufolge ist die
Eisenbahn nicht nur «ein weiterer technischer Fortschritt», sondern verändert «das Raum- und Zeitempfinden einschneidend».[32]
1854 notierte der in Paris lebende Heinrich Heine, dass durch die
Eisenbahnen «sogar die Elementarbegriffe von Zeit und Raum (...)
schwanger geworden [sind]. Durch die Eisenbahn wird der Raum
getötet, und es bleibt uns nur noch die Zeit übrig. Hätten wir nur
Geld genug», rief der Dichter verzweifelt, «um die letztere anstän-
dig zu töten!»[33]

In dieser Zeit, genauer an dem 28214. Tag seines Lebens, wie
der Mathematiker Gauß gern ausrechnete, stand der große Mann
vor dem umjubelten Beschleunigungsmittel, das ihn aber zu ganz
anderen Überlegungen anregte. Die mit der Transportmaschine
neuartige und ungewohnte Wahrnehmung von Raum und Zeit
ließ Gauß an eine revolutionäre Möglichkeit denken, die er im
Rahmen von Vermessungen der jetzt erfahrbaren norddeutschen
Tiefebene prüfen wollte. Wenn der Raum in der menschlichen
Wahrnehmung schrumpfen kann, so fragte sich Gauß, warum
kann er das nicht auch in der physikalischen Wirklichkeit? Seit
mehr als zwei Jahrtausenden dachten die Menschen, die Geometrie des Euklid beschreibe die Welt in ihrer unabänderlichen geometrischen Wirklichkeit, in der sich Parallelen nicht schneiden
und die Winkelsumme in einem Dreieck immer hundertachtzig
Grad beträgt. Gauß spielte spätestens seit 1824 mit dem Gedanken, eine Geometrie zu konstruieren, in der die Summe der drei
Winkel kleiner als hundertachtzig Grad ist und sich zwei Linien,

die an einer Stelle parallel laufen, später im gebogenen Raum treffen. Er hatte die dazugehörige «Gauß'sche Krümmung» der Welt bereits in eine ihn «ganz befriedigende» Form gebracht, die er nun in der Welt finden und nachweisen wollte. Jahrelang nahm er nun Messungen von Dreiecken vor, wobei das größte mit den Eckpunkten Hoher Hagen – Brocken – Inselsberg die Seitenlängen 69, 105 und 84 Kilometer aufwies, was immer noch zu klein war, um mit den damaligen Geräten einen Effekt zu finden und die Notwendigkeit einer neuen Geometrie – eines neuen Weltbildes – nachzuweisen.

Gauß war gedanklich inzwischen noch einen Schritt weitergekommen und hegte den Verdacht, dass «auch die Geometrie unserer Welt, also die Physik berührt» ist.[34] Aber die Welt musste bis in das 20. Jahrhundert und bis zu dem Eintreffen von Albert Einstein warten, um zu erfahren, dass die Gravitation weniger eine physikalische Kraft als eine geometrische Größe ist, in der eine Masse durch die Krümmung einer vierdimensionalen Raumzeit bewegt wird.

Zwischen Gauß und Einstein treffen Historiker auf den Mathematiker Bernhard Riemann, der sich bei Gauß in Göttingen habilitierte und in seinem dazugehörigen Vortrag «Über die Hypothesen, welche der Geometrie zugrunde liegen» vor einem offenbar beeindruckten Gauß erste Andeutungen über die Wechselbeziehung von Physik und Geometrie machte. Der englische Mathematiker William K. Clifford übersetzte Riemanns Text in seine Sprache und fasste ihn 1870 in einer philosophischen Arbeit mit dem Titel «On the spatial structure of matter» («Über die räumliche Struktur der Materie») so zusammen, dass auch mathematisch wenig gebildete Leser das neue Bild der Welt sehen konnten, das Riemann und Gauß entworfen hatten. Clifford erkannte bereits im 19. Jahrhundert in der Bewegung von Materie eine Manifestation der zeitlich veränderlichen Krümmung der räumlichen Geometrie. Es heißt bei ihm wörtlich: «Ich behaupte, (1) dass kleine Teile des Raumes eine Natur besitzen, die analog ist zu kleinen Hügeln auf einer Fläche, die im ganzen eben ist. Das bedeutet, dass die gewöhnlichen Gesetze der [euklidischen] Geometrie in ihnen nicht gelten. Ich behaupte, (2) dass die Eigenschaft, gekrümmt oder verzerrt zu sein, kontinuierlich von einem Teil des Raumes zu einem anderen fortschreitet nach Art einer Welle. Ich behaupte, (3) dass diese Veränderung in der Krümmung das eigentliche Geschehen in dem Phänomen, das wir Bewegung nennen, ist, mag diese Materie nun ponderabel [wägbar] oder ätherisch [unwägbar] sein. Ich behaupte, (4) dass in der physikalischen Welt nichts anderes als diese Veränderung geschieht, die ihrerseits (möglicherweise) dem Gesetz der Kontinuität unterliegt.»[35]

Wir werden es nicht wissen

Bei allen wissenschaftlichen Triumphen zeigt sich das 19. Jahrhundert zwiegespalten. Auf der einen Seite brachten Mathematiker den sogenannten Laplace'schen Dämon hervor, eine Gedankenfigur, die von dem französischen Mathematiker Pierre-Simon Laplace 1814 als eine Intelligenz beschrieben wurde, die den genauen gegenwärtigen Stand der Dinge und die auf sie einwirkenden Kräfte kennt und der dann «Zukunft und Vergangenheit klar vor ihren Augen lägen»; schließlich ließen sich Zukunft und Vergangenheit auf Grundlage eines derart umfänglichen Wissens exakt errechnen. Auf der anderen Seite lieferte gegen Ende des Zeitalters der französische Universalgelehrte Henri Poincaré den Beweis, dass selbst das einfach wirkende Dreikörperproblem, bei dem sich drei Körper – zum Beispiel Sonne, Erde und Mond – unter dem gegenseitigen Einfluss der von ihnen ausgehenden Schwerkraft bewegen, nicht vollkommen deterministisch zu behandeln und nur in wenigen Sonderfällen komplett berechenbar ist. Wer einen einfachen Grund für die damit nachgewiesene Unmöglichkeit der oben geschilderten Intelligenz und ihrer umfassenden Kenntnisse sucht, braucht sich nur an seine Schulzeit zu erinnern, als im Mathematikunterricht zu lernen war, dass Gleichungen mit mehreren Unbekannten nur dann eine eindeutige Lösung finden, wenn es mindestens so viele Gleichungen wie Unbekannte gibt. Bei drei Körpern gibt es zwar neun Unbekannte – die drei mal drei Koordinaten für den Ort und die Geschwindigkeit –, die Physik kennt aber nicht so viele Gesetze für deren Bewegung, und wenn jemand von der Vorhersagbarkeit der Welt spricht, dann sind ja nicht die Gesetze gemeint, die man für sie kennt und die in Form mathematischer Gleichungen notiert werden können. Gemeint sind dann vielmehr die Lösungen dieser Gleichungen, und die gibt es – wie gesagt – schon beim Dreikörperproblem nicht, und natürlich noch weniger, wenn es um noch mehr Objekte geht. Selbst die Kenntnis sämtlicher physikalischer Gesetze garantiert nicht die Vorhersagbarkeit der Welt – in der es zudem von Zufällen und Wahrscheinlichkeiten wimmelt.

Mit diesen Überlegungen verlieren auch mechanische oder mechanistische Weltbilder viel von ihrer Überzeugungskraft, die unter anderem von dem großen Arzt und Physiker Hermann von Helmholtz vertreten wurden. Helmholtz meinte im Zuge der Erfolge, die seine physikalischen Wissenschaften durch die Annahme feiern konnten, dass Gase und andere Stoffe aus partikulären Atomen und Molekülen bestehen, die Auffassung rechtfertigen zu können, dass letztlich alle Qualitäten der weltlichen Dinge auf das Zusammenstoßen und Bewegen von materiellen Objekten zurückzuführen seien. Helmholtz wendete sich mit diesem Modell gegen die in seiner Denkweise überholte Sicht einer autonomen Vis vitalis (Lebenskraft), die der Materie das Leben einhauchte, und

er zeigte zum Beispiel, wie die Wärme eines Körpers durch Zitter-
bewegungen von Muskelgewebe zustande kommt – was im Übri-
gen eine einfache Erklärung für die Tatsache erlaubt, dass Frauen
schneller frieren als Männer. Frauen verfügen aus biologischen
und evolutionären Gründen über einen höheren Fettanteil, wobei
dieses Gewebe im Gegensatz zu den Muskeln der Männer nicht
zum Zittern in der Lage ist.

Doch während Helmholtz sich über die Muskeln und das Ner-
vensystem ins wahrnehmende Bewusstsein vorarbeitete und sich
selbst an dessen mechanischer Erklärung versuchte, machte sich
der Physiologe Emil Du Bois-Reymond seine eigenen Gedanken
«Über die Grenzen des Naturerkennens». 1872 hielt der Gelehrte
einen Vortrag mit diesem Titel, der mit einer berühmten Formulierung endet: «Gegenüber den Rätseln der Körperwelt ist der Naturforscher längst gewöhnt, mit männlicher Entsagung sein ‹Ignora-
mus› auszusprechen. Im Rückblick auf die durchlaufene siegreiche
Bahn trägt ihn dabei das stille Bewusstsein, dass, wo er jetzt nicht
weiß, er wenigstens unter Umständen wissen könnte, und dereinst
vielleicht wissen wird. Gegenüber dem Rätsel aber, was Materie
und Kraft seien und wie sie zu denken vermögen, muss er ein für
allemal zu dem viel schwerer abzugebenden Wahlspruch sich ent-
schließen, ‹Ignorabimus›.»[36]

Wir wissen es nicht, und wir werden es nicht wissen, so meinte
der Physiologe, dessen Ansichten bei dem berühmtesten unter den
zeitgenössischen Mathematikern, David Hilbert aus Göttingen, auf
wenig Gegenliebe stießen. Hilbert verkündete lautstark, «in der
Mathematik gibt es kein Ignorabimus», und er ließ diese Überzeugung sogar auf seinem Grabstein anbringen: «Wir müssen wissen.
Wir werden wissen.» Als das Jahr 1900 näherkam, meinte Hilbert,
die dreiundzwanzig Probleme aufzählen zu können, die ihm und
seinen Kollegen einzig noch zu klären blieben und die seiner Ansicht nach durch reines Denken zu lösen seien. Als erstes Problem

griff Hilbert eine Beobachtung des Mathematikers Georg Cantor auf, der bei dem schwierigen Konzept der Unendlichkeit auf die Möglichkeit einer Unterscheidung gestoßen war. Cantor betrachtete zuerst die natürlichen Zahlen 1, 2, 3 und so weiter, deren Folge kein Ende findet und deren Menge er mit einem unmittelbar einleuchtenden Wortpaar als «abzählbar unendlich» bezeichnete. Der Mathematiker wandte sich dann den reelen Zahlen zu, bei denen man neben den natürlichen auch die rationalen und die irrationalen Zahlen findet – Brüche und Wurzeln zum Beispiel –, und er konnte durch ein raffiniertes Verfahren nachweisen, dass es tatsächlich mehr reelle als natürliche Zahlen gibt. Das überrascht nicht unbedingt, klingt aber doch ungewöhnlich, wenn man nicht weiß, wie man eine Unendlichkeit von einer anderen unterscheiden kann. Cantor führte den schönen Begriff «überabzählbar unendlich» für die vielen reelen Zahlen ein, was bedeutet, dass die natürlichen Zahlen nicht ausreichen, um ihre Menge anzugeben und abzuzählen. Damit kannte man zwei Formen des Unendlichen, die abzählbare und die überabzählbare, und es stellte sich die Frage, ob sich zwischen diesen beiden Unendlichkeiten noch andere Versionen des Infiniten finden lassen. In Mathematikerkreisen wurde sogar von der sogenannten Kontinuumshypothese gesprochen, die besagt, dass es zwischen der abzählbaren und der überabzählbaren Unendlichkeit nicht eine oder zwei, sondern unendlich viele andere Mengen dieser Größenordnung gebe. David Hilbert schlug im Jahre 1900 seinen Zuhörern in Paris vor, sich als Erstes um diese Frage zu kümmern.

Einiger «Unsinn» im 20. Jahrhundert

Die Mathematiker nahmen Hilbert beim Wort und brachten dabei
etwas Dramatisches zustande, das hier in aller Kürze unter dem
leicht frivolen und großzügig gemeinten Begriff «Unsinn» geschildert wird. Mit diesem Ausdruck kann eine allgemeine Eigenschaft
der im Verlauf des 20. Jahrhunderts hervorgebrachten Änderungen im wissenschaftlichen Weltbild bezeichnet werden. Zum einen
führte diese Eigenschaft zu genau der «Umwertung der Werte»,
die der Philosoph Friedrich Nietzsche prophezeit hatte und die im
Unwissen das eigentliche Wissen sah; zum Zweiten machte sie es
unmöglich, ein punktgenaues und scharfes Weltbild zu zeichnen,
und bevorzugte dafür Konturen in Weichzeichnung, wie Fotogra-
fen es nennen, wenn sie eine leichte Unschärfe in ihren Aufnahmen anstreben.

Der fröhlich zu erzählende «Unsinn» begann pünktlich im
Herbst 1900, als der in Berlin tätige Max Planck sein schon erwähn-
tes Quantum der Wirkung und damit eine Un-Stetigkeit in die Beschreibung der Natur einführte. «Die Natur macht keine Sprünge»,
so hatte seit den Tagen des Philosophen Leibniz das Credo der Naturforscher gelautet, und genau damit musste Planck aufräumen.
Dabei darf eine Anekdote nicht unerwähnt bleiben, die der große
Physiker erzählt hat. Als er 1874 zur Universität in München kam,
um sich dort zu immatrikulieren, riet ihm der zuständige Ordina-
rius von dem Vorhaben hab. Die Physik, so wurde der junge Planck
informiert, habe den Vollendungsgrad der euklidischen Geometrie
erreicht. Das Haus sei bestens bestellt, und abgesehen von dem
Wegschaffen einiger weniger Kleinigkeiten und dem Fortblasen
einiger störender Staubteilchen sei keine größere Aufgabe mehr
zu erledigen. Die Physik sei fertig, und ein Studium lohne sich für
einen ehrgeizigen jungen Mann nicht mehr, so die Ansicht der Herren Professoren im 19. Jahrhundert, die sich nachvollziehen lässt,

wenn man betrachtet, was mit den deterministischen Gesetzen der Mechanik und Elektrodynamik und den statistischen Gesetzen der Wärmelehre (Thermodynamik) erreicht und verstanden war. Planck hat nirgendwo beschrieben, was ihn trotz der gelehrten Mahnung dazu brachte, sich um die Physik zu kümmern. Bekannt ist nur, dass er mit den um die Jahrhundertwende aufgespürten und eingeführten Quantensprüngen eine Unstetigkeit in seine geliebte Wissenschaft brachte, die ein völlig neues Weltbild zur Folge hatte. In der Quantenphysik tauchte neben diesem ersten «Unsinn» bald ein zweiter auf, der als die von Werner Heisenberg erkannte Un-Bestimmtheit berühmt geworden ist und weiter oben schon beschrieben wurde. Objekte der Physik, so konnte Heisenberg zeigen, nehmen keinen festen Zustand mit dem dazugehörigen Zahlenwert an, solange sie für sich und damit unbeobachtet bleiben.

Die Geschichte hat damit das Jahr 1927 erreicht, und bald schon stellte der aus Wien stammende Mathematiker Kurt Gödel seine Einsichten vor, die seit 1931 als «Unvollständigkeitssätze» bekannt sind und eine zuvor kaum erahnte Unentscheidbarkeit in die Disziplin brachten. Gödels Sätze sollen hier auf ihren einfachsten Zusammenhang reduziert werden, und dieser liegt in der notwendigen Unterscheidung zwischen richtigen und beweisbaren Aussagen. In bestimmten – wohldefinierten – logisch aufgebauten Systemen lassen sich Sätze formulieren, so machte Gödel zur Verblüffung seiner Zeitgenossen klar, die vielleicht zutreffen, aber nicht zu beweisen sind. Sie bleiben damit unentschieden oder unentscheidbar, wobei der letzte Ausdruck in einem logischen Sinn gemeint ist. Man ist weiterhin frei, sich für oder gegen unentscheidbare Sätze zu entscheiden, aber eben nicht nach mathematischer Analyse, sondern nach anderen Kriterien, zum Beispiel einer Vorliebe für bestimmte Aussagen.

Dummerweise stellte sich im Laufe des 20. Jahrhunderts heraus,

dass ausgerechnet das von David Hilbert in Paris als Erstes angeführte Problem zu den unentscheidbaren gehört. Niemand kann
sagen, ob die Kontinuumshypothese zutrifft oder nicht, ob es also
noch mehr Formen von Unendlichkeit gibt als die der natürlichen
und der reellen Zahlen. Man kann Gödels Unvollständigkeit noch hübscher erläutern,
wenn man sie zum Beispiel auf die Physik anwendet, von der man
Planck 1874 abgeraten hat. Nach Gödels logischer Einsicht kann es
eine abgeschlossen wirkende Theorie wie die klassische Physik des
19. Jahrhunderts nur dann geben, wenn in dieser Theorie (mindestens) ein Begriff vorkommt, den man nicht wirklich versteht. In
der Physik redeten die Experten damals munter von den Atomen,
aus denen die Elemente oder Gase bestehen sollten, die sie zu verstehen meinten. Sie ahnten nicht, wie sehr ihnen dabei das Atom
selbst entwischte und wie es sich jeder Erklärung entzog – bis das
Quantum den Weg dafür bereitete. Da Gödels Unvollständigkeit logisch – also zeitlos – zutrifft, lassen sich auch in diesen Tagen leicht
Beispiele für eindrucksvolle Theoriegebäude anführen, die scheinbar alles erklären können – bis auf ihren zentralen Begriff, auf den
sie alles aufbauen. Man braucht nur auf die Genetik zu schauen,
die alles irgendwelchen Genen in die Schuhe schiebt – Intelligenz,
Lebensfreude, Alzheimer, Krebs und andere Krankheiten und
manches mehr –, dabei aber so wenig von den Genen weiß, dass
ihre Vertreter nicht einmal abzählen können, wie viele davon ein
Mensch für sein Leben braucht. Es gibt bereits Bücher, die fragen:
«Was sind Gene nicht?», da sie für beinahe alles verantwortlich gemacht werden, was sich Forscher so ausdenken können. Und wer
sich erkundigt, was Wirtschaftswissenschaftler – darunter auch
Nobelpreisträger – über ihr Thema von sich geben, wird eine ähn-
liche Leerstelle im Zentrum ausmachen, wenn der Konsument
oder der «Homo oeconomicus» definiert wird, ohne dass sich ein
normaler Mensch darin wiederfinden würde.

Ohne auf Details einzugehen – für die an Hilbert orientierten und von ihm ausgebildeten Mathematiker brach mit Gödels Unvollständigkeit ein Weltbild zusammen, in dem «Nichtwissen» keinen Platz hatte und der Beweis für ein Theorem nur eine Frage der Zeit zu sein schien. Einen Zusammenbruch dieser Art mussten bereits – wie erklärt – die Aufklärer des 18. Jahrhunderts erleben, als die Romantiker zeigen konnten, dass vernünftige Antworten auf vernünftige Fragen mit Widersprüchen belastet sein können und der Weg zur Wahrheit andere Hilfsmittel braucht.

Eine alte und die neue Unvorhersagbarkeit

Mit der Unentscheidbarkeit ist die Reihe des «Unsinns» aus dem 20. Jahrhundert noch nicht zu Ende, es bleiben unter anderem die Unanschaulichkeit und die Ungenauigkeit, die ich in meinem Buch «Die andere Bildung» vorgestellt habe. Die Unanschaulichkeit spielt bei den Atomen eine Rolle, die ja kein Aussehen mehr haben und deshalb nicht mit simplen Modellen aus den Jahren vor dem Ersten Weltkrieg verstanden werden können, in denen rundliche Kerne von elektronischen Kügelchen umschwärmt werden. Mehr über die Ungenauigkeit findet sich im angelsächsischen Raum unter dem Begriff der «Fuzzy Logic», deren Credo lautet, dass Genauigkeit nicht immer hilfreich ist und sogar kontraproduktiv sein kann. Wer etwa jemandem zur Seite springen will, der sein Auto rückwärts in eine enge Lücke einparken möchte, ist gut beraten, Anweisungen wie «etwas mehr nach links» oder «ein bisschen weiter vor» zu geben, statt exakte Angaben über Ort, Geschwindigkeit und Richtung zu machen. In der Tat: Je genauer man ein Problem der realen Welt in den Blick nimmt, desto verschwommener oder «fuzziger» wird seine Lösung. Oder in den Worten des amerikanischen Elektroingenieurs und Informatikers Lotfi Zadeh aus dem Jahre 1972: «Wenn die Komplexität eines Systems zunimmt, wird unsere Fähigkeit geringer, präzise und zugleich signifikante Aussagen über sein Verhalten zu machen, bis ein Grenzwert erreicht ist, über den hinaus Präzision und Signifikanz (oder Relevanz) sich nahezu gegenseitig ausschließende Charakteristiken werden.»[37] Wenn man diesen Satz auf die Wissenschaft selbst überträgt, lässt sich böse formulieren: Je genauer ein Begriff in ihren Disziplinen definiert ist, desto weniger trägt er zur Wissenschaft allgemein bei, die sich um Erkenntnis bemüht. Aufklärer versuchen komischerweise immer, ganz genau zu definieren, wovon die Rede ist. Sie ziehen damit stetig Grenzen, an denen sie dann auch kleben bleiben, während Romantiker sich und anderen sagen, dass es hinter dem erkennbaren Horizont der eigenen Beschränktheit weitergeht. Wissenschaft definiert sich ständig neu und betreibt auf diese Weise permanent das Geschäft der Bildung. Sie bildete sich anfänglich selbst, bald aber auch die Welt, in der Menschen leben. Dabei verändert sich auch das Bild, das sie von ihr entwirft.

Das Bild der Welt bleibt also in Bewegung und nimmt immer wieder neue Gestalt an, wie sich besonders eindrucksvoll an dem vermutlich folgenreichsten Konzept mit der Vorsilbe «Un» demonstrieren lässt, um das es jetzt geht. Gemeint ist die Unvorhersagbarkeit, die im 20. Jahrhundert – höchst unvorhergesehen – an die Stelle der Determiniertheit des irdischen Geschehens durch physikalische Gesetze trat. Emphatisch gesprochen, hat sie der in einem Newton'schen Uhrwerk verpönten Möglichkeit von tätiger Freiheit neuen Spielraum gegeben und tut dies weiterhin. Wohlgemerkt: Die Einsicht in die Idee der Unvorhersagbarkeit meint nicht, dass damit niemand mehr angeben kann, wie sich natürliche Systeme verhalten und entfalten – etwa Wolken am Himmel oder Fische in einem Teich –, weil man die zugrundeliegenden Gesetze nicht in vollem Umfang kennt. Vielmehr hängt das, was sich aus den Gesetzen berechnen lässt, höchst empfindlich von den real existierenden Ausgangsbedingungen ab, und kleinste Verschiebungen bei den dazugehörigen Parametern können langfristig größte Folgen nach sich ziehen, die letztlich nicht vorherzusehen und dann auch nicht vorherzusagen sind.

In das öffentliche Bewusstsein trat diese anfänglich höchst überraschende Empfindlichkeit eines sich dynamisch entwickelnden Systems durch den Ausdruck «Schmetterlingseffekt», der 1972 zum ersten Mal in der Literatur auftauchte. Damals hielt der amerikanische Meteorologe Edward N. Lorenz einen Vortrag über «Predictability», konkret über die Vorhersagbarkeit des Wetters, dessen Untertitel er als Frage formulierte: «Does the Flap of a Butterfly's Wings in Brazil set off a Tornado in Texas?» – Löst der Flügelschlag eines Schmetterlings in Brasilien einen Wirbelsturm in Texas aus? So fragte der Wetterforscher, und seine Antwort lautete erstaunlicherweise: ja. Der mathematische Grund für diese Merkwürdigkeit liegt darin, dass die Gleichungen, mit denen die Auswirkungen des Flügelschlags in der Atmosphäre berechnet werden, miteinander verkoppelt sind und sich ihre Lösungen gegenseitig beeinflussen und aufschaukeln können. Lorenz erkannte diesen Zusammenhang in den frühen 1960er Jahren, als er sich bemühte, das Wetter mit Hilfe von Computeralgorithmen vorauszusagen. Wenn die Physik ein Uhrwerk berechnet, geht alles linear zu und eins passiert nach dem anderen. Wenn man sich aber den Wolken oder dem Wetter zuwendet, tauchen Nichtlinearitäten auf, und man könnte auch von der Komplexität sprechen, die sich dann zeigt. Die sich gegenseitig beeinflussenden Gleichungen und ihre Lösungen ergeben mit ihren Rückkopplungen nicht die Ordnung, die man in der alten Physik kannte und gewohnt war. Sie führen eher zu einem nicht prognostizierbaren Durcheinander, dem allerdings trotzdem physikalische Gesetze zugrunde liegen. Der Begriff des deterministischen Chaos kam in Gebrauch, und bald stellte sich heraus, dass sich damit zum Beispiel Turbulenzen in Gewässern oder das Auftreten von Verkehrstaus auf Autobahnen verständlich machen ließen, Phänomene, die sich der linearen Mathematik entzogen hatten. Dieses dynamische Chaos in der Welt trat neben ihre strukturierte Ordnung, und eine alte Einsicht Einsteins lässt erkennen, warum das tiefe Verständnis der Realität beide Konzepte braucht. Ohne Ordnung, so Einstein, kann nichts existieren, und ohne Chaos kann nichts entstehen – wobei philologisch geschulte Leser zum einen wissen, dass Chaos im Griechischen den Urzustand der Welt bezeichnet, und zum Zweiten die Besonderheit der antiken (also vorchristlichen) Verwendung dieses Wortes kennen. In seiner Theogonie (Götterentstehung) aus dem 7. Jahrhundert v. Chr. gibt Hesiod das Chaos nämlich nicht einfach vor, er lässt es vielmehr am Anfang aller Dinge selbst entstehen: «Wahrlich, zuallererst entstand das Chaos, alsdann aber die Erde.»

Gebrochene Gebilde

Im urtümlichen Chaos stecken all die Möglichkeiten, aus denen die aktuellen Wirklichkeiten gebildet werden können, wenn man dazu die nötige Energie einsetzt, die Aristoteles zu diesem Zweck eingeführt hat. In der griechischen Welt wurde die Wirklichkeit in Gebilde mit klar definierten Dimensionen eingeteilt – da gab es eindimensionale Linien, zweidimensionale Flächen und dreidimensionale Räume, und im traditionellen Weltbild zeigten sich entsprechend nur Figuren mit solchen glatten Eigenschaften, etwa die Linie einer Küste, die Oberfläche des Mondes oder einer Alpenlandschaft und die Raumerfüllung durch eine Baumkrone oder einen als Romanesco bekannten Gemüsekohl. Doch die Verhältnisse, sie stimmen so (einfach) nicht, sie erweisen sich vielmehr als völlig anders, und bemerkt hat das bereits 1967 der aus Polen stammende und in die USA geflüchtete Mathematiker Benoît Mandelbrot. «How long is the Coast of Britain?», so hübsch und frech heißt die berühmte Arbeit von Mandelbrot, die im selben Jahr im amerikanischen Fachblatt «Science» erschien. Mandelbrot erkannte, dass die Küstenlinie von England nirgendwo eine gerade Linie aufweist, auch wenn das beim ersten Lesen komisch klingt. Die Grenzregion, an der das Meer auf das Land trifft, wechselt andauernd seine Richtung, sie kann an keiner Stelle als gerade betrachtet werden und deshalb auch kein eindimensionales Gebilde sein. Mandelbrot führte von diesem Beispiel ausgehend den Gedanken einer fraktalen Dimension ein – das Attribut leitet sich vom lateinischen «frangere» her, das «brechen» heißt – und kam im Laufe der 1970er Jahre zu dem vielfach von ungläubigem Staunen begleiteten Schluss, dass die Wirklichkeit überhaupt nicht aus glatten Körpern und Gebilden besteht, wie es eine euklidische Geometrie und das dazugehörige Weltbild seit Jahrtausenden suggeriert hatten. Die Realität steckt vielmehr voller Fraktale, also Gebilde, deren Dimension durch Bruchzahlen anzugeben ist. Es gibt in der Wirklichkeit «Die fraktale Geometrie der Natur», wie Mandelbrot in einem zuerst 1982 auf Englisch erschienenen Buch darlegt, und es ist vermutlich diese eigentümliche Qualität der natürlichen Formen, die ihre unübersehbare Schönheit ausmacht.

In diesem Zusammenhang ist vielfach die Formulierung zu lesen, dass diese von Menschen wahrgenommene «Schönheit aus dem Chaos» kommt, wie es im Titel eines Buches zu diesem Thema heißt. Damit ist gemeint, dass die den Sinnen gefälligen fraktalen Gebilde – Baumkronen, Küstenlinien, Büsche, Alpenkämme, Blumenkohl, Farnblätter, Wolken, Flussdeltas und viele andere ästhetisch ansprechende Formen der Natur – sich im Rahmen der

Wissenschaft durch gekoppelte Gleichungen berechnen lassen, wie sie zu dem deterministischen Chaos gehören, das oben erläutert wurde.

Die Modelle der Maschinen

Wenn davon die Rede ist, dass fraktale Gebilde berechnet werden, soll das natürlich heißen, dass es die seit den 1960er Jahren immer leistungsfähiger werdenden Rechenmaschinen sind – eben

Die Geometrie der Natur folgt nicht den gradlinigen Vorgaben des Griechen Euklid. Sie zeigt sich vielmehr in Gebilden mit gebrochener Dimension, die deshalb als «Fraktale» bezeichnet werden. Als Beispiel für die fraktale Geometrie der Natur dient oft der Kohlkopf namens Romanesco mit seinen türmchenförmigen Röschen.

Computer –, die diese Arbeiten durchführen. Die Entdeckung des Schmetterlingseffekts und der fraktalen Geometrie der Welt kann nicht von dem Aufkommen der elektronischen Datenverarbeitung getrennt werden. Ohne Computer und die von diesen Maschinen produzierten Graphiken wäre das neue Weltbild mit kreativem Chaos und fraktaler Schönheit den Blicken der Menschen verborgen geblieben. Das Weltbild des 20. Jahrhunderts haben Maschinen errechnet und graphisch ausgeführt. Sein ästhetischer Reiz ist nicht zu übersehen. Aber es gibt noch etwas anderes, das den Computern und ihren Kapazitäten zu verdanken ist, und das soll in den folgenden Abschnitten zum Thema werden.

Was das naturwissenschaftliche Vorgehen betrifft, unterscheiden wir traditionell die Praxis – oder das Experiment – von der Theorie, die als abstraktes Konzept oder mathematisches Modell die Ergebnisse von Messungen und damit den jeweils ins Visier genommenen Bereich des Wirklichen erklären will. Diese Zweiteilung hat sich durch die Jahrhunderte der Wissenschaftsgeschichte bewährt, wobei die Theoretiker ihre Kollegen immer wieder gern an den für sie selbstverständlichen Tatbestand erinnern, dass es nichts Praktischeres gibt als eine gute Theorie, die einen erst genau sagen lässt, was in einem Experiment eigentlich gemessen worden ist.

Unabhängig davon konnte das erfolgreiche wissenschaftliche Duo in jüngster Zeit durch die Rechenmaschine namens Computer um eine Methode bereichert werden, die man Simulation oder Modellierung (Modellrechnung) nennen kann. Mit Hilfe von Computersimulationen oder Computermodellen können Wissenschaftler längst virtuelle Welten erschaffen und sich darin Objekten nähern, die für sie sonst unerreichbar geblieben wären. Schwarze Löcher etwa oder die ebenfalls im Rahmen astronomischer Überlegungen auftretenden kompakten Sterne, die als Weiße Riesen bezeichnet werden, tauchen im Weltbild der Wissenschaften nur als Compu-

tersimulationen auf. Und wenn von den Gefahren der Umweltbe-
lastung gesprochen und nach dem Einfluss von Schadstoffen auf
das Klima gefragt wird, antwortet die Forscher-Community mit
Hinweisen auf die immer aufwendigeren Modellrechnungen, die
dazu in besonderen Rechenzentren angestellt wurden. Sie können
genauer darüber Auskunft geben, wie etwa die Regenfälle global
und lokal zunehmen würden, wenn die Erde weiter erwärmt wird.
Ein umfassendes Klimamodell hat in jüngster Zeit berechnet, dass
es bei einer Zunahme der Temperaturen gegenüber den Werten vor
der Industrialisierung um drei Grad an vielen Orten auf der Welt
zu einer Verzehnfachung der Menge an Niederschlägen kommen
wird, wobei niemandem gesagt zu werden braucht, dass sich unter
diesen Umständen eine Menge am Leben der dort beheimateten
Menschen ändern muss.[38]

Inzwischen ist im Jargon der Experten das neue Wort vom virtuellen Raum neben den älteren Ausdruck des Nasslaboratoriums
getreten, in dem natürlich weiter geforscht und gemessen wird.
Computersimulationen erweitern den Horizont der Wissenschaft
und öffnen Felder, zu denen man mit traditionellen Experimenten
bislang keinen Zugang finden konnte. Gravitationswellen etwa, die
durch die Kollision zweier Schwarzer Löcher zustande gekommen
sind, konnten mit Hilfe von Computersimulationen gefunden und
nachgewiesen werden. Die Ergebnisse der Modellrechnungen zeigten den Experimentatoren, wonach sie suchen mussten. Sie konnten mit ihrer Hilfe weiter sehen, und andere Wissenschaftler – aus
verschiedenen Bereichen von der Physik über die Biologie und die
Klimaforschung bis zur Ökonomie – können allein schon deshalb
hinter ihren eigenen Horizont blicken, weil die mit Computern
mögliche Simulationswissenschaft die Grenzen der Disziplinen
überschreitet und also interdisziplinär vorgeht. Wer sich zum Beispiel für Meeresschildkröten und ihre Wanderbewegungen interessiert, muss nicht nur die Tiere und die Strömungen der Ozeane

in den Blick nehmen, sondern auch die Form der Flossen und deren Bewegung im Wasser berücksichtigen und ins Kalkül ziehen. Und wenn in solch einer Modellrechnung den Tieren Gerechtigkeit widerfahren soll, muss auch gelernt werden, wie man virtuelle Tiere in ihren fraktalen Dimensionen konstruiert und animiert.

Bei all diesen Bemühungen taucht ein grundlegendes Problem auf. Man kennt zwar in und aus der Physik eine Menge Gesetze, mit denen sich rechnen lässt; wer dann aber in der Biologie tätig werden will, wird bald merken, dass Galileis kühne Vermutung, das Buch der Natur sei in der Sprache der Mathematik verfasst worden, zu kurz greift und kein angemessenes Weltbild zeigt. Die Wissenschaften vom Leben und von komplizierteren Wirklichkeiten kommen aber voran und hinter den Horizont der Verständnisgrenze, wenn sie mit den Maschinen die Möglichkeiten ausprobieren, die in den Dingen stecken. Aus dem Chaos kommt dabei die Ordnung, und beide sorgen für Weltbilder und ihren Wandel und ergeben gemeinsam eine unendliche Geschichte.

8.

Das Licht, das auf den Menschen fällt

Sein niederer Ursprung und seine besonderen Rechte

L icht wird auch fallen auf den Menschen und seine Geschichte.» Dieser schon weiter oben zitierte Satz entstammt Charles Darwins großem Werk über den «Ursprung der Arten», das Mitte des 19. Jahrhunderts den gefährlichen Gedanken der Evolution vorstellte, mit dem die vermeintliche Krone der Schöpfung zu einem kontingenten Geschöpf natürlicher Abläufe und Bildungsvorgänge wurde. Darwin widmete dem Menschen nur diesen einen Satz, der es natürlich in sich hat und viele seiner Zeitgenossen verwirrte oder gar in Rage brachte. Man hatte den Eindruck, Darwin wolle den Menschen erniedrigen, indem er seinen Zeitgenossen unterstellte, sie stammten von Affen ab. Aber der britische Weltreisende dachte nicht so kleinkariert wie seine vielfach mit kirchlichen Würden und hohen Ämtern ausgestatteten Gegner. Er bewunderte das ganze Leben in seiner erstaunlichen Vielfalt und sah überall Geheimnisse und Rätsel, zum Beispiel bei den Augen, die ihm Fieber bereiteten, wenn er über ihre Entstehung nachzudenken versuchte.

Darwin zögerte zunächst, ein evolutionäres Menschenbild zu entwickeln, doch er dachte in der zweiten Hälfte des 19. Jahrhunderts über eine Naturgeschichte des Menschen nach. Konkret suchte er nach Argumenten für seine Ansicht, dass die Lampe der

Evolution nicht nur den Körperbau, sondern auch das geistige Vermögen des Menschen und seine kulturellen Leistungen erhellen oder erklären kann. Er schrieb in seinem Hauptwerk unmittelbar vor dem hier einleitend zitierten Satz nahezu prophetisch: «In einer fernen Zukunft sehe ich ein weites Feld für noch bedeutsamere Forschungen. Die Psychologie wird sicher auf der von Herbert Spencer geschaffenen Grundlage weiterbauen: dass jedes geistige Vermögen und jede Fähigkeit [von Menschen] nur allmählich und stufenweise erlangt werden kann.»[1] Wenn dieser Vorgang genauer verstanden ist – so die Ansicht Darwins –, dann wird das Licht seiner Idee es uns Menschen erlauben, die offene Geschichte des eigenen Werdens, die Abstammung und vielleicht sogar die weitergehende Entwicklung der Art Homo sapiens zu verstehen.

Der Hinweis auf den britischen Philosophen und Soziologen Herbert Spencer muss im historischen Rückblick als eher unglücklich bezeichnet werden. Spencer sollte sich in seinen «Principles of Biology» aus den 1860er Jahren als ein Anhänger des Denkens erweisen, das die Evolution von Organismen auf die Vererbung von solchen Eigenschaften zurückführen wollte, die sie im Laufe eines Lebens erworben haben, was eine Zeitlang unter dem Stichwort «Lamarckismus» diskutiert und damals verworfen wurde, während es heute im Rahmen einer Epigenetik neuen Auftrieb erfährt. Der in Fachkreisen gebräuchliche Name für diese Einstellung geht auf Jean-Baptiste de Lamarck zurück, der nicht nur die von ihm betriebene Wissenschaft vom Leben auf den Namen «Biologie» getauft hat, sondern auch als Erster vom Beginn des 19. Jahrhunderts an einer Veränderung der Arten das Wort redete. Nur meinte der Franzose, die Lebewesen würden an ihre Nachkommen weitergeben, was sie selbst gelernt und im Laufe ihrer Existenz angenommen hätten. Spencer dachte an zielführende Abläufe wie Lamarck – und nicht an zufälliges oder kontingentes Werden wie Darwin – und bereitete auf diese Weise einem Sozialdarwinismus den Weg, der glaubte, aus evolutionären Überlegungen die Entwicklung der menschlichen Gesellschaft und ihrer Mitglieder verstehen zu können, die dabei natürlich einem Ziel zustreben, das man Glück oder Harmonie nennen könnte. Spencer erfand und verwendete dabei das leider zündende Schlagwort vom «Survival of the Fittest», dem «Überleben des Tüchtigsten», das sich nach wie vor im öffentlichen Diskurs hält, wenn von der Evolution die Rede ist.

Die in dieser Formel enthaltene Tautologie ist schwer zu übersehen und wurde von Anfang an bemerkt. Wer als Biologe definieren will, was «tüchtig» oder «fit» meint, wird auf die Zahl der Nachkommen eingehen müssen, die Lebensformen generieren. Mit anderen Worten, der Tüchtige ist derjenige, der überlebt, und Spencers Formel reduziert sich somit auf das Überleben des Überlebenden, was ihre weite Verbreitung nicht behindert hat. Sie vermittelt den Eindruck, Anhänger des evolutionären Gedankens malten das Bild einer «Nature red in tooth and claw», wie es 1850 in einem Gedicht von Alfred Tennyson hieß. In der Natur geht es zwar gnadenlos zu – «Zähne und Klauen» kommen reichlich zum Einsatz –, und Darwin meinte, wer sich in der Natur auskenne, komme weniger zu der Überzeugung, dass ihre Pracht der Güte und Weisheit eines Schöpfergottes entsprungen sei, als zu dem Schluss, dass hier der Teufel seine Hände im Spiel habe. Aber bei allem Kampf ums Dasein: Zuletzt sind Menschen mit ihren Kulturen und Religionen und ihrer Friedensliebe entstanden, die in kooperativen Sozialgemeinschaften wie Familien und Dorfgruppen ihr verträgliches Auskommen gefunden haben, und auch darüber hat Darwin nachgedacht, auch wenn das hier nicht vertieft werden soll.

Die Abstammung des Menschen
und seine Unbelehrbarkeit

Erst 1871 ließ Darwin seinem eingangs zitierten kurzen Satz über die Geschichte des Menschen eine ausführliche Version seiner Sicht auf das humane Werden folgen. Er legte in diesem Jahr sein Werk über «Die Abstammung des Menschen» vor, das mit einer weitreichenden Einsicht endet: «Wir müssen indessen, wie es scheint, anerkennen, dass der Mensch mit allen seinen edlen Eigenschaften, mit der Sympathie, welche er für die Niedrigsten empfindet, mit dem Wohlwollen, welches er nicht bloß auf andere Menschen, sondern auch auf die niedrigsten Wesen ausgedehnt hat, mit seinem gottähnlichen Intellekt, welcher in die Bewegungen und die Konstitution des Sonnensystems eingedrungen ist, mit all diesen hohen Kräften doch noch in seinem Körper den unauslöschlichen Stempel eines niederen Ursprungs trägt.»[2]

«The indelible stamp of his lowly origin», wie es im Original heißt, auf diesen Stempel gilt es zu achten, seit das in den Tagen von Platon entstandene und in den Jahren des frühen Christentums verfestigte essenzialistische Weltbild mit unveränderlichen Vorgaben der Schöpfung einer dynamischen Sicht gewichen ist, in der Lebensformen sich an eine wandelnde Umwelt anpassen und es nicht mehr um ein konstantes Wesen des Menschen geht, sondern um ihr entwicklungsfähiges Potenzial. Dabei ist und bleibt es natürlich ein großes Unterfangen, durch natürliche Selektion die «Geisteskräfte» und kulturellen Vorlieben ableiten zu wollen, die Menschen und ihre Gemeinschaften auszeichnen und die den Homo sapiens weit über alle natürlichen Erfordernisse und Mitgeschöpfe hinausheben.

Ein noch größeres Unterfangen ist es, die Grenzen zu erkennen, die den Menschen durch evolutionäre Vorgaben gesetzt sind und die Eckart Voland in seinem Buch über «Die Natur des Menschen» mit einer überzeugenden Konzeption als dessen «Unbelehrbarkeit» beklagt. Voland fasst den Kern seiner soziobiologischen Auffassung in zwei Sätzen zusammen: «Gerade in seiner Kultur zeigt sich des Menschen Natur. Und zur Natur des Menschen gehört es, außergewöhnlich lernfähig zu sein, aber dass sie [die Menschen] deshalb belehrbar wären, heißt das nicht.»[3]

Man kann die so eingeführte Unbelehrbarkeit des Menschen als «Unsinn» aus dem 21. Jahrhundert ihren Vorläufern aus dem 20. Jahrhundert an die Seite stellen, die im letzten Kapitel erläutert wurden. Sie zeigt sich etwa in der Unfähigkeit, angesichts der heute vielfach beklagten Bevölkerungsexplosion und der Ressourcenknappheit den biologisch sinnvollen und evolutionär erworbenen Kinderwunsch zu rationalisieren und aufgrund langfristiger Überlegungen auf kurzfristige Vorteile zu verzichten. Es stellt sich die spannende Frage, ob seine evolutionäre Abstammung es dem Menschen erlaubt, sein globales Verhalten so zu verändern, dass es unter den wissenschaftlich festgestellten und allgemein erkannten Bedingungen der Gegenwart zukunftsfähig und nachhaltig wird und auf diese Weise die Schöpfung bewahrt, die ihn hervorgebracht hat.

Bereits im 19. Jahrhundert hat der amerikanische Psychologe William James den Vorschlag gemacht, dass Menschen, wenn sie flexibel agieren und reagieren wollen, nicht weniger, sondern mehr ihren Instinkten vertrauen sollten. Unter «Instinkt» verstand James dabei die Fähigkeit, «sich so zu verhalten, dass gewisse Ziele erreicht werden, ohne die Voraussicht dieser Ziele und ohne vorherige Erziehung oder Erfahrung».[4] Im 20. Jahrhundert hat der schon zitierte Physiker und Nobelpreisträger Wolfgang Pauli diesen Gedanken im Angesicht der Atombombe und der Umweltzerstörung wiederholt. Auch er war der Ansicht, dass den Menschen nur eine «instinktive Weisheit» vor den hierbei drohenden Gefahren schützen kann.

Vielleicht ist damit gerade der von Darwin konstatierte «unauslöschliche Stempel» der humanen Herkunft benannt, der den Menschen eine überlebensfähige Orientierung bietet. Vielleicht verhilft nicht die so hochgelobte Vernunft, die sich in unauflösbare Widersprüche verheddern kann, sondern das niedere evolutionäre Erbe, zu dem instinktiven Verhalten zu finden, das man als Nachhaltigkeit kennt und von dem man sich erhofft, dass es geeignet ist, die Erde so zu bewahren, dass Generationen in der Zukunft – gemeint sind die Kinder und Kindeskinder – über dieselben Möglichkeiten verfügen können, die ihren Eltern in der Gegenwart gegeben sind. Das inzwischen politisch wirkende und gesellschaftlich akzeptierte Konzept der Nachhaltigkeit – sustainability – entstammt der Evolution, die genau das kann, was Menschen lernen wollen und müssen.

Vielleicht können die Menschen zuletzt doch aus ihrer flexiblen Natur für ihr künftiges Leben und globales Wirtschaften lernen. Wenn ihnen dies nicht gelingt, wird vermutlich bald kein Licht mehr fallen auf den Menschen und seine Geschichte. Es wird dann beides eher nicht mehr geben – und mit diesem dunklen Schlusssatz soll der Blick noch einmal ganz weit zurück und bis zu dem hellen Anfang gelenkt werden, als so manches Licht in die Welt kam.

Was ist der Mensch?

Vielen Menschen macht es merkwürdigerweise noch im 21. Jahrhundert Mühe, den Menschen als ein Lebewesen zu betrachten, dem eine evolutionäre Naturgeschichte zukommt und das deswegen vieles mit Affen und anderen Tieren gemeinsam hat. Fundamental eingestellte Personen ertragen oftmals den Gedanken nicht,

sogar von diesen behaarten Primaten abzustammen, was immer
sie mit diesem Ausdruck genau meinen könnten – hoffentlich
nicht, dass es einmal einen Affen gegeben hat, der einen Menschen
zeugen konnte und ihn aufgezogen hat. Viele Zeitgenossen möchten den ihnen einzigartig erscheinenden Menschen – und damit
sich selbst – nach wie vor als ein auserwähltes Geschöpf ansehen,
das der Herr im Himmel zwar aus einem Klumpen Lehm formte,
dem er aber trotzdem einen besonderen Auftrag mit auf die Erde
gegeben hat, nämlich den, die Schöpfung zu bewahren und möglicherweise zu vollenden.

Tatsächlich ist nicht anzunehmen, dass man einmal einen Affen
finden wird oder angeben kann, der einen Menschen zur Welt gebracht hat. Doch inzwischen hat die moderne Genetik gezeigt, dass
die Mitglieder der Spezies Homo sapiens genetisches Material besitzen, das sie nicht selbst entwickelt haben, sondern Mitgliedern
der Art Homo neanderthalensis verdanken. In den Menschen stecken also genetische Stücke von Neandertalern, wie der Paläogene-
tiker Svante Pääbo ausführlich in seinem Buch «Die Neandertaler
und wir» berichtet.

Vor diesen Befunden schien die Herkunft des Menschen ein einfach und gradlinig zu lösendes Problem zu sein. Die Neandertaler
galten als eine eigenständige Art, deren Mitglieder vor etwa zwei-
hunderttausend Jahren auf der Erde auftauchten (woher auch immer) und sich dann vor einigen zehntausend Jahren von den Vertretern der modernen Form des Homo sapiens, also den Vorfahren
der heute Lebenden, verdrängen ließen (wie auch immer). Mit anderen Worten: Die damals auftretenden Mitglieder der zeitgenössischen Menschenart haben sich den Neandertalern gegenüber erst
im evolutionären Wettbewerb als überlegen erwiesen und nach ihrem Triumph im Überlebenskampf allein über den ganzen Globus
verbreitet.

So sah die Welt bis vor kurzem aus, doch die neue Wissenschaft der Paläoanthropologie entwirft in diesen Tagen ein viel aufregenderes Bild von der jüngeren Herkunft des Menschen. Seine Konturen bekommt der neue Entwurf vor allem durch die ungeheuer rasch fortschreitende Möglichkeit, das genetische Material, das Genom, zu erfassen – zu sequenzieren –, und das sogar von Zellen, die aus uralten Knochen oder anderen Funden von Paläoanthropologen stammen, so winzig sie auch sein mögen. Dabei hat sich zum Erstaunen erst der Fachwelt und dann der Öffentlichkeit herausgestellt, dass in einem modernen Genom, das Menschen heute mit und in sich tragen, einige genetische Informationen stecken, die ursprünglich einen Neandertaler ausgezeichnet haben. Anders ausgedrückt: Bevor sich die heutige Art Homo sapiens, aus Afrika kommend, über Europa und Asien verbreitete und dabei in unterschiedliche Gruppen aufspaltete, haben sich einige Mitglieder aus der umtriebigen Gruppe unserer Vorfahren – wahrscheinlich vor etwas mehr als fünfzigtausend Jahren – mit den Neandertalern gepaart und dabei ihre mit deren Genen vermischt. So kommt es, dass Neandertaler-Gene (dank moderner wissenschaftlicher Methoden) selbst dort zu finden sind, wo die dazugehörigen Menschen niemals gelebt haben. Zwei Prozent des genetischen Materials von Chinesen stammen von dem Erbgut, der DNA, der Neandertaler ab. Das liegt unter dem Ergebnis der Europäer, die etwas mehr von dem alten Neandertaler-Genom bewahrt haben, wobei man nicht so recht weiß, ob man darauf stolz sein kann.

In der Biologie gehört zur Definition einer Art, dass zwei ihrer Mitglieder – ein männliches und ein weibliches Mitglied – fruchtbaren Nachwuchs zeugen können. Auf den Homo neanderthalensis und den Homo sapiens trifft das zu. Sie bilden also in diesem Sinne eine Art, und die lebenden Menschen halten Teile der anderen DNA fest, als wär's ein Stück von ihnen. Es darf angenommen werden, dass die gemeinsamen Genstücke zur Attraktivität der Geschlechtspartner und zur Überlebensfähigkeit des Nachwuchses

Ein Bild aus dem Deutschen Höhlenmuseum in Iserlohn. Die Nachbildung eines Neandertalers (Homo neanderthalensis) wird von einem Besucher betrachtet, der als ein Mitglied der Art Homo sapiens zu erkennen ist. Erst seit kurzem weiß man, dass sich Neandertaler und Homo sapiens nicht nur begegnet sind, sondern auch erfolgreich gepaart haben: Zwei bis vier Prozent unseres Erbguts verdanken wir unseren ausgestorbenen Verwandten.

beigetragen haben. Die moderne Biologie kennt dabei DNA-Bereiche, die beides vermögen. Es geht um Gene, die das Immunsystem stärken und ihrem Träger einen charakteristischen Geruch geben. Aber die Forschung hat noch viel zu tun, um diese Gemengelage zu entwirren und das genetische Abenteuer der modernen Menschwerdung erzählen zu können.

Doch was ist der Mensch, nicht seiner biologischen Art, sondern seinem Wesen nach? Diese Frage, die das menschliche Denken bis heute beschäftigt und auch in Zukunft nicht loslassen wird, stellt schon die Bibel. Im 8. Psalm, Vers 5 heißt es vorsichtig: «Was ist der Mensch, dass du seiner gedenkst?» Die Bitte um Auskunft ist verständlich, immerhin hat der Herr im Himmel den Menschen «zum Herrscher über das Werk» seiner Hände bestimmt und ihn dabei «mit Ehre und Hoheit» gekrönt, um ihn auf diese Weise nur «wenig geringer als Engel» zu machen, wie die folgenden Verse des Psalms mitteilen. In einer anderen Übersetzung der Verse wird der Mensch sogar noch mehr umschmeichelt und nur «wenig niedriger als ein Gott» eingestuft.

So selbstverständlich gläubige Menschen meinen, ihre eigene Herkunft in den Kapiteln der Genesis finden und nachlesen zu können, so selbstverständlich halten wissenschaftlich orientierte Mitglieder der Art Homo sapiens – etwa Evolutionsbiologen – alle Bemühungen für überflüssig und nutzlos, die Abstammung des Menschen ohne Rückgriff auf Naturbeobachtungen und animalische Vorläufer und ohne Kenntnis der Bedingungen verstehen zu wollen, die auf der Erde herrschten, als sich das Leben dort auf den Weg machte. Natürlich sollte niemand die Bibel mit einem Biologiebuch verwechseln, und auch ungläubigen Wissenschaftlern wird kein Zacken aus der Krone brechen, wenn sie Gefallen an den biblischen Geschichten und Erzählungen finden. Wer an dieser Stelle die Weltoffenheit zeigen will, die Menschen für gewöhnlich zukommt und die Mitglieder unserer Art vermutlich deutlich von anderen Organismen unterscheidet, kann und wird sowohl die religiös motivierte als auch die wissenschaftlich fundierte Weise des humanen Verstehens zulassen und allgemein im Menschen ein Doppelwesen erkennen, um so seine in Qualität und Quantität erstaunlichen Eigenschaften besser erfassen zu können.

Philosophisch gedacht und christlich verstanden

Wer sich im Bereich des Philosophischen nach Bestimmungen des Menschen umschaut, wird erfahren, dass man hier natürlich Wert auf seine Vernunftfähigkeit legt. Man wird aber auch lesen, dass

Platon den Menschen einen «ungefiederten Zweifüßler» genannt und Aristoteles ihn als ein «von Natur aus nach Gemeinschaft strebendes Wesen» bestimmt hat, als ein «zoon politikón». In späteren Jahrhunderten kam noch die Charakterisierung als «Mängelwesen» hinzu, womit zum Beispiel Johann Herder in der Goethezeit ausdrücken wollte, dass Menschen aufgrund ihrer mangelhaften biologischen Ausstattung in jeder natürlichen Umgebung lebensunfähig sind, was im Umkehrschluss bedeutet, dass sie die Umwelt durch ihre Tätigkeit so verändern müssen, dass sie dem menschlichen Überlebenswillen gerecht wird.

Der Philosoph und Zoologe Adolf Portmann hat die gefährliche Situation, in die der Mensch von der Natur gebracht wurde, einmal so beschrieben: Der Mensch «ist der Erdgebundene, der sich nicht frei wie der Vogel in die Luft erheben kann; an Schnelligkeit ist er gar vielen Wildtieren weit unterlegen, ihm fehlt das schützende Haarkleid, das er erbeuteten Tieren entlehnt, es fehlen ihm gewaltige Waffen, er hat weder die Muskelkraft des Gorillas noch die Pranken und Zähne des Raubtiers. Die Naturforscher können diese elegische Besinnung noch um einige neidvolle Feststellungen erweitern: Wir kennen Tiere, die Ultraschall hören, andere, die mit polarisiertem Himmelslicht umgehen, die Ultraviolett als Licht zu sehen vermögen; es gibt Fische, die elektrische Felder wahrnehmen – lauter Erlebnisweisen, die uns versagt sind. Hat die Natur, die alle ihre Wesen so reich ausgestattet hat, die Menschen aus diesem Schutz entlassen?»[5]

Portmann hat noch mehr Gefährdungen ausfindig gemacht. So kommt der Mensch etwa als «physiologische Frühgeburt» hilflos zur Welt und vermag ohne Zuwendung von anderen nicht zu überleben. Man kann die damit einhergehende Formbarkeit des Menschen aber auch anders deuten, nämlich so wie Herder, der ihn nicht nur als Mängelwesen, sondern in einer positiven Wendung auch als den ersten «Freigelassenen der Schöpfung» bezeichnet hat. Dieser Formulierung fügte er als eine Art Begründung hinzu, denn «er stehet aufrecht» – und kann den Horizont sehen –, was Kinder erst lernen müssen und was mit einem Risiko behaftet ist. Leben ist bekanntlich lebensgefährlich, und Menschen erfahren dies vom Tag ihrer Geburt an.

Wer sich für die philosophische Frage nach dem «wahren» Menschsein und die dazugehörigen Ideale interessiert, findet viele Anregungen in dem von Kurt Salamun herausgegebenen Buch mit dem Titel «Wie soll der Mensch sein?». Hier kann man nachverfolgen, wie Ludwig Feuerbach die «sinnlich-leibliche Existenz und die Liebe zwischen Mann und Frau» zur «höchsten Form der Menschlichkeit» erklärt, bevor Karl Marx erläutert, wie der «nicht-entfremdete Mensch in der klassenlosen Gesellschaft» lebt. Danach erzählt Friedrich Nietzsche, wie der «neue Mensch als freier Geist und als Übermensch» in Erscheinung tritt, und das geht so fort, wenn Albert Camus zeigt, was der Mensch «angesichts des Absurden und in der Revolte gegen das Absurde» so erleben kann, bis zuletzt bei Herbert Marcuse der «neue Mensch im befriedeten Dasein» oder bei Hannah Arendt der Mensch «als tätiges und politisch engagiertes Wesen» auftritt, jedenfalls solange «der kritisch-rationale Mensch in der offenen Gesellschaft» nicht zum Zuge kommt, den Karl Popper beschreibt.[6]

Er hat es nicht leicht, der Mensch, wenn er ins Lesen und Grübeln kommt, um zu sich selbst zu finden, aber vielleicht erinnert er sich an die Geschichte des Menschen, der von den Gefahren des Rauchens liest und dann beschließt, sofort aufzuhören – mit dem Lesen. Wie soll der Mensch also sein? Lebendig und lebensfroh. Er ist dazu glücklicherweise in der Lage und ganz nebenbei das einzige Wesen, das im Flug eine warme Mahlzeit zu sich nehmen kann, wie Loriot einmal bemerkt hat.

Wer sich nach diesem Aufgalopp über das informieren möchte, was man als christliches Menschenbild bezeichnen kann, findet

Hinweise auf die Kreatürlichkeit des Menschen, was bedeutet, dass er seine Herkunft dem schöpferischen Handeln Gottes verdankt. Und man findet Beschwörungen seiner Begabung mit Freiheit und Vernunft, die ihm eine eigene Kreativität zugesteht und ihn über die übrige Schöpfung erhebt. Der Mensch als kreative Kreatur, als geformter Gestalter, als sich bildender Gebildeter, der zwar weiß, dass er nichts weiß, der aber spürt, dass er trotzdem wissen will, als jemand, der sich einem kategorischen Imperativ verpflichtet fühlt und dabei sein jeweiliges Handeln einem allgemeinen Gesetz unterwerfen soll.

Gott hat dem Menschen einen freien Willen gegeben, sodass er selbst über sein Leben bestimmen kann, wie Paulus ihm in seinen Briefen an die Römer (Röm. 7,7ff.) zugesteht. Der Apostel meint aber zugleich, dass ein Mensch «in seinem Inneren von Kräften bestimmt wird, die er nicht durchschaut und die sich seiner Verfügung entziehen», was sich in der Neuzeit mit der «Entdeckung des Unbewussten» bestätigt hat, auf die weiter unten eingegangen wird. Das letzte Zitat stammt aus einem Aufsatz von Gerd Theißen mit dem Titel «Das transformative Menschenbild der Bibel», dem zu entnehmen ist, dass der «innere Mensch» von jüdischen Propheten und griechischen Philosophen «erfunden» worden ist, und zwar um das 6. Jahrhundert v. Chr., also in dem entscheidenden Abschnitt der menschlichen Geschichte, der mit einem Begriff von Karl Jaspers als «Achsenzeit» bezeichnet wird.[7] Damals erweiterte sich der Horizont des Denkens dahingehend, dass sich neben der irdischen Sphäre eine himmlische zu erkennen gab und an Einfluss gewann. Es kam bei den betreffenden Kulturen und ihren Mitgliedern zu einem quasi-räumlichen Schnitt zwischen dem Weltlichen und dem Göttlichen, und es bildete sich die Vorstellung an ein jenseitiges Reich, das hinter dem irdischen Horizont liegt. Das darin existierende Göttliche wurde als das Eigentliche, das Wahre empfunden und angesehen, dem gegenüber das Irdische nur defizitär sein konnte. Von nun an spielten Intellektuelle – Priester, Propheten und andere – eine wichtige Rolle im Leben der Menschen, weil sie die Aufgabe hatten, den Willen der Götter zu deuten, einen Willen also, der keineswegs einfach mit irdischen Kategorien zu erfassen ist.

Bei Paulus führt dies zu der Unterscheidung zwischen dem himmlischen Menschen, zu dessen Ebenbild alle bestimmt sind, und dem irdischen Menschen, dessen Ebenbild alle tragen. Paulus separiert zudem den äußeren Menschen, der von Tag zu Tag zerfällt, von dem inneren Menschen, der stets und ständig erneuert wird. Man kann diese Aufteilung so verstehen, dass einem Menschen zwei Möglichkeiten des Menschseins gegeben sind, deren Verwirklichung von ihm selbst abhängt.

Im Laufe der Geschichte rückten die Menschen von einem allzu strengen christlichen Bild ihrer selbst ab, und sie entwickelten etwa zur Zeit der Renaissance eine Geisteshaltung, die als «Humanismus» bezeichnet wird und die nicht die Hoffnung auf ein Jenseits, sondern den stolzen Menschen und sein Dasein im Hier und Jetzt in den Mittelpunkt des Denkens stellte – wie es zum Beispiel in der berühmten «Proportionsstudie nach Vitruv» überdeutlich wird, die Leonardo da Vinci um 1492 vorlegt, als Kolumbus sich auf dem Seeweg nach Indien wähnte. Der Mensch der Renaissance trat selbstbewusst und in Harmonie mit der Welt auf und verstand sich als Schöpfer und Herr der Künste, schließlich war er ein Ebenbild Gottes. Es dauerte nicht mehr lange, bis er merkte, dass er die Zukunft und damit seine Geschichte selbst schaffen und prägen konnte. Nun war es nicht mehr die Geschichte, die den Menschen machte. Nun waren es die Menschen, die die Geschichte machten, und während sie dies unternahmen, kamen Weltbilder zustande, die ihr Tun ermöglichten und von diesem bestimmt wurden.

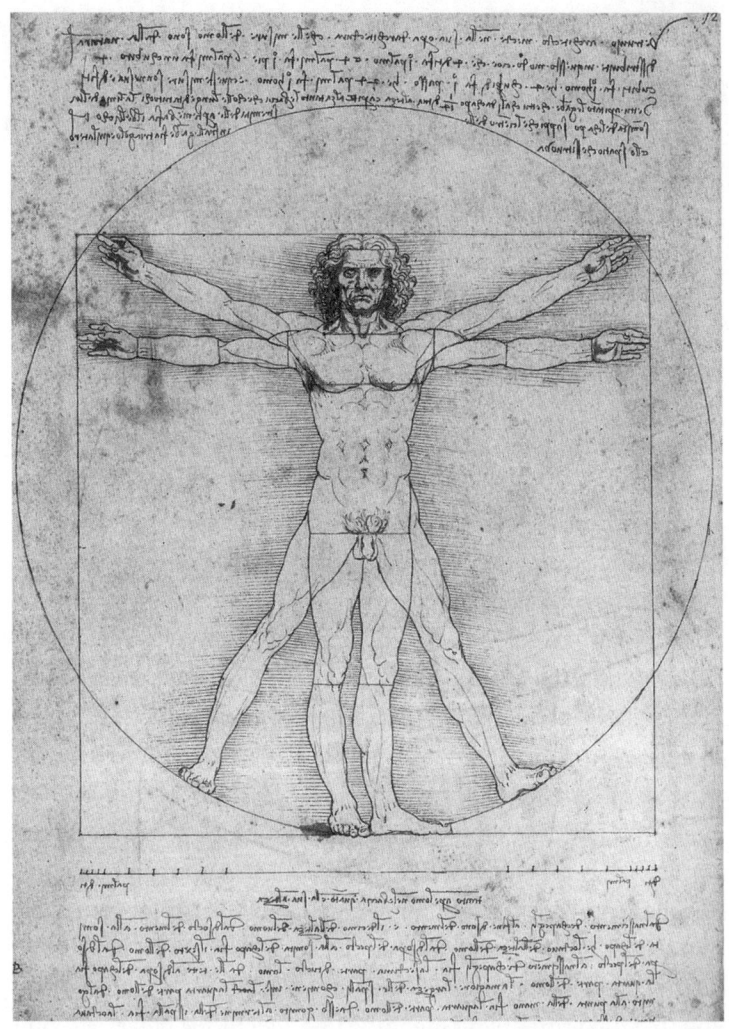

Der vitruvianische Mensch. Die um 1490 entstandene berühmte Darstellung des Menschen von Leonardo da Vinci folgt den Proportionen des antiken Architekten Vitruv und inkorporiert auf vielfältige Weise das Verhältnis des Goldenen Schnitts, was von Betrachtern als schön empfunden wird. Heute erscheint uns das Bild als eine Chiffre seiner Zeit: In der Renaissance rückt erstmals der Mensch selbst in den Mittelpunkt des Denkens.

Das Doppelwesen

Sowohl die religiöse als auch die wissenschaftliche Deutung des Menschen (Einzahl), die ihn als Geschöpf eines Gottes oder als Produkt einer natürlichen Selektion ansehen, stammen von Menschen (Mehrzahl). Diese zweifache Denkmöglichkeit stellt ein Charakteristikum unserer Art dar, wie sicher längst klargeworden ist. Ein Mensch kann stets von zwei Seiten betrachtet und verstanden werden, auf denen sich dann Aspekte zeigen, die als gleichberechtigt zu behandeln sind, auch wenn sie sich auf den ersten Blick zu widersprechen scheinen.

Um dies an Beispielen zu erläutern: Jeder Mensch steht für sich als individuelle Person einem Betrachter gegenüber, der ihn auch genau so – als Einzelnen nämlich – ansehen und wahrnehmen wird. Zugleich gehört jeder Mensch zu einer Gemeinschaft, ohne die er sein Leben gar nicht führen könnte – einer Familie etwa oder einem Team, einem Freundeskreis, einem Verein, einer Gesellschaft und anderen Formen sozialen Miteinanders. Menschen sind also stets ein Teil (als Mitmenschen) und ein Ganzes (als Personen), und diese Dopplung stellt nur den Anfang einer ganzen Reihe von Verzweigungen dar, die den Menschen ausmachen. Dazu gehören Paare wie Subjekt und Objekt, Geschöpf und Schöpfer, Mitspieler und Zuschauer, Lehrer und Schüler, Wissender und Glaubender, Spezialist und Generalist und manches mehr.

Zu den bekanntesten Zweiteilungen des Menschen gehört die Unterscheidung von Subjekt und Objekt, die es seit dem frühen 17. Jahrhundert gibt und die mit der modernen Wissenschaft aufgekommen ist. Auf der einen Seite ist jeder Mensch ein Subjekt, das aus sich heraus handelt und entscheidet. Er ist aber zugleich auch ein Objekt, etwa wenn er sich als Kranker in die Obhut der Medizin begibt und sich von außen her behandeln lässt – wobei die objektive Weise der körperlichen menschlichen Existenz zumindest bei all den Personen unvermeidlich wird, die sich als Patienten einer Vollnarkose unterziehen müssen und erst wieder als Subjekte aufwachen, wenn der Eingriff vorbei ist.

Wenn Menschen die Natur erkunden, dann betrachten Subjekte das Vorgefundene und Vorgegebene möglichst objektiv, wie man gerne sagt, wobei es an dieser Stelle darauf ankommt, dass der Mensch selbst zu einem Gegenstand der Wissenschaft und dabei vermessen und eingeordnet werden kann. Er ist tatsächlich Subjekt und Objekt zugleich, und dieser zweiten Dopplung kann sogleich eine dritte hinzugefügt werden, die von Schöpfer und Geschöpf nämlich.

Sowohl in der religiösen (biblischen) als auch in der wissenschaftlichen (evolutionären) Deutung von Menschen taucht unsereiner als Geschöpf oder Geschaffenes auf – einmal ganz feierlich als Schöpfung eines gütigen Gottes, ein zweites Mal ganz sachlich als Hervorbringung eines biologischen Vorgangs, zu dem vor allem eine natürliche Selektion von Varianten beiträgt. Menschen sind also in zweifacher Hinsicht Kreaturen (Geschöpfe), die darüber hinaus in erneuter Dopplung selbst zu Kreatoren (Schöpfern) werden können – zu Erschaffern von Kunst und Wissenschaft zum Beispiel, zu Baumeistern von Staaten und Gesellschaftsordnungen, zu Produzenten zahlreicher Güter und vielem anderen mehr.

In diesem Sinne sind Menschen immer zugleich Mitspieler und Zuschauer im umfassenden Theater des Lebens, wie es der berühmte dänische Physiker Niels Bohr einmal ausgedrückt hat. Dabei fragte er sich, wie wohl der Autor des Stückes heißt, das auf der dazugehörigen Bühne aufgeführt wird. Bohr hat aus der doppelten Natur des Menschen und anderer Gegebenheiten der Welt eine eigene Philosophie gemacht, der er den etwas abschreckend klingenden und komplizierten Namen «Komplementarität» gegeben hat. Damit ist gemeint, dass ein anvisierter Gegenstand erst dann gut verstanden wird, wenn die forschenden Subjekte ihn auf zwei

Weisen erfassen können, die sich widersprechen und zugleich zu-sammengehören. Licht etwa verstehen Physiker als Doppelspiel aus Welle und Teilchen, und Farben erfassen Menschen einmal als messbares physikalisches Phänomen und ein zweites Mal als erlebbaren sinnlichen Eindruck. Die eine Sicht kann die andere nicht ersetzen, und nur beide zusammen können der Erscheinung gerecht werden.

Bohrs Philosophie unterscheidet allgemein das, was Menschen etwas bedeutet – die anregende Empfindung der Farbe Rot zum Beispiel –, von dem, worauf sich Menschen einigen können – etwa die Wellenlänge des farbigen Lichts. Diese Dopplung lässt sich in allem wiederfinden, was Menschen betrifft. Betrachten wir den materiellen und den spirituellen Aspekt des Menschen: Im ersten Fall kann gesagt werden, dass er aus Fleisch und Blut besteht und über Organe und Zellen verfügt; im zweiten Fall kann gesagt wer-den, dass er voller Pläne und Ideen steckt und sie über Konzepte und Begriffe mitteilen kann. Natürlich hat es Versuche gegeben, die Gedanken eines Gehirns so zu verstehen wie den Urin einer Niere, nämlich schlicht und einfach als Produkt einer Ausscheidung. Wer solch eine rein materielle Sicht der Dinge propagiert, unterschätzt jedoch, wie schwierig es ist, eine Antwort auf die Frage zu geben, was «Materie» eigentlich ist.

Nicht weniger Mühe macht es zu beantworten, was «Geist» ist. Bemerkenswert ist bei alledem, dass jede der beiden Seiten er-neut einen Doppelcharakter mit sich bringt und in sich trägt. Die eben erwähnte (körperliche) Zelle zum Beispiel kann man auf der einen Seite als eigenständige Einheit des Lebens – gerade auch eines menschlichen Organismus – ansehen. Sie erfüllt ihre Funk-tion zugleich aber nur durch die dynamische Wechselwirkung all der Bausteine (Moleküle), aus denen sie besteht und die sich in ihr tummeln. Und eine Idee kann sowohl (analytisch) zum Verständnis eines gegebenen Objektes als auch (kreativ) zur Anfertigung eines neuen Gegenstandes (Produktes) führen, wobei ich mir gestatte, die erste Funktion aufklärerisch und die zweite romantisch zu nennen.

Von Homo sapiens bis Homo ludens

Zu Beginn dieses Buches ist der Mensch als das Tier vorgestellt worden, das seine Grenzen kennt, sie überwinden möchte und dies immer wieder mit Erfolg unternimmt. In diesem Versuch zu erklären, was das Menschsein besonders macht, steckt die Möglichkeit einer offenen Welt, deren Geschichte weitergeht, ohne je ein Ende zu finden, und in der immer etwas bleibt, das Menschen anstreben können.

Diese Gedanken sind nicht neu und auch schon literarisch festgehalten worden. Fündig wird man etwa in Goethes «Faust», genauer am Ende des zweiten Teils, als in den Felsbuchten des Ägäischen Meeres eine «klassische Walpurgisnacht» zelebriert wird, wobei wiederum ein künstlicher Mensch – der Homunkulus – zugegen ist. In diesem Zusammenhang tauchen merkwürdige Gestalten und Figuren auf, die hier übergangen werden, um nur die vier Verse (8002 bis 8005) aufzurufen, die man nach einem Vorschlag des Germanisten Albrecht Schöne als Goethes Antwort auf die Frage «Was ist der Mensch?» lesen kann. In dieser Sicht spricht Goethe seine Mitmenschen direkt an: «Diese Unvergleichlichen / Wollen immer weiter, / Sehnsuchtsvolle Hungerleider / Nach dem Unerreichlichen.»

So weit die Antwort eines großen Literaten auf die oben angeführte Frage des Psalmisten, die mir in ihrer Offenheit sehr gefällt. Wenn Forscher sich großen Problemen nähern oder annehmen, versuchen sie zuerst, den kleinen Ausschnitt zu finden, der ihrer

Disziplin gelegen kommt und mit den verfügbaren Methoden zu erfassen ist. Kein Wunder also, dass der Mensch unter den verschiedensten Blickwinkeln betrachtet und dann auch mit unterschiedlichen Namen versehen wird. Die Biologen sprechen – wie oben angedeutet – von der Art Homo sapiens, und sie tun dies seit 1758. Damals führte der schwedische Naturforscher Carl von Linné die bis heute verwendete Nomenklatur der Lebensformen ein und bezeichnete unsere Art als «einsichtsfähigen (weisen) Menschen», was auf Lateinisch mehr nach Wissenschaft klingt: «Homo sapiens». Linnés Wortbildung hat zahlreiche Nachahmer oder Anwender gefunden. Besonders populär ist eine Kombination geworden, die zum Titel eines 1957 erschienenen Romans von Max Frisch wurde, in dessen Mittelpunkt ein Ingenieur steht, eben ein schaffender Mensch: «Homo faber». In der Wissenschaft meint diese Bezeichnung, dass der Mensch ein Handwerker geworden ist, der die natürlich gegebene Umwelt mit seiner Hände Arbeit verändert und somit manipuliert – wörtlich verstanden, nicht polemisch.

Keine Frage, der Mensch ist «Homo sapiens» und «Homo faber» zugleich, und er ist sicher noch mehr. Die Angebote laufen vom «Homo scientificus» bis zum «Homo oeconomicus», wobei auf keinen Fall der «Homo ludens» übersehen werden darf, auf den der holländische Kulturhistoriker Johan Huizinga ebenfalls bereits in den 1950er Jahren in seinem Buch «Vom Ursprung der Kultur im Spiel» aufmerksam gemacht hat. Huizinga erläutert sein Vorhaben gleich zu Beginn: «Als es klar wurde, dass der Name *Homo sapiens* für unsere Art doch nicht so gut passte, wie man einst gemeint hatte, weil wir am Ende doch nicht so vernünftig sind, wie das 18. Jahrhundert in seinem naiven Optimismus zu glauben geneigt war, stellte man neben diese Bezeichnung für unsere Spezies den Namen *Homo faber*, der schaffende Mensch. Dieser Name aber ist weniger zutreffend als der frühere, denn *faber* ist auch manches Tier. Was vom Schaffen gilt, gilt auch vom Spielen: recht viele Tiere spielen. Dennoch scheint mir *Homo ludens*, der spielende Mensch, eine ebenso wesentliche Funktion wie das Schaffen anzugeben und neben *Homo faber* einen Platz zu verdienen.»[8]

Keine Frage, viele Menschen schaffen voller Fleiß und spielen voller Freude, und sie tun dies für eine Gemeinschaft oder innerhalb einer Gemeinschaft. Dies hat vor mehr als zweitausend Jahren bereits Aristoteles verstanden und auf den Begriff gebracht, als er den Menschen als «zoon politikón» bezeichnet hat, als ein auf feste Gemeinschaft angelegtes und immer wieder neue Gemeinschaften bildendes Lebewesen, das in seinem gezielt gewählten und geformten sozialen Rahmen überlebt und sich darin wohlfühlt. Menschen brauchen Mitmenschen, auch wenn sie nicht alle leiden können, wie der in München beheimate Dichter Eugen Roth unter dem Titel «Mitmenschen» so schön beschrieben hat: «Ein Mensch schaut in der Straßenbahn / Der Reihe nach die Leute an: / Jäh ist er zum Verzicht bereit / Auf jede Art Unsterblichkeit.»

Der Mensch als Maschine

Als in den 1950er Jahren die ersten größeren Rechenmaschinen auftauchten und damit anfingen, komplizierte Berechnungen auszuführen, kam der Begriff der künstlichen Intelligenz auf und mit ihm die Frage, wann die Maschinen den Menschen übertreffen und ihm seine Aufgaben abnehmen könnten. Unter dem Titel «Künstliche Intelligenz. Wann übernehmen die Maschinen?» ist in diesen Tagen gerade ein Buch erschienen, das die Antwort ebenso wenig weiß wie alle, die noch nach ihm kommen werden.

Ende der fünfziger Jahre wagte man jedenfalls vorauszusagen, dass eines Tages ein Computer den Weltmeister im Schach besiegen würde. Die Futuristen hatten damit zuletzt sogar recht, allerdings wären sie verzweifelt gewesen, wenn man ihnen gesagt hätte, dass sie auf die Erfüllung ihrer Vorhersage noch rund vierzig Jahre warten müssen. Immerhin – 1997 konnte schließlich ein von der Firma IBM entwickeltes System mit einer raffinierten Software namens Deep Blue den amtierenden Schachweltmeister Garri Kasparow in sechs Partien besiegen. Eine zusätzliche Prophezeiung der Vertreter der KI – der künstlichen Intelligenz – ging aber gerade nicht in Erfüllung, auch wenn die Medien dies bis heute ignorieren. In den siebziger Jahren meinten die damaligen Computerspezialisten nämlich nicht nur, dass ihre programmierten Maschinen schematische Aufgaben, die eine algorithmische Intelligenz und den Umgang mit vielen Variablen erforderten, schneller und zuverlässiger als Menschen lösen könnten. Sie glaubten darüber hinaus, dass ihre hochintelligenten Apparaturen zuletzt noch viel mehr könnten, als man ihnen beigebracht hatte, und sie zeigten sich sicher, dass zum Beispiel der Computer, der den Schachweltmeister besiegen würde, sich anschließend darüber freuen könnte. Davon aber ist nichts zu hören und zu lesen gewesen, und auch die inzwischen immer intelligenteren Maschinen, die mit erweiterten und vertieften Rechenebenen immer schwierigere Spiele für sich entscheiden und sogar in trickreichen Quizsendungen mit mehrdeutigen Fragen die Oberhand über die bis dahin siegreichen Kandidaten behalten – wofür sie die Hochachtung des Autors bekommen –, zeigen bislang nicht die geringste Regung, wenn sie ihre Aufgabe erfüllt und die menschlichen Gegenspieler besiegt haben.

Eine Maschine kann offenbar nicht vollständig oder vollkommen zu einem Menschen werden – auch wenn die Industrie mit aller Macht an Robotern arbeitet, die den Eindruck erwecken, ein humanes Dasein zu erleben. Es lohnt sich, an dieser Stelle noch einmal in das Jahrhundert der Aufklärung zurückzukehren, also in das 18. Jahrhundert, als der französische Arzt und Philosoph Julien de La Mettrie meinte, dass sich, genau umgekehrt, der Mensch als eine Maschine – genauer: als eine Präzisionsmaschine – betrachten lasse. Zu La Mettries Zeit wurde ein mechanisches oder materialistisches Weltbild propagiert, in dem es weder die unabhängige noch die unberechenbare Existenz eines Geistes geben durfte und das in der Natur ein verwobenes System von Bewegungen, Energien und anderen messbaren Größen sah, wie oben erläutert wurde. La Mettrie erweiterte diesen Gedanken in seiner Schrift «Der Mensch eine Maschine» aus dem Jahr 1748: «Gibt man mir nur zu, dass die organisierte Materie mit einem Bewegungsprinzip begabt ist, welches allein sie von der nicht organisierten unterscheidet (und wer könnte sich dessen bei so unwiderleglichen Beobachtungen weigern?), und dass bei den Tieren alles von der Verschiedenheit dieser Organisation abhängt, (...) so genügt das, um das Rätsel der Substanzen und des Menschen zu erraten. Man sieht, dass es überhaupt nur eine Substanz auf der Welt gibt und dass der Mensch ihr vollkommenster Ausdruck ist. (...) Ich täusche mich sicher nicht, der menschliche Körper ist eine Uhr, aber eine erstaunliche und mit viel Kunst und Geschicklichkeit verfertigte.» Das genügte dem Autor allerdings noch nicht, er meinte, Menschen könnten «maschinenmäßig alle Träume erzählen», und empfahl darüber hinaus, sich mit der «Physik und Mechanik des menschlichen Körpers» zu beschäftigen, «die Seele und all die Besorgnisse, die dieses Hirngespinst den Narren und Nichtwissern einflößt, beiseite liegen zu lassen und sich nur um die reine Naturwissenschaft zu bekümmern».[9]

Während die Experten um 1950 von der künstlichen Intelligenz schwärmten, mit der sie Maschinen ausstatten wollten, versuchten Handwerker zweihundert Jahre zuvor, Maschinen menschliches Verhalten beizubringen und also künstliche Menschen anzufertigen. Berühmt geworden ist der mechanische Flötenspieler des französischen Uhrmachers und Ingenieurs Jacques de Vaucanson, wobei anzumerken ist, dass dieser findige Mann bereits 1745 einen automatischen Webstuhl gefertigt hatte. Und so wie die Vertreter der künstlichen Intelligenz seit dem Zweiten Weltkrieg glauben, ihre rechnenden und datenverarbeitenden Maschinen mit allen menschlichen Eigenschaften ausstatten zu können, meinte La Mettrie, dass man einen Maschinenmenschen wie den Flötenspieler, würde man noch mehr Kunstfertigkeit einsetzen und mechanische Geschicklichkeit in ihn investieren, auch zum Sprechen bringen könnte. «Eine solche Maschine darf», so La Mettrie, «insbesondere unter den Händen eines solchen neuen Prometheus, nicht mehr als eine Unmöglichkeit angesehen werden.»[10]

Zur Erinnerung: Der Titan Prometheus übernimmt in der griechischen Mythologie die Rolle eines Schöpfers der Menschen

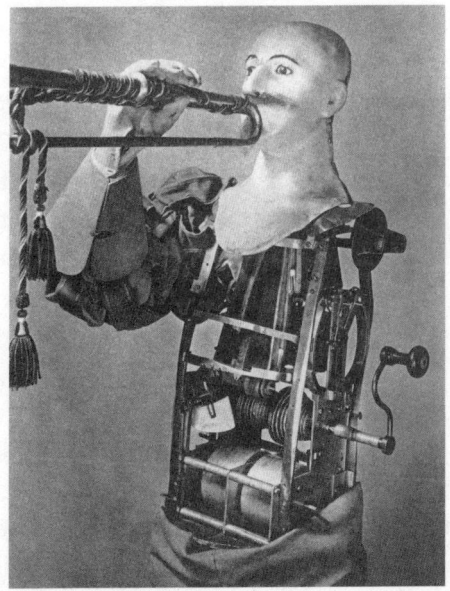

Dieser trompetespielende Automatenmensch wurde 1810 von Friedrich Kaufmann gefertigt. Schon lange bevor die Pioniere der Computertechnik von künstlicher Intelligenz träumten, glaubte man, mit Hilfe ausgefeilter Mechanik einen künstlichen Menschen erschaffen zu können.

und der Tiere. Er stiehlt den Göttern das (für die Kultur notwendig erachtete) Feuer, um den irdischen Wesen die Gelegenheit zu eigenen Schöpfungstaten zu geben. Diese Figur war im späten 18. Jahrhundert so beliebt, dass selbst Goethe sich daranmachte, eine Hymne an Prometheus zu dichten. Darin wirft er den Göttern vor, «kümmerlich» zu sein, und er schreibt verächtlich: «Ich kenne nichts Ärmeres unter der Sonn' als euch Götter.» Die Literaturhistoriker sprechen von der «Sturm-und-Drang-Phase», in der offenbar der Gedanke keine Mühe macht, den Menschen an die Stelle der Götter zu setzen, und so ist es kein Wunder, wenn im 19. Jahrhundert ein moderner Prometheus in der Literatur auftritt, der tatsächlich vorhat, einen neuen Menschen zu schaffen. Der Roman, der davon handelt, trägt zwar im Titel den Namen des Mannes, der sich an die Schöpfung eines künstlichen Menschen wagt; in der Öffentlichkeit wurde dieser Name, nämlich Frankenstein, allerdings nicht dem Produzenten, sondern dem Produkt zugewiesen. Wie überhaupt manches durcheinandergegangen ist bei der Rezeption des modernen Prometheus, der zu vielen Filmen und Büchern inspiriert hat, unter denen sich eines mit dem netten Titel «Einstein, Gertrude Stein, Wittgenstein und Frankenstein» findet.[11]

Der Name Frankenstein lässt heute an ein angsteinflößendes Monster denken. In Mary Shelleys Roman «Frankenstein or The Modern Prometheus» aus dem Jahr 1818 gibt der Erschaffer Victor Frankenstein seiner Kreatur aber keinen Namen, und er kümmert sich auch nicht um deren Aussehen. Er macht sie auf keinen Fall absichtlich hässlich. Der – falsch benannte – Frankenstein ist nicht riesig, um als Monster zu erscheinen, sondern weil es seinem Konstrukteur Victor mit der damals verfügbaren Technik leichter fällt, mit großen, klobigen Teilen zu arbeiten. Die Kreatur von Victor Frankenstein ist nicht unmoralisch, sie leidet vielmehr unter dem, was sie tut. Sie beschuldigt sich selbst, was seinem Schöpfer helfen kann. Victor Frankenstein selbst ist kein Irrer, sondern ein

Mensch, der mit dem Schicksal hadert, weil ihm die öffentliche Anerkennung fehlt, die er meint, verdient zu haben. Seine Kreatur soll ihm nun diese Dankbarkeit erweisen.

Die damals blutjunge Autorin des Romans, Mary Shelley, zeigte sich von der Biophysik ihrer Zeit fasziniert, die in Tierkörpern Elektrizität nachweisen konnte, und sie interessierte sich sehr für die Frage, ob sich mit elektrischen Strömen aus toter Materie neues Leben erschaffen und sogar Bewusstsein hervorrufen lässt. Sie wollte die Forscher ermutigen, dabei auch an die Folgen zu denken und sich den Mitmenschen zuzuwenden, statt sich von ihnen abzuwenden. 1831, also mehr als zehn Jahre später, verfasste Mary Shelley nach einigen Anmerkungen für eine zweite Version eine dritte Fassung ihres «Frankenstein», in der sie sich und andere fragt, ob der menschliche Körper zu einem bloßen Instrument reduziert werden kann. Sie wollte zu den vitalistischen Debatten beitragen, die sich damals um die Frage nach der Erklärbarkeit des Lebendigen durch materielle Befunde drehten und die noch heute spannend und aufschlussreich sind.

Von der Entdeckung des Unbewussten

Der neue Prometheus Frankenstein trat als Kind des 19. Jahrhunderts auf, als die romantische Bewegung das aufgeklärte Denken ergänzte und erweiterte, wobei völlig neue Gesichtspunkte des Menschen aus dem Hintergrund seiner geistigen Tätigkeit geholt und in den Vordergrund gerückt wurden. Was hier umfassend und einschneidend eintrat, hat der Schweizer Psychiater, Psychologie- und Medizinhistoriker Henri F. Ellenberger in einem umfangreichen Band mit dem Titel «Die Entdeckung des Unbewussten» geschildert, dessen erste Auflage 1985 erschienen ist. Ellenberger hält zunächst in aller Deutlichkeit fest: «Man kann die historische und kulturelle Bedeutung der Aufklärung gar nicht überschätzen; sie stellt tatsächlich das Rückgrat der modernen westlichen Kultur dar. Die Prinzipien der Religions-, Gedanken- und Redefreiheit, die Grundsätze der sozialen Gerechtigkeit, der Gleichheit, des Sozialstaats, die Vorstellung, dass die Erhaltung des öffentlichen Wohles eine normale Aufgabe des Staates und nicht ein Akt der Barmherzigkeit ist, das Prinzip der Schulpflicht und des freien Unterrichts (...), sie alle entstammen der Aufklärung.»[12] Bei all ihren Erfolgen und Qualitäten hat die Aufklärung aber doch einiges übersehen, um das sich dann die nachfolgende Epoche der Romantik kümmerte. Gemeint ist zum Beispiel ein tiefes Gefühl für die Natur, das in der Aufklärung keine große Rolle spielte. Gemeint ist auch ein Gespür für das Werden der Dinge, das nicht nur als eine lange Reihe logischer Fortschritte abläuft, sondern individuelle und spontane Prozesse zur Entfaltung kommen lässt. Und gemeint ist nicht zuletzt die Vorstellung, dass es eine Nachtseite der Natur gibt, auf der das Unbewusste im Menschen operiert und versucht, sich einen Weg in das bewusste Denken zu verschaffen.

Der Arzt und Maler Carl Gustav Carus schrieb dem Unbewussten das inzwischen vertraute Attribut «prometheisch» zu, um auszudrücken, dass es der Zukunft zugewandt ist. Dieser Gedanke wurde von dem Arzt und Naturphilosophen Gotthilf Heinrich von Schubert aufgegriffen, der sich um 1837 Gedanken über «Die Symbolik des Traumes» machte. Er gestand der menschlichen Seele im Schlaf die Fähigkeit zu, in einer «Bildersprache» zu sprechen, in der vielleicht sogar Weltbilder entstehen. «Nachts wird die menschliche Seele fähig, Zukünftiges in Bildern vorauszusehen», wie von Schubert meinte, der in der «Traumbildsprache» «eine höhere Art der Algebra» erblickte, ohne dass diese Idee unter aufgeklärten Wissenschaftlern viele Anhänger fand, was hier mit dem Ausdruck des Bedauerns festgestellt wird.

Mit diesen geistigen Strömungen gewann ein philosophisches Werk an Popularität, das bereits 1819 erschienen war und den Titel «Die Welt als Wille und Vorstellung» trägt. Sein Autor Arthur Schopenhauer verstand unter dem Willen des Menschen das in diesem wirkende Unbewusste, ohne es so zu nennen. Mit diesem Gegenstück zum Bewusstsein besitzt der Mensch einen «dynamischen Charakter blinder Antriebskräfte», die ihn letztlich leiten. In Schopenhauers Sicht zeigt sich der Mensch als ein vielfach irrationales Wesen, das die Kräfte in seinem Inneren nicht kennt und keinen Zugang zu ihnen findet, und die damit verbundenen Energien führen zu zwei Trieben, die den Menschen beherrschen: das starke Verlangen nach Selbsterhaltung und der unaufhaltsame Drang zur Fortpflanzung. «Der Mensch ist konkreter Geschlechtstrieb», wie der lebenslange Junggeselle als mürrischer Philosoph etwas verächtlich meint, «da seine Entstehung ein Kopulationsakt und der Wunsch seiner Wünsche ein Kopulationsakt ist.»[13] Schopenhauer hätte womöglich gerne einen noch härter oder abstoßender klingenden Ausdruck für die liebende Vereinigung eines Paares gefunden. Das heute gebräuchliche Wort «Geschlechtsverkehr» klingt auch nicht viel besser als Bezeichnung für das, was manchen Gelehrten Schwierigkeiten zu bereiten scheint, obwohl Menschen dabei Liebe, Lust und Freiheit erleben können.

«Lust und Freiheit» – so lautet der deutsche Titel einer Geschichte der ersten sexuellen Revolution, die der aus England stammende und am Exeter College in Oxford tätige Historiker Faramerz Dabhoiwala vorgelegt hat. Man kann darin den Versuch erblicken, das Thema der Sexualität weder den Pornoproduzenten noch dem Bannspruch des Katholizismus zu überlassen und es dort anzusiedeln, wo es hingehört, nämlich in die Kulturgeschichte. Das Buch erzählt unter anderem vom Aufstieg der sexuellen Freiheit bis zur Wertschätzung des Sex als modernes, aufgeklärtes, natürliches, rationales Vergnügen par excellence. Es zeigt, warum es Menschen guttut, Sexualität nicht zu unterdrücken, sondern zu feiern. Mit «Lust und Freiheit» ist ein erster Schritt im historisch-wissenschaftlichen Denken über die Bedeutung von menschlichen Paarungen getan, und weitere sollten folgen – wenn die Gesellschaft den Mut dazu findet, sich dem Vergnügen der Menschen im Bett (meist des Nachts nach der Plage am Tage) mit mehr Liebe und Offenheit zuzuwenden. Dass dies geschehen wird, erscheint dem Autor allerdings eher unwahrscheinlich, blickt man auf die quotenabhängigen Medien und ihre hektischen Ankündigungen, bei denen äußerliche Attraktivität mit sexueller Erfüllung verwechselt wird.

Der Fortschritt der Menschheit

Nach 1850 – so konstatiert die Kulturgeschichte – kommt die romantische Schwärmerei von Nachtseiten an ihr Ende, um erst von einem nüchternen Positivismus mit seinen mechanischen Weltanschauungen abgelöst zu werden und danach zu erleben, wie dank Darwin das evolutionäre Denken an Bedeutung gewinnt. Während die Aufklärung in jedem Fortschritt einen rational planbaren Prozess sah, der dem Ziel des menschlichen Glücks diente, und während die Romantiker verstärkt auf das Walten unbewusster und irrationaler Kräfte verwiesen, zeigte Darwins Idee, dass die erwünschten Fortschritte ganz natürlich durch Zufall und Notwendigkeit entstehen können und von einigen statistisch wirkenden Gesetzmäßigkeiten abhängen.

Außerhalb der biologischen Wissenschaften übte der Gedanke der Evolution seine Wirkung auf das menschliche Leben selbst und die gesellschaftliche Wirklichkeit vor allem durch das aus, was im

Anschluss an einen «Kampf ums Dasein» und das dazugehörige «Überleben des Tüchtigsten» als «Sozialdarwinismus» beschrieben wurde. In einer 1888 gehaltenen Rede drückte einer der gelehrigsten Schüler von Darwin, der Naturforscher Thomas Huxley, sich so aus: «Im Zyklus der Erscheinungen, die das menschliche Leben bietet, ist nicht mehr moralischer Sinn zu entdecken als in dem, den das Leben von Wolf und Hirsch darstellt. So wurden in primitiven Gesellschaften die Schwächsten und Dümmsten an die Wand gedrückt, während die Zähesten und Listigsten (...) am Leben blieben. Das Leben war ein ständiger offener Kampf.» Huxley gab den «Kampf aller gegen alle» sogar als «die normale Form der Existenz» aus.[14]

Wenn schon ein Naturforscher die Idee der Evolution so deutete, konnte es nicht mehr lange dauern, bis die Ausrottung von angeblich primitiven Völkern durch die Weißen als «natürlich» gerechtfertigt wurde. Nicht zuletzt Anhänger der Lehren von Karl Marx griffen Darwins Einsichten als Argument für den Klassenkampf und die Revolution auf. Sowohl der Marxismus als auch der Darwinismus vertraten die Vorstellung von einem Fortschritt der Menschheit in einem erbitterten Kampf ums Dasein, wobei der Gesellschaftstheoretiker weniger an mechanische Wirkungen biologischer Phänomene dachte als an einen dialektischen Prozess, den Menschen durch bewusste Anstrengungen in Gang setzen können.

Marx entnahm diese Idee der Philosophie Georg Wilhelm Friedrich Hegels, wo er auch auf den Begriff der Entfremdung stieß, mit dem er meinte, die soziale Lage des Menschen erfassen zu können. «Entfremdung» bedeutet, dass ein ursprünglich natürliches Verhältnis, das jemand sich selbst, anderen Menschen oder seiner Tätigkeit gegenüber einnimmt, in der aktuellen Lebenssituation aufgehoben oder gestört ist. Nachdem Hegels Konzept einmal in der Welt war, wurde es von vielen Gelehrten erörtert. Der Philosoph Ludwig Feuerbach etwa meinte, der Mensch sei sich selbst entfremdet, weil er sich einen Gott nach seinem Bilde geschaffen habe, um seine Wünsche auf ihn zu projizieren und sich vor ihm zu erniedrigen. Marx sah die Entfremdung nicht nur in der Religion, sondern auch im sozialen und politischen Leben am Werke, und er strebte bekanntlich eine klassenlose Gesellschaft an, in der es keine Entfremdung mehr geben würde. In seinen berühmten «Thesen über Feuerbach» brachte er 1845 seinen zwar legendären, aber wenig hilfreichen Satz zu Papier, dass die Philosophen die Welt bislang nur verschieden interpretiert hätten, während es doch in Wahrheit darauf ankomme, sie zu verändern. 1848 folgte das zusammen mit Friedrich Engels verfasste wirkungsmächtige «Kommunistische Manifest», und der Rest ist Geschichte, wie man so sagt, auch wenn diese Geschichte nicht zu einem guten Ende geführt hat, jedenfalls nicht in dem lange Zeit real existierenden Sozialismus, dessen politische Führer sich auf Marx und Engels beriefen.

Es ist hier nicht der Platz und der Autor nicht geeignet, ein sozialistisches oder marxistisches Weltbild zu entwerfen oder darzustellen. Dafür soll auf das grundsätzliche Problem eingegangen werden, das bei den dazugehörigen visionären Gesellschaftsentwürfen entsteht. Dem Philosophen Isaiah Berlin zufolge basiert der Marxismus auf der Annahme, «dass alle menschlichen Probleme lösbar und die Menschen von Natur aus so konstituiert sind, (...) dass sie nach Frieden streben und nicht nach Krieg, nach Harmonie und nicht nach Zwietracht, nach Einheit und nicht nach Vielfalt». So schreibt Isaiah Berlin in seinen ideengeschichtlichen Untersuchungen zum «Wirklichkeitssinn», um anschließend darauf hinzuweisen, dass offenbar «Streit, Konflikt und Konkurrenz zwischen menschlichen Wesen (...) die Erfüllung jener Ziele verhindern, die den Menschen als Menschen zwangsläufig gemeinsam sind – die universellen, ewigen Zwecke, die den Menschen überhaupt erst zum Menschen machen», jedenfalls in der Annahme der marxistischen Doktrin. Ihre «zentrale – und nicht weiter hinterfragte – Prämisse dabei ist, dass alle menschlichen Bestrebungen prinzipiell miteinander zu vereinbaren und zu erfüllen sind», und genau dies trifft eben nicht zu.[15] Es gibt einfach keine richtige und objektiv gültige Lösung der Frage, wie der Mensch leben soll, und wie historische Entwicklungen immer wieder gezeigt haben, ist der Glaube an ein perfektes Leben – jeder nach seinen Bedürfnissen – höchst destruktiv und langfristig zum Scheitern verurteilt.

Was Isaiah Berlin hier ausdrückt, kann man die Lektion der menschlichen Geschichte nennen. Er selbst fand diese Lektion schon bei den Philosophen der Renaissance, zum Beispiel in der Schrift «Il Principe», «Der Fürst», von Niccolò Machiavelli. Hier werden Politik und Ethik getrennt, und es wird etwas höchst Verwirrendes notiert, das weitreichend und weltweit für Unbehagen sorgt.[16] Machiavelli macht seine Leser nämlich darauf aufmerksam, dass die Idee eines für alle Menschen geeigneten Lebens schon daran scheitern muss, dass Menschen nicht für sich allein leben und nur in Gemeinschaft mit anderen Menschen existieren können. In solch einer Situation treten unweigerlich unvereinbare Ziele auf, um deren Erreichung gestritten wird, seit es humane Gemeinschaften gibt. Da ist zum einen die Freiheit oder Gerechtigkeit, die sich für den Einzelnen erreichen lässt, und ihr gegenüber steht die Freizügigkeit oder das Wohlergehen, das für die Gesamtheit möglich wird. Wer hat nicht schon mehrfach in seinem Leben erfahren, wie sehr das Interesse eines Individuums vom Interesse einer Gruppe oder Institution abweichen kann, auch wenn beide aufeinander angewiesen sind und bleiben und sich von Tag zu Tag neu zusammenraufen müssen?

Es ist leicht einsehbar, dass es Menschen nicht gefallen kann, wenn man ihnen erklärt, dass sie Ziele verfolgen, die nicht mit denen anderer zu vereinbaren sind. Deshalb ist es auch kein Wunder, dass alle diejenigen Machiavelli mit Verachtung begegnen und seinen Namen verunglimpfen – die Bezeichnung «Machiavellismus» steht für eine skrupellose Machtpolitik, ohne dass Machiavelli eine solche vertreten hat –, die von einer idealen oder perfekten Gesellschaft träumen und daneben auch noch glauben, dass sie sich mit Menschen aus Haut und Knochen verwirklichen lässt – wo auf Erden auch immer.

Die Jahre, in denen die Menschen lernten, Herzen zu transplantieren und zum Mond zu fliegen, waren auch die große Dekade der Futurologie. In den sechziger Jahren wurden unentwegt Utopien entworfen, die eine neue und bessere Welt beschworen, wie dies zuvor schon Philosophen und andere Menschen zu allen Zeiten unternommen hatten – von Platon über Karl Marx bis hinein in die Epoche der Achtundsechziger, die unermüdlich den neuen Menschen ankündigten, den man gleich hinter der nächsten Ecke am Ende der Demonstration vermutete. Wer sich diese und andere Entwürfe genauer ansieht, wird bald bemerken, dass sich weder die revolutionären Schwärmer noch die professionellen Futurologen wirkliche Menschen aus Fleisch und Blut als Bewohner ihrer künftigen Gesellschaften vorstellten. In ihren Visionen kamen und kommen nur vollkommene – auch vollkommen reine oder vollkommen keimfreie – Wesen vor, die engelhaft dahinschweben und alle guten Merkmale des Menschen in sich vereinigen, während sie keine schlechten besitzen, also nichts Böses im Schilde führen und auch nicht beleidigt oder neidisch sind. Solche visionären Wesen haben allerdings den großen Nachteil, dass sie ununterscheidbar sind. In den ach so beliebten Utopien ist nur von einer perfekten Gesellschaft die Rede, die offenbar von allein funktioniert, und jeder in ihr als Individualist erkennbare und auftretende Mensch wird unmittelbar als Störfaktor betrachtet (und vermutlich rasch eliminiert).

Noch hat kein Utopist die Vielfalt der Menschen – also das, was die natürliche Evolution hervorbringt – als erstrebenswertes Ziel angesehen. Im Gegenteil: Die Vorstellung der erträumten Zukunft war umso perfekter, je ähnlicher sich die in ihr lebenden Wesen auch ihrer Schönheit und Klugheit nach waren. Mit diesem Hinweis lässt sich verstehen, warum die Träume der Achtundsechziger und anderer Weltverbesserer und die Träume der Genetiker nicht zusammenpassen. In der Wissenschaft kann man nur individuelle Menschen ins Visier nehmen. Es gibt keine Molekularbiologie der Gesellschaft, wie es eine Molekularbiologie der Zelle gibt. Die Gentechniker können also nichts von Marxisten oder anderen Utopisten lernen, wenn sie wissen wollen, wie das humane Erbgut zu verbessern ist. Aber sie können von der Alchemie lernen, wenn sie sich auf deren Grundgedanken einlassen – den Gedanken der Umwandlung von etwas Wertlosem zu etwas Wertvollem, wie er bereits erwähnt worden ist.

Seit ihren Anfängen versucht die westliche Wissenschaft, die Natur zu verstehen, um sie zu beherrschen. Und genau an dieser Stelle unterscheidet sich die Alchemie aus alter Zeit von der Genetik aus modernen Tagen. Denn während die Alchemie das Innere der Dinge befreien wollte, bemühen sich die Lebenswissenschaften etwa in Form der Biotechnologie, das Innere (genetisch verstanden) zu beherrschen. Für den Alchemisten befindet sich im Inneren des Menschen ein Geist, der darauf wartet, entschlackt und perfekt zu werden, wobei das Ziel von innen kommt. Für den Gentechnologen befindet sich im Inneren des Menschen ein Genom, das darauf wartet, verbessert zu werden, sodass das Ziel von außen kommt. In beiden Fällen stehen Menschen vor dem Horizont der Zukunft, hinter den sie gelangen werden, hinter den sie aber jetzt schon schauen wollen, um auf das Kommende vorbereitet zu sein. Vielleicht geht das nur, wenn die Menschen offen bleiben und ohne Furcht besonnen warten. «Zu dem, der warten kann, kommt

alles mit der Zeit», wie ein französisches Sprichwort sagt. Und
Zeit ist das, was Menschen haben. «Alles hat seine Zeit», wie es in
der Bibel im Buch der Prediger heißt, und in mindestens einem Fall
scheint sich das Warten gelohnt zu haben.

Menschenrechte und Menschenpflichten

Beim Schreiben dieser Textpassage gehen die Olympischen Spiele
zu Ende, die 2016 in Rio de Janeiro stattgefunden haben. In den
Tagen der Wettkämpfe wurden viele sportliche Höchstleistungen
erreicht und einem weltweiten Publikum präsentiert, wobei das
gesamte Ereignis von großer Anteilnahme vor allem der Fern-
sehzuschauer begleitet wurde. Bevor die modernen Olympischen
Spiele am Ende des 19. Jahrhunderts ins Leben gerufen und die
dazugehörigen antiken Ideen neu belebt wurden, gab es bereits
«Schaulust am Menschenzirkus», wie Klaus Zeyringer in seiner
Kulturgeschichte der Olympischen Spiele schreibt. Diese Schaulust
konnte mit Hilfe anthropologischer Argumente befördert werden.
Im Rahmen von zwei «Anthropology Days», die zum Programm der
Olympischen Spiele von 1904 im amerikanischen St. Louis gehörten, wurden eigens Wettkämpfe «minderer Rassen» organisiert,
zu denen «Neger, Indianer, Filipinos, Türken, Syrer, Patagonier,
Aborigines und Afrikaner» zählten. Es gab dazu sogar einen For-
schungsbericht, in dem die athletischen Fähigkeiten der «wilden
Stämme» analysiert wurde, deren Schnelligkeit und Kraft man als
«alarmierend» einstufte, ohne dafür einen Grund anzugeben. Ei-
nig war man sich im zivilisierten Westen, dass man es allgemein
mit «Wilden» zu tun hatte, die in «barbarischen» Gemeinschaften
aufwuchsen. Zwar hatten die Staaten die Sklaverei abgeschafft, der
Handel mit exotischen Menschen – wie mit exotischen Tieren – lief

aber weiter, und gegen Ende des 19. Jahrhunderts war daraus ein
einträgliches Geschäft geworden.[17]

Die Bezeichnung «Wilde» für Menschen, die nicht den europäischen Ansprüchen entsprachen, findet sich auch bei dem Soziologen Max Weber. Er ging sogar so weit, bei bestimmten Menschen
von Tieren zu sprechen, die bestenfalls als «Staatsbürger zweiter
Klasse» zu behandeln seien.[18] Auf diesen skandalösen, von Webers
Schülern gerne vertuschten Sachverhalt wird deshalb hingewiesen, weil mit einer solchen Menschenverachtung der sozialwissen-
schaftlichen Art die Frage schwieriger zu beantworten ist, wie im
Laufe der Geschichte die Idee der Menschenrechte entstand und
wie Menschenbilder dazu beitragen konnten.

In diesem Buch ist die Frage «Was ist der Mensch?» auf drei
Weisen beantwortet worden. In christlicher Sicht ist der Mensch
von Gott als Ebenbild geschaffen worden. In philosophischer Sicht
stellt der Mensch ein rationales Wesen mit Selbstbewusstsein und
anderen – auch seelischen – Qualitäten dar. Und in biologischer
Sicht ist der Mensch im Verlauf der Evolution entstanden und
durch sein genetisches Material charakterisierbar. So überzeugend die evolutionäre Sicht auf den Menschen auch dargestellt
werden kann, mit ihr wird es schwierig, dem Menschen neben
seinen Pflichten – Nachwuchs zu zeugen und aufzuziehen und die
Erde nachhaltig zu bewirtschaften – auch Rechte zuzugestehen.
In der Erklärung der Menschenrechte etwa heißt es, dass jeder
Mensch ein Recht auf Leben und körperliche Unversehrtheit hat
und dass Menschen vor Folter, Menschenversuchen und Zwangs-
sterilisationen zu schützen sind. Zu finden sind hier viele weitere
Rechte – zum Beispiel die Meinungs- und Religionsfreiheit und die
Freiheit der Berufswahl –, die jedoch nicht überall auf der Welt
gleichermaßen geschätzt und umgesetzt werden und die im Laufe
der Geschichte nur langsam Anerkennung finden konnten.

Der Soziologe John H. Evans hat in empirischen Untersuchun-

gen gezeigt, dass Menschen, die ein biologisch geformtes Bild von
sich selbst haben, oft Ansichten vertreten, die mit den hehren
Menschenrechten nicht unbedingt vereinbar sind.[19] Einige der
Befragten erhoben zum Beispiel keinen Einwand dagegen, ster-
benskranken Menschen Sterbehilfe zu gewähren, wenn sich auf
diese Weise Kosten sparen ließen. Auch erklärten sich einige bereit, Verdächtige zu foltern, wenn sie so an Informationen kommen
könnten, mit denen sich andere Menschen retten ließen. Die biologische Grundhaltung tendiert dazu, in Menschen so etwas wie mechanische oder maschinenartige Objekte – biochemische Algorith-
men – zu sehen. Der Soziologe Evans, dem bekannt ist, dass weder
die christliche noch die philosophische Sicht auf den Menschen
tadellos funktioniert und moralisch ausschließlich einwandfreies
Verhalten hervorbringt, schlägt deshalb vor, dass unabhängig von
der jeweiligen Bestimmung des Menschen die Grundhaltung «Hu-
mans are sacred» eingenommen werden solle. Die Heiligkeit oder
Sakralität des Menschen kann ohne religiösen Bezug durch die
Konzeption der unantastbaren Würde ausgedrückt werden, wie
sie das deutsche Grundgesetz kennt und in seinem ersten Artikel
verkündet.

«Die Sakralität der Person» – unter diesem Titel hat der Soziologe
Hans Joas vor kurzem eine «neue Genealogie der Menschenrechte»
vorgelegt, in der er die Ursprünge der kulturellen Verschiebung,
durch die «die menschliche Person selbst zum heiligen Objekt»
wird, auf Arbeiten des französischen Soziologen Émile Durkheim
zurückführt, der 1898 den Glauben an die Menschenrechte als «die
Religion der Moderne» verstanden hat.[20] Bei Durkheim heißt es:
«Diese menschliche Person, deren Definition gleichsam der Prüf-
stein ist, an dem sich das Gute vom Schlechten unterscheiden
muss, wird als heilig betrachtet, sozusagen in der rituellen Bedeutung des Wortes. Sie hat etwas von der transzendenten Majestät,
welche die Kirchen zu allen Zeiten ihren Göttern verleihen; man

betrachtet sie so, als wäre sie mit dieser mysteriösen Eigenschaft ausgestattet, die um die heiligen Dinge herum eine Leere schafft, die sie dem gewöhnlichen Kontakt und dem allgemeinen Umgang entzieht. Und genau daher kommt der Respekt, der der menschlichen Person entgegengebracht wird. Wer auch immer einen Menschen oder seine Ehre angreift, erfüllt uns mit einem Gefühl des Abscheus, in jedem Punkt analog zu demjenigen Gefühl, das der Gläubige zeigt, der sein Idol profanisiert sieht.»[21]

Wie Joas ausführt, spricht Durkheim jeder Person dieselbe Aura zu, die heiligen Dingen eigen ist, wobei er natur- und erwartungsgemäß dem in diesem Buch angesprochenen Doppelwesen des Menschen nicht entkommt, der Einzelner und Mitglied einer Gemeinschaft zugleich ist. Zeitgleich mit Durkheim erklärten französische Faschisten die Sache der Nation für so heilig, dass ihr Individuen und Rechte schlicht geopfert werden müssten. «Der italienische Faschismus und der deutsche Nationalsozialismus spitzten dies weiter zu», wie Joas anmerkt, um die Parole zu zitieren: «Du bist nichts, dein Volk ist alles.»[22] Immerhin hat die Katastrophe, die diese Bewegungen hervorgebracht haben, letztlich zu der Erklärung der Menschenrechte geführt, die heute als große Errungenschaft des Westens in der internationalen Politik ihre Wirkung entfaltet.

Das heißt, noch sind die Menschenrechte in vielen Ländern nicht so selbstverständlich, wie man mehr als siebzig Jahre nach dem Zweiten Weltkrieg denken sollte, und in der Berichterstattung über die vielen Staatsbesuche ist immer wieder die Mahnung zu hören, dass die Frage der Menschenrechte angesprochen werden soll – nachdem die Wirtschaftsabkommen abgeschlossen und unterzeichnet sind. Was die Bundesrepublik Deutschland angeht, so geriet mit der berechtigten Freude über die Menschenrechte ihr Gegenstück aus dem Blick. Gemeint ist die Pflicht, die Immanuel Kant in seiner «Kritik der praktischen Vernunft» noch als «du erhabener großer Name» angesprochen hat. Eine Gemeinschaft funktioniert nur, wenn auch Pflichten ernst genommen werden, wie sie auch das Grundgesetz kennt. «Eigentum verpflichtet» heißt es etwa im Artikel 14, der sicher ausbaufähig ist. 1997 haben einige Menschen – unter anderem der inzwischen verstorbene Altbundeskanzler Helmut Schmidt – im Rahmen eines InterAction Council eine allgemeine Erklärung von Menschenpflichten vorgelegt, in denen es um ein menschenfreundliches, friedliches und verständnisvolles Miteinander auf dieser Welt geht. Miteinander – das meint auch ein Nebeneinander von Rechten und Pflichten. Es geht immer um ein Geben und Nehmen, um das Ein- und Ausatmen. Wer will denn ein anderes Leben?

9.

Eine Welt ohne Horizont

Perspektiven im digitalen Zeitalter

A m Anfang des Schlusskapitels soll eine Geschichte stehen, die der russische Clown Popow einmal erzählt hat. Sein Partei- und Staatschef Nikita Chruschtschow habe ihm in den sechziger Jahren erklärt, dass die kommunistischen Länder in Kürze die kapitalistische Konkurrenz überholt haben würden und dass es den Bürgern der Sowjetunion dann besser gehen werde als den Bewohnern der USA. Chruschtschow kündigte an, dass Sowjetbürger bald kostenlos Urlaub machen und Verkehrsmittel nutzen könnten, und das sei erst der Anfang einer Entwicklung, deren erster Silberstreif sich schon am Horizont zeige. Popow ging daraufhin in die Moskauer Lenin-Bibliothek, um nachzuschlagen, was ein Horizont genau ist, und in den gelehrten Schriften konnte er lesen: «Ein Horizont ist eine imaginäre Linie, die sich umso weiter entfernt, je näher man ihr kommt.»

Der Literaturwissenschaftler Albrecht Koschorke hat eine «Geschichte des Horizonts» verfasst, die von Grenzen und Grenzüberschreitungen in poetisch entworfenen Landschaftsbildern handelt. Seine Übersicht über die literarischen Werke schließt mit einer Sicht der Moderne im späten 20. Jahrhundert ab, die Koschorke den ungemütlichen Gedanken nahelegt, dass es im aktuellen Verständnis der Wirklichkeit «eine epochale historische Realität»

Eine Welt ohne Horizont

gibt, «über die niemand hinaussieht». Gemeint ist das «Leben in
einer Welt, die keinen Horizont hat» und in der es demnach auch
nicht mehr möglich ist, solch eine traditionelle Grenzlinie zu
überschreiten.[1] Das kann denjenigen nur verwundern, der meint
verstanden zu haben, dass sich die Welt dauernd verändert und
die Aufgabe der Menschen vor allem darin besteht, diese Veränderungen zu verstehen und ihnen nachzuspüren, damit sich die
Welt letztlich nicht so verwandelt, dass darin keine Menschen
mehr existieren können und das Ganze damit aufhört, überhaupt
eine Welt zu sein. Diese Gefahr besteht tatsächlich, seit die «Verwandlung der Welt», das große Thema des 19. Jahrhunderts, im
digitalen Zeitalter fortschreitet und sich dabei zeigt, dass aus der
Welt eine konsumierbare Ware geworden ist. Das einmalige Original wird durch seine massenhafte Reproduktion als Bild – etwa im
Fernsehen oder auf dem Display eines iPhones – abgelöst und ver-
harmlost. Die Bomben eines Krieges töten nach wie vor Menschen,
aber sie treffen nicht das Publikum an den Geräten, das durch die
Kanäle zappt, um im nächsten Programm weitere Gewalttaten zu
verfolgen, wobei die Aufmerksamkeitsspanne beim Starren auf
flackernde und blitzende Bildwolken gegen null geht. Kaum etwas
bekommt die Chance, einen festen Eindruck und mit ihm ein Weltbild zu hinterlassen.

Wohin ist der Horizont entschwunden? Auf dem Titelblatt von
Francis Bacons «Novum Organon» fiel der Blick des Betrachters
noch auf die ferne Grenzlinie zwischen Wasser und Himmel und
suggerierte dabei eine grenzenlose Erkennbarkeit der bewohnten
Erde, um die sich bemühen konnte, wer danach Verlangen ver-
spürte. Den naturgemäß neugierigen Menschen sollte diese Darstellung Mut machen, zum Horizont vorzudringen und sich auf
neue Erfahrungen einzulassen. Die vielen Weltumrundungen, die
in den darauffolgenden Jahrhunderten organisiert wurden und in
jüngerer Zeit als Kreuzfahrten in Mode kamen, zeigten dann aber,

dass hinter dem Horizont nur die schale Erkenntnis wartet, «dass sich nichts ändert und niemals ändern wird», wie Koschorke den von ihm betrachteten literarischen Werken entnimmt, jedenfalls weder im Kopf noch in irgendeinem Bild der Passagiere. Während früher die Menschen von «einem ewigen Verlangen nach den fernsten Fernen» angestachelt wurden, wie Herman Melville in «Moby Dick» schreibt, fragt man sich inzwischen: «Wohin führen all die Weltumseglungen?» Und die Antwort des Philosophen lautet: «Zurück zu dem Ort, von dem wir ausgegangen, dorthin zurück, wo die, die wir in sicherer Geborgenheit daheim gelassen, die ganze Zeit über vor uns waren.»[2]

Die zu Ende gedachte Idee der Weltumseglung lässt «die Magie der Ferne erlöschen», und auf der umsegelten Weltkugel ist nur noch «die zyklische Unentrinnbarkeit des Vorwärtsdrängens gültig». Das bedeutet, zumindest aus Sicht des Literaturwissenschaftlers, dass der Horizont «nur eine Etappe in der Kreisbewegung [ist] und darüber hinaus keine Bedeutung» mehr hat. Koschorke zitiert als Beleg dafür wiederum aus «Moby Dick», das von dem unheimlichen Kapitän Ahab erzählt, der den Weißen Wal ohne Rücksicht auf seine Mannschaft aufspüren und aus Rache für den Verlust eines Beines zur Strecke bringen will. Ahab meint: «Nicht höher als auf den Erdenhorizont hat die Natur den Blick des Menschenauges gerichtet, als hätte Gott gemeint, wir Menschen sollten hinausstaunen zu seinem Firmament», das aber höchstens ein paar Kilometer entfernt liegt und dem Auge «nicht die kleinste Abwechslung» bietet.[3]

Während das Leben in früheren Zeiten aus einer Art romantischen Entdeckungsreise bestehen konnte und viele Menschen lange Wege zurückgelegt haben, um dabei zu sich selbst zu finden, wird heute durch die unentrinnbaren und die Konsumenten umzingelnden Medien die Ware Welt geschaffen, zu der man nicht mehr hinzufahren braucht, weil sie vor einem aufgefahren und in die Wohnzimmer geliefert wird. Man könnte sich fragen, ob die Menschen in diesen digitalen Tagen überhaupt noch in die Welt «hinausstaunen» und dabei ein Bild von ihr in sich entstehen lassen, mit dem sie eine erlebte Vorstellung verbinden können und das ihnen eine nachhaltige Einbildung verfügbar macht.

Als Bacon die große Ausfahrt vorbereitete und die moderne Wissenschaft in Europa ihre ersten Schritte hin zu einer besseren Zukunft unternahm, da sahen sich die Menschen einer Welt gegenüber, die sie als Gegenstand – als Objekt – behandeln wollten und von der sie sich ein entsprechendes Bild machen konnten. Heute finden sich die meisten Zeitgenossen kaum noch einer Realität gegenüber. Sie sehen fern und nicht nah, und werden dabei in eine Medienwelt eingebettet, in der es zuletzt wirklich keinen Horizont mehr gibt.[4] Denn was sollte hinter oder unter dem Bildschirm sein außer Chips, Transistoren und andere elektronische Bauteile, die man nicht wirklich sehen und verstehen will? Was früher als Grenze zwischen dem sich wölbenden Himmel und der sichtbaren Erde wahrgenommen wurde und die Schauenden beeindruckte und neugierig machte, ist heute keine Verlockung mehr und kann im Geflimmer der bunten Bildchen auf den Displays der digitalen Maschinen nur übersehen werden. Und wenn Menschen am Meer stehen und sich über die Muscheln freuen, die sie dort finden – falls sie danach suchen und sie nicht per Internet bestellen –, dann denken sie nicht mehr wie Isaac Newton an die noch unerschlossene und geheimnisvolle Tiefe des riesigen Wassers, aus der die Muscheln zu ihnen gekommen sind, sondern daran, dass es in den Ozeanen von Plastikmüll aus eigener Herstellung wimmelt und die dortigen Lebensgrundlagen gefährdet sind, und zwar durch den medial gefesselten Menschen selbst.

Die Welt als Ganzes und virtuelle Welten

Die Welt ist ein ungemütlicher Platz geworden, wie man vor dem Fernsehapparat denkt, in dem, so der Titel einer Sendung, ein «Weltspiegel» läuft. Das Bild, das sich Menschen von diesem ihrem Ort machen, weist immer mehr von ihren eigenen Spuren auf, auch wenn diese stören und zerstören. Zwar kann man nach wie vor sagen, dass die Welt ein Ganzes ist, zu dem auch ihre Bewohner gehören. Aber zu diesem Ganzen gehören und tragen die Menschen in mehr als einer Hinsicht bei.

Die Welt ist ein Ganzes im Bild der Atomphysik, die erkennen lässt, dass die Teile, mit denen die Forscher hantieren oder über die sie reden, nur dadurch existieren, dass Beobachter ihnen einen Namen und eine Form geben. Es ist eine verschränkte Welt, die sich den Physikern zeigt, und nicht nur ihnen. Die Welt ist auch ein zusammengehörendes Ganzes in globaler Hinsicht, womit gemeint ist, dass kein Land eine Insel ist, die sich etwa den anschwellenden Flüchtlingsströmen entziehen kann. In der modernen Völkerwanderung unserer Tage begeben sich Menschen auch unter Lebensgefahr auf die Suche nach einer besseren Welt, und sie setzen dabei auf die Hilfe der reichen Staaten. Die denken derzeit aber lieber an den Bau von abwehrenden Mauern und geben den flüchtenden Menschen damit keine Chance, hinter den Horizont zu gelangen, hinter dem sie sich eine menschenwürdige Existenz ohne Angst vor Gewalt erhoffen.

Die Welt ist weiter ein Ganzes in dem Sinne, in dem Menschen zur Klimaveränderung beitragen, auf die Verbreitung von Tier- und Pflanzenarten Einfluss nehmen und den Planeten zu einer ökologischen Einheit machen. Die Frage, ob damit ein neues Erdzeitalter, ein Anthropozän, seinen Anfang nimmt, ist im Detail sicher sorgfältig zu erörtern. Unbestritten ist, dass sowohl der biblische Auftrag «Macht Euch die Erde untertan» als auch die Marx'sche Vorgabe, die Welt nicht nur verschieden zu interpretieren, sondern sie zu verändern, dazu geführt haben, dass die Erde durch nachhaltige Handlungen ihrer Bewohner geprägt ist und die modernen Weltbilder aus der Luft mehr Spuren des tätigen Menschen erkennen lassen als alte Versionen. Im Anthropozän sollten die Menschen nicht mehr Angst davor haben, von Asteroiden aus fremden Sphären getroffen zu werden, sondern sich vor den Folgen des eigenen Handelns fürchten.

Je mehr Narben die Menschen der Welt zufügen, desto weniger scheinen sie sich um eine wirkliche Weltanschauung in dem traditionellen Sinn zu bemühen, der den Weltreisenden Alexander von Humboldt antrieb. In der lebendigen Gegenwart dominieren virtuelle Welten, und selbst der Mensch als «Homo ludens» hat sich von der Realität abgekoppelt und den Computerspielen zugewandt. Dabei fällt auf, dass es immer gleich Massen sind, die sich im medialen Rausch selbst aufgeben und in digitale Welten eintauchen und zurückziehen. Würde man diese Nerds oder Computerfreaks fragen, ob sie schon einmal von einem Uhrmachergott oder einem deterministischen Weltbild gehört haben, bekäme man entweder ein Schulterzucken als Antwort oder den Hinweis auf Softwareingenieure, die durch Programme die digitale Welt steuern, weshalb man diese als «programmierbar» betrachtet. Menschen werden dabei der Einfachheit halber miteingeschlossen, wobei deren Existenz wie die jedes anderen Lebens inzwischen als Algorithmus auf biochemischer Basis verstanden wird. Wenn sich diese spielsüchtigen und digitalisierten User von Computerangeboten etwa auf Messen wie der «Gamescom» treffen, die im August 2016 in Köln stattgefunden hat, fällt Berichterstattern auf, dass die Menschen bei allem Gedränge offenbar bester Laune sind, sich bereitwillig sozial einfügen und die «Gamification» über sich ergehen lassen. Vielleicht stehen sie für das, was der Medienwissenschaftler Neil Postman meinte, als er den Begriff «Infotainment» in die Welt

Auf der Spielemesse Gamescom in Köln unternehmen Besucher mit VR-Brillen (Virtual Reality) eine vierdimensionale Achterbahnfahrt. Hoffentlich passiert ihnen dabei nichts.

setzte und in einem Buch mit dem Titel «Wir amüsieren uns zu Tode» aufzeigte, was passiert, wenn man darin verloren geht. Postman schrieb: «Fernsehen wurde nicht für Idioten erschaffen – es erzeugt sie.»[5]

Massen von und vor Bildern

Spätestens seit den sechziger Jahren sind durch die televisionären Medien globale Massenveranstaltungen in unvorstellbarem Ausmaß möglich geworden, bei denen die Fernsehbilder die Weltbilder ausmachen und die Weltanschauung ersetzen. Das fängt in der Erinnerung des Autors mit der Beerdigung von John F. Kennedy im Jahr 1963 an und setzt sich mit der ersten Mond-

landung im Sommer 1969 fort, es folgten die Eheschließung von
Prince Charles und Lady Diana 1981 (dazu gehört der Tod von
Lady Di 1997 in Paris) und die Öffnung der Berliner Mauer im
Herbst 1989, und wer würde hier das Datum 9/11 mit dem Angriff
auf das World Trade Center in Manhattan vergessen? Und dabei
sind die großen Medienereignisse aus der Welt des Sports – die
Fußballweltmeisterschaft, Formel-1-Rennen, Olympische Spiele,
der Superbowl im amerikanischen Football und andere – noch
gar nicht erwähnt worden. Seit den sechziger Jahren reden Me-
dientheoretiker wie Marshall McLuhan von einem globalen Dorf,
wenn sie das mediale Weltbild beschreiben. «The medium is the
message» – so lautet der berühmte Satz, mit dem McLuhan ausdrücken wollte, dass sich der soziale und kulturelle Wandel ohne
die Kenntnis der Medien und ihrer Funktionsweise nicht verstehen lässt.

Inzwischen verbringen Amerikaner mehr Zeit mit Online-Me-
dien als vor dem Fernseher, wobei Medienforscher von fünf oder
mehr Stunden pro Tag ausgehen, in denen sich die Konsumenten
mit elektronischen Weltbildchen statt mit realen Weltbildern
umgeben und beschäftigen. In China sehen sich eine halbe Milliarde Menschen jeden Monat etwa sechs Milliarden Stunden lang
Online-Videos an, die andere Bürger ihres Landes ins Netz gestellt
haben, ohne dafür besonders geeignet oder gar ausgebildet zu sein.
Die Menschen sehen nicht mehr nur die Welt durch die Medien,
sondern das Leben selbst zeigt sich ihnen auf den dazugehörigen
Displays und sonst, wie es scheint, kaum noch. Mit anderen Worten, die Welt, die heute zu sehen ist, wird technologisch aufgear-
beitet und vermittelt. Die modernen Weltbilder gehen nicht mehr
auf wahrnehmende Menschen zurück, sondern auf die Software
digitaler Unternehmen, die das Sehen für ihre Kunden und Konsumenten übernehmen. Es wäre Zeit, wieder einmal das Nahsehen
zu üben und das Fernsehen ausgeschaltet zu lassen, aber das ist

natürlich leichter gesagt als getan, vor allem solange der Konsum bezahlbar bleibt.

Der Philosoph Günther Anders hat sich in seinen Arbeiten über die «Antiquiertheit des Menschen» unter anderem auch mit dem beschäftigt, was er das «Hauptverhängnis unseres heutigen Daseins» nennt: Er meint damit das «Bild» und seine Vorherrschaft. Anders versteht unter einem Bild «jede Darstellung von Welt oder Weltstücken, gleich ob diese aus Fotos, Plakaten, Fernsehbildern oder Filmen besteht», und er konstatiert, dass die Menschen «einem Dauerregen von Bildern» ausgesetzt sind, wobei «die Flut von Einzelbildern verhindern soll, dass wir zu einem Weltbild überhaupt kommen und dass wir das Fehlen eines Weltbildes überhaupt spüren». Anders beklagt «das zum Teil kostenlose, zum Teil sogar unentrinnbare Angebot von bunten Bildern (Werbung)», für deren Produktion immer höhere Budgets zur Verfügung stehen, um immer raffinierter vorzugehen. Die Menschen verlieren jeden Kontakt zur äußeren Wirklichkeit, mit deren Wahrnehmung allein sie zu den inneren Bildern kommen können, die zu jedem Erkennen gehören: «Wer einmal eine Atombombenexplosion als ins Haus geliefertes Bild, also in Form einer tanzenden Postkarte, in seinem wohlgeheizten Zimmer konsumiert hat», so Anders, «der wird nunmehr alles, was er sonst über die Atomsituation hören mag, mit diesem einmal gesehenen Nippes-artigen Heimereignis assoziieren und damit der Fähigkeit beraubt sein, die Sache selbst aufzufassen und zu dieser eine angemessene Stellung zu beziehen.»[6]

Anders sieht bereits in den siebziger Jahren die Zeit kommen, in der sich Menschen daranmachen, ihre Welt den Bildern der Welt nachzubilden, und in der die Wirklichkeit hinter ihre Abbildung zurückzutreten hat. Der Philosoph erzählt von einem Bekannten, der im Jahr 1960 eine Freikarte für ein großes Sportereignis bekommen habe, dann aber in Panik geraten sei, weil ihm plötzlich klargeworden sei, dass er das Spiel bei einem Besuch im Stadion nicht mehr im TV miterleben konnte. «Im Wettkampf zwischen dem Ereignis und dessen Abbildung», hält Anders fest, «hatte die Abbildung den Sieg davongetragen.»[7] Heute, Jahrzehnte nach der Analyse von Anders, wäre zu ergänzen, dass die Abbildung des Ereignisses – also die Übertragung eines Fußballspiels – erstens immer mehr die Abläufe des realen Geschehens diktiert – zum Beispiel durch die Festsetzung des Spielbeginns und der Dauer der Halbzeitpause – und zweitens das ursprünglich geplante sportliche Geschehen derart mit Showelementen und Werbefilmen anfüllt, dass das eigentliche Spiel allmählich in den Hintergrund gedrängt und zur Nebensache des Kommerzspektakels wird. «Television is running sports, and eventually television will be ruining sports», wie man in den USA hören kann und befürchtet.

Wahrnehmen und Sein

Einfach wird es auf keinen Fall, die eigenen Augen von den Bildern ab- und den wirklichen Dingen zuzuwenden. Selbst viele Intellektuelle und Akademiker spielen begeistert in den vielfältiger werdenden virtuellen Welten mit, und sie verbrämen das gerne mit einem Hinweis auf den englischen Gelehrten George Berkeley, der als philosophierender Bischof im 18. Jahrhundert behauptet hat, dass Sein bedeutet, wahrgenommen zu werden: «Esse est percipi», wie es im lateinisch verfassten Original heißt. Berkeley verwandelt damit die Gegenstände, mit denen sich die Menschen umgeben oder von denen sie umgeben sind, in Ideen, die sie in die Welt hinausprojizieren, so wie es mit iPhones und anderen smarten Geräten in diesen Tagen massenhaft geschieht. Zwar hat Kant in seiner «Kritik der reinen Vernunft» gegen Berkeley angemerkt, dass «die

Bestimmung meines Daseins in der Zeit nur durch die Existenz wirklicher Dinge möglich» ist,[8] aber das stört die Bewohner virtueller Welten nicht, und der Philosoph der Aufklärung konnte nicht wissen oder ahnen, wie rasch sich das wahrnehmende Ich im ewig flackernden und zappelnden Fluss der visuellen Eindrücke von flimmernden Displays verlieren kann, ohne sich jemals konkret zu begegnen und etwas Eigenes darzustellen.

Auf dem Smartphone treffe ich nur auf eine Welt, die mit mir nichts zu tun hat und mich bevorzugt ablenkt oder irritiert, und man könnte fragen, welche Art von Weltbild sich in solch einer Wahrnehmungssituation bei den Menschen etablieren und ausprägen kann. Könnte man unter heutigen Umständen überhaupt noch herausfinden und beschreiben, wie «Das Weltbild des Kindes» aussieht, das der Schweizer Kognitionspsychologe Jean Piaget zum ersten Mal 1926 zum Thema seiner Forschungen gemacht hat? Piaget erkundete unter anderem die Ursprünge eines kindlichen Animismus und die Ursache der Nacht, und er stellte sich diese Aufgabe in einer Zeit, in der Autoren noch nicht «Das Ende der Nacht» durch die Lichtverschmutzung der Städte verkünden konnten. Inzwischen schaut kaum noch ein Kind an den Himmel. Kinder leben vielmehr in einer immer nachdrücklicher und auffälliger menschengemachten Welt, die ihren Bewohnern – jung wie alt – immer weniger Möglichkeiten der Wahrnehmung bietet.

«Esse est percipi» – das mag ja so sein. Aber was passiert, wenn die sinnlichen Voraussetzungen für die Wahrnehmung nicht mehr vorliegen und die Menschen als Folge davon ohne Orientierung nicht in der virtuellen, sondern in der wirklichen Welt bleiben? «Die Kinder verstehen Fragen nach einem Weltbild nicht mehr. Sie leben heute in einer völlig anderen Welt», wie der niederländische Unternehmer Maurice de Hond in einem Artikel der «Frankfurter Allgemeinen Zeitung» zitiert wird. De Hond will Schülerinnen und Schülern helfen, etwas über die digitale Welt zu lernen, in die sie hineinwachsen, ganz ohne den guten alten Frontalunterricht, der sich von digitalen Medien möglichst fernhält und Texte lieber auf Papier als auf einem Tablet lesen lässt. De Hond hat in den Niederlanden «Steve-Jobs-Schulen» eingerichtet, die an den legendären Apple-Gründer erinnern sollen und in denen jedes Kind am Tablet-Computer auf seinem eigenen Level arbeitet und lernt. «Jedes Kind ist Herr über seinen persönlichen Schulalltag», wie de Hond betont. Dem Vorwurf, die Jugendlichen könnten sich nicht mehr konzentrieren und einer Sache genügend Aufmerksamkeit widmen, begegnet er mit dem Hinweis, dass Kinder, sobald sie hinter dem Computer sitzen und mit ihm spielen, sehr wohl genug Ausdauer aufbringen, um umfangreiche Aufgaben zu erledigen. Sie würden voller Begeisterung immer weitermachen, weil sie ihre Spiele zu Ende bringen wollen.[9]

Keine Frage, die digitalen Medien drängen mit großer Macht in die Welt der Kinder und Jugendlichen ein, und sie verändern schon länger auf vielfache Art und Weise, wie erwachsene Menschen leben, arbeiten, wirtschaften und die Welt sehen. Ein Schulsystem, dass dem Digitalen nur eine Nebenrolle zuweist oder gar die Angst vor einer «digitalen Demenz» propagiert, geht eine riskante Wette auf die Zukunft der jungen Generation ein, wie zu lesen und zu erfahren ist. «Non scholae sed vitae discimus», so wird immer wieder in lateinischen Worten zitiert, obwohl es im Original genau andersherum heißt. Um 62 n. Chr. wollte der römische Philosoph und Naturforscher Seneca nicht etwa sagen, dass man in der Schule das lernen soll, was für das Leben wichtig ist – also etwa den Umgang mit digitalen Medien. Vielmehr, so Seneca, «leiden wir an einer unmäßigen Sucht nach Gelehrsamkeit» und «verschwenden unser höchstes Gut, die Philosophie, an überflüssige Fragen», die sich dem Common Sense im Alltag nicht stellen. «Nicht für das Leben, sondern für die Schule lernen wir», schreibt Seneca, da deren Gedankenwelt überschaubar bleibt und es im Leben auch keine Lehrer gibt, die solch einen Titel für sich beanspruchen können.[10] Den Alltag zu bewältigen – also ein normales Leben zu führen – wird den meisten Menschen außerhalb der Schulen schon gelingen, wenn man ihnen Zugang zu anderen Bildungseinrichtungen verschafft. Sola schola – nur durch Bildung ist eine faire Teilhabe aller Menschen an der Welt des 21. Jahrhunderts möglich, wie Reiner Klingholz und Wolfgang Lutz eindrücklich formulieren, wenn sie in ihrem Buch «Wer überlebt?» erläutern, warum die Bildung über die Zukunft der Menschheit entscheidet.

Mit der zunehmenden Medialisierung und Digitalisierung scheint es tatsächlich sinnvoll, die Schülerinnen und Schüler mehr für die Schule lernen zu lassen, aber so, dass sie damit im Leben zurechtkommen. Das Ziel der Schule kann in diesem Fall nicht als Lernen, sondern nur als Bildung bezeichnet werden, wobei gemeint ist, dass die Mädchen und Knaben die Fähigkeit entwickeln müssen, selbst dafür zu sorgen, dass das eigene Wissen immer neue Formen und Inhalte erhält und einen Abschluss weder kennt noch findet. Das erworbene Wissen muss offen bleiben, seine eigenen Geheimnisse erzeugen und bewahren.[11] Es muss stets neu angelegt werden und den Schülern alle Möglichkeiten bieten, einen eigenen Weg zu wählen.

Diese Offenheit ist entscheidend. «Mit allen Augen sieht die Kreatur das Offene», wie die Achte Duineser Elegie von Rainer Maria Rilke ansetzt, bevor sie sich von dem Horizont des eigenen Lebens abwendet, indem sie beklagt, Schicksal heiße, «gegenüber sein und nichts als das und immer gegenüber». Rilke denkt sich eine Welt ohne Horizont und mit Menschen, die fortgehen und immerzu Abschied nehmen, während sie leben, um sich neu und wieder zu finden. «Zuschauer, immer, überall.»[12] So sieht der Dichter seine Artgenossen, die aber vor allem auf ihre Geschichte – auch die der Weltbilder – schauen, um mit ihrer Hilfe die Zukunft öffnen zu können. Sie werden dabei zugleich auch zu Mitspielern auf der Bühne des Lebens, auf der sie das Offene finden und die Welt bilden und erschaffen, an der sie dann teilhaben und zu der sie gehören. Menschen begreifen die Welt als Bildung, als Weltbild, das von ihnen selbst kommt. «Werkleute sind wir» heißt ein anderes Gedicht von Rilke, das Menschen als «Knappen, Jünger, Meister» vorführt, wie sie an einer großen Kathedrale bauen und immer wieder «zitternd einen neuen Griff» gezeigt bekommen, mit dem die Bildung eine höhere Stufe erreicht.[13]

Die Welt bleibt bei alldem in Bewegung. Die Welt ist eine historische Bewegung. Das Leben und die Suche nach dem Horizont kommen an kein Ende. Das Spiel der Möglichkeiten geht weiter. Sein Ausgang bleibt in jeder Hinsicht offen. Es findet sich immer wieder Platz hinter dem Horizont. Sein Zauber bleibt und hält die Menschen in Atem.

ANHANG

Anmerkungen

Einleitung

1 Elisabeth Mann Borgese: Mit den Meeren leben. Über den Umgang mit den Ozeanen als globaler Ressource. Köln 1999, Vorwort.

2 Ebd.

3 Werner Heisenberg: Der Teil und das Ganze. München 1969, S. 88; vgl. dazu auch Ernst Peter Fischer: Werner Heisenberg. Ein Wanderer zwischen zwei Welten. Heidelberg 2015, 1. Kapitel.

1. Einblicke

1 Martin Heidegger: Holzwege. Frankfurt am Main 1950, S. 73 ff.

2 Ebd.

3 Ebd., S. 75 f.

4 Ebd., S. 77.

5 Max Planck: Die Physik im Kampf um die Weltanschauung. In: ders.: Vorträge und Erinnerungen. Darmstadt 1969, S. 285.

2. Durch das Fenster der Wissenschaft

1 Friedrich Hund: Grundbegriffe der Physik. Mannheim 1969, S. 11.

2 Alexander von Humboldt: Über die Freiheit des Menschen. Auf der Suche nach Wahrheit. Hrsg. von Manfred Osten. Frankfurt am Main 1999, S. 18.

3 Ebd., S. 177.

4 Zitiert nach Werner Heisenberg: Die Einheit der Natur bei Alexander von Humboldt und in der Gegenwart. In: Gesammelte Werke. Abt. C. Band III. München 1985, S. 18.

5 Ebd., S. 19.

6 Ebd., S. 23.

7 Christoph Markschies u.a. (Hrsg.): Atlas der Weltbilder. Berlin 2011, S. 349.

8 Robert Bunsen, Gustav Kirchhoff: Chemische Analyse durch Spektralbeobach-

tungen. Abhandlung über Emission und Absorption (1860). Unveränderter Abdruck. Frankfurt am Main 1921, S. 161.

9 Joachim Herrmann: Mit dem Maßstab ins All. In: Uwe Schultz (Hrsg.): Scheibe,
   Kugel, Schwarzes Loch. Die wissenschaftliche Eroberung des Kosmos. Frankfurt
   am Main 1996, S. 209–219.

10 Zitiert nach Ernst Peter Fischer: Aristoteles, Einstein und Co. Eine kleine Geschichte der Wissenschaft in Porträts. München 2005, S. 80.

11 Johannes Kepler: Was die Welt im Innersten zusammenhält. Antworten aus
   Keplers Schriften. Hrsg. von Fritz Krafft. Wiesbaden 2005, S. 30.

12 Wolfgang Pauli: Der Einfluss archetypischer Vorstellungen auf die Bildung naturwissenschaftlicher Theorien bei Kepler. In: Naturerklärung und Psyche. Studien aus dem C.G. Jung Institut, Zürich MCMLII (1952), S. 112.

13 Ebd., S. 113.

14 Willi Baumeister: Das Unbekannte in der Kunst. Köln 1988, S. 16.

15 Thomas Mann: Joseph und seine Brüder. Der junge Joseph. Frankfurt am Main
   1983, S. 219; Richard Wagner: Parsifal. 1. Aufzug, Takte 965ff.

16 Albrecht Fölsing: Albert Einstein. Eine Biographie. Frankfurt am Main 1993,
   S. 576.

17 Albert Einstein: Über die spezielle und die allgemeine Relativitätstheorie. Berlin
   1917, S. 71f.

3. Erste Erfahrungen der Erde

1 Aus seltsamen Gründen hat sich in den Jahrzehnten nach der Mondlandung das
   Gerücht verbreitet, dass die Mondlandung in Hollywood gefilmt worden sei und
   die Amerikaner der Welt ein Theater vorgeführt hätten. Wer das meint, kann
   sich gerne bei den Russen erkundigen, die damals jede Mission präzise verfolgt
   und stets ganz genau gewusst haben, wo die amerikanischen Raketen und Lan-
   defähren sich befanden – erst auf dem langen Weg zum und dann oben auf dem
   Mond. Aber vielleicht stecken ja beide unter einer geheimnisvollen Decke, wie
   Leute mit verschwörerisch angelegten Weltbildern gerne glauben.

2 Zitiert nach Nicholas Mirzoeff: How to See the World. Penguin Books 2015, S. 42.

3 Plato: Phaidon. Übers. von Friedrich Schleiermacher, 108c–109b.

4 Ebd., 110c.

5 Raimund Schulz: Abenteurer der Ferne. Die großen Entdeckungsfahrten und
   das Weltwissen der Antike. Stuttgart 2016, S. 15.

6 Jerry Brotton: Die Geschichte der Welt in zwölf Karten. München 2012, S. 13.

7 Friedhelm Hartenstein: Die babylonische Weltkarte. In: Christoph Markschies
   u.a. (Hrsg.): Atlas der Weltbilder. Berlin 2011, S. 16.

8 Ebd.

9 Ebd., S. 18.

10 Jerry Brotton: Die Geschichte der Welt in zwölf Karten. München 2012, S. 62.
11 Raimund Schulz: Abenteurer der Ferne. Die großen Entdeckungsfahrten und das Weltwissen der Antike. Stuttgart 2016, S. 80.
12 Ebd., S. 88.
13 Zitiert nach Raimund Schulz: Abenteurer der Ferne. Die großen Entdeckungsfahrten und das Weltwissen der Antike. Stuttgart 2016, S. 146.
14 Ebd.
15 Zitiert nach Jerry Brotton: Die Geschichte der Welt in zwölf Karten. München 2012, S. 49.
16 Zitiert nach ebd., 1. Kapitel.
17 Zitiert nach ebd.
18 Raimund Schulz: Abenteurer der Ferne. Die großen Entdeckungsfahrten und das Weltwissen der Antike. Stuttgart 2016, S. 242.
19 Zitiert nach ebd., S. 260.

4. Weite Wege in neue Welten

1 Folker Reichert: Das Bild der Welt im Mittelalter. Darmstadt 2013, S. 14.
2 Zitiert nach Jerry Brotton: Die Geschichte der Welt in zwölf Karten. München 2014, S. 81.
3 Alessandro Scafi: Die Vermessung des Paradieses. Eine Kartographie des Himmels auf Erden. Darmstadt 2013, S. 8.
4 Ebd., S. 10.
5 Bruno Reudenbach: Ein Weltbild im Diagramm – ein Diagramm als Weltbild. In: Christoph Markschies u. a. (Hrsg.): Atlas der Weltbilder. Berlin 2011, S. 38.
6 Aaron J. Gurjewitsch: Das Weltbild des mittelalterlichen Menschen. München 1989, S. 35.
7 Folker Reichert: Das Bild der Welt im Mittelalter. Darmstadt 2013, S. 28.
8 Ebd., S. 30.
9 Ebd., S. 31.
10 Ebd., S. 41.
11 Ebd., S. 42.
12 Jerry Brotton: Die Geschichte der Welt in zwölf Karten. München 2012, S. 243.
13 Ebd., S. 249.
14 Folker Reichert: Das Bild der Welt im Mittelalter. Darmstadt 2013, S. 142.
15 Jerry Brotton: Die Geschichte der Welt in zwölf Karten. München 2012, S. 285.
16 Karl-Heinz Kohl: Die Welt als Kleeblatt. In: Christoph Markschies u. a. (Hrsg.): Atlas der Weltbilder. Berlin 2011, S. 208.
17 Zitiert nach Jerry Brotton: Die Geschichte der Welt in zwölf Karten. München 2012, S. 329.
18 Zitiert nach ebd., S. 374.

19 Ebd., S. 385.

20 Paolo Rossi: Die Geburt der modernen Wissenschaft in Europa. München 1997, S. 13.

21 Zitiert nach Ernst Peter Fischer: Aristoteles, Einstein & Co. Eine kleine Geschichte der Wissenschaft in Porträts. München 1995, S. 96.

22 Harold Bloom: Shakespeare. Die Erfindung des Menschlichen. Berlin 1998,S. 19.

23 Francis Bacon: Novum Organon or True Suggestions for the Interpretation of Nature. London, New York 1898, S. 41.

24 Aleida Assmann: Schwelle zwischen alter und neuer Welt. In: Christoph Markschies u.a. (Hrsg.): Atlas der Weltbilder. Berlin 2011, S. 214f.

25 Ebd., S. 217.

26 Der Vortrag von Hannah Arendt trägt den Titel «Natur und Geschichte» und ist hier nachzuhören: https://www.youtube.com/watch?v=LzA4cM39ZXY&t=887s. Das «Teleoskop» hat nach 14 Minuten und 45 Sekunden seinen Auftritt.

5. So weit die Bilder tragen

1 New Scientist. 8. April 2017, S. 8.

2 Bernhard Kegel: Die Herrscher der Welt. Wie Mikroben unser Leben bestimmen. Köln 2015, S. 34ff.

3 Gerhard Vollmer: Evolutionäre Erkenntnistheorie. Angeborene Erkenntnisstrukturen im Kontext von Biologie, Psychologie, Linguistik, Philosophie und Wissenschaftstheorie. Stuttgart 1998, S. 102.

4 Ludwig Boltzmann: Populäre Schriften. Braunschweig 1979, S. 111.

5 Ebd., S. 251.

6 Konrad Lorenz: Kants Lehre vom Apriorischen im Lichte der gegenwärtigen Biologie. In: Blätter für deutsche Philosophie 15 (1941), S. 94–125.

7 George Simpson: Biology and the Nature of Man. In: Science 139 (1963), S. 81–88.

8 Bernhard Rensch: Homo Sapiens. Vom Tier zum Halbgott. Göttingen 1965, S. 103.

9 Nicolai Hartmann: Ethik. 4. Auflage. Berlin 1962, S. 116.

10 Vergleiche dazu Ernst Peter Fischer: Die Verzauberung der Welt. Eine andere Geschichte der Naturwissenschaften. München 2014.

11 Nicolai Hartmann: Der Aufbau der realen Welt. Grundriß der allgemeinen Kategorienlehre. 3. Auflage. Berlin 1964.

12 Konrad Lorenz: Die Rückseite des Spiegels. Versuch einer Naturgeschichte menschlichen Erkennens. München 1973, S. 81.

13 Mehr Details zu diesem Schichtenaufbau bei Ernst Peter Fischer: Die Bildung des Menschen. Was die Naturwissenschaften über uns wissen. München 2004, S. 83ff.

14 Joshua Lederberg: Biological Future of Man. In: Gordon Wolstenholme, J.A. Churchill (Hrsg.): Man and his Future. London 1963, S. 263.

6. Im Kosmos der Kulturen

1 André Pichot: Die Geburt der Wissenschaft. Von den Babyloniern zu den frühen Griechen. Frankfurt am Main 1995, S. 95.
2 Zitiert nach ebd., S. 400.
3 Kosmos. Weltentwürfe im Vergleich. Hrsg. vom Museum Rietberg Zürich. Zürich 2015.
4 Ebd., S. 18.
5 Zitiert nach ebd., S. 23 f.
6 Ebd., S. 24.
7 Ebd., S. 30.
8 Ebd., S. 34.
9 Ebd., S. 33.
10 Ebd., S. 34.
11 Ebd., S. 35.
12 Ebd.
13 Zitiert nach ebd., S. 43.
14 Ebd.
15 Ebd., S. 44.
16 Ebd., S. 51 f.
17 Ebd., S. 63.
18 Johannes Kepler: Tertius Interveniens. Das ist / Warnung an etliche Theologos, Medicos vnd Philosophos, sonderlich D. Philippum Feselium, daß sie bey billicher Verwerffung der Sternguckerischen Aberglauben / nicht das Kind mit dem Bade ausschütten ... Gedruckt zu Frankfurt am Mayn / In Verlegung Godtfriedt Tampachs. Im Jahr 1610. Siehe auch: Johannes Kepler: Was die Welt im Innersten zusammenhält. Antworten aus Keplers Schriften. Hrsg. von Fritz Krafft. Wiesbaden 2005.
19 Udo Becker: Lexikon der Astrologie. Freiburg 1997, S. 192.
20 Zitiert nach Daniel Arasse: Leonardo da Vinci. Köln 1999, S. 74.
21 Zitiert nach Udo Becker: Lexikon der Astrologie. Freiburg 1997, S. 3.
22 Kosmos. Weltentwürfe im Vergleich. Hrsg. vom Museum Rietberg Zürich. Zürich 2015, S. 69.
23 Ebd.
24 Ebd., S. 95.
25 Zitiert nach ebd., S. 96.
26 Ebd., S. 101 f.
27 Ebd., S. 102.
28 Jürg Schubinger, Franz Hohler: Aller Anfang. Basel 2006, S. 22.
29 Kosmos. Weltentwürfe im Vergleich. Hrsg. vom Museum Rietberg Zürich. Zürich 2015, S. 102.
30 Ebd., S. 109.

31 Ebd., S. 115.
32 Ebd., S. 121.
33 Ebd., S. 122.
34 Ebd., S. 129.

7. Vom Wandel der Weltbilder

1   Max Weber: Schriften 1894–1922. Hrsg. von Dirk Kaesler. Stuttgart 2002, S. 474ff.

2   Max Horkheimer, Theodor W. Adorno: Dialektik der Aufklärung. Philosophische Fragmente. Frankfurt am Main 2011, S. 9.

3   Michel Serres (Hrsg.): Elemente einer Geschichte der Wissenschaften. Frankfurt am Main 1998, S. 11–12.

4   Ebd., S. 597ff.

5   Johann Wolfgang von Goethe: Schriften zur Morphologie. Zweiter Band, Zweites Heft, Abschnitt XIV.

6   Isaiah Berlin: Die Wurzeln der Romantik. Berlin 2004, S. 234.

7   Vgl. dazu Ernst Peter Fischer: Aristoteles, Einstein & Co. Eine kleine Geschichte der Wissenschaft in Porträts. München 1995, S. 174ff.

8   Ebd., S. 181.

9   Theodore Gray: Die Elemente. Bausteine unserer Welt. Köln 2010, S. 46.

10 Zitiert nach Claus Priesner u.a. (Hrsg.): Alchemie. Lexikon einer hermetischen Wissenschaft. München 1998, S. 115.

11 Johann Wolfgang von Goethe: Faust. Texte und Kommentare. Hrsg. von Albrecht Schöne. Band I. Frankfurt am Main 1994, S. 504.

12 Dieter Neubauer: Demokrit lässt grüßen. Eine andere Einführung in die Anorganische Chemie. Reinbek bei Hamburg 1999, S. 9.

13 Alexander von Humboldt: Kosmos. Entwurf einer physischen Weltbeschreibung. Hrsg. von Hans Magnus Enzensberger. Frankfurt am Main 2004, S. 7.

14 Zitiert in Ekkehard Höxtermann u.a. (Hrsg.): Lebenswissen. Eine Einführung in die Geschichte der Biologie. Rangsdorf 2007, S. 122.

15 Thomas Mann: Der Zauberberg. Frankfurt am Main 1981, S. 386.

16 Max Delbrück: Wahrheit und Wirklichkeit. Über die Evolution des Erkennens. Hamburg 1986, S. 46.

17 Zitiert in Stephen J. Gould: Die Entdeckung der Tiefenzeit. Zeitpfeil oder Zeitzyklus in der Geschichte unserer Erde. München 1996, S. 45.

18 Richard Fortey: Leben. Eine Biographie. Die ersten vier Milliarden Jahre. München 1999, S. 8.

19 Stephen J. Gould: Die Entdeckung der Tiefenzeit. Zeitpfeil oder Zeitzyklus in der Geschichte unserer Erde. München 1996; siehe auch Ernst Peter Fischer: Bis zum Menschen hast Du Zeit. In: Ernst Peter Fischer, Klaus Wiegandt (Hrsg.):

Dimensionen der Zeit. Die Entschleunigung unseres Lebens. Frankfurt am Main 2012, S. 145 ff.

20 Zitiert nach Ernst Peter Fischer: Bis zum Menschen hast Du Zeit. A.a.O., S. 145 ff.

21 Zitiert nach Stephen J. Gould: Die Entdeckung der Tiefenzeit. Zeitpfeil oder Zeitzyklus in der Geschichte unserer Erde. München 1996, S. 34.

22 Hans Blumenberg: Die Sorge geht über den Fluß. Frankfurt am Main 1987, S. 47.

23 Zitiert nach Ernst Mayr: Die Entwicklung der biologischen Gedankenwelt. Vielfalt, Evolution und Vererbung. Heidelberg 1984, S. 235.

24 Charles Darwin: Die Entstehung der Arten durch natürliche Zuchtwahl. Stuttgart 1998, S. 678.

25 Zitiert nach Ernst Mayr: Die Entwicklung der biologischen Gedankenwelt. Vielfalt, Evolution und Vererbung. Heidelberg 1984, S. 157.

26 Janet Browne: Über Charles Darwin. Die Entstehung der Arten. München 2007, S. 27.

27 Zitiert nach Max Delbrück: Wahrheit und Wirklichkeit. Über die Evolution des Erkennens. Hamburg 1986, S. 336 f.

28 Zitiert nach Gerd Gigerenzer u. a. (Hrsg.): Das Reich des Zufalls. Wissen zwischen Wahrscheinlichkeiten, Häufigkeiten und Unschärfen. Heidelberg 1998, S. 208.

29 Hubert Mania: Gauß. Eine Biographie. Reinbek 2008, S. 64.

30 Norbert Wiener: Mensch und Menschmaschine. Frankfurt am Main 1966, S. 196.

31 Stephen J. Gould: Ein Dinosaurier im Heuhaufen. Streifzüge durch die Naturgeschichte. Frankfurt am Main 2000, S. 426.

32 Hubert Mania: Gauß. Eine Biographie. Reinbek 2008, S. 313.

33 Heinrich Heine: Lutezia. In: ders.: Vermischte Schriften. Hamburg 1854, S. 478 f.

34 Hubert Mania: Gauß. Eine Biographie. Reinbek 2008, S. 314.

35 W.K. Clifford: On the spatial structure of matter. Cambridge Philosophical Society, February 21, 1870; zitiert nach Detlef Laugwitz: Bernhard Riemann 1826–1866. Wendepunkte in der Auffassung der Mathematik. Basel 1996, S. 239.

36 Emil du Bois-Reymond: Über die Grenzen des Naturerkennens. Leipzig 1872; Nachdruck in: Siegfried Wollgast (Hrsg.): Vorträge über Philosophie und Gesellschaft. Hamburg 1974.

37 Zitiert nach Bart Kosko: fuzzy-logisch. Eine neue Art des Denkens. Hamburg 1993, S. 178.

38 Vgl. Nature 542, 2. Februar 2017, S. 8.

8. Das Licht, das auf den Menschen fällt

1 Charles Darwin: Die Entstehung der Arten durch natürliche Zuchtwahl. Stuttgart 1998, S. 676.

2 Ebd., S. 345.

3 Eckart Voland: Die Natur des Menschen. Grundkurs Soziobiologie. München 2007, S. 156.

4 Zitiert nach Lexikon der Biologie. Band 4: Gehölze bis Kasugamycin. Freiburg 1985, S. 373.

5 Adolf Portmann: Vom Lebendigen. Versuche zu einer Wissenschaft vom Menschen. Frankfurt am Main 1973, S. 113.

6 Die Zitate folgen den Überschriften der jeweiligen Abschnitte in Kurt Salamun: Wie soll der Mensch sein? Philosophische Ideale vom ‹wahren› Menschen von Karl Marx bis Karl Popper. Stuttgart 2012.

7 Gerd Theißen: Das transformative Menschenbild der Bibel. In: Markus Hilgert, Michael Wink (Hrsg.): Menschen-Bilder. Darstellungen des Humanen in der Wissenschaft. Heidelberg 2012, S. 49–66.

8 Johan Huizinga: Homo ludens. Vom Ursprung der Kultur im Spiel. Reinbek 1956, S. 7.

9 Julien Offray de La Mettrie: Der Mensch eine Maschine. In: Rudolf Drux (Hrsg.): Menschen aus Menschenhand. Zur Geschichte der Androiden. Texte von Homer bis Asimov. Stuttgart 1988, S. 36 f.

10 Ebd., S. 45 f.

11 John Brockman: Einstein, Gertrude Stein, Wittgenstein und Frankenstein. Die Geburt der Zukunft – die Bilanz des wissenschaftlichen Weltbildes. München 1993.

12 Henri F. Ellenberger: Die Entdeckung des Unbewussten. Geschichte und Entwicklung der dynamischen Psychiatrie von den Anfängen bis zu Janet, Freud, Adler und Jung. Zürich 1985, S. 42.

13 Arthur Schopenhauer: Die Welt als Wille und Vorstellung. Ergänzungen zum vierten Buch, Kapitel 42.

14 Thomas Huxley: The Struggle for Existence in Human Society (1888). In: ders.: Collected Essays. Band IX. New York 1894–1898.

15 Isaiah Berlin: Der Marxismus und die Internationale im 19. Jahrhundert. In: ders.: Wirklichkeitssinn. Ideengeschichtliche Untersuchungen. Berlin 1996, S. 209–290.

16 Isaiah Berlin: Die Originalität Machiavellis. In: ders.: Wider das Geläufige. Aufsätze zur Ideengeschichte. Frankfurt am Main 1981, S. 93–157.

17 Klaus Zeyringer: Olympische Spiele. Eine Kulturgeschichte von 1896 bis heute. Band 1: Sommer. Frankfurt am Main 2016, S. 102.

18 Zitiert nach Joachim Radkau: Max Weber. Die Leidenschaft des Denkens. München 2005, S. 143.

19 John H. Evans: When human rights become wrongs. In: New Scientist. 6. August 2016, S. 32–33.

20 Hans Joas: Die Sakralität der Person. Eine neue Genealogie der Menschenrechte. Berlin 2011, S. 82.

21 Émile Durkheim: Der Individualismus und die Intellektuellen (1898). In: Hans Bertram (Hrsg.): Gesellschaftlicher Zwang und moralische Autonomie. Frankfurt am Main 1986, S. 56 f.

22 Die Formulierung geht auf Heinrich Deist zurück und stammt aus dem Jahr 1924.

9. Eine Welt ohne Horizont

1 Albrecht Koschorke: Die Geschichte des Horizonts. Grenze und Grenzüberschreitung in literarischen Landschaftsbildern. Frankfurt am Main 1990, S. 326.

2 Ebd., S. 310.

3 Ebd., S. 309 ff.

4 Als ich in den siebziger Jahren in den USA lebte, hing am Eingang meiner Universität ein Schild, auf dem zu lesen war: «The world watches the US, and the US watches television.» Heute hat das Land einen Präsidenten, der viel fernsieht, und wenn die Amerikaner fernsehen, sehen sie keine Welt mehr, sondern das, was ihr Präsident beim Fernsehen von der Welt erfahren hat. Die Welt verschwindet, während sie in der Glotze vor uns dahinflimmert, und ein Weltbild bekommt man nicht mehr zu fassen. Die Medien lösen die Welt ab und die Bilder auf.

5 Neil Postman: Wir amüsieren uns zu Tode. Urteilsbildung im Zeitalter der Unterhaltungsindustrie. München 1985, S. 110.

6 Günther Anders: Die Antiquiertheit des Menschen. Band 2: Über die Zerstörung des Lebens im Zeitalter der dritten industriellen Revolution. München 1980, S. 250 ff.

7 Ebd., S. 253.

8 Immanuel Kant: Kritik der reinen Vernunft. 2. Auflage, Kapitel 65.

9 Lisa Becker: Wie Schüler in der digitalen Welt lernen. In: Frankfurter Allgemeine Zeitung. 20. August 2016.

10 Seneca: Briefe an Lucillus, 106, 12.

11 Vgl. dazu Ernst Peter Fischer: Die Verzauberung der Welt. Eine andere Geschichte der Naturwissenschaften. München 2014.

12 Rainer Maria Rilke: Die Gedichte. Frankfurt am Main 2014, S. 710.

13 Ebd., S. 212.

Literaturhinweise

Zur Einführung seien empfohlen

Christoph Markschies u. a. (Hrsg.): Atlas der Weltbilder. Berlin 2011.

Kosmos. Weltentwürfe im Vergleich. Hrsg. vom Museum Rietberg Zürich. Zürich 2015.

Zur Frage «Wie Wissenschaft unser Leben prägt und wir uns letzten Fragen nähern» siehe Josef Honerkamp: Wissenschaft und Weltbilder. Heidelberg 2015.

Einleitung: Der Mensch und seine Horizonte

Das Eingangszitat findet sich in Elisabeth Mann Borgese: Mit den Meeren leben. Über den Umgang mit den Ozeanen als globaler Ressource. Köln 1999.

Zu Albert Einstein und seiner Kosmologie sei empfohlen Ernst Peter Fischer: Einstein für die Westentasche. München 2005.

Werner Heisenberg: Der Teil und das Ganze. Gespräche im Umkreis der Atomphysik. München 1969. Vgl. dazu auch Ernst Peter Fischer: Werner Heisenberg. Ein Wanderer zwischen zwei Welten. Heidelberg 2015.

1. Einblicke – eine Welt und viele Bilder

Albert Einstein: Mein Weltbild. Frankfurt am Main 1962.

Martin Heidegger: Holzwege. Frankfurt am Main 1950.

Max Planck: Die Physik im Kampf um die Weltanschauung. In: ders.: Vorträge und Erinnerungen. Darmstadt 1969.

Ernst Zimmer: Umsturz im Weltbild der Physik. München 1964.

Carl Friedrich von Weizsäcker: Zum Weltbild der Physik. Stuttgart 1976.

Ernst Peter Fischer: Die Verzauberung der Welt. Eine andere Geschichte der Naturwissenschaften. München 2014.

Zur Theorie der Bilder siehe auch Reinhard Brandt: Die Wirklichkeit des Bildes. Sehen und Erkennen – Vom Spiegel zum Kunstbild. München 1999.

2. Durch das Fenster der Wissenschaft – von Uhren und Wolken, Atomen und Genen

Stanisław Jerzy Lec: Sämtliche unfrisierte Gedanken. München 2007.

Karl Popper: Über Wolken und Uhren. In: ders.: Objektive Erkenntnis. Ein evolutionärer Entwurf. Hamburg 1973.

Jürgen Osterhammel: Die Verwandlung der Welt. Eine Geschichte des 19. Jahrhunderts. München 2009.

Alexander von Humboldt: Über die Freiheit des Menschen. Auf der Suche nach Wahrheit. Hrsg. von Manfred Osten. Frankfurt am Main 1999.

Klaus Stromer, Ernst Peter Fischer: Die Natur der Farbe. Köln 2006.

Ernst Peter Fischer: Durch die Nacht. Eine Geschichte der Dunkelheit. München 2015.

Rudolf Kippenhahn: Kosmologie für die Westentasche. München 2003.

Der «Wanderer am Weltenrand» wird ausführlich besprochen von Hans-Gerhard Senger in: Christoph Markschies u.a. (Hrsg.): Atlas der Weltbilder. Berlin 2011, S. 342–353.

Robert Bunsen, Gustav Kirchhoff: Chemische Analyse durch Spektralbeobachtungen. Abhandlung über Emission und Absorption (1860). Unveränderter Abdruck. Frankfurt am Main 1921.

Briane Greene: Die verborgene Wirklichkeit. Paralleluniversen und die Gesetze des Kosmos. München 2012.

Helmut Satz: Kosmische Dämmerung. Die Welt vor dem Urknall. München 2016.

Zu Kopernikus und anderen vgl. Ernst Peter Fischer: Aristoteles, Einstein & Co. Eine kleine Geschichte der Wissenschaft in Porträts. München 1995.

Bruno Binggeli: Primum Mobile. Dantes Jenseitsreise und die moderne Kosmologie. Zürich 2006.

Zu Johannes Kepler siehe Wolfgang Pauli: Der Einfluss archetypischer Vorstellungen auf die Bildung naturwissenschaftlicher Theorien bei Kepler. In: Naturerklärung und Psyche. Studien aus dem C.G. Jung Institut, Zürich MCMLII (1952) und Johannes Kepler: Was die Welt im Innersten zusammenhält. Antworten aus Keplers Schriften. Hrsg. von Fritz Krafft. Wiesbaden 2005.

Mehr zu Max Planck findet sich bei Ernst Peter Fischer: Der Physiker. Max Planck und das Zerfallen der Welt. München 2007.

Zu Wolfgang Pauli sei empfohlen Ernst Peter Fischer: Brücken zum Kosmos. Wolfgang Pauli. Zwischen Kernphysik und Weltharmonie. Lengwil 2006.

Ernst Peter Fischer: Treffen sich zwei Gene. Vom Wandel unseres Erbguts und der Natur des Lebens. München 2017.

Albrecht Fölsing: Albert Einstein. Eine Biographie. Frankfurt am Main 1995.

Albert Einstein: Über die spezielle und die allgemeine Relativitätstheorie. Berlin 1917.

3. Erste Erfahrungen der Erde – Weltwissen durch Reisen über das Meer und darüber hinaus

Raimund Schulz: Abenteurer der Ferne. Die großen Entdeckungsfahrten und das Weltwissen der Antike. Stuttgart 2016.

Tjeerd H. van Andel: Das neue Bild eines alten Planeten. Die Erkenntnisse der dynamischen Erdwissenschaft. Hamburg 1989.

Zum Leben und Wirken von Alfred Wegener sei empfohlen Mott T. Greene: Alfred Wegener. Science, Exploration, and the Theory of Continental Drift. Baltimore 2015.

Eine phantastische Ausgabe des Gilgamesch-Epos mit Bildern von Willi Baumeister ist 1976 im Dumont-Verlag in Köln erschienen; der Text basiert auf der Ausgabe der Insel-Bücherei, Frankfurt am Main 1949.

Jerry Brotton: Die Geschichte der Welt in zwölf Karten. München 2012.

Friedhelm Hartenstein: Die babylonische Weltkarte. In: Christoph Markschies u.a. (Hrsg.): Atlas der Weltbilder. Berlin 2011.

4. Weite Wege in neue Welten – die Umrisse der Kontinente und die Weite der Ozeane

Folker Reichert: Das Bild der Welt im Mittelalter. Darmstadt 2013.

Alessandro Scafi: Die Vermessung des Paradieses. Eine Kartographie des Himmels auf Erden. Darmstadt 2015.

Bruno Reudenbach: Ein Weltbild im Diagramm – ein Diagramm als Weltbild. In: Christoph Markschies u.a. (Hrsg.): Atlas der Weltbilder. Berlin 2011.

Aaron J. Gurjewitsch: Das Weltbild des mittelalterlichen Menschen. München 1989.

Georg Christoph Lichtenberg: Sudelbücher. Frankfurt am Main 1984.

Karl-Heinz Kohl: Die Welt als Kleeblatt. In: Christoph Markschies u.a. (Hrsg.): Atlas der Weltbilder. Berlin 2011.

Gerhard E. Sollbach: Die mittelalterliche Lehre vom Mikrokosmos und Makrokosmos. Hamburg 1995.

Paolo Rossi: Die Geburt der modernen Wissenschaft in Europa. München 1997.

Harold Bloom: Shakespeare. Die Erfindung des Menschlichen. Berlin 1998.

Francis Bacon: Novum Organon or True Suggestions for the Interpretation of Nature. London, New York 1898.

Aleida Assmann: Schwelle zwischen alter und neuer Welt. In: Christoph Markschies u.a. (Hrsg.): Atlas der Weltbilder. Berlin 2011.

Ernst Peter Fischer: Wie der Mensch seine Welt neu erschaffen hat. Heidelberg 2013.

5. So weit die Bilder tragen – Einblicke in die Tiefe der Zellen und die Weite des Universums

Näheres zur «Blauen Murmel» in Nicholas Mirzoeff: How to See the World. Penguin Books 2015.

Zur Geschichte der Phagen siehe auch Ernst Peter Fischer: Das Atom der Biologen. München 1987.

Zur Geschichte der Mikroskopie sei empfohlen Armin Geus: Die Zelle: Die Einheit der Lebewesen – Aus den Anfängen der Zellbiologie im 19. Jahrhundert. In: Ekkehard Höxtermann u.a. (Hrsg.): Lebenswissen. Eine Einführung in die Geschichte der Biologie. Rangsdorf 2007.

Zur neueren Geschichte der Genetik vgl. die Ausführungen Ernst Peter Fischers in: Genial! Was Klonschaf Dolly den Erbsen verdankt. Ein Streifzug durch die Genetik. München 2012.

Zu den Krebsgenen ist zu empfehlen Sue Armstrong: p53 – The Gene that Cracked the Cancer Code. London 2014.

Bernhard Kegel: Die Herrscher der Welt. Wie Mikroben unser Leben bestimmen. Köln 2015.

Die Erläuterung des Mesokosmos findet sich in Gerhard Vollmer: Evolutionäre Erkenntnistheorie. Angeborene Erkenntnisstrukturen im Kontext von Biologie, Psychologie, Linguistik, Philosophie und Wissenschaftstheorie. Stuttgart 1998.

Ludwig Boltzmann: Populäre Schriften. Braunschweig 1979.

Konrad Lorenz: Kants Lehre vom Apriorischen im Lichte der gegenwärtigen Biologie. In: Blätter für deutsche Philosophie 15 (1941), S. 94–125.

George Simpson: Biology and the Nature of Man. In: Science 139 (1963), S. 81–88.

Bernhard Rensch: Homo Sapiens. Vom Tier zum Halbgott. Göttingen 1965.

Nicolai Hartmann: Der Aufbau der realen Welt. Grundriß der allgemeinen Kategorienlehre. 3. Auflage. Berlin 1964.

Tiefergehende Ausführungen zur evolutionären Erkenntnis in Konrad Lorenz: Die Rückseite des Spiegels. Versuch einer Naturgeschichte menschlichen Erkennens. München 1973.

Ernst Peter Fischer: Die Bildung des Menschen. Was die Naturwissenschaften über uns wissen. München 2004.

6. Im Kosmos der Kulturen – eine Reise um den Globus

Kosmos. Weltentwürfe im Vergleich. Hrsg. vom Museum Rietberg Zürich. Zürich 2015.

André Pichot: Die Geburt der Wissenschaft. Von den Babyloniern zu den frühen Griechen. Frankfurt am Main 1995.

Udo Becker (Hrsg.): Lexikon der Astrologie. Freiburg im Breisgau 1997.

Zu Leonardo da Vinci seien empfohlen: Daniel Arasse: Leonardo da Vinci. Köln 1999; Frank Zöllner: Leonardo da Vinci. Köln 2015.

— die Entdeckung
der Tiefenzeit und die Dynamik der Evolution

Jürgen Osterhammel: Die Verwandlung der Welt. Eine Geschichte des
19. Jahrhunderts. München 2009.

Max Weber: Schriften 1894–1922. Hrsg. von Dirk Kaesler. Stuttgart 2002.

Max Horkheimer, Theodor W. Adorno: Dialektik der Aufklärung. Philosophische Fragmente. Frankfurt am Main 1969.

Ernst Peter Fischer: Die Verzauberung der Welt. Eine andere Geschichte
der Naturwissenschaften. München 2014.

Ernst Peter Fischer: Unzerstörbar. Die Energie und ihre Geschichte. Heidelberg 2014.

Michel Serres (Hrsg.): Elemente einer Geschichte der Wissenschaften.
Frankfurt am Main 1998.

Isaiah Berlin: Die Revolution der Romantik. In: ders.: Wirklichkeitssinn.
Ideengeschichtliche Untersuchungen. Berlin 1996.

Isaiah Berlin: Die Wurzeln der Romantik. Berlin 2004.

Zu Lavoisier siehe auch Ernst Peter Fischer: Aristoteles, Einstein & Co.
Eine kleine Geschichte der Wissenschaft in Porträts. München 1995.

Theodore Gray: Die Elemente. Bausteine unserer Welt. Köln 2010.

Claus Priesner u.a. (Hrsg.): Alchemie. Lexikon einer hermetischen Wissenschaft. München 1998.

Dieter Neubauer: Demokrit lässt grüßen. Eine andere Einführung in die
Anorganische Chemie. Reinbek bei Hamburg 1999.

Zu Justus von Liebig siehe William H. Brock: Justus von Liebig. The
Chemical Gatekeeper. Cambridge 1997; außerdem Ernst Peter Fischer:
Stille Kräfte, große Fülle. Die Geschichte der Südchemie AG. München
2004.

Alexander von Humboldt: Kosmos – Entwurf einer physischen Weltbeschreibung. Hrsg. von Hans Magnus Enzensberger. Frankfurt am Main
2004.

Wolfgang Eckart: Geschichte der Medizin. Heidelberg 2005.

Albert Einstein: Über die von der molekularkinetischen Theorie der Wärme geforderte Bewegung von in ruhenden Flüssigkeiten suspendierten Teilchen. In: Annalen der Physik. Band 17, S. 549–560; eingegangen am 11. Mai 1905. Mehr zu Einstein bei Ernst Peter Fischer: Einstein für die Westentasche. München 2005.

Evelyn Fox Keller: Das Jahrhundert des Gens. Frankfurt am Main 2001.

Wolfgang Gerok: Die gefährdete Balance zwischen Chaos und Ordnung im menschlichen Körper. In: Mannheimer Forum 89/90. Hrsg. von Ernst Peter Fischer. München 1990, S. 137–183.

Annick Perrot und Maxime Schwartz: Robert Koch und Louis Pasteur. Duell zweier Giganten. Darmstadt 2015.

Franz Herre: Jahrhundertwende 1900. Untergangsstimmung und Fortschrittsglauben. Stuttgart 1998.

Klaus Bergdolt: Leib und Seele. Eine Kulturgeschichte des gesunden Lebens. München 1999.

Max Delbrück: Wahrheit und Wirklichkeit. Über die Evolution des Erkennens. Hamburg 1986.

Stephen J. Gould: Die Entdeckung der Tiefenzeit. Zeitpfeil oder Zeitzyklus in der Geschichte unserer Erde. München 1996.

Richard Fortey: Leben. Eine Biographie. Die ersten vier Milliarden Jahre. München 1999.

Ernst Peter Fischer: Bis zum Menschen hast Du Zeit. In: Ernst Peter Fischer und Klaus Wiegandt (Hrsg.): Dimensionen der Zeit. Die Entschleunigung unseres Lebens. Frankfurt am Main 2012.

Peter Ward und Joe Kirschvink: Eine neue Geschichte des Lebens. Wie Katastrophen den Lauf der Evolution bestimmt haben. München 2016.

John McPhee: Basin and Range. Baltimore 1980.

Hans Blumenberg: Die Sorge geht über den Fluß. Frankfurt am Main 1987.

Ernst Mayr: Die Entwicklung der biologischen Gedankenwelt. Vielfalt, Evolution und Vererbung. Heidelberg 1984.

Immanuel Kant: Allgemeine Naturgeschichte und Theorie des Himmels. Norderstedt 2016.

Roger Penrose: Cycles of Time. An Extraordinary New View of the Universe. London 2010.

Charles Darwin: Die Entstehung der Arten durch natürliche Zuchtwahl. Stuttgart 1998.

Zum Leben von Darwin und zur Genesis seiner Ideen siehe auch Ernst Peter Fischer: Das große Buch der Evolution. Vom Ursprung des Lebens. Köln 2008.

Janet Browne: Über Charles Darwin. Die Entstehung der Arten. München 2007.

Gerd Gigerenzer u.a. (Hrsg.): Das Reich des Zufalls. Wissen zwischen Wahrscheinlichkeiten, Häufigkeiten und Unschärfen. Heidelberg 1998.

Hubert Mania: Gauß. Eine Biographie. Reinbek 2008.

Norbert Wiener: Mensch und Menschmaschine. Frankfurt am Main 1966.

Stephen J. Gould: Ein Dinosaurier im Heuhaufen. Streifzüge durch die Naturgeschichte. Frankfurt am Main 2000.

Zu dem «Unsinn» des 21. Jahrhunderts siehe auch: Ernst Peter Fischer: Die andere Bildung. Was man von den Naturwissenschaften wissen sollte. Berlin 2001.

Kirsten Schmidt: Was sind Gene nicht? Über die Grenzen des biologischen Essentialismus. Bielefeld 2014.

Bart Kosko: fuzzy-logisch. Eine neue Art des Denkens. Hamburg 1993.

8. Das Licht, das auf den Menschen fällt – sein niederer Ursprung und seine besonderen Rechte

Ernst Peter Fischer, Klaus Wiegandt (Hrsg.): Evolution und Kultur des Menschen. Frankfurt am Main 2010.

Charles Darwin: Die Abstammung des Menschen und die sexuelle Selektion. Eine Auswahl. Stuttgart 2012.

Ernst Mayr: Die Entwicklung der biologischen Gedankenwelt. Vielfalt, Evolution und Vererbung. Heidelberg 2002.

Axel Meyer: Adams Apfel und Evas Erbe. Wie die Gene unser Leben bestimmen und warum Frauen anders sind als Männer. München 2015.

Eckart Voland: Die Natur des Menschen. Grundkurs Soziobiologie. München 2007.

Faramerz Dabhoiwala: The Origins of Sex. A History of the First Sexual Revolution. Oxford 2012.

Zum Thema Nachhaltigkeit sei empfohlen Klaus Wiegandt (Hrsg.): Mut zur Nachhaltigkeit. 12 Wege in die Zukunft. Frankfurt am Main 2016.

Svante Pääbo: Neanderthal Man. In Search of Lost Genomes. New York 2014.

Zu den christlichen und philosophischen Menschenbildern siehe auch Ernst Peter Fischer: Das große Buch vom Menschen. München 2014.

Adolf Portmann: Vom Lebendigen. Versuche zu einer Wissenschaft vom Menschen. Frankfurt am Main 1973.

Kurt Salamun: Wie soll der Mensch sein? Philosophische Ideale vom ‹wahren› Menschen von Karl Marx bis Karl Popper. Stuttgart 2012.

Gerd Theißen: Das transformative Menschenbild der Bibel. In: Markus Hilgert, Michael Wink (Hrsg.): Menschen-Bilder. Darstellungen des Humanen in der Wissenschaft. Heidelberg 2012.

Johan Huizinga: Homo ludens. Vom Ursprung der Kultur im Spiel. Reinbek 1956.

Julien Offray de La Mettrie: Der Mensch eine Maschine. In: Rudolf Drux (Hrsg.): Menschen aus Menschenhand. Zur Geschichte der Androiden. Texte von Homer bis Asimov. Stuttgart 1988.

Klaus Mainzer: Künstliche Intelligenz. Wann übernehmen die Maschinen? München 2016.

John Brockman: Einstein, Gertrude Stein, Wittgenstein und Frankenstein. Die Geburt der Zukunft – die Bilanz des wissenschaftlichen Weltbildes. München 1993.

Henri F. Ellenberger: Die Entdeckung des Unbewussten. Geschichte und Entwicklung der dynamischen Psychiatrie von den Anfängen bis zu Janet, Freud, Adler und Jung. Zürich 1985.

Isaiah Berlin: Der Marxismus und die Internationale im 19. Jahrhundert. In: ders.: Wirklichkeitssinn. Ideengeschichtliche Untersuchungen. Berlin 1996.

Isaiah Berlin: Wider das Geläufige. Aufsätze zur Ideengeschichte. Frankfurt am Main 1981.

Hans Joas: Die Sakralität der Person. Eine neue Genealogie der Menschenrechte. Berlin 2011.

Reiner Klingholz, Wolfgang Lutz: Wer überlebt? Bildung entscheidet über die Zukunft des Menschen. Frankfurt am Main 2016.

9. Eine Welt ohne Horizont – Perspektiven im digitalen Zeitalter

Albrecht Koschorke: Die Geschichte des Horizonts. Grenze und Grenzüberschreitung in literarischen Landschaftsbildern. Frankfurt am Main 1990.

Neil Postman: Wir amüsieren uns zu Tode. Urteilsbildung im Zeitalter der Unterhaltungsindustrie. München 1985.

Günther Anders: Die Antiquiertheit des Menschen. Band 1: Über die Seele im Zeitalter der zweiten industriellen Revolution. München 1968; Band 2: Über die Zerstörung des Lebens im Zeitalter der dritten industriellen Revolution. München 1980.

Register

Dank

Ich danke Frank Pöhlmann und Ulrich Wank für den Vorschlag, den Versuch zu unternehmen, die hier vorgelegte Geschichte der Weltbilder zu erzählen. Ich hätte mich alleine und ohne ihre Ermutigungen nicht an diese Aufgabe gewagt. Frank Pöhlmann hat zudem geduldig und großzügig meine Texte lektoriert und zu einem Ergebnis geführt, das mir ungemein gefällt. Herzlichen Dank auch und erst recht dafür.

Bildnachweis